国家出版基金项目
NATIONAL PUBLICATION FOUNDATION

桑 兵 关晓红 主编

张凯 著

近代中国国学编年史

第九卷

◎

1934—1935

北京师范大学出版集团
BEIJING NORMAL UNIVERSITY PUBLISHING GROUP
北京师范大学出版社

目 录

总序、凡例、总目、索引、参考文献
请扫二维码查看

1934年（民国二十三年 甲戌）

1月1日 《文学》第二卷第一号"文学论坛"栏目刊登四篇短论《在圆圈上前进》《标点古书与提倡旧文学》《文学的遗产》《我们该怎样接受遗产》，介绍苏联接受文学遗产的情况，讨论如何"处置旧货色"。

傅东华主张兼顾"现代"和"历史"的视角，用批判的态度来接受遗产，"古书标点家所以该受非难，是因其中有些要把烂铜烂铁当作遗产之故；名著崇拜家所以该受非难，是因他们照例只叫人崇拜不叫人享受之故"。文学遗产是没有国别的，"对于插着'国'字旗号的文人学者所要求的特殊地位，应该无条件地给它一个否认"。"整理国故"是在"兜圈子"，"接受遗产"则要"向直线上走"。[华（傅东华）:《我们该怎样接受遗产》,《文学（上海1933）》,第2卷第1号，1934年1月1日] 文化遗产与整理国故问题随之成为文坛讨论的焦点。时任左联宣传部部长的任白戈倾向于接受文学遗产是一件自然而然的事情，"没有哪一代底文学不借助于上代底文学，自然是没有哪一个人会有理由反对文学的遗产底接受的"。不过，接受需要有条件的批判的接受，"只接受那些可以借助的好的东西，并不是连那些拖着我们后退的坏的东西都一同接受"，"譬如苏俄，虽然印行了许许多多'古典'文学著作，但那些早为沙皇所御批和钦定了的'前朝的古典文学'却不在内，而所印行的大都是些曾经为人类奋斗过的世界作家底名著，迥然与中国所正在印行的'四库全书珍本'是不同的。自然更与我们底作家们所叫青年必读的《庄子》《文选》不能相提并论"。（白戈：《"文学的遗产"底接受问题》，《春光（上海1934）》，第1卷第2期，1934年4月1日）茅盾更倾向于把文学遗产看作一种研究的"材料"，"我们有《水浒》《红楼梦》《儒林外史》《西游记》……乃至《海上花》。这些当然都是'遗产'。社会科学者假使要研究过去时代的社会情形，这些'文学的遗产'很能供给些材料"，但不能提供具体的学习对象，"假使一位创作家抱了'学习手法'的目的去钻这'遗产'的故纸堆，那他是会空手回来的"。[芬（茅盾）：《我们有什么遗产？》，《文学（上海1933）》，第2卷第4号，1934年4月1日]翻译家姚克以自己读古书的经验，指出古书并非新文艺进步的必要条件，除了整理国故的工作之外，古书实在没有读的必要，也没有接受文学遗产的必要。

　　除非想做什么"整理国故"的工作，我们对于古书实在没有读的必要。若为文艺的修养，可以随意拣选几种古来的代表作，在空闲时候翻翻，就很足够了。若能多看几种，当然也好，但对于新文艺写作的技巧上却不一定有什么益处。此外，文学史和历史，我以为倒应该看几本，可以约略知道一些历来文学的嬗继，作家的时代，和时代的历史背景。可惜中国出版界到现在还是处处落后。譬如历代的代表作就没有适应时代需要的精善的选本，也没有一本完善的唯物史观的本国通史。否则学者就可以省去许多时间和精力了。

为文艺的修养而读些古书，我并不反对，因为这是我们的遗产，我们当然可以自由地享受。不过文艺的遗产，像家庭的遗产一样，也有［有］毒的成分。承继遗产的人最容易变成"不事生产"的守产者。子孙出得不肖，就一代不如一代，结果只剩下一个"破落大户"。读古书的流弊往往使读者把古代的作品奉为典型，养成模仿的心理，失去了创造的勇气。只顾把陈典腐词搬来用，在作品里装满了死人话，渐渐地和活文艺愈离愈远，终至跟着古人走进了时代的坟墓。

总之，读古书并不能使新文艺的技巧有如何的进步，这至少是我个人的经验。新文艺的技巧必须在活人的话里创造出来，才有生命，才有虎虎的力量。这是古书所不能给我们的。

（姚克：《读古书的商榷》，《申报》，1934 年 2 月 7 日，第 5 张第 17 版）

1 月 7 日　关中阁甘园为振兴国学，在上海蒲石路六十三号，创设晚照楼文艺讲习所，亲授《说文解字》与书画篆刻科目。（《晚照楼文艺讲习所第一期学员毕业》，《申报》，1934 年 1 月 7 日，第 3 张第 12 版）

厚启发表《复兴国学之文艺讲习》，指出阁甘园"精擅书画，传通《说文》"。去年冬在上海晚照楼设立文艺讲习所，三月毕业，成绩卓著，"现第二班即将开讲，诚复兴国学之好消息也，兹将其重订缘起，录述于后"：

一国家，或一民族，其盛衰荣辱，辄与其文化有密切关系。吾国文化，开辟最早，文字构造，陈义甚精。古人始习文字，即须通其义理。秦汉以前，学童八岁入塾，即学六书，故其时文化特盛，光荣著于史册。观今之外人来我国游历者，每以觅得古代遗物为幸，则可知吾国往昔文化之价值矣。嗣因考试及种种关系，致学者舍本逐末，对于文字，但识其面目，不究其所以。积之日久，文字讲授，浸此失传。东汉初叶，许叔重祭酒，忧文物之废坠，遂著《说文解字》一书，以维国学之绪，此实吾国文学之基本，识字之正鹄也。自后研习许书，代有闻人，然读习讲授，既非普遍，而一二学者，且附会钩稽，致训诂简编，汗牛充栋，而简明学说，愈演愈晦。后之学者，虽欲讲求，而展卷茫然，望洋兴叹者，比比皆是。鄙人不敏，然对于许书，研究有素。虽不敢言贯通，而对于九千余字，大致可以披卷可明，下笔无滞。远观世之篆碑铸印者，每以不通六书，以致亥豕鲁鱼，触目皆是。甚有读书识字，而一生未睹许书，不知六书为何事者。学人如是，文化如是，民族国家所以不振者。鄙人窃窃抱杞人之忧，妄思补救之道，特设文艺讲习所，以讲习《说文》为专主。其法先以《说文》五百四十部首，按日编排课程，讲解读习，短期习熟，更取各部所属重要经用之字及别有义理。所收部类出人意表之字，并有特别偏旁关系之字，概如部首方法，编排讲习，俱期贯通纯熟。其余未读之字，大概草木山水之形声等类，虽未经读习，然由上类推，一望而知，与读过无异。如此则对于许学，粗可贯通矣。退后自修，则更可深造。此外更兼授法书、图画、鉴赏、篆刻，造成文艺人材，以为恢复文化之基础，然期望如此，成效如何，尚难预测。乃于客岁起始开办，如法讲授，历时三月，毕业考试，男女学员，成绩之佳，真堪惊人。其开学时对于大小篆文一字不识者，至此对于任何篆书文辞，可以诵读如流，并可于任何文辞，均能以篆文迅手书之，并对于任何文字书籍，均可不用检阅，而以《说文》流利解释之。如此则其对于各体法书，已［已］无问题，而国画鉴赏篆刻，亦各得其正确门径。由此益知此法之可以推行尽利，而各方亦催促开办第二期。因徇众请，述兹缘起，更定简章。（厚启：《复兴国学之文艺讲习》，《新闻报》，1934年2月26日，第4张第13版）

1月10日　张时雍发表《国学研究会感言》，主张按照梁启超所言治国学的途径弘扬国学，固本培元。

张时雍与该市省市两党部同志因对于现实生活环况的怀疑忧惧而生愤与悱，"因愤悱而求启发，因求启发而感觉有研究国学之必要"，于是组织国学研究会，遂发表所感，如下：

最近五十年来举国士大夫震于欧西坚甲利兵之强，声光电化之奇，工商交通之利，自由平等之说，以为立国之道尽在斯矣，蔑以加矣。于是富强功利之议变法维新之说盈国中，而举吾四千年文化之精粹，民族之道德，立国之精神，视之如粪土，谥之曰："国渣"，悉举而毁之。即有少数守旧之士，欲为国学保残垒，或挟其词章之学以是古而非今，排外而守缺，或衍其形上之道，鄙物质而谈空玄，张虚以攻实宜其败溃立见也。然而所谓变法维新者，徒袭取欧美之皮毛，粉饰自己之门面，于是国日乱，民日困，政日坏，法日堕，灾祸连年，干戈不息，国不国，民不民，于今有焉，是诚所谓新旧两败者也。

今日之中国其政治、经济、教育、道德、学术、思想层层建筑均至穷途绝境。非变革无以求通化，此固事之无可疑者也，顾所谓变革者在整旧布新，取长去短，因势而利导之，随时而损益之，未有忘其本根毁其基础徒模拟他人而能成功者也。故法之革命不同于美，不袭于英；德之革命不同于法，不袭于俄。同一民治主义而行于美者不尽同于英法，行于英法者不尽同于比瑞。同一法西斯主义而行于意德者，各异其趣。是知国于天地，必有与立，而取法于人者必须知我知人，度我之国情，量我之所短，取人之所长，因我之所需而为之损益耳。倘尽毁吾之所有而盲效他人，何异沐楚猴而衣冠之，强名之曰新人，敷铁轨于旧路而望火车之不颠覆也，不亦惑乎。

窃尝思吾国维新以来，其失策之处固非一端，而学校教育之偏枯可谓极矣。夫人之所学厥有二途：一为求生之知识技能，所谓生活之工具是也。一为求做人之礼法养成独立之人格，所谓立身修己之道是也。前者工具也属于知识技能方面者也；后者根本也，属于修养道德方面者也。两者缺一不能成为健全之国民，此理至明。然而今之学校教育，徒教人以生活之工具，而蔑视其做人之道。是以其工具愈精利，作恶之法愈奇巧残暴。数十年之新教育养成千百万不知做人之道之青年，而日皇皇焉唯衣食是争，唯富贵是竞，只知利己不知人与国家，只知责人不知自责，今日国家之败，社会之坏，莫非种因于此也。

夫格致正诚修齐治平之道，莫备于六经。数千〔年〕文化之精粹，礼乐政刑典章制度与夫国家社会演进之迹，详载于国学。居今而论古，固不能尽合于今，然而推往而可以知来，明我之历史而后可以取法他人，是以居今日而欲批评新政治经济等学之优劣，而审择其孰适于我，决定其取舍焉，则研究国等实为必要之途径也。

且夫为中国人，而不知中国之历史，为中国学子而不知国学，难乎其为中国人士矣。然则治国学之途径为何？关于此问题梁任公言之颇详。任公谓治国学之途径有二：一为文献学问，应用客观的科学方法去研究数千年之文物典章制度、礼乐政法及其历史文化。二为德性学问，应用内省的和躬行的方法去研究明德修身、存养修省、处人接物之道。此二者诚为今日治国学要途，缺一不可。彼今之从事国学者仍偏于文献之整理而忽略德性之修养与躬行。此亦国学之大不幸也。今者省市党部同志既有国学研究会之组织，而邀余为之指导。以仆之不学固不足以谈整理国学，更不敢谓讲经传道，希圣希贤，只求吾等对于国学应有之知识与修养耳。然窃虑世人不察或以为吾等在讲仁义说道德也，故聊举所感并以任公治国学之法告诸研究会同志，更以共诸社会焉。（张时雍：《国学研究会感言》，《塞魂》，第 1 卷第 8—10 期，1934 年 1 月 10 日）

1 月 19 日　陈柱、杨培琫、张廷金、裘维裕、冯振心、叶家俊、胡端行等人为庆贺唐文治七十岁生日，发起集资，筹建茹经纪念堂。

广征发起人启示：

敬启者：今岁蔚师七十寿辰，行等拟集赀建茹经纪念堂于无锡国学专门学校，以寿吾师。该校为吾师所手创，惨淡经营，日臻完善。筑堂于斯，既可以留纪念，并有裨于实用。阁下曾列门墙，共沾化雨，谅必深表同情，乐予赞助。惟兹事体大，需赖众擎。阁下誉望素隆，登高易呼，拟恳台衔列入发起，以资提倡而襄盛举，谨函奉达，至祈俞允，并于二月一日以前复示是荷。此请先生大鉴。陈柱、杨培玚、张廷金、裘维裕、冯振心、叶家俊、胡端行启。一月十九日

附启者：关于茹经堂建筑地点，南京傅志章暨无锡荣溥仁君两昆仲，建议在太湖之滨、梅园对面琴山，相地兴筑，计占面积十亩，所有购地费已由傅、荣两氏完全担任矣，同人等亦表赞同，并已奉闻。胡端行启。（《唐蔚芝先生七秩寿辰集资建筑茹经纪念堂启》，《南洋友声》，第28期，1934年2月；转引自刘桂秋编著：《唐文治年谱长编》，上海交通大学出版社，2020年，第884—885页）

新旧同学为庆祝前校长唐蔚芝先生七十诞辰，拟醵金筑茹经纪念堂于太湖之滨，各情曾志前刊。兹悉己[已]由同学丁燮林君等一百四十八人具名发起，精印启文寄出，并各附以印就之复信一张，以便同学等随时填复。惟该启之后（启文已载上期不赘），有附启三则，照录如次：一、建筑费以一万元为最低额。二、捐款二十五元以上者，镌名于纪念堂内。三、非及门同学凡与蔚师有交谊者，如愿捐款，亦甚欢迎。（《筹建茹经纪念堂近讯》，《南洋友声》，第29期，1934年4月，转引自刘桂秋编著：

《唐文治年谱长编》，第885页）

1月　《申报》报道教育部函聘国学专家影印四库全书事宜。

教育部前为宣扬中国文化，传播四库全书珍本起见，特将北平图书馆所藏四库全书，委托商务印书馆影印，但以全书册数甚多，整部影印，殊费工本，且大部分坊间流通，精刻亦多，没有全部影印的必要。教育部决定将外间少见的珍本，选印行世，并已与商务印书馆订立合同，并组织选目委员会，选定目录，业已开始摄影。

选目委会。教育部为精选四库珍本起见，特函聘对于国学素有研究之专家，专负编订选目之责，并组织一编订四库全书未刊珍本目录委员会，委员为李盛铎、董康、傅增湘、陈垣、袁同礼、徐乃昌、刘承幹、张宗祥、徐鸿宾、傅斯年、柳诒徵、张元济、马衡、赵万里、顾颉刚等十五人。

决定目录。该委员会成立后，对于影印之选目，大致已经决定，计经部六十一种、史部二十种、子部三十四种、集部一百十七种，总共二百三十二种，均为外间未易收集之珍本，颇可宝贵，并由各委员另编四库珍本书目一种，详述每种版本源流学术宗派、全书概要，以供参考。

开印时期。选印各书，现已运来上海，由商务印书馆另在天主堂街二十六号，故宫博物院上海储存处空地，建筑临时摄影工场，于去年十一月十七日开始摄影。全书约七个半月可以摄竣，大约本年六月间，即可开始影印，发售预约。预约价目现未能决定，大约每部当在五六百元之谱。（《教育部影印，四库

全书选目已决定，影印经史子集二百三十二种》，《申报》，1934年1月8日，第4张第15版）

△　无锡国学专修学校丛书之一，陈衍著的《通鉴纪事本末书后》出版。

无锡国学专修学校发布《刊印本校丛书规程》，共计五项：

（一）本校丛书以在校及离校教授关于国学之专门著作，经校长、教务主任及专任教授三人以上之审定者为限。（二）丛书式样分线装、洋装二种，其大小标准由学校规定。（三）丛书次第以出版先后为序。（四）刊印丛书筹款办法分左列三项：（甲）由本校或与本校学生会共同筹款付印，第一次版权由著者赠与本校，但出版后得以印书百分之十为酬，所酬之书或赠与他人，或自行发售，由著者自便。但发售价格不得比本校发售之价格减低。（乙）由本校或与本校学生会会同著者共同筹款付印，其印刷费本校与本校学生会占半数，著者占半数，所印之书发售后除将印刷费次第平分摊还外，所有盈余概归著者，作为版权费，但不再以印书为酬。（丙）由著者自行筹款付印，版权全归著者，但出版后须以印书百分之五赠与本校。此项赠书只可保存或转赠，不得发售。（五）丛书中各书价格由筹款付印者规定。（《刊印本校丛书规程》，无锡国学专修学校编：《私立无锡国学专修学校十五周纪念册》，民生印书馆，1936年，章则，第11—12页）

2月4日　唐君毅撰《治中国学术应改变之几种态度》，批评以整理国故的态度与方法研究中国学术。

唐君毅指出，"今后中国人研究中国学术有几种态度应当改变与改进"，包括"应从以西洋眼光、印度眼光看中国学术的态度到以中国眼光看中国学术的态度"，"从所谓'整理国故'的态度到学中国学的态度"，"从先有结论后寻证据的态度到先寻求假设后搜集证据的态度"，"从先怀疑批判的态度到先同情的态度"，"从分析的研究态度到综合的研究态度"。其中"整理国故"与学中国学的区别如下：

> 我们可以说五四以后的中国学术研究至少有一半是在整理国故的口号下进行的，在这口号下进行中国学术研究的态度，在我看来是很不好的。这一种态度可从整理国故这口号中看出。我们假设着重在此口号之后二字，我们便可知道这种态度是把中国学术，当作"过去了的""已故了的"，与古董同样看待的。我们假设着重在此口号之前二字，我们便可知这种态度是把中国学术当作只是待"被整理的""无生气的"，与滥字纸一般的。所以一般自居整理国故者，大多是最看不起中国学术的，决不想从中国学术研究中了解什么现代学术以外的新的东西的。他们之看中国学术，不过是他们运用他们所谓的科学方法去耕种的一块园地而已。只要是可耕的园地，无论那一部都是一样的，所以中国学术的任何部份，在他们看来都是同样可为研究的重心的。所以孟姜女的研究，须发爪的研究，禹是否虫的研究亦可以成为最主要的中国学术研究。我以为假设这种

研究中国学术的态度是正确的，则中国学术大可不必研究，因从其中根本不能学得什么现代学术以外的新的东西。至少不必现在研究，因为玩古董折滥字纸，早迟都是可以的。我以为我们不提倡中国学术则已，若要提倡中国学术研究，就必先有诚意学中国学，承认中国旧有学术中有值得我们研究的，我们研究之，可发现许多现代人不知道的有价值的新东西；并且从中国学术中最主要的部份，最中心的部份，最可希望发现许多有价值的东西部份下手！而绝对不应当先假设"中国学术都是已过去了的，决不能从中学得现代学术以外的什么的"，因而认为中国学术的任何部份，都可以作为研究的重心！（君毅：《治中国学术应改变之几种态度》，《文化通讯（上海1934）》，第1卷第2期，1934年2月16日）

2月14日 陈柱答上海交大校长黎照寰（曜生）函，论办学宗旨，评述近年学风批评梁启超、胡适所提倡的国学，新颖浅近，"务为哗世"。

函称：

蔡、胡两氏在《东方杂志》发表之文，曾浏览一过。二氏办学功过，言人人殊，实则功过两不相掩。今日之学风，受蔡、胡二氏办理北大时之影响不少。蔡氏自述办理北大，意欲包罗万有，不定一尊。识见固甚宏通，然当时实似不免有政治作用。蔡氏今虽否认，亦无如实事。何也？孙子曰："善用兵者，无赫赫之功。"蔡氏办学所以有赫赫之功，正坐有政治作用耳，然蔡氏之不得为纯粹教育家以此。盖彼为政治而办学，与公所谓"为学术而办学"者，其高下不可以道里计矣。胡氏提倡白话文，然十余年来，高初中学之教国文，何尝不依胡氏之说而专重白话？至今，则学生之国文程度日低，不特文言多不能通，即白话亦多不能通，此真近日教授国文之一大难题也。胡氏不过能以西洋法整理国学，学者见其新颖而又浅近，故争读之；梁任公则唯倚傍日本。其实，二氏之于国学，皆务为哗世。论根柢，胡远不及章太炎；梁远不及康南海也。又胡、梁二氏皆不尚躬行，俱倡墨学，而其行与墨子之勤苦力行最相反。当今，中国人之大病在于无西方物质文明之学术，而争欲享受西方物质文明之快乐。奢与惰相因而益贫，贫与奢相斗而益乱。居今日而欲改善学风，其最贵乎勤俭刻苦。身体力行之君子，而又如公所谓"为学术而办学"者，其庶几焉乎？

（刘小云编著：《陈柱往来书信辑注》，广西师范大学出版社，2015年，第104—105页）

2月　上海狂流文学会及中华国学研究会鉴于现阶段中国文艺界进展之钝滞，以及国内缺少完善之文学函授学院，为促进世界文化，奠定中国新文艺之基础起见，特创办世界函授学院。

世界函授学院敦聘汤增敫为院长，推定乐建氏为秘书长，盛马良为教务长，沈涧流为事务长，特约国际负有重望之作家罗曼罗兰、赵景深、穆木天、庐隐、杜衡、森堡、杨邨人、周乐山、侯枫、黄震遐、陈伯吹、崔万秋、顾凤城、余慕陶、蒲风、周伯勋、应云卫、黑婴、叶紫、项言德、李梨、魏猛克、顾诗灵、何德明、夏炎德等八十余人为教授，分编讲义，切实指导。该院内分世界文学系、中国文学系、专修系。除专修系外，各系均分为高初两级，课程均由各专家严密审定之理论实际，并筹兼顾。世界函授学院"函授纲领"，分为：一，指导文艺上正确之理论；二，分析古代及近代文艺思潮；三，详细讨论文艺创作之方法；四，介绍近代世界各国文艺趋势；五，探讨中国各时期之学术思想；六，整顿国学的系统，以便领导好学青年走上文艺之正轨，而培植中国之新文艺作家。"该院院董会由主席院董沈天铎氏数度召集会议，积极计划，锐意策进，筹备已〔已〕将就绪，闻不日即行成立。"（《狂流文学会等主办世界文学函授学院》，《申报》，1934年2月19日，第4张第15版）

　　△　马瀛编《国学概论》，由上海大华书局出版。

　　马瀛指出，自欧西学术流入我国，老师宿儒担忧旧有学术日就荒落，树立中学的旗帜，与西学抗衡，或美其名曰国粹，或核其实曰国故。新学制课程颁行后，国学概论成为科目，遂为定名。陈训正序言称：

> 学问之事，斅学惟半，无所谓师法。师法者，匠教也，匠教不可以率天下。象蒉以造屦，而不知足之适；悬檋以料车，而不知轨之适。不适非法也，虽曰师授，犹之乎象蒉悬檋者类也。尼父之教，温故知新，此其功自学者兴，不愤不启，不悱不发，于教者无与焉耳！虽然，不予以故。乌乎，资其薪不加以温。乌乎，极其知教者之责。文莫尚焉！此马君《国学概论》之所由作也。科举之世，士者困于功令，其为学也揣头抚尾，绝少完革。改政以还，学以骇众为标志，贸西贩东，自

成风气，而国性大亡。间有一二深诣之士，削櫫国故，颇有新造，然亦象黄造屦，不知与足谋度；悬櫫料车，不知与轨谋辙。皆匠教之徒，自以成之也，温故之效鲜矣。马君是编，草创润色，积数年之实验而始成，屡求适于足而惩乎其为黄车，求适于轨而惩乎其为櫫。世不有愤悱者乎？即故以求新，是在温之之功。因叙马君之书，而述为学之方如此。

马瀛编纂《国学概论》的原定计划是完成九编内容，"第一编绪论，第二编研究方法，第三编研究工具，皆通论也。四编以下，则为分论。原定第四编为经学概论，第五编为哲学概论，复分上、中、下三部：上为诸子哲学，中为佛教哲学，下为性理哲学；第六编为史学概论；第七编为文学概论；第八编为其他学术概论，如阴阳五行等之神秘学术，书画赏鉴等之美艺学术，农工医兵等之应用学术，及数理博物等之自然学术，凡为我国所固有者，皆包括于是编；第九编则为结论，述国学发达之历程，国学未来之发展，而以中西学术之沟通殿焉"。该计划并未完全实现。马瀛先将国学定义、范围、分类等叙明，其次论述研究国学应抱的态度及其效用，第二编详列研究国学方法，第三编汇集研究国学应具的各种学科，"唤起读者自动研究之兴趣"，"本书原为高中文科讲义，故可为高中各级学生教本。一般喜研究国学者，亦可为自修或参考之用"。（马瀛编：《国学概论》，上海大华书局，1935 年，跋，第 1—2 页，例言，第 1 页）

3 月 4 日 大夏大学教职员及毕业同学发起组织大夏学会，分设国学组。

大夏学会由傅式说、黄炎等发起创办，当日莅会者，有傅式说、欧元怀、马宗荣、孙浩烜、邰爽秋、朱巽元、梁园东、张梦麟、陈荩民、蓝春池、倪文亚、董任坚、王蘧常、鲁继曾、吴泽霖、邵家麟、郁康华、张耀翔、陈柱、高芝生、杨麟书、马公愚、刘宣曦、何惟忠、高昌琦、杨建勋、欧文柔、王裕凯、黄炎、陆春台、江滨、刘燃章、张仲寰、洪啸农、刘逸青、许公鉴、李学丰、曾昌燊、王瑾怡、唐茂槐、孙亢曾、程宽正、赵迥、马雪瑞等。公推傅式说先生为临时主席，高昌琦为记录。议决事项多件：

（一）推举筹备委员九人，筹备成立大会。除此次召集开会人傅式说、王毓祥、孙亢曾、何惟忠、高芝生等五人为委员外，另推举欧元怀、鲁继曾、邰爽秋、张耀翔等四人为筹备委员。（由傅式说先生负责召集）（二）推定孙浩烜、马公愚、顾君谊、黄炎、王瑗仲等为缘起及章程审定委员会委员。（由孙浩烜负责召集）（三）由筹备委员会，负责继续征求发起人。（四）本会定于三月十一日下午三时，开成立大会。（五）将陈柱尊先生书面所提意见交章程审定委员会参考。（《发起组织大夏学会》，《大夏周报》，第10卷第17期，1934年3月13日）

△　柳亚子、胡朴安、朱少屏、吴铁城等在上海西藏路宁波同乡会为陈去病举行追悼会。晚上举行南社临时雅集，109人参加。

包天笑提议恢复南社，柳亚子反对，冯平则建议纪念南社。临时雅集之后，由胡怀琛提议，柳亚子将与会者109人，名单制成《南社点将录》。（杨天石、王学庄编著：《南社史长编》，中国人民大学出版社，1995年，第627—628页）朱剑芒在《我所知道的南社》中，追忆此次雅集：

席上有包天笑（名公毅，江苏吴县人）提议，要恢复过去的南社，亚子高声答复他："新南社成立时，旧南社早经结束。现在'南社'已成了历史上的名词。今天要把它恢复，这是违反历史发展规律的，自己是相信进化论的，决不做这种开倒车的事。"接着冯壮公（名平，江苏太仓人）也站起来说："南社在中国革命史上自有它不可磨灭的价值。恢复固然不对，而永久的纪念还是有必要"，接着又说："我们从前参加中国同盟会，为的是革命，组织南社，也为了革命，决不会是做大官，我看只有柳亚子先生从不想做官，所以今后主持南社的纪念，也只有柳先生可以担任。"当壮公发表意见时，我和叶楚伧、陈陶遗、刘季平（名三，上海人）坐在同一席，眼看刘还照常谈笑，叶、陈两人低头饮酒，不发一言。席散后也不参加镁光照相，就悄悄离去。所以曾有人说：陈在孙传芳时代做过江苏省长，叶也当过江苏省主席。壮公这样讽刺叫他二人那里坐得住。但壮公所说纪念南社，亚子却很同意，就从第二年冬天起，正式成立南社纪念会，以南社及新南社社友为当然会员，非社友愿意参加的为志愿会员。（中国人民政治协商会议江苏省常熟市委员会文史资料研究委员会编：《文史资料辑存》第 2 辑，江苏人民出版社，1962 年，第 110 页）

3 月 11 日　一蜚发表《谈谈所谓国学》，指出国学中除了孙中山收入《三民主义讲演集》中的一点精华之外，其他都是无用之物，或仅是供历史学者的材料，无法唤起国民的民族意识。

文中称：

> 所以我们要唾弃"国学"这不通且不祥的名词；我们要爱惜宝贵的光阴，很经济地拣那最进步的，最有用的东西学。本来，人类进化，正和接力赛跑一样；前人已跑过一程，我们便无须再从出发点跑起。和我们竞赛的世界各国已一程接着一程地跑上前去了，我们老在出发点上跑这一程，什么时候才能赶得上别人呢？
>
> 我们还要明白，"国学"和"国文"不是同物，和"历史"也不是同物。在国文课程中我们该学些什么，前文已经说明了。历史科应学的，可请教历史的老师教给诸位。我想，他总不至于教诸位读书经，春秋，廿四史……吧？倘一部部的史书都得读过，那末，再过几千年，中国学生不要牺牲一生的光阴专去读史么？
>
> 最后，我们希望教育当局，规定新课程标准时，对于师范国文一科，特别注意；整理国故的工作，不是人人都能干的，尤其不能责之于师范生。（一蜚：《谈谈所谓国学》，《教学庸言》，第1期，1934年3月11日）

△　大夏学会举行成立大会，选举王伯群、欧元怀、王毓祥、傅式说等十一人为理事，王伯群为主席。

大夏学会重要会务如下："1.研究学术救国具体方案；2.发扬民族文化，淬砺爱国精神；3.协谋物质建设，提倡生产事业；4.编译大夏丛书，发行《大夏学报》；5.举办其他与本会有关之文化事业。"
（王毓祥：《大夏学会概况》，《大夏周报》，第 11 卷第 8—9 期，1934 年 11 月 3 日）

3 月 23 日　之江大学中国文学会成立读书会，请浙江省立图书馆馆长陈训慈演讲，"此为该会与杭垣文化界携手之第一遭"。（《中国文学会讯》，《之江校刊》，第 63 期，1934 年 3 月 31 日）

3 月　李时编《国学问题四百》，由北平君中书社出版。按经、史、子、集分类。附梁启超《治国学杂话》与李时《历代文学概论》。1935 年 5 月再版时增订为《国学问题五百》。（李时编：《国学问题五百》，君中书社，1935 年）

4 月 7 日　国学播音新更时刻，孙世英国学播音时间为每日上午八点半至九点半。（《播音台》，《申报》，1934 年 4 月 7 日，第 4 张第 15 版）

4 月 8 日　船山学社开临时董事会。

杨树谷、陈嘉会、颜昌峣、王礼培、程子枢、周逸、李澄宇、胡子清等董事出席，谢鸿熙、刘约真请假。"审查王哲惠、彭济昌、何培基、粟戭时、王政诗、刘岳仑、赵日生、王延英、李先恕、萧仲祁、李向荣、郭向阳、谢申岳、邝鸿钧、张有晋等十五人社员资格，议决通过。"（赵启霖著，施明、刘志盛整理：《赵瀞园集》，湖南出版社，1992 年，第 428 页）

4 月 11 日　戴传贤为保存古物，致电反对以国学研究之名，发掘古墓。

函电云：

上海中央研究院蔡院长、南京汪院长、王教育部长、江西蒋委员长钧鉴：近来以来，研究国学科学诸家，忽起一发掘古墓寻取学术材料之风。在学术界中或多视若当然，而在爱国国民者，则痛心疾首，呼吁无声，哭泣无泪。中国今日贫穷极矣，学术教育败坏极矣，应作之事，不知其几千万，何必发墓，然后为学？民德之薄，至今而极。此心不改，灭亡可待。掘墓之事，明明为刑律严禁，古代于自掘祖墓者，处以凌迟。现今各省，亦有以死刑处之者。今诸君子何心而自掘民族全体所应共爱共敬之古人坟墓，以自伤其祖先之德，败其同胞之行，而引后世子孙以不正之趋向耶？我总理首倡民族主义，而以培植民德为本。蒋总司令于千辛万苦焦头烂额之中，确知非培植民德不足救亡。彼专家诸君子之心行果有合于斯道耶？于人民之私掘小小无名坟墓者，轻则处以五年禁锢，重则处以枪决，而于彼公然掘墓，掘墓之结果，复大倡其破坏民族历史毁灭民族精神之偏见，反公然以国家之律而保护之，岂我国民政府所应取之道哉？伏祈一面通令全国，凡一切公然发墓取物者，无论何种理由，一律依刑律专条严办，庶几足以正民心而平民怨；一面苦劝诸君子，改其无益之行，变其无用之心，致力于救国救民之学，以培国本而厚国力、不胜至诚祈祷之至。（《戴传贤电请严禁发掘古墓》，《申报》，1934年4月13日，第3张第9版）

行政院批示：

准此，当交教育、司法、内政三部审查此案，嗣据报告审查结果四项称：（一）中央研究院地质调查所、北平研究院等学术团体，为科学工作起见，整理先民遗物，偶及已发见之古墓物件，应按照《古物保存法》第八条办理。（二）因自然毁损，及因建设工程而发现之古墓，应按照《古物保存法》第七条办理。（三）建设议政府，从速成立中央古物保管委员会。（四）各地古董商，以及地痞私人，假借名义，盗掘坟墓，应通令各省市依法惩办等情。经提出本院第一五七次会议决议，一二四通过三项，交内政、教育两部，除第一项已令教育部分别转行，第三项已由秘书处分函通知开会审查，并电复戴院长暨分令外，第二及第四项应由该省市府遵照办理。（《行政院令市府严禁发掘古墓，市府转饬公安局遵照》，《申报》，1934年5月20日，第4张第13版）

4月13日　胡适致信马裕藻，商谈北京大学国文系改组、缩编事宜。

胡适指出，与蒋梦麟商谈文学院各系预算，都感觉国文系课程与教员应当减少。原因有三点："1.讲授课程太多，实不能收训练上的好效果。2.一系占预算太多，而总预算又不能扩张，则他系受其影响。3.教员名额都被占满，无从随时吸收新人，则不易有新血脉的输入。"具体到国文系课程改组，可作如下减缩：

（1）第三组决定删去。（2）语言文字学一组作有系统的安排，其关于中国文字学、声韵学的一部，似可设法裁并。（例如"文字学概要"与"声韵学概要"似可合为一科。又如"说文"，可并入"中国文字与训诂"一科，因为这两科均用"说文"为主要材料也。）（3）文学组似须分文学史为数期，隔年讲授二三段。其"词""曲"等皆列入各段。其太专门之科目，如"鲍参军诗"之类，似可删除。鄙意以为如此改组，讲师或可去三分之二以上，教授亦可减少二三人，至少可减少一二人，鄙见定多外行的话，乞先生斟酌裁夺，总之现在之一百多点钟实在太多，似可减到六十点左右，先生以为何如？［胡适：《致马裕藻》（1934年4月13日），耿云志、欧阳哲生编：《胡适书信集》上，北京大学出版社，1996年，第591页。原书误作1933年，根据《胡适遗稿及秘藏书信》改正］

　　早在年初，胡适、陈受颐等在改订文学院课程时就觉得，"此事颇不易。有很好的课程表而无相当的人去施教，也是枉然"（曹伯言整理：《胡适日记全编（6）》，1934年1月18日，安徽教育出版社，2001年，第295页），"北大国文系偏重考古，我在南方见侃如夫妇皆不看重学生试作文艺，始觉此风气之偏。从文在中公最受学生爱戴，久而不衰。大学之中国文学系当兼顾到三方面：历史的；欣赏与批评的；创作的"（曹伯言整理：《胡适日记全编（6）》，1934年2月14日，第325页）。胡适以财政困难为由，削减国文系的课程，辞旧聘新，开启国文系改革。马裕藻认为"此次国文系改革问题，一方固属思想问题，他方面又为主张问题"，主张：

　　　　研究学问，应新旧思想并用，既不反对新，亦不拥护旧，新者更有新，旧者亦有其研究之价值。新派讲方法，方法固需要，但对于文学，不可仅讲方法，而不研究。胡适之先生出版中国哲学史大纲，学生专讲方法以为阅读哲学史大纲，即可了事。而不读子书，此不可谓研究，研究学问，不论新旧，辜鸿铭亦可请到北大讲课。大学与中学不同，中学须有统一思想，以免脑筋紊乱，大学则不应思想统一，必须新旧并用，始能获得研究之结果。

就改革而言，马氏："亦赞成改革，惟改革之方法不同"，并称："余自民国十年迄今，查阅课程指导书，每年均有改革，余对于改革国文系，应采用缓进方式，另有人主张采用急进方式，急进固称改革，缓进亦不可谓非改革……此次国文系问题，系急进缓进主张之不同，并非大改革。"

至于经费问题，马裕藻认为，"缩减经费一层，本人亦赞成，但国文系已由四千四百元减至四千元，此刻不能再减"，进而引申："中国人自办之大学，似乎不可以外国人之方法办理中国文学系。"（《北大主任马裕藻谈国文系纠纷内幕情形，系急进与缓进改革主张不同》，《京报》，1934 年 4 月 25 日，第 7 版）

胡适与马裕藻之争在北大国文系引起轩然大波，林损"余作事一向主张，合则留不合则去"（《北大国文系学生昨日欢送林损》，《京报》，1934 年 6 月 6 日，第 7 版），遂与许之衡一并辞职，马裕藻也请辞国文系主任一职。国文系学生代表多次请愿，提出反对意见：反对国文系并入史学系；请勿将国文系经费减削；请勿变更该系现行分组组织法；此后学生方面，对增进系务向校方提出意见时，请校方予以接受并采纳实行；对变更系主任人选无成见，亦不表示迎拒态度，但继任者须真能改善并发展该系，否则决反对；请挽留林损、许之衡教授；请勿准现系主任教授马裕藻辞职。（《北大国文系学生派代表谒蒋梦麟》，《北平晨报》，1934年4月24日，第9版）蒋廷黻随即答复，国文系绝对不并入史学系，但对其他意见并不赞同，双方的焦点集中在马裕藻、林损、许之衡三人的去留问题上。国文系主任一职，蒋梦麟的人选非胡适莫属，称："至国文系主任，此亦涉及学校行政范围，学校自有权衡为之，设有人竟反对胡适兼国文系主任，余绝对不答应。胡氏'学贯中西，国家之宝'，胡兼任国文系主任乃北大之光荣，求之不得，岂可反对。"（《北大国文系教授林、许去后，主任马裕藻辞职，蒋梦麟推崇胡适到极点》，《京报》，1934年4月22日，第7版）至于马裕藻，虽离任国文系主任，但仍聘为文学院教授，林、许二人则必当辞退。马裕藻称主任一职归属是校长的职责，但对胡适任此职持保留意见，"就北大国文系范围而言，胡适自兼尚属勉强，他人恐难胜任"。至于林损，乃"因其言谈直率，影响解聘，个人认学校不智"。（《改革北大国文系》，《北平晨报》，1934年5月3日，第9版）

　　北大教员陈启修有意调停双方，称："此次国文系纠纷，不应延迟不决，夜长梦多，对于学生学业有害，中国人办中国文学系，应注意中国固有之文学，同时并吸收新文学，北大国文系有悠久之历史，更应努力使其发展！"（《陈启修希望纠纷早解决》，《京报》，1934年4月27日，第7版）此后，马裕藻卸任，林损、许之衡被解聘。事后，傅斯年即表示，"国文系事根本解决，至慰"，仅对马裕藻留任一事，"深为忧虑不释"。傅斯年视马裕藻为罪魁，"数年来国文系之不进步，及为北大进步三障碍者，又马幼渔也。林妄人耳，其言诚不足深论，马乃以新旧为号，颠倒是非，若不一齐扫除，后来必为患害"，劝蒋梦麟"当机立断，似不宜留一祸根"。（傅斯年：《致蒋梦麟》，欧阳哲生主编：《傅斯年全集（第七卷）》，湖南教育出版社，2003年，第130页）后人将这场争论追认为"五四以来新旧文化之争的延续"。
（严薇青：《北大忆旧》，陈平原、夏晓虹编：《北大旧事》，生活·读书·新知
三联书店，1998年，第464页）

人事纠纷的解决，为北京大学国文系的改革铺平道路。胡适将国文系的改革分为下列几项：

第一天到北大文学院复任院长。国文系的学生代表四人来看我，我告诉他们：（1）如果我认为必要，我愿意兼做国文系主任。（2）我改革国系的原则是："降低课程，提高训练。"方法有三：①加重"技术"的训练。②整理"历史"的工课。③加添"比较"的工课。（曹伯言整理：《胡适日记全编（6）》，1934年5月2日，第377—378页。）

（一）注重学生技术。吾人以为学生研究学术，如国文系之文籍、校订、语言、文字等学科，无论任何一种，均应注意技术上之研究，始有充分之进展。（二）历史之系统。现在国文系定有唐宋诗、六朝文等课程，吾人不应仅就一二人加以研究，尤应研究其历史之变迁。（三）增加比较参考材料。研究学术。须与他科为比较之研究，如研究外国文者，须与中国文互相比较参考，始能获得新的结果。（《改革北大国文系》，《北平晨报》，1934年5月3日，第9版）

关于国文系将来之改革，第一，须注重技术之获得，即由学校请人帮助同学研究，而使同学获得一种治学方法。第二，关于历史方面，应有系统，添设总史、分史等科，课程须名符其实。第三，多得比较参考之材料，如文法须知比较文法，语

音学须知比较语音学等。注重门径，此种课程须加多，但此课须聘新人来教授。第四，多添研究科，因研究科之课程，往往非讲堂内所能讲。第五，为降低课程标准，提高训练云。（《北大国文系下年度改革计划》,《世界日报》，1934年5月3日，第7版）

国文系学生提出国文学系课程大纲为："一年级共同必修科目：中国文字学概要、中国声韵学概要、中国文学史概要、中国诗名著选、中国文名著选；二、三、四年级分组必修及选修科目：（语言文字组）语音学、语音学实验、言语学、音韵沿革、古音系研究、中国近代语研究、方音研究、说文研究、金元以来北音研究、形义沿革、清儒古韵学书研究、甲骨文字研究、钟鼎文字研究、蒙文、藏文、满文、中国文字及其训诂等韵学；（文学组科目）文学概论、文艺批评、文艺心理学、近代文艺思潮、新兴文学概论、中国小说及小说史、诗史、词史、曲史、三百篇、辞赋、乐府、汉魏六朝诗、词、曲、诗律、唐宋诗、周秦文、汉魏六朝文、世界名著介绍、修辞学；（文籍校订组）中国文字及其训诂、音韵沿革、经学史、国学要籍解题及其实习、古籍新证、考证方法论、目录学、版本学、校勘学、校读实习、三礼名物、古典制学、金石学、古历学、古声律学、外人所著中国学书研究、中国文法研究。国文系三组共同选修科目：（新文艺试作）散文、小说、诗歌、戏剧。"（《北大国文系代表定今晨谒校长蒋梦麟》,《世界日报》，1934年5月9日，第7版；转引自桑兵：《学术江湖：晚清民国的学人与学风》，广西师范大学出版社，2017年，第146页）学生将上述意见告知胡适，胡适显然没有接受。此后，胡适的改革意见大体得到落实。

对比1933—1934年度与1934—1935年度北京大学国文系的课程说明，文学系之前分为语言文字学，文学及文籍校订三组，自1934学年度改为语言文字学及文学两组；马裕藻的《中国声韵学概要》改由魏建功担任，暑假后，傅斯年便到中文系兼课，讲授中国文学史，胡适开设中国文学史（宋元明清部分）；文籍校订组解散，原有课程，如余嘉锡《目录学》、吴承仕《三礼名物》、范文澜《古历学》等自然取消。(《国立北京大学文学院课程一览》，1932年至1935年度，第15—18页)

4月15日　中华国学研究会致函暨南大学，商讨扩大国学运动。函称：

> 本会业经呈奉国民政府教育部备案，及上海市教育局立案，自经一·二八之变，日寇犯沪，肆意摧毁我国文化机关，致本会会务陷于停顿状态。现由本会常务委员会，与执行委员会联席会议，议决复兴本会各项文化事业，已先行举办世界文学函授学院，并积极征求新会员，以便扩大国学运动，发扬我国固有之文化，而以复兴我中华民族之精神。如荷赞同入会，无任欢迎，本会前途实利赖之！(《中华国学研究会来函》，《暨南校刊》，第96期，1934年4月30日)

△　吴承仕主编《文史》出版，齐燕铭、孙席珍任编辑，北平中国学院国学系发行。

《文史》用较多的篇幅发表国学系学生的著述，吕振羽、吴文祺、孙楷第、侯外庐、黄松龄、李达等常在《文史》上发表论文。

在创刊号《编辑后记》中，吴承仕声明：

> 我们以刊物名称，显示她的领域，以作品的内容，表现它的立场与路线。所以在这个很难说话的环境之下，"乐得的"把照例的发刊词或创刊宣言之类省去了。
>
> 在此也可以顺便声明：在史学方面，是希望把握着正确的史观，调整可靠的史实，发现它各阶段的下层基础与上层建筑的关系，并与世界史作比较研究，而求其通性。从此点出发，不论研究对象的大小，以及结论的不一致，皆是我们愿意兼收并蓄的。在文学方面，理论必求正确，自不待言，文艺作品，当然因环境、天才、技术、志趣等而表现各有不同。但是在消极的"不逆流""不反动""不为某方面之代言人""不为某阶级之说教者"几个条件之下，至少，我们努力保持着她的统一性。（《编辑后记》，《文史》，创刊号，1934年5月15日）

钱玄同读了第1期后就对吴承仕说："我送你一幅三字联：'普罗学，唯物观'……加上你的《文史》就是'普罗文学，唯物史观。'可见《文史》是个赤色刊物。"（钱玄同：《〈文史〉是个赤色刊物》，庄华峰编纂：《吴承仕研究资料集》，黄山书社，1990年，第301页；菲：《书报评介："文史"创刊号：北平中国学院国学系出版》，《出版消息》，第36期，1934年5月16日）有舆论称孙仁和拟复刊《国学丛刊》，与《文史》相抗衡。（《国学丛编又将副刊》，《大学新闻周报》，1934年12月3日，第2版）

4月16日 南社湘集于长沙妙高峰南园举行第九次雅集，刘鹏年、骆鹏、甘融、王存统、萧石朋、龚尔位、马惕冰、傅绍禹、方克刚、谢鸿熙、李澄宇、张启汉、余鲲、蔡肜、文斐、朱德龙、刘少樵、左仲文、潘世谟19人到会。（杨天石、王学庄编著：《南社史长编》，第628页）

4月18日　中华国学研究会呈请立案，附中华国学研究会缘起，简章及征集会员启事。

中华国学研究会缘起：

国学运动，欲集中其力量，扩大其范围，非普编（遍）宣传，不克有济，必也群策群力，共襄斯举，则收效自宏。中华国学研究会之设立，始于民国十五年，发起人为沈天铎、杨觉仁、沈公朴等，殚精竭虑，积极进行，历时四载，粗具规模，爰于十九年十二月六日正式成立。继由当代国学耆宿姚明晖、丁福保，暨国民政府已故蒙藏委员会委员马福祥及其夫人马汝邺等予以赞助，乃于二十年四月八日，经上海市教育局立案，同年七月十日，复经国民政府教育部备案。斯本会为合法学术团体，而其使命为发扬我国固有之文化，贯彻心理之建设，充实民族之生命，而欲期达目的，以完成其使命，尤非国学系统化、大众化、时代化与世界化不为功。故本会为提倡与实施计，亟须联合同志，从事国学之研究、探讨、整理、批判与重新估价，俾得创造国学系统，以期早日观成，一以使中国固有之学术推陈出新，一以适合现代世界之新潮，庶国学光大，普照寰宇，亿万斯年，永垂不朽，是为启。

中华国学研究会以"研究中国学术，贯彻心理建设，充实民族生命"为宗旨，会务有（1）刊行国学杂志，（2）编著国学丛书，（3）研究国学上各种重要学术问题，（4）聘请专家进行国学演讲，（5）设立国学图书馆，（6）设立整理国学委员会，（7）设立国学编辑馆，（8）开办国学讲习所，（9）组织扩大国学运动协会，（10）成立全国各学校国文考察团。

本会会员分为下列四种："（1）普通会员。凡具下列资格之一，能赞同本会宗旨者，填具入会志愿书，经执行委员会通过者得为本会会员。甲，凡有志研究中国学术者；乙，曾在国内外大学或中学肄业者；丙，在教育界服务确有国学根底者；丁，研究国学有著述者。（2）特别会员。凡予本会以辅助者，如为本会在各地组织分会宣传及介绍会友等，得由执行委员会议决推为本会特别委员。（3）赞助会友。凡同情本会宗旨并自愿捐助本会之经费者，得由执行委员会通过推为本会赞助会友。（4）名誉会员。凡国内外国学界鸿儒硕彦，学识丰富，愿助本会发展者，由本会会员二人以上之介绍，经执行委员会通过得推为本会名誉会员。"

中华国学研究会纯系有志研究国学者所组织，态度公开，绝对以阐扬及整理国学为立场。

> 本会以全体会员大会为最高机关，内部组织均采取委员制，并分总务、出版、研究、服务四部。本会以全体会员大会开会时选举执行委员九人，组织执行委员会，互选三人为常务委员，主持日常会务。本会为谋会务发展起见，得设各种专门学术函授学院。各省普通会员二十人以上者，经本会之许可，

得就地设立分会，惟分会会章须根据本会总章参酌地方情形，呈请本会核准后得另订之。

中华国学研究会每半年举行会员大会一次，由执行委员会通函召集之，遇必要时得由执行委员会召集临时会员大会，执行委员会每月开会一次，由常务委员会定期召集之。（1）普通会员于入会时纳入会费一元，每年常年费一元。（2）特别会员于入会时纳入会费五元，每年常年费十元。（3）赞助会友每月赞助费由各赞助会友自定之，惟至少五元以上。（4）名誉会员概无会费。

本会经费有不足时，由会员特别捐助或临时募集。本会收支每年由执行委员会造具详细清册，报告于会员大会。中华国学研究会会员有下列权利：

（1）有享受本会出版物之赠予。（2）有相当贡献者，其著作品得委托本会出版，但会员各得保留其著作权。（3）有委托本会发行其著作及学术上互相咨询之利益。（4）有发表其研究学术思想之论文于本会刊物之权。（5）有关于学术上一切需用人材，得因委托由本会介绍于各机关聘用之权。（6）有参加本会所办世界文学函授学院，得免报名费之利益。（7）有参加全国各学校国文考察团之权利。（8）凡国学精深之会员，得由本会聘为整理国学委员之权利。

中华国学研究会会址及通讯处设在上海西门中华路蓬莱里二号。本简章如有未尽事宜，由会员十人以上联名提出，经会员大会修改之。(《中华国学研究会缘起、简章及征集会员启事》，中国第二历史档案馆编：《中华民国史档案资料汇编·第五辑·第一编·文化（二）》，江苏古籍出版社，1994年，第745—749页）

中华国学研究会新选常务委员有发起人沈天铎外，国际编译馆馆长盛马良及世界文学函授学院秘书长乐建。(《中华国学研究会讯》，《申报》，1934年4月22日，第4张第13版）

4月20日　张振镛发表《国学籀略》，指出国有典籍不可蔑弃，国人治学必先求发掘国学大义，培植其根本。研究国学应当依据钱基博所言，融汇古典主义与人文主义，进而从文字学、经学、子学、史学四部分通论国学。

文中称：

　　虽然，国学之大义须明，国学之范围至广，国有典籍，初无类别。刘氏向歆父子，总括群篇，撮其指要，动为七略。一曰集略。二曰六艺略，凡《易》，《书》，《诗》，《礼》，《乐》，《春秋》，《论语》，《孝经》，小学，九种。三曰诸子略，凡儒，道，阴阳，法，名，墨，纵横，杂，农，小说，十家。四曰诗赋略，凡屈原以下赋，陆贾以下赋，孙卿以下赋，杂赋，歌诗，五种。五曰兵书略，凡兵权谋，兵形势，兵阴阳，兵技巧，四种。六曰数术略，凡天文，历谱，五行，蓍龟，杂占，形法，六种。七曰方技略，凡医经，经方，房中，神仙，四种。是为部署典籍之始。班固《汉书·艺文志》因之。其后宋秘书丞王俭又别撰七志。一曰经典志，纪六艺，小学，史理，杂传。二曰诸子志，纪今古诸子。三曰文翰志，记诗赋。四曰军书志，纪兵书。五曰阴阳志，纪阴阳图纬。六曰术艺志，纪方技。七曰图谱志，纪地域及图书。道佛附见。至果处士阮孝绪博采宋齐以来书纪，参校官簿，更为七录。一曰经典录，纪六艺。二曰记传录，纪史传。三曰子兵录，纪子书兵书。四曰文集录，纪诗赋。五曰技术录，数纪术。六曰佛录。七曰道录。此刘班王阮之七分法也。更有用四分法者，则始于晋之荀勖，因魏郑默中经而作新簿。总括群籍，分为四部。一曰甲部，凡六艺小学等属之。二曰乙部，凡古诸子家，近世子家，兵书，兵家，术数，等属之。三曰丙部，凡史记，旧事，皇览簿，杂事等属之。四曰丁部，凡诗赋，图赞，汲冢书等属之。东晋李充，取勖之制，校核群书，总没众篇，但次甲乙。自后宋谢灵运定四部目录，齐王亮谢朏造永明四部书目，梁任昉殷钧造天监四部目录四卷。刘遵亦造四部目录四十卷。刘孝标又造文德殿四部目录四十卷。（其术数之书更为一部，故梁亦有五部目录）此皆异于七分法而用四分法者也。唐人撰《隋书·经籍志》，采用其例，而改甲乙丙丁为经史子集之称。经部之类十，曰《易》，《书》，《诗》，《礼》，《乐》，《春秋》，《孝经》，《论语》，图纬，小学。史部之类十三，曰正史，古史，杂史，霸史，起房注，旧事，职官，仪注，刑法，杂传，地理，谱系，簿录。子部之类十四，曰儒家，道家，法家，名家，（阴阳家不列）墨家，纵横家，杂家，农家，小说家，兵家，天文，历数，五行，医方。集部之类三，曰楚词，别集，总集。而道家经戒符录，释氏经律论疏，著为附录。其后学者类别古书皆用四分之法，若新旧《唐书·艺文志》《宋史·艺文志》。虽稍有损益，而大体未尝变易。至元马端临撰《文献通考》，定经籍考，则斟酌群籍。别经之目曰《易》，《书》，《诗》，《礼》，《春秋》，《论语》，《孟子》，《孝经》，经辞，乐，仪注，谥法，谶纬，小学。别史之目曰正史，编年，起居注，杂史，传记，伪史，霸史，史评，史钞，故事，职官，刑法，地理，时令，谱牒，目录。别子之目曰儒家，道家，法家，名家，墨家，纵横家，杂家，小说家，农家，天文，历算，五行，占筮，形法，兵书，医家，房中，神仙，释氏，类书，杂艺类。别集之目曰赋诗，别集，诗集，歌词，章奏，总集，文史。其部次之目，颇称精审。至清纪昀，陆锡熊，戴震，邵普涵，周永年等四库书目，参酌钩稽而定经部之目为十，曰《易》类，《书》类，《诗》类，《礼》类，《春秋》类，《孝经》类，《五经总义》类（此即马氏之经解类而明志谓之诸经类），《四书》类，（《四书》之名始自朱子原本，首《大学》，次《论语》，次《孟子》，次《中庸》，而别立四书一门，则始于《明史·艺文志》。明志以马氏之《论语》《孟子》并入四书类，此乃因之）乐类，小学类。定史部之目为十五，曰正史类，编年类，纪事本末类，别史类，杂史类，诏令奏议类，传记类，史钞类，载记类，时令类，地理类，职官类，政书类，目录类，史评类。定子部之目为十四，曰儒家类，兵家类，法家类，农家类，医家类，天文算法类，历数并入术数类，艺术类，谱录类，杂家类，类书类，小说家类，释家类，道家类。定集部之目为五，曰楚辞类，别集类，总集类，诗文评类，词曲类。此四分之法，自荀勖倡之，以迄于清。虽稍有因革，秩次或更。（如荀定乙子丙史，而后人乃以子史互易）而七分之易为四分，已得多数人士之同意矣。然观夫四库书目之此著录者，且万余种，吾人即使有志研究国学，而对此卷帙之浩繁，门类之复杂，有不望洋向若而叹者乎。是故学者于此纷岐淆惑之简编，不可不加以慎择也。曾国藩曰："书籍之浩浩，著述者之众若江海。然非一人之腹所能饮也，要在慎择焉而已。"张之洞《輶轩语》曰："泛滥无归，终身无得，得门而入，事半功倍。或经，或史，或词章，或经济，或天算地舆，经治何经，史治何史，经济是何条。因类以求，各有专注。至于经注，孰为师受之古学，孰为无本之俗学，史传孰为有法，孰为失体，孰为详密，孰为疏舛。词章孰为正宗，孰为旁门，尤宜抉择分析，方不致误用聪明。"然则研求国学，乃如披沙拣金，必先识其指归，能汰沙而取金，庶不致劳而少功也，而兹之所谓《国学籀略》者，乃以应教科讲习之须。意在提要籀讨，得其大略，以启初学从入之涂耳。别其章为四，曰文字学，曰经学，曰子学，曰史学，皆先列通论，后为分论，非谓国学之范围，尽此四章也。毋亦以此四者为较重要焉耳。至集部之诗文词曲小说戏剧，则先述中国文学史分论四册，以示涂辙，不更列入焉。（张振镛：《国学籀略》，《光华附中半月刊》，第 2 卷第 7 期，1934 年 4 月 20 日）

4月25日 张寿镛应邀在佛音电台演讲国学，今日主题儒释道三教。

张寿镛认为："在哲学上系同一源流而以佛学最为广大，近来一般每以为佛学近于提倡空虚，实则佛学注重自利利他，亦儒教所谓诚意正心修身而后可以齐家治国平天下，诚能牺牲个人而救世度人，方是佛学行菩萨道之主旨。"（《张咏霓演讲国学》，《申报》，1934年4月27日，第3张第12版）

4月　船山学社通过《湖南船山学社季课简章》。

船山学社董事会建议船山学社既负有提倡学术之责，"则应有课艺之举行，爰决定举行季课"，推举王礼培、周逸、颜昌峣、陈嘉会、谢鸿熙、胡子清、杨树谷、杨卓新、李澄宇九人为季课委员，"订定简章，由社分类出题，征求课艺，复由何名誉董事长出备奖金，助取录者之膏火。是年共举行两次，应征者及三百余卷，取录者及一百卷云"。（赵启霖著，施明、刘志盛整理：《赵瀞园集》，第428页）

△　无锡国学专修学校丛书之二，唐文治著《礼记大义》出版。无锡国学专修学校丛书之三，陈鼎忠著《孟子概要》出版；无锡国学专修学校丛书之四，陈衍著《史汉文学研究法》出版。

唐文治《茹经先生自订年谱·癸酉六十九岁》："寒假后，整理《礼记大义》。助余缮校者，高君涵叔也。共四十六篇，分四卷，而以类别、提要、表等别为首卷。振谨按：治《礼记》者多，多重考据名物，而不知修己、治人乃其基本。先生此书，扫尽支离，独标真谛，专以反躬实践为主。其中如《曲礼》《内则》《乐记》《学记》《大学》《中庸》《哀公问》《孔子闲居》《儒行》诸篇，尤为广大精微，允救时之良药矣。"（唐文治：《茹经先生自订年谱》，邓国光辑释：《唐文治文集》第六册，上海古籍出版社，2018年，第3741页）

△　湖南船山学社公布1933年6月至1934年3月新入社员等。

（见表 1）

表1　湖南船山学社新入社员一览表

姓名	别号	年龄	籍贯	姓名	别号	年龄	籍贯
彭济昌	穆如	六六	衡阳	王哲惠	猷嘉	三四	长沙
何培基	乾巽	四五	邵阳	粟戡时	麦邨	五三	长沙
王政诗	嵩父	四二	湘乡	刘岳仑	笃髯	六二	衡山
赵日生	必振	六一	常德	王延英	勃哉	六三	永兴
李先恕	组丹	四八	平江	萧仲祁	理衡	六十	湘乡
李向荣	馨甫	五二	永兴	郭向阳	籽南	五七	�县
谢申岳	钟山	四六	浏阳	邝鸿钧	平衡	五四	宜章
张有晋	麓村	五五	湘乡				

（《湖南船山学社新入社员一览表》，《船山学报》，1934 年第 4 期）

5 月 4 日　河北王仁堪在《申报·读者来信》栏目发表《〈中国新文学运动史资料〉读后的疑问》，讨论新文学运动的成就与整理国故问题。

　　读书指导：我读了光明书局出版黄若英编的《中国新文学运动史资料》以后，不禁发生了如下的疑问，兹特提出来，务请先生们能公开给我一个详确的回答。……第二，本书第五编是关于整理国故问题的史料。整理国故，当然并不是绝对不可以的，因为文学的发展也和社会的发展一样，有其必然的史的发展过程。譬如现在的苏联文坛，便提出了接受文学遗产的问题。但我以为这问题只限于新文学已经打好它的强固的基础时才好提出。在我国，在五四后不久，新文学运动并不能说如何的展开，如上面所说的，连白话文运动，也没有完成它的初步任务，如果这时就掉转马头，钻进牛角尖里去，专来什么"红楼梦考证"，这不是明明在舍重就轻，明明放弃了他们当前的主要使命，明明是对于他们自己的反叛？不久前在《文学》某期上有人照样提出接受遗产的问题，试问我们的文学遗产在那里？（王仁堪：《〈中国新文学运动史资料〉读后的疑问》，《申报》，1934年5月4日，第4张第13版）

次日，《申报》予以回应：

五四运动的结果，使新文学运动——或者白话文运动，深入了小资产阶级的学生和小市民层，扩大了新文学运动的影响，这是事实，但同时五四运动的结果，更暴露了那些上层阶级的知识分子的丑态，于是分化，动摇，而结束了他们这一阶级的文学运动寿命。他们之中，有些进步的分子，是再进一步在政治上采取直接行动，这不消说。另一部分却驯服地退回了老家去，这就是如某先生之流的"整理国故"。"整理国故"决不能与苏联的接受文学遗产并论。苏联之提出接受文学遗产，是因为新文学的社会基础已极其强固，而（且）是站在使这新兴文学达到最高峰的观点出发的，否则他们为什么在第一次五年计划未完成以前不提出这问题来呢？某先生之流，显明的是在向封建文学投降，避开现实的文学斗争而躲进牛角尖里去。考证《红楼梦》，瞎捧《醒世姻缘》，不仅于新文学无补，实际上，适足为虎作伥，有意无意替封建文学、鸳鸯蝴蝶派尽了义务的宣传。这一部（分）智识分子五四运动后，早已离开了新文学运动的阵营的。他们已被时代掩埋了。(《答王仁堪君》,《申报》,1934 年 5 月 5 日，第 4 张第 13 版)

△　大夏大学国学研究会召开成立大会。该会由国学系同学李鲁、王杏村、黄纶书、李敦书发起组织，以研究国学，发扬文化及复兴民族为宗旨。

当天参加会议的有六十余人，当场通过会章，决议重要案件，如出版《国学丛刊》,设立国学讲座，聘请各人担任顾问等，选举结果：费萃英、曹临川、李鲁、陈家鸿、徐淑媛、李敦书、黄纶书、钟振翮、王荣曾、陈开禹、杏邨、唐聘、林达时、周宗熙、朱荣封十五人当选为执行委员，杨永年、王惠云、史时霖、佘祖坚、余瑞玉、张国华、孙云同七人当选为候补执委。国学讲座除由本校各国学教授担任外，拟敦请章太炎、胡朴安、柳亚子等莅校讲演。(《国学研究会成立》,《大夏学生》,第 1 卷第 3 期，1934 年 5 月 8 日) 孙德谦为大夏大学国学研究会撰写研究大纲，启迪后学。首先确立国学宗旨，研究方法为认门类、勤读书、作札记、约集论、延师长、请演讲、期世用、备出报。具体如下：

一定宗旨。何谓定宗旨？国学者，谓中国之学术也。吾人生长中国，当为中国学术，乃自不学无术者流，见异思迁，于是从外国之学问，则拾其皮毛，视中国之学问，则弃若草芥。所谓齐则失矣，楚亦未为得也，遂使兴学数十年，致有教育破产之叹。即有从事国学者，又往往牵合而附会，如汉学家之考据，则谓有科学方法。目录之学，固读书之门径，虽四部不无可议，近之讲求版刻者，不免骨董之讥。而今则废去四部，欲用杜威之十进法，易其名称，则谓之图书馆学。至外国自有哲学，中国向无此目，乃以经部《易》经，子书之儒道法墨，谓是中国哲学。不知《易》之为学，博大精微。有汉以来，京房之灾异，已嫌别传，王弼之注释，唯尚元谈，魏伯阳参同契，则神仙家之修炼也。宋之陈抟，别造先天后天图，而入以道教矣。此种易学，涉于芜杂，所当摧陷廓清，迄今尚无其人，又岂可增以哲学之说乎？若儒墨诸家，罔不各崇所长，以明其指，成为专家之学，并于一家之中，有其派别，学者尚不足辨此，而得以哲学概之乎？夫学问之道，其失最巨者，即为牵合附会。虽然牵合附会，诚学者之大患。究以何者为宗旨，曰尊孔圣，阐经义，崇礼教。此三者，能认定其为宗旨，于国学而实力研究，斯乃纯粹之国学也。夫天生孔子，为生民未有之圣。当时达巷党人曰："大哉孔子，博学而无所成名。"仪封人曰："天将以夫子为木铎。"盖言孔子之大，学无不备，不得名之为一家，天将使之秉铎行教，为中国教化之主，足以师表万世者也。司马迁作《史记》，列孔子于世家，世家之例，以周代分封国君，皆是世及相继者。孔子圣德在庶，亦编入之世家者，识者谓吴鲁诸国，后皆灭亡，唯孔子为天下一家，中国一人，则世家之作，若专为孔子设也。故其赞曰："孔子布衣，传十余世，学者宗之，自天子王侯，中国言六艺者，折衷于夫子，可谓至圣。"史公亲见孔子之教，学者所宗，中国天子以下无不取而折衷，在彼时一传再传，已及至十有余世，必且世世无穷尽也，非至圣其孰能之。外人不达，每言中国为无教之国，而吾国人亦信之，不复置辨，不知中国奉行孔圣之教数千年于兹矣。《南齐书》有云："家循孔教，岂不然哉。"乃自辛亥后，政体迁革，以为时异势异，孔子之教，不适于用，由是毁文庙，废春秋祭祀，衍圣公削除其封爵，且思夺其田产，亦可谓丧心病狂矣。今岁何幸，上丁释奠，广省行之，一方然行见全中国必复其旧。夫圣如孔子，外国尚和尊敬，而中国人其可忽乎哉。不特此也，《礼·中庸》一篇，孔子孙子思作开首则曰"修道之谓教"，即言天之生人，人各有性，人性有善有恶，固是一阴一阳之道，而吾圣祖立教，直可补天道阴阳之偏，人果服从其教，将必有大一统之势。《中庸》不云乎："是以声名洋溢乎中国，施及蛮貊，舟车所至，人力所通，天之所覆，地之所载，日月所照，霜露所坠，凡有血气者，莫不尊亲。"此则言孔子之教化横被，由中国而达外国，苟是人类，无有不尊亲兼至者。然则诸同学，研究国学，学所以为人。观《鲁论》以学而时习，为其开宗明义，继之以有子曰"其为人也"，则孔子教人为学，亦教之学为人而已矣。以为人为学，惟孔子之教为然。则人在天壤间，欲知为人之道，一本之孔子。孔子之加惠于人，厥功为大，研究国学，而用尊孔为宗旨，此其一说也。孔子删订六经，后世政策所从出，名之为经者。其自言则云："吾修诗书，正礼乐，将以治天下，贻来世。"而庄子则曰："春秋经世先王之志。"可知经乃治世之书也。刘彦和《文心雕龙》宗经云："经也者，恒久之至道，不刊之鸿教。"则经教为历久不刊者。盖经之字义，本训为常也。具此两说，而经之命名，于是备矣。特是孔子以前，经之书已有之，《礼·王制》篇"春、秋教以礼乐，冬、夏教以诗书"。《左传》韩宣子聘鲁，"观书于太史氏，见《易象》与《鲁春秋》是也"。顾经之书虽有，自经孔子修定，始有经之名，并有经之义，何以明其然哉。《礼记》有《经解》篇，荀子云："始乎诵经。"非谓孔子手订之经乎，盖至是而经之名乃立。其言经有其义者何也？经当孔子未修时，《易》不过卜筮，《诗》不过歌咏（《乐》本无经，孔子删《诗》，即是正乐），《礼》不过记其典制，《书》与《春秋》，恐亦不过载诏命事实之史，无所谓义也。自孔子加以赞修，《易》则主不恒其德，或承之羞，义不专重占卜，可为寡过之用也。《诗》则削去重复，取其可施于礼义者。《礼》则冠昏丧祭，《仪礼》述其规制，在《礼记》则有冠义昏义祭义，而于丧服尤详也。春秋笔削，为孔子所以惧乱贼者，孟子引之曰："其义则邱窃取之。"太史公曰："立一王义法。"则孔子以经垂教，有微言大义，寓乎其间，庶后人可遵而行之。乃汉武表章以来，说经之士，第知党同妒真，两汉则有今古文之争。康成郑氏，义据深通，不守家法，道统于一，卓然为经师矣。王肃起而与之击难，或谓《孔子家语》，《尚书孔传》，皆由其自行伪造，以作佐证者也。魏晋而降，又分南学北学。宋明好言性理，程朱为一派，陆王为一派。程朱则道问学，陆王则尊德性，说说各习，几水火之不相入。迨至清儒，考据之学兴，病明人之空疏，务为实事求是，别树一帜，则又有所谓汉学宋学矣。夫经之为教，并有其义，岂可存门户之见，而被［彼］此相攻，不求其实行。慨自科举既废，众建学校，经则束阁不读，直至今兹，人则一言及经，犹从而诽訾之。近闻广东命学者诵经，嗣以孝为百行之先，又使之读《孝经》，五经四书，昔之家弦户诵也，必于今日而复睹之矣。诸君研究国学，当阐发经义，定为宗旨，此又一说也。礼教流毒，礼教吃人，此等论议，闻之久矣。推原其故，人之深恶乎礼教者，盖不愿受礼教之拘束，无以一任其放荡，与自由平等，适相反耳。今当局信管子四维之说，提倡礼义廉耻，而四方响应，极一时之盛。中国素号礼义之邦，人能实行此四维，人心风俗，俱归敦朴，仍不失为礼义之称，天下当用此治平矣。夫礼教之源，《曲礼》曰："夫惟禽兽无礼，故父子聚麀，是故圣人作，为礼以教人，使人以有礼，知自别于禽兽。"由此观之，人之异于禽兽者，在礼与无礼耳。试思人而无礼，父子之间，亦等禽兽之聚麀，尚可谓人乎哉。《荀子·礼论篇》曰："礼起于何也，曰人生而有欲，欲而不得，则不能无求。求而无度量分界，则不能不争。争则乱，乱则穷。先王恶其乱也，故制礼义以分之，以养人之欲，给人之求，使欲必不穷乎物，物必不屈于欲，两者相持而长，是礼之所由起也。"荀子盖知人之生于世也，有欲有求，理无必得，其究也必出于争乱，先王制礼，以养欲给求，正所以息争而弭乱耳。夫古之言礼者多矣，《三礼》而外，杜佑《通典》，其于礼文，辑录成典，凡为百卷。厥后宋陈祥道之《礼书》，清秦蕙田之《五礼通考》，皆有专著。今亦不能殚举，仅载《曲礼》与《礼论》两则。一以见有礼者为人，无礼者为禽兽。人禽之判，只在几希。若但知自由平等，不循名分，不纳轨物，逾越范围，同于禽兽之所为，此之为患，更非浅鲜矣。彼以礼教为流毒吃人者，亦深长思之哉。一以见礼教缘起，从生人之争乱而来，昔老庄之法自然，尝言剖斗折衡，而民不争，其意必谓礼义之为教，转以启斯民之争心，能将斗衡而剖之折之，则争论于焉熄矣。夫处晚周战争之世，而高语皇古，欲慕无为之化，此必无之事。彼徒见斗斛权衡，人之高下其手，遂至互相争夺，庸讵知斗剖矣，衡折矣。物之多寡轻重，全无凭证，其争也益甚。故礼之为教，盖亦不得已而用之。斯犹斗衡诸器具，借以为物贾之平，不可或废者也。《汉书·礼乐志》云："六经之道同归，而礼乐之用为急。"足征经教之中，要归则同，其当务之急，则礼之行用为先也。诸君之于国学也，既锐意研究矣，而崇尚礼教，以定宗旨，此又一说也。昔战国纵横之世，百家并作，其学各有宗旨，维法家慎到，终日言成文典，偶然而无归宿，孙卿子非之，以其无宗旨也。今诸君研究国学，首去附会，其于宗旨，则以尊孔圣，阐经义，崇礼教，用此三者而严定之可也。（孙德谦：《国学研究法》，《大夏周报》，第10卷第29—30期，1934年6月）

5月12日　船山学社开临时董事会。

颜昌峣、谢鸿熙、胡子清、王礼培、周逸、任福黎、程子枢、陈嘉会、刘约真等董事出席，黄赞元、毛觉民请假。会议推举王礼培、周逸、颜昌峣、陈嘉会、谢鸿熙、胡子清、杨树谷、杨卓新、李澄宇九人为季课委员，其中，王礼培、周逸、颜昌峣三人为常务委员。审查通过邓振声、吴镠、刘鹏年、王宜生、王铭焘、黎秋澄、许笃斋成为本社社员。（赵启霖著，施明、刘志盛整理：《赵瀞园集》，第428—429页）

5月26日　云英发表《探索国学的敲门砖》，推荐商务印书馆编印的"学生国学丛书"。

文中指出此处所言"国学"特指"各科智识中本国固有材料的各方面"，按照中学新课程标准，仅有国文、历史、地理三科教材涉及国学，而此三科教学时间所占全部教学时间，在初中为三分之一，在高中约为四分之一。所以除了对于国学特别感兴趣的青年外，我们即使鼓励他们研究国学，也不必过分诱掖，使他们在整个课程的学习中，形成畸形的发展。商务印书馆编印的"学生国学丛书"，从历代累积的国学书中，精选出若干种，于每一书中又拣出它的最精粹的部分，同时又指示欣赏和研究的方法，确能适合现代一般中学生的需要，该丛书虽然尚未出齐，"我们不能加以定评，但就已出各书考察，不妨称其为探索国学宝藏的敲门砖，而其本身却又为宝藏中最为灿烂动人的一部"。该丛书的特色有："确立选择的标准"，"增附注者的创见"，"考证作者的身世"，"介绍作者的思想"，"分析作品的内容"，"列举作品的特色"，"讨论作品的作法"，"揭示研究的途径"，"评述文体的特征"，"附载参考的资料"。因此，作者呼吁："将本丛书全部采作中学六学年关系学科的课外及假期读物，平均每年不过读十一二本。一方面不碍于学习其他学科的均等机会，一方面于国学智识，虽距登堂入室尚远，大概也可说已经敲开大门了吧！"（云英：《探索国学的敲门砖》，《商务印书馆出版周刊》，新78号，1934年5月26日）

5月28日 李安宅发表《礼教与国粹》，提出要因时因地适宜地贯彻中庸、时宜、客观的礼教与国粹。

李安宅指出这貌似过时的题目，然而"在实际生活上仍旧是未曾解决的问题"：

> 五四以来，所谓礼教，所谓国粹，在理论方面受了重大的打击，在实力方面已不能维持固有的无上权威。维新者诅咒"吃人的礼教"，而礼教差不多已对于他们莫可如何；守旧者慨叹"人心不古"，同时国粹也帮不了他们多少忙。新旧组织是脱节的，新旧思想也是脱节的。个人生活与人的关系，失调在种种脱节的状态之下，苦闷是当然的，进退失所据也是当然的。进退本不求所据的人，不难以不了了之，最难的是欲求所据而所据莫衷一是。……礼教与国粹，自然是命脉，自然非要不可，但不一定固守哪一种礼教，固守什么时候的国粹。在那时中庸、时宜、客观了，到这时或者会正相反。所以我们要的是此时此地正在中庸、时宜、客观的礼教与国粹，不管那是怎样得来的，由哪里得来的。（李安宅：《礼教与国粹》，天津《益世报》，1934年5月28日，第3张第11版）

早在1931年，李安宅便提出，"生活条件虽已改变，旧的风俗制度尚且因为沿用已久而变僵固（cake of custom），作为进化的障碍，所以需要快刀斩乱麻的手段，加以破坏，那就是革命。到这时候，不管国粹不国粹，非要廓而清之不可"，"礼教是社会的产物，并不是某圣哲某机关所可包办，而且有时会作进步之梗"，礼教有其地域与种族上的隔膜，不能放诸四海而皆准，"国粹家不明乎此，则无怪乎大惊小怪地称赞国粹而且疾恨'偶像破坏者'（idoloclast）了"。（李安宅：《〈仪礼〉与〈礼记〉之社会学的研究》，上海人民出版社，2005年，第3—4页）

5月　无锡国学专修学校丛书之五，唐文治著《十三经提纲》出版。（陆阳编：《唐文治年谱》，上海三联书店，2013年，第345—346页）

△　吴杰民撰《国学书目评略》上卷，评述古今国学著述。

李寿先称吴杰民"用简括之词，发精确之义，是者是之，非者非之，不阿好，不苟同，俾后之读者，得其纲要，与前人治目录学以矜博雅者异焉，余钦其用意之善，大有益于后学也"。张淑纯赞誉吴杰民简而得要，"故所评诸书虽只三五语，皆能怡然中肯，得其深意"：

> 夫国学之重要不啻于水火，四库所载，自古至今一切之大道皆存焉。人固不能离水火而生也，故国亦不能离国学而立矣。近今之士子多崇西学而蔑中学，殊不知欲知今者必当明乎古，欲通西者，必当贯乎中也。若苟知今而不明古，通西而不贯中，则其学虽自幼而壮，自壮而老，吾知其才之必有所不足矣。惟是国学书籍广也，其中不能无优劣之别，精粗之分，则士之欲求敏而且精之学，岂不戛戛乎？难哉！今幸先生作为此书，用示来者之途径，固甚善矣。然更愿于此书出版之时，能将其中分为必读，略读，必览，略览，可读，可不读，可览，可不览等类以别之，则我后生，庶可循此途径而进冀获事半功倍之效焉。

吴杰民评述如下：

张之洞《书目答问》："欲研究国学书目者，可以一观。惟张氏于国学之根柢未深，故别择之力稍差。"

梁启超《要籍解题及其读法》："对于研究《论语》《史记》《诗经》《楚辞》之方法，言之颇详，惜任公汉学之工夫不深，故所论容有未惬之处耳。"

胡秉虔《说文管见》："于研究《说文》之方法，颇能举例而发凡焉。"

梁启超《清代学术概论》："于清代之学术叙述甚详。惟言康有为及其本身处，似稍觉矜饰。至于谈清代之三家诗，以三家为袁枚，蒋士铨，赵执信，亦系错误，赵执信宜改作赵翼。又言李颙为朱子学派，则亦未融。盖李颙之思想乃辑合程朱陆王之思想也，且含有西洋学说，丹徒马良谓《二曲集》中《吁天》，约即袭自利玛窦《畸人十篇》。"

钮树玉《段氏说文注订》："有订正段氏之误，实则段氏未误，而己反误者。然言之当理者，亦有如干条。"

梁启超《陶渊明》："于陶公之性格、传略、文学，言之甚精详。"

任大椿《列子释文考异》："对于殷敬顺之释文，详加考证，于列子之故训，不无补益。"

陈瑑《说文引经考证》："于《说文引经云字》加以考证，此外陈寿祺氏，俞荫甫氏亦有考说文经字之作，治说文皆可一观。"

陈柱《尚书论略》："于《尚书》之今古文能言其概，初学《尚书》者亦可一观。"

高似孙《子略》《史略》："于子史颇能言其略，而史略尤胜焉。"

任兆麟《夏小正补注》："王西庄氏颇称之，然所补者甚少，且于音韵训诂欠工夫。"

钱大昕《十驾斋养新录》："书中繁称博引，具见学有根柢，而其发明古音纽，尤于文字学有功。"

俞曲园《春在堂随笔》："虽为笔记体，然颇能增进考证学及文学之兴趣。"

任大椿《小学钩沈》："对于《小学》之逸文，如《仓颉篇》《埤沧》《三仓》等广为搜集，治古代音训者，颇可观览。"

汪容甫《大戴礼记正误》："颇有精到处，然好据他书，以正大戴礼之字，如而如二字，古本通用，此则无须据他书以改矣。"

王念孙《群经字类》："于群经同声通段之字，言之详而得要。"

朱芹《论语札记》《孟子札记》："所言间有可采，然于书中谈反切而不通音纽，则一笑柄矣。"

梁启超《国文语原解》："梁氏于《清代学术概论》中自称为于以言古代之社会学，亦文字学中之一种工作也。惜梁氏非训诂学专家，故言之颇略。至篇末引丹徒马相伯之言，谓中国字中有外国字，则未免子长爱奇矣。"

刘继庄《广阳杂记》："继庄之学，全绍衣及近代梁启超皆甚推许。盖刘氏亦长于音韵之学者也，于此书中可以略见其概矣。"

钮琇《觚剩》："多言明末遗事，为文言短篇小说之一种。"

陈垣《元也里可温考》："考订元史中也里可温之名词系称景教人之语，证据甚精确。"

江藩《国朝汉学师承记》："江氏于汉学研究未深，然此书对于汉学家之历略能言其概。"

王引之《经传释词》："王氏精于音韵训诂之学，此书尤为特创，且含有文法学。"

俞樾《古书疑义举例》："似规仿高邮王氏，亦富于文法学之思想，其弟子章炳麟盛称之，近人刘师培、杨树达、马叙伦对于此书且有续补校录焉。"

金和《秋蟪吟馆诗钞》："梁启超于《清代学术概论》及其所作《秋蟪吟馆诗钞序》中盛称之，今试观诗钞中《烈女黄婉梨行》《苜蓿头简陵女儿行》诸作，文笔皆甚优美。"

满人盛伯希《郁华阁集》："诗才甚高。"

黄宗羲《明夷待访录》："思想颇开廓。"

纳兰性德《饮水词》："清新秀润，颇有词才。"

章炳麟《国故论衡》《小学答问》《庄子解故》《新方言》："于音韵训诂皆有创解。其弟子黄季刚于《国故论赞》中倍致推崇，然《国故论衡》中兼有采集前人之说，而不言其所自者，似于汉学家之态度未符也。"

郝兰皋《晋宋书故》："于晋宋书之故训，略有所释。"

李笠《三订国学用书撰要》："对于国学书间有批评未当处，则由对于所批评之书未有相当研究之故矣。"

王静安《宋元戏曲史》："书中旁证博引，考证宋元戏曲之史略。"

章炳麟《文始》："多谈字声之转变。"

顾炎武《音学五书》："虽兼有未当处，然陈第而后，顾氏颇有功于古韵。"

孔广森《诗声类》："言阴阳，对转治诗声者，大可一读。"

王国维《观堂集林》："书中大部分为考证学，小部分为文学作品，王氏之学，笃实精微，独到颇多，其学似钱晓征，孙仲颂。"

朱彬《经传考证》："颇有见解。"

阎百诗《四书释地》："考证颇精核。"

孔广森《经学卮言》："读经之笔记也。"

洪颐煊《读书丛录》："书中颇有新见解。"

俞曲园《群经平议》《诸子平议》："《群经平议》规仿高邮王氏之《经义述闻》，《诸子平议》规仿王氏之《读书杂志》，然颇有创解。"

丹徒马建忠《马氏文通》："以西洋文法治中国书，然马氏于音韵训诂之学两无所得，故错谬颇不少，杨树达氏曾著有《马氏文通勘误》以正之。"

王先谦《庄子集解》："书中采王念孙、俞曲园二氏之说颇多。"

任大椿《字林考逸》："近人李详吊任子田文自注云：归安丁小雅谓曾著《字林考逸》一书，稿本存子田处，子田窃其书而署其名，作书遍告同人，事见《江藩汉学师承记》。余曾见翁覃溪与先生书手帖云：尊著《字林考逸》云云，小雅为覃溪门下客，丁箸此书，覃溪不容，不知郑堂亦云：子田似非窃人书者。"

程瑶田《通艺录》："考证颇详瞻。"

谢无量《中国文学史》："书中除钞撮外，心得颇少，又《镜花缘》一书系李松石所作，李为陵次仲之弟子，而谢书乃谓《镜花缘》系李笠翁所作，不知何所见而云然。"

刘淇《助字辨略》："书中之思力颇有胜人处。"

桂未谷《说文义证》："颇繁博，然多有未洽处。"

郭庆藩《庄子集释》："时有特见。"

王先谦《荀子集解》："书中颇采王念孙、俞曲园之说。"

金榜《礼笺》："朱珪序言有叹其辞精而义核之语。"

柯凤荪《新元史》："马其昶序言谓某国文部省赠以博士，足以杀吾国人士不学之耻云云。"

张惠言《周易虞氏义》："治仲翔易学者也。"

陈寿祺《五经义疏证》："自序谓许君《说文解字》综贯万原，未见遵用，独郑君注《仪礼·既夕记》《周礼·考工记》，尝三称之，所以推重之者至矣。顾于异义为之驳者，祭酒敦崇古学，故多从古文家说，司农囊括网罗，意在宏通，故兼从今文家说，此其判也。"

王鸣盛《尚书后案》："书中独见虽少，然采集之书颇富。"

惠栋《古文尚书考》："考证《古文尚书》之作也。惠氏云：东晋之古文出，而西汉之古文亡矣。"

《昭明文选》："此书为萧统所编文学之总集也，研究辞章者，必须一读。虽章炳麟氏于《国故论衡》中讥其体例未善，然在古书中，文选终不愧为有价值之作也。老杜之精熟文选，理讵无故耶？近人兴化李详且取杜句之出于文选者，罗列成书，名曰《杜诗证选》。如证炙背俯晴轩一句云，出于《稽叔夜绝交书》：野人有快炙背而美芹子者。近人唐文治亦称：《文选》腾华沸丽，为文人摛藻之资。此书以李善注为最佳者，人称为一字一缣，且李氏之注斯书也，有初注，再注，三注之别，虽其本不传于今，然用工之深，亦可想矣。李注之佳处甚多，如注中引《韩诗外传》汉皋二女事而今本无有，可由此知今本韩诗外传之有脱文矣。注古词《伤歌行》引《毛传》云：阆内，门也。今本《毛传》作：阆门，内也。由此可以明今本之误倒，至于注中多引古代之训诂书，又可为治文字学者之助焉。"

李详《学制斋集》："李氏之文力追清代汪客甫，其骈文于近代中，堪称一杰。"

张九钺《陶园文集》《陶园诗集》："书中才情，颇觉横溢。邓显鹤曰：先生名在当世，当世诵其诗，至推为乾隆朝一大宗，文集中如《平回雅》《九忆》《哀些》篇，皆典瞻风华，得古骚之遗。"

孙仲颂《周礼正义》："于《周礼》之汉注及清代各朴学家之注疏搜罗，颇称详备，且引各家之说必将其人之姓名提出，与用其人之说而不明其所自迹近掠美者迥别。"

郝兰皋《尔雅义疏》："于《尔雅》之古训多所发明，胜于邵晋涵《尔雅正义》之止知称引古书而无旁通矣。然郝氏于古声尚多蒙冒，故谬误之处亦不少焉。"

《清诗别裁》："此书为沈归愚所选于清代各诗家之作品，择要罗列，且于各诗家之名下括以其人之历略，甚便翻捡。"

孙仲颂《墨子间诂》："于治墨子诸家之说，搜罗略备，虽间有可议处，然不害为一部名作也。"

刘师培《左盦集》："书中会集考证之作若干篇，亦多可采，治考证学者可览观焉。"

宋于庭《小尔雅训纂》："简而得要，惜于古声之未融耳。"

张山来《虞初新志》："选录清初文人作品之近于小说者，都为一集，郑醒愚氏复依其体例撰《虞初续志》，亦可喜。"

冯登府《三家诗异文疏证》："取三家诗之异文，疏通而证明之，不惟有益于治诗者，即于音韵训诂之学，亦不无小补焉。盖三家诗之异文，多用通段也。"

王怀祖《广雅疏证》："王氏之学，由博返约，取张稚让之《广雅》证之。以群经子史训诂精详，段玉裁称为一人而已矣，似非过誉。"

嘉应宋芷湾《燕台剩沈》《南行草》《滇蹄集》《丰湖漫草》："芷湾之诗，长于古体，雄奇磊落，意趣横生，颇足耐人观玩。"

王引之《经义述闻》："编中或称引其父王怀祖先生之说，或自抒所得，多有精确的当发人未发之处，至书后所载通说，则又能于文法学上有所贡献矣。"

黄仲则《两当轩诗集》："仲则才气横溢，故古今体诗多有可观者。"

王怀祖《读书杂志》："书中兼有音韵、训诂、校勘三长，欲研究《墨子》《庄子》《史记》《汉书》《文选》者，不可不备此书。"

卢文弨《群书拾补》："卢氏固讲校勘之学者也，此则取其校勘之成绩，汇而勘之，颇便学者。"

顾亭林《日知录》："一部朴学家读书之札记也。"

马瑞辰《毛诗传笺通释》："取毛传郑笺，会而释之，精于训诂，发明颇多。"

朱骏声《说文通训定声》："含有音韵学、文法学二者之长，然朱氏时有专辄之病，故武断之处不少。"

孙星衍《尚书今古文注疏》："旁通广证，颇便学者。"

陈奂《毛诗传疏》："书中有过宗《毛传》之弊，似不殆马瑞辰之作也。"

江声《尚书集注音疏》："虽不免时有武断之处，然发明亦颇不少，具见汉学家之精神。"

胡承珙《毛诗后笺》："精审之处虽不逮马瑞辰，然亦蔚然可观。"

杨树达《高等国文法》："书中以训诂学为根柢，而济以西洋文法，又多采取清代朴学家之说，惜于古韵稍欠工夫。余曾于此书出版后致信杨君，有所商榷，杨君来信，甚为挚谦，杨不愧学者态度也。"

王益吾《汉书补注》："为研究《汉书》一良好之本，兴化李详答王氏书云：班汉之学，向未津造，卒业来编，挢舌怖伟，不朽之作，悬诸日月，复何足云。昔詹事考史侍郎治荀上元观桥之绪，闻江都容甫之定本甄录，门徒传为休美详则，厌次不名，撑梨冈识，景佑旧椠，弇州秘笈，钻味异同，罕寻户牖，尘露之微，奚裨山海，惟有缇锦春臧，昕夕握玩，尊毛诗之后笺，紬山经之广注，比于召陵，故训远郡，相师孔公春秋。一辞莫赞，其推崇可谓至矣。余则以王氏此书，于声韵训诂之学，似觉略短。"

刘彦和《文心雕龙》："议论详审，博采于辞章之学，大有补益，此书清代有黄叔琳注本，然有人疑黄注非出自昆圃之手云。"

赵坦《春秋异文笺》："对于《春秋三传》之异文，皆搜罗而比证之。"（吴杰民：《国学书目评略（上卷）》，《铃铛》，第 3 期，1934 年 5 月）

6 月 1 日　朱自清在《清华周刊》第 41 卷向导专号发表《中国文学系概况》，介绍清华大学中国文学系的国学课程。

朱自清提出国学基础之于中国文学研究的作用：

本系必修课程，以基本科目及足资比较研究之科目为限。所谓基本科目兼指工具科目与国学基础而言。中国文字学概要，中国音韵学概要，第二年英文，属于前者；中国哲学史，中国文学史，国学要籍，属于后者。国学要籍一科，用意在让同学实实在在读些基本的书，培养自家的判断力；不拾人牙慧，不凿空取巧。所定要籍共九种：其中论孟庄荀韩非，代表儒道两家思想，是中国文化的根柢。《史记》综述古代文物，成一家言，学者当资以知人论世。这些书里的词藻故事影响中国文学也极大。《诗经》，《楚辞》，《文选》，杜诗，不用说，是篇章的准式，文辞的渊薮。而治声音，训诂，文法，修辞，这些书也都是不可少的资料。这一课重在使同学诵习涵咏，先打下一个根基；研究极深，则是以后的事。所谓足资比较研究之科目，指西洋文学概要及英文文字学入门两科而言。比较研究不独供给新方法，且可供给新眼光，使学者不致抱残守缺，也不致局促一隅。志趣偏于文学的，可习前者；志趣偏于语言文字的，可习后者。（朱自清：《中国文学系概况》，《清华周刊》，第41卷第13—14合期，1934年6月1日）

△ 《文学》月刊出版"中国文学研究专号"，重新估定祖先遗产的价值，因而决定今后对于旧文学应采取的态度。

郑振铎首先肯定了"文学遗产"的价值，在人类文明中，在先民留下的诸多遗产中，"文学的遗产在其间确实是最没有血腥气的"，也是"最足以使我们夸耀自己的文明与伟大的"。他申明：提出了文学遗产问题，并不是说，一切的丑态百出的东西，都可以算作遗产，我们真正的伟大的遗产，足以无愧地加入实际的文学的宝库中，还要待我们用敏锐博大的眼光去拣选！至于怎样的拣选以及拣选的标准的问题，那是另一回事，需要许多人来合作。［远（郑振铎）:《中国文学的遗产问题》,《文学（上海1933）》,第2卷第6期, 1934年6月〕郑振铎以现代的眼光，提出了两点意见：向新的题材和向新的方法里去，求得一条新出路来。〔远（郑振铎）:《中国文学研究者向那里去？》,《文学（上海1933）》,第2卷第6期, 1934年6月〕该专号由郑振铎在北京编辑，短论由郑氏一人所撰，内容和大意都是茅盾和鲁迅等人所认可的，鲁迅赞赏"内容极其充实"。（茅盾:《我走过的道路》(中), 人民文学出版社, 1984年, 第231页）不过，该专号招致不少激烈的责难，被戏称为"中国文学遗产专号"。

林啸认为，"欧风东渐"是老生常谈，但目前的现状是我们作为一个落后的国家，"事事只有跟着'文明之邦'的屁股后面跑，但跟着屁股跑倒不打紧，可惜有许多事情是不甚适宜的，借来了大帽子放在尖头上，就算是时髦的帽子，也显得难看"。近来文化遗产的问题也从外国贩进来，大家讨论的结果是："检讨，检讨，扬弃了有毒质的东西，承继可宝贵的材料。但结论也只做到这一步罢了。究竟什么是中国的遗产呢？有毒质的东西是什么？可宝贵的材料是什么？没有人具体地指示出来。"林啸根本怀疑这是"拿现在的尺寸来衡量过往"，许多错处，就出在所谓"重新估价"这一点上：

> 我们要知道历史的进程是永久的我们的现在，不过历史进程中的一刹那。对过去文学遗产，我们作为历史上的价值，作为研究过往的材料而保存，而分析，那是必要，若拿一刹那的阶段来估定永久历史上的价值，这对于历史价值的客观存在性这一点上是忽略了的。

　　总之，文学作品的价值，是历史上的价值，它的价值是不会随近代人的"标准"而转移的，所谓"选择"，"扬弃"问题，对于文学自身的价值并没有触摸着什么！

　　那末，"接受遗产"问题与"整理国故"又有什么分别？

　　由外国贩进来的时髦名词，纵使说得满口漂亮，但毕竟是一顶大帽子，显得更难看的吧。（林啸：《"文学遗产问题"的疑问》，《申报》，1934年7月19日，本埠增刊第20版）

　　"明堂"撰文指出，中国文学遗产固然是值得整理的，但目前更需要能表现客观现实的矛盾，解决矛盾的文学，不是我们来从容做这些整理中国文学遗产的时候，"所以我的结论是：《文学》所提议的整理中国文学遗产，接受中国文学遗产，只不过是逃避现实，逃避矛盾的一个更巧妙的方法而已"。茅盾撰写《"文学遗产"与"洋八股"》，指责"明堂"的文章是十足的"洋八股"，提出整理中国文学遗产，接受中国文学遗产这一提案是为了要"到中国旧文学营垒中去放炸弹"，与替中国文学来进行"消毒"运动。整理中国文学遗产，接受中国文学遗产是反对"迷恋旧文学"，引导前进路上很有意义的工作。"在'继承文学遗产'这名词输入以后，我们已经听见了许多曲解，而醉心于旧诗词的先生们且将以此所谓'遗产'论作为青年人不可不'寻章摘句'的辩护。在这样的情形下，凡属积极地指示何者为'遗产'的企图都将发生意外的不良影响，而消极地指斥何者不是'遗产'的议论则至少可有'消毒'的作用。《中国文学研究专号》提到'遗产'的问题就站在这样的意义上。"［风（茅盾）：《"文学遗产"与"洋八股"》，《文学（上海1933）》，第3

卷第2期，1934年8月1日］8月30—31日，"明堂"又在《申报》连载
《论"文学遗产"与"洋八股"》予以回应：

　　现在我们先来着［看］他的所谓整理中国文学遗产，接受
中国文学遗产，是不是"到中国旧文学营垒中去放炸弹"，与
替中国文学进行消毒运动的工作？事实回答我们，不是的。第
一，在全部《中国文学研究专号》中，我们没有看到一篇文
章，甚至一字一句，说他们这一工作，是"到中国旧文学营垒
中去炸弹"与替中国文学进行"消毒"运动的工作。有之，在
《文学》三卷二号。然而这又在我的那篇所谓"洋八股"发现
于本埠增刊之后。这是不是后来追加上去的呢？还是他们当时
一时遗忘了？这就有点难以弄得明白。然而他们也会说，这是
你自己没有眼睛，我们在《中国文学研究专号》中早就"皮里
阳秋"式的说过了。再则，这事也不用明说，在这个时候，来
提议重新整理中国文学遗产，接受中国文学遗产，当然就包括
"到中国旧文学的营垒中去放炸弹"与替中国文学进行"消毒"
运动的意义在内了。则我又有何说。

　　然而事实还是事实。偷儿取到了人家的东西，有人追问，
他一定要说，这是拾到的，或是在某处某处怎样得来的；当
然，他一定不会说，这是我在某处偷到的。《文学》的起先很
单纯的说，我们要以新的方法，重新整理中国文学遗产，接受
中国文学遗产；而后补充的说，这是"到中国旧文字的营垒中
去放炸弹"。谁又知道，这一定不是偷儿式的闪烁"遁辞"！

　　……　……

其次，"风"君攻击我那篇文章，最得意的地方，要算是说我那篇文章是十足的所谓"洋八股"了。这是很有意义的。"风"君说我那篇文章是"洋八股"，这样一来，我的全部文字，便都完全给他推翻了。这是一个很凶狠很恶辣而又非常巧妙的说法。然而明眼人谁都看得到，这究竟是一种什么样的手法。拆穿了说，"风"君也不过学到了一班政治密探最起码的给人家"戴红帽子"的方法。这种方法，在我看来，实在起码得很。"风"君能够说，因为我那篇文章是"洋八股"，所以《文学》所提议的整理中国文学遗（产）接受中国文学遗产，便无论如何，都不能不说是一桩，有意义的工作吗？《文学》诸君，能不能这样的"大胆武胆"？给人家"戴帽子"的方法，这勾当现在也玩得太平凡了。不料《文学》诸君，为了这一个小问题，也郑重其事的应用到这一种最起码最可鄙的方法，这就未免有点可怜。

最有意思的是，"风"君虽然用尽了力量，在证明我那篇文章是"洋八股"，而他自己，却同时也就深深的陷入了"洋八股"的泥淖。不仅是"洋八股"，而且是最最恶劣比"洋八股"尤恶劣的"本八股"。我们看罢："风"君那篇文章，最得意的地方，是在什么地方？不过是一些最无聊的从文字上的"寻章摘句"式的批评而已。请问"风"君，这比我的"洋八股"又高明了多少？

"风"君写那篇文章，态度是很夸大而严厉的。这大概因为《文学》在国内是比较有地位的杂志罢，所以他们一举一动，究竟"比众不同"些。我的那篇文章，不过因为一时匆忙中写成，又经人改过，所以中段文字确有许多不顺与拖沓之处。这是难免的。我不是"文学家"，文字上当然有时有许多论争，我们从来没有看见这种情形。大概《文学》因为有地位的原故，他们的作家，想来逻辑上必然是"第一流"的。其实你们的东西，现在也未必一定可以雄据"中国文坛"，尽多有眼睛的中国芸芸民众，他们的眼睛，现在并不朝着你们看。

最后我倒要奉劝《文学》诸君，我看你们这是静心的安分守己的做些到中国文学遗产中间拣"金沙"的工作好些。本来，那里才是你们"怡情适性"消遣的地方。若一定一手执着中国文学遗产中的"金沙"，一手还要"到中国文学营垒中去放炸弹"，那就未免太使人看了肉麻。然而这是《文学》诸君所万万不肯率直承认的。那恕我要说句"诛心"的话，《文学》当初是怎样继续维持下来的？

然而最后的最后，我觉得《文学》诸君究竟还是值得佩服的。为的是他们既可一手"拣金沙"，一手又可"放炸弹"；而同时，又能给人家"帽子"戴，很快的（也许早就能的）学会了政治密探的本领。这是《文学》诸君的为我们所万不及的地方。我（的）佩服《文学》，就在这两点。（附记：《文学》三卷二号是八月一日出版的，及至八日左右，才有人告诉我其中有上面那么一篇攻击我的文章，接着我又生病，故直至今日，始能作文以答之。特此志明）。（明堂：《论"文学遗产"与"洋八股"》，《申报》，1934 年 8 月 31 日，本埠增刊第 2 版、第 1 版）

阿龙质疑《文学》月刊所言的"文学遗产"的发明权以及何为

遗产等问题，特意指出"文学遗产"与"整理国故"二者到底有什么分别：

　　据华先生说："所以我们提出中国文学遗产问题，不是企图积极地指示什么是遗产，是企图消极地指斥什么不是遗产。"据林啸先生说："'文学遗产与整理国故'，又有什么分别。"若照两先生所说，名目虽有不同，而性质也无甚差别。但是我赞成"整理国故"四字，什么理由呢？若拿"文学遗产"四字字面来看，"文学遗产"，是把祖先全部文学，统统接受下来，但遗产之中，金银珠宝，天然接受，然而破台子，破凳，破布头，同时一并也在接受之列，并没有判别和抉择的意思，非得华先生象朱夫子注书似的先来解释一番，我们真是莫名其土地堂。

　　若云"整理国故"，既经整理，当然有重新支配，分别去取的意思，国故之中，有的当然要陈列博物院中去的，有的应该陈列各省图书馆，预备各地研究学术的人们去参考，有的当放到民众教育馆去，使大家来研究。这就是"整理国故"的意思，西哲所谓重新批判，重行估价是也。而华先生必定说"文学遗产"是对，而"整理国故"为非，不是先生别有用心，（借用先生语）尚有什么道理？……

　　总而言之，统而言之，外国的来路货，究属靠得住，文学遗产四字，任凭你张冠李戴，头寸总是适合的，并且读者一读下去，何等新异可喜，若说整理国故，我一听之下，便要头痛，我奉劝明堂和林啸两先生再去多读些书，不要瞎来咬舌罢。（阿龙：《读〈接受遗产与整理国故〉的疑问》，《申报》，1934年9

月8日，本埠增刊第2版）

　　傅东华将"整理国故"和"接受遗产"分别视为一种"义务"和"权利"，"我们并不否认'整理国故'这工作的重要，但只能承认这工作是手段不是目的。而且我们觉得'整理国故'这个名字，也就含着一种有毒的暗示，因为说是'整理'就只许'保存'，不许'取舍'；说是'国故'就又隐括着一种'义务'的观念了。现在说'遗产'，这才不是'义务'而是'权利'。我们愿意去承继它，自然我们有这'权利'；反之，我们要放弃这'权利'，也是不受拘束的。这里面的差别，实在是对文化的态度的基本差别，决不仅是字面的差别而已"。［华（傅东华）：《"接受遗产"与"整理国故"》，《文学（上海1933）》，第3卷第3期，1934年9月］夏征农强调，"接受文学遗产"是由苏联传入的，特别是在苏联完成五年计划之后，新兴文化建设已经奠定基础后提出的，那么，"接受文学遗产"问题的提出有着特殊的意义。

　　第一，"文学遗产"并不是泛指前人的任何作品，而是指那些足以充分代表时代精神的伟大著作，那些富有高度的创造力的著作，因为只有这些才能作为新文学建设的借鉴。我们听到苏联欢迎莎士比亚，欢迎巴尔扎克，欢迎托尔斯泰，屠格涅夫等世界文学的巨匠，但绝不会欢迎凡是在白纸上写了黑字的庸俗作家。第二，接受遗产，决不是横吞直吐地把前人的作品作为创作的模范，而是在于消纳前人创作的技巧。说技巧，就是表明不包括内容，说消纳，就是表明不是模仿，是把前人创作的技巧，消化后融成新的技巧。固然形式是决定于内容的，但文学的内容即是社会的内容，新社会是从旧社会发展出来的，因此，新文学的内容问题，已在社会的改革中解决。所以，这里的接受遗产——消纳技巧，乃完全是为要达到新内容与新形式的统一。第三，接受遗产，不仅丝毫不含有"复古"的意思，而且是进一步的反复古，因为它的目的是在吸取旧文学中一滴一点的精髓注入到新文学中去，让那些残骸死而无怨地长眠到坟墓中。另外，这问题的提出，还有反对苏联革命初期的公式主义文学，及那种完全忽视形式的倾向。……当中国提出"接受文学遗产"问题时，为什么会引起"复古派"的曲解误会呢？这不但是某些人的无知，乃是新文学运动还没有达到顺利地进行这一工作的时候的缘故。我们只要看苏联，一定要到五年计划完成以后才提出"接受遗产"的问题，当更明白了。所以，"接受遗产"，在中国目前，只能说是对于进步的青年作家的一个提示，要他不要陷入观念的叫喊，应该注意前人写作的技术，力求新形式与新内容的统一。如果把它作为一种运动提出，那就未免太早。（夏征农：《征农文艺散论集》，上海文艺出版社，1982年，第123—126页）

茅盾认为文学遗产之争"有意无意地帮文言（封建思想）的忙"，"文学遗产"这名词输入以后，施蛰存先生曾经劝青年读《庄子》和《文选》，"利用前时代的遗产"。此事发生在汪懋祖提倡"文言运动"以前，"倘说他们和汪先生一鼻孔出气，自然是冤枉的，但无形中已经助长了'复古'的倾向（尤其在青年群）却是事实"。［惠（茅盾）：《对于所谓"文言复兴运动"的估价》，《文学（上海1933）》，第3卷第2期，1934年8月］施蛰存声称："我根本不承认'文学的遗产'这个名词！"这是苏联以政治方式运用于文学而想出的巧妙理论，至于中国文学，"整个的中国文学，它并没有死去过，何来'遗产'"？（施蛰存：《我与文言文》，《现代（上海1932）》，第5卷第5期，1934年9月）《文学》有意停止文学遗产之争："好了，要像这样子蛮缠下去，在作者是有文章可以做，编者是有文章可以编，真可谓两得其便！然而《文学》是要珍惜篇幅的。今后如再有这样的蛮腔来对付我们，不管你骂也好，咒也好，恕我们一律不再奉陪了。"［风（茅盾）、华（傅东华）：《一律不再奉陪》，《文学（上海1933）》，第3卷第4期，1934年10月］

6月2日　九江培基国学英数专修馆馆长罗公耐筹办国学专修学校，考察各大学附设国学专修科及无锡国学专修学校概况，以资借鉴。（《罗公耐考察国学专科概况》，《申报》，1934年6月2日，第4张第15版）

6月4日　《金陵大学校刊》第128期头版刊发题文学院中国文学系将增开高等国学课程，招收国内各大学文史哲学系毕业生。

我国长江流域，学校如林，文风素盛，然而类似研究所之专攻国学组织，求之于东南各大学中，辄未一见。前闻华东基督教教育会曾希望本校特别注意培养中国文史人才，文学院毕业同学曾有数十人联名请求该院设立国学研究所，俾获有深造机会。荏苒数月，音讯寂然，记者近从各方面探询，得悉该院中文系为适应社会需要起见，已决自下学期起，增开高等国学课程，招收国内各大学文史哲学系毕业生……，修业期限定为两年，研究范围，暂定中国文学，文字学，史学，哲学四大类。研究方法，除每周上课外，注重自力研习，学生各认专题导师予以指导，至组织名称，尚未确定，或称为国学特别研究班。（转引自巩本栋、徐雁平、陈晓宁主编：《中国学术与中国思想史》，第584页）

南京金陵大学院，为培养国学师资造就高深人才起见，于本年度招收中国文学特别研究生，已聘定国学名宿黄侃、胡光炜、刘继宣、吴梅等为教授。凡已在各大学中国文学系毕业生其学业成绩在七十五分以上，经审查合格者，或文学院毕业，志愿研究国学者，及国文专修科毕业有教学经验二年以上者，均可应入学试验。（《金陵文学院举办国学特别研究班》，《申报》，1934年7月5日，第4张第16版）

6月5日　《晨报·国学研究》副刊创刊。

孤云撰《本刊出世略言》：

国家之治乱兴亡，靡不视学术之显晦为衡，稍一不慎，其祸殆甚于洪水猛兽。乃者学士大夫方醉心西化，土苴三传，弁髦六经，老师宿儒，避开倒车之说之讥，大抵屏息而不语。国学之衰，至斯极矣。本社刊布《青鹤杂志》将两岁，读者盛称之，以思古之情稍慰，怀旧之念略舒，同仁遂未敢自逸而自贬矣。

潘公展先生，当世有道之君子也，方以经营晨报负高名，尝与余论议国学，谓新旧宜融会贯通，不可偏废。余韪之，因举周刊事属本社，义不容辞，乃萃百家之说，辨别真伪，为斯民雅俗之引导。虽尺幅褊小，未尝不冀本刊朝布，而争览者夕闻。嗟乎吾人殊不欲数千年固有之声名文物，及今而丧，而思如量以存其真。夫汉之伏董、宋之邵陈、明之黄王、清之王顾口，于当时群以抱残守缺之经生目之，其后识者莫不尊崇为一代国学之硕果。本刊犹斯志也。（孤云：《本刊出世略言》，《晨报》，1934 年 6 月 5 日，第 8 版）

6 月 9 日　《华年》刊登《播送的"国学"》，评述国学广播。

近来大都市里的播音一天发达似一天。所谓发达，又有两个方面，一个自然是装置无线电人家的加多，二是播送的资料的门类，也是逐渐推广。最初不过听听曲子、笑话，后来可以听见叫货，再后听见礼拜堂里传道，最近我们可以听人讲"国学"了。从唱曲子到听"国学"，也许是一种进步，也许是一种退步，凭听的人的看法。不过无论如何我们目前所听见的国学却真有几分滑稽，这滑稽是从两方面来的。一是从"国学"和其它播送的资料比较后得来的，二是国学自身的资料。我们也许最初听曲子，所听到的是《自杀尚未成功》《丁丁当太太》，是《梅花接老爷》，是《风流寡妇》，是《谢谢毛毛雨》……正在听得入神的当儿，也许有人把开关一拨，换了一个播送机关，林莺女士的婉转的歌喉一变而为冯明权先生的"舜，大圣人也，后世无及焉，周公……"或郁霆武先生的"鲜于子骏，宁非一路福星？司马温公，真是万家生佛"——岂不是太杀风景，即使可以把开关重新拨回到歌曲子的地方，也已经不免有遗珠之憾了。国学究竟指甚么东西，似乎到现在谁还不明白，即使明白了，一部《古文观止》，一部《幼学》，是不是便可以尽国学的能事，可以代表国学，也是一个很大的问题。韩退之的《原毁》固然是一篇大文章，舜和周公也固然都是大圣人，但在这里把他们播送，不是教人起一种感想，以为舜是一个很不知趣的人，所以宜乎受他老弟的压迫，便不免把人迫进一种半自觉的境界，可以直接会见周公。一路福星和万家生佛也是那时代里谁都欢迎的，但阿弥陀佛，司马温公一派的"生佛"总嫌古旧一点，我们现在最感觉需要的是诺那一类的"活佛"！

中国的经史和其它的文献并非不宜播送，但选材却是一大问题。在主持社会教育的人在这方面还没有规定以前，我们以为至少中国的历史，是极合用改良的演义方式加以播送的。此外即使要利用以前的童蒙教本，我们也以为《三字经》和《鉴略》要比专讲典故的《幼学》强得多。（《播送的"国学"》，《华年》，第3卷第23期，1934年6月9日）

6月10日 《申报》报道孙世英国学播音改期，从本月十一日起提早一点钟，为每日上午七点半至八点半，所用课本，论语讲毕，将开讲孟子。（《孙世英播音提早》，《申报》，1934年6月10日，第4张第14版）

6月12日 孤云撰《答客问》，回应读者对"国学大师"的疑问。

客问余曰：第一期载《钱基博先生近代提要钩玄之作者》一篇，颇有心得与理解，顾叙述康有为一节，有言曰，南海圣人，天挺霸才，此何说耶？

余曰：钱先生，富学问，执南北各大学教师垂三十年，著作等身。南海圣人，讥辞也，犹世称董康胡适为圣人，此当系行文时，信笔直书，圣人与霸才之不可并论，以钱先生之博学，宁不之知，又安知其非寓褒嘉于讽刺中，编稿者亦明知之，以斯二句无关本题要旨，似未便易其辞句，非不解也，客得毋吹毛求疵乎。

客又问余曰：前期载《义宁陈散原先生肖象》题其端曰"当代国学大师"，而有人称其只工诗，不当谓国学大师，何也?

余曰：散原先生，年逾八十。国学湛深，门人众多，所著各类文章，都千余篇，自少及老未稍辍，读者靡不窥见其精奥。顾其人淡泊自甘，不乐与人竞，尝诫其门弟子毋标榜。学者同声曰：此今日之国学大师也。是岂余一人阿私所好哉，客亦读书人，奚所见之陋耶，而气量又何其褊浅耶。

客复问余曰：前期所影印之古钱，其形式无如是之大，得毋误乎?

余曰否，此谱乃吴兴丁彦臣先生所集。先生去世已久，研精此道，内行争誉之，决非时下一知半解之徒所能知，更非伪造古董之无赖骗子可梦见。原拓片存放本馆，由许君性初保存。余曾面请许君次第制版，而制版者不察，影时以私意放大一倍有奇，余见而大骇，拟一面更正一面即告许君应依原本影印，许君亦悟，但第一期所刊三钱，已无及。客遂以此为口实，而不细察钱之形式。盖影印放大者，一望而知也。（孤云：《答客问》，《晨报》，1934 年 6 月 12 日，第 8 版）

6月16—19日　李实忱发表《国学救国说》，针砭时下鄙夷国学的风气，提倡国学复兴，扭转学风与世风。

文章称：

今天得暇，与诸位谈谈国学救国，我想对于诸位很有帮助。近年来国学废弛，学校课程，专重欧西科学。因为学科繁重，遂致青年学生，无暇研究国学。潮流所趋，青年于国学率多鄙弃，并且视为迂腐，无研究之价值。若问以国学究为何物，大概茫然不知所答。数年前我与严范孙先生有鉴于此，拟立国学研究社，以谋救济。惜事不果行，范孙先生死矣。近年国事蜩螗，人心失统，我国忧时之士，多从事于国学复兴运动，实为现代之反映作用。欧洲自大战以还，各国鉴于物质文明畸形发展，似仅重物质方面，不足以维系人心，急思有以挽救。首有威尔逊和平十四条，继以国际联盟合华府九国协定非战公约等条先后成立，是知武力之不可恃矣。惟因私心未除，信义无力，实际上不克推行，而战祸且将继起。一般深于世变者，佥谓物质文明破产，非发挥精神文明，不能救其偏而弭其祸，于是宗教救人之论，风靡一时。而欧西大儒，则以中国文化，为醒世救时之良药，于是或设中学专科，或立中学专校，或组中国文化学社，莫不广购中国书籍，礼聘中国教师，一国提倡于前，各国风从于后，至于建孔庙、信孔教、讲孔学，皆孜孜焉认为急务。且有谓非孔教无以救世者，有谓五百年后，孔教遍行全球者，有谓孔子根本之深，不在已往，而在将来，不在一国，而在万国者。（按孔子有教无类，并未标明教宗。吾国相传儒教，亦未指宣尼为教主，自近时有孔教会之设。）各国遂有孔教之名，是全球各国，均认中国学术，为当今人类之救星。以此推之，吾人应知自反其本矣。溯查吾国前清末年，鉴于内政外交之失败，锐意图强，论政则借人之长，补我之短；论学则中学为体，西学为用，果其实事求是一力进行，则逐渐改良，不难凌驾欧美各邦以上。乃中枢失驭，亲贵争权，旧学全无，何知新政。虽五大臣出洋考查政治，其结果不过撷拾浮词，虚应故事，此后专派留学生学兵学法学工学商学农，大都附会盲从，无补治要。近年来留学各国学生，率又未谙国学，不审国情，一入异邦，每多同化，归来欲行所学，遂苦枘凿之不相入。因而东涂西抹，不是邯郸学步，则是东施效颦，聚讼纷纭，莫知趋向。国学泯灭，纲纪凌夷，风俗人心，更不可问，至今固已极矣。吾人欲谋挽救，非昌明国学，无以补物质文明之偏，更无以立修齐治平之本。盖国学为体，科学为用，明体达用，序不可紊，功不可缺，不可不早辨也。惟今日各要人对于国学，每鄙为陈腐，不足以言，甚且视为封建思想之产物。间有一二号为存古者流，又多遗其精华，而食其糟粕，或断章取义，或以文害辞，虽国文列入教科，不过聊备一格。于是圣贤学业，名存实亡，长此迁流，则四百兆人民，其异于禽兽也盖几希矣。现在既言国学，不得不先言书，古有三坟五典八索九邱，左史倚相尽读之，其他无闻焉。周辙既东以后，王迹熄矣，诸侯又各去典籍，以故所遗方策，大率零乱无归。自孔子删《诗》《书》，订《礼》《乐》，赞《周易》，修《春秋》，成为古今经世之书，即为帝王传心之学。乃叹文武周公既殁，善用书者无人矣。春秋时治少乱多，群雄争霸，虽管晏各有著作，殊于心学无关；战国竞尚纵横，凡法术刑名各家，尤与心学相悖；秦政以诗书为国家大患，欲为子孙帝王万世之业，必须毅然焚书，并销除读书种子，此焚坑之祸所由烈也。益叹孔子既殁，善传书者无人矣。颜曾思孟既殁，善读书者亦无人矣。虽汉有伏申董贾，宋有周程朱张，既苦生非其时，又苦毫无权位，故所学不能施诸当世，更不能佑启后人。明清八比取士，号为阐明经义，实以政策愚民，于是知读书作何用者更无人矣。民国以来，群书视若赘疣，一切置之高阁，窃恐数十年后，直不知中国之书为何物矣。吾辈怒焉忧之，欲明书之所关者大，须说书之所用者宏。《易》之知几，《书》之执中，《诗》之思无邪。《礼》之毋不敬，《春秋》之大居正，《论语》之论学论治论礼论乐，《大学》之格致诚正修齐治平，《中庸》之性命道教中和位育，《孟子》之性善仁义，皆为列圣传心之要，即皆中外制治之精也。故近日读书，重在诸经四子；读书之法，重在揭明心学奥义，身体力行，果其久而安焉，不见异物而迁焉。自然融会贯通，明乎克己复礼之微，即得内圣外王之本。于是达而为君相，则以善政推行于国家；穷而为师儒，则以善教普及于社会。盖善政救国也，善教亦救国也。倘时机坐失，舍正弗由，恐百年而后，欧美以心学推行大效，世界成为大同，吾国虽为心学之导师，转为欧美哲人之弟子，则可耻孰甚焉。噫，莘莘多士，不乏热心救国之人，其亦闻此国学救国之言，而憬然悟废然返乎。

乐悌称："国难严重之今日，言救国者多矣，或撮拾陈言，或剽窃西法，舍本逐末，无补艰危。李先生国学救国之说，扼中外制治之要，为修齐治平之本，诚医世之良方，救国之大道也。负救国之责，抱救国之志者，幸勿忽于此文。"（李实忱：《国学救国说》，《新天津》，1934年6月16—19日，第1张第2版）

6月24日　船山学社开董事常会。

程子枢、陈嘉会、李澄宇、谢鸿熙、周逸、颜峣昌、胡子清、杨华一、杨树谷董事出席，黄赞元、刘约真请假。"推举颜昌峣、陈嘉会、赵曰生、胡子清、谢伯涵为季课阅卷委员，并议决刊刻船山学社季课委员会条戳一颗"。湖南船山学社后续修改季课分经义、治事、词章三类命题。（赵启霖著，施明、刘志盛整理：《赵瀞园集》，第429—431页）

6月25日　国立中山大学中文系发布1933年度毕业论文选题统计表（见表2）。

表2　中文系1933年度毕业论文选题统计表

毕业生姓名	论文题目	指导教授
罗远淮	毛诗新探	石光瑛
周锦芬	宋代散文之研究	徐信符
陈平达	词体源流及其在文学上之价值	陈述叔
毛文斋	两汉文学发展之述评	李笠
曾昭銮	孔子删诗问题研究	石光瑛
徐海澄	庄子研究	徐信符
黄坤龄	述孟子大义	古直
郑克松	建安文学概论	徐信符
梁春涛	论五经之意义	李沧萍
王鸿兰	历代文章源流考	徐信符

续表

毕业生姓名	论文题目	指导教授
杜蓉裳	楚辞方言考	徐信符
邝励新	论文章之流变及其抉择	陈述叔
何逸明	列子真伪考	徐信符
郑秀霞	散曲研究	李沧萍
王松枝	读经摘要	石光瑛
黄曼子	周代文学研究	徐信符
杜贵文	诗品代表作集注	曾运乾
叶耕让	荀子研究	石光瑛
刘美昌	墨子学说	曾运乾
管秉章	老子研究	罗献修

（《文学院廿二年度第六次院务会议纪录》，《国立中山大学日报》，1934年6月25日，第4版）

△　李文祧（原题李泠衷）编述《国学常识述要》，由北平众教学会出版（1935年4月增订再版）。

该书分经、史、子、集四类，列172个问题，加以解释。在书前《弁言》中，李泠衷称：

国学之名，始见于章太炎氏《国学概论》，前此未之有也。论其范围，则我国固有之学术，无不毕容，学校复列为课程以相讲授，而国学著述，遂汗牛充栋矣。更有提要钩玄，谋阅读之便捷，乃编为问题，以数百相号召，非徒无补于治学之道，其类分谬误，益足使初学者涉于迷途，窃为我所不取。此编就讲述之余，率尔辑成，或详征博引，或简叙纲领，要均以适用为依归，固不必尽求其赅备。分类悉从四部，间有出入，亦能顺序以求，借明学术思想之流转变迁焉。（李冷衷编述：《国学常识述要》，北平众教学会，1934年，弁言）

△ 湖南船山学社公布新入社会员（见表3）。

表3 湖南船山学社民国二十三年（1934）三月至五月新入社员一览表

姓名	别号	年龄	籍贯
邓振声	瑾珊	五二	岳阳
刘鹏年	雪耘		醴陵
吴镠	湘淋	七八	湘潭
黄巩	子固	七七	长沙
王齐陶	宜孙	三五	湘潭

（《湖南船山学社民国二十三年（1934）三月至五月新入社员一览表》，《船山学报》，1934年第5期）

6月 中国国学会制定国学会会员姓名一览表等表单（见表4、表5）。

表4 国学会会员姓名一览表

姓名	字	籍	通讯处
王保谦	慧言	江苏太仓	苏州吴衙场三三号
王真	雪聪	福建闽侯	福州城内津门楼八三号
尹文	石公	江苏镇江	镇江巴卜巷五号
尹明德	泽新	云南腾冲	云南腾冲五保街正兴茂
包鹭宾	渔庄	江西南城	武昌酒三宫二四号

续表

姓名	字	籍	通讯处
任传爵	乐天	江苏吴江	同里漆字圩
任铭善		江苏如皋	杭州闸口之大学校
李润枝	樾丞	云南腾冲	云南腾冲九保街
李国瑰	伯琦	安徽合肥	苏州盘门西半月巷二一号半
李文汉	星槎	云南嵩明	云南昆明青莲街学士街二号
李猷	嘉有	江苏常熟	上海三马外滩交通银行
李景康	凤坡	广东南海	香港弥敦道二二七号
李尹桑	茗柯	江苏吴县	广州都府街十八号
吴兆枚	惜谙	福建闽侯	南京最高法院
吴汝让	博骞	广东恩平	南京最高法院
汪东	叔初	江苏吴县	南京中央大学文学院
吕思勉	诚之	江苏武进	武进十子街十号
余来成	维翰	安徽桐城	宝应画川中学校
金鹤冲	叔远	江苏常熟	常熟大步通巷六号
周然	南陜	贵州贵阳	南京最高法院
林钧	石庐	福建闽侯	福州市福新街一四桥西
林葆恒	子有	福建闽侯	上海小沙渡路三三八号
易忠篆	均室	湖北潜江	武昌县华林二八号
胡吉甫	迪康	广东顺德	广东顺德挂［桂］洲外村宜式街
陈朝爵	慎登	湖南长沙	安庆张家拐二号
陈延韡	含光	江苏仪徵	杨（扬）州石牌楼三号
陈闳慧	仲陶	浙江永嘉	温州嘉福寺巷六号
陈懋咸	虚谷	福建闽侯	南京最高法院
陈元璋	梅峰	福建莆阳	福州财政厅
陈文翰	西园	福建福安	福州德贵巷

续表

姓名	字	籍	通讯处
陈耀妫	省吾	福建闽侯	福建财政厅秘书处
徐行恭	曙岑	浙江杭州	杭州浙江兴业银行
徐宝泰	公龢	江西九江	首都财政部关务署
徐祖武	定戡	浙江杭县	杭州东街路三八一号
徐新六		浙江杭县	上海浙江兴业银行
唐庆增	叔高	江苏无锡	上海普陀路滋丰坊四号
唐祖培	季申	湖北咸宁	武昌东厂口文昌阁老号唯中馆
唐大圆		湖南武冈	湖北武昌文化研究院
陆修祜	景周	江苏太仓	无锡国学专修学校
陆丹林		广东三水	上海劳神父路六〇八号道路月刊社
孙澄方	顷波	安徽寿州	南京龚家桥树德坊二号
孙德谦	受之	江苏元和	上海爱文义路九百号
郭希隗	东史	湖南石门	日本东京小石川大和町一九驻日留学生监督处林主任转
张其淦	豫泉	广东东莞	上海闸北广肇路三十一号
张景观	幼豫	广东东莞	北平清华大学校
张鸿	隐南	江苏常熟	常熟燕园
张德广	令贻	江苏铜山	苏州严衙前一〇四号
张翊六	贡甫	湖南湘潭	黄梅县政府
张华澜	芷江	云南石屏	南京四条巷仁孝里十八号
曹元宇	玄宇	安徽歙县	南京中央大学校
曹昌麟	明甫	江苏淮安	上海地方法院检察处
许半龙	盥孚	江苏吴江	上海北河南路老靶子路五七二号
崔瓦注	胜依	广东南海	香港般含道圣士提友里二号
巢诗言	仙声	广东新会	香港英华台十号楼下

续表

姓名	字	籍	通讯处
黄寿三	幼朋	江苏泰县	苏州十全街四二号
黄镇磐	石安	湖北武昌	南京最高法院
叶敬常	梦庐	广东顺德	广州市小北达［挞］子六巷六号
叶孝维		江苏吴县	苏州阊门西街一七号
区赉	梦圆	广东南海	香港高街六四号二楼
杨振	更生	河南新安	河南新安铁门镇
蔡纯选	用宾	广东定安	上海沪西康脑脱路忻康路四六号
蔡贤镇	静若	广东顺德	广州市大东分局段内腾茂南二四号
雷泽钊		广东台山	香港德道辅中二八一号新广含
董家麟	知真	江苏吴江	吴江大树下
赵升元	自权	江苏吴江	吴江教育局
赵正平	厚圣	江苏宝山	上海康脑脱路春江别墅三号
邓尔雅		广东东莞	香港跑马弈荫街二五号三楼
邓小苏	灵修	广东番禺	香港坚道四十号养中女中学校
邓一鹤	北堂	湖北孝感	武昌宜凤巷九号
刘楚湘	梦泽	云南腾冲	云南腾冲西街
刘鹏年	雪耘	湖南长沙	长沙落星田二一号
罗致勋	栖青	江苏宜兴	宜兴城内东庙巷六十一号
罗志远	敏夫	广东顺德	广东德政路高华里麟趾巷十四号
饶蔚祥	想轲	江西南城	南城大冶石灰窑汉冶萍砂损征收所

表5　国学会会员迁移一览表

姓名	字	籍	通讯处
胡焕庸		江苏宜兴	南京中央大学地学系或挂挂桥三号
时希圣	孟邻	江苏吴县	本城醋库巷七号

续表

姓名	字	籍	通讯处
姜寅清	亮夫	云南照通	开封河南大学
孙宝刚		江苏金山	上海静安寺路静安别墅八号
黄履思	晓浦	江西南城	湖北武昌地方法院
邵祖平	潭秋	江西南昌	杭州庆春路一二三号
周延年	子美	浙江吴兴	上海康脑脱路庆余坊九号
靳志	仲云	河南开封	北平四大佛寺刚察胡同二号
孙志诚	思肪	河南浚县	六安豫皖鄂边区军司令部
刘治洲	定五	陕风凤翔	天津日租界秋山街西口公益煤业公司
陈柱	柱尊	广西北流	上海交通大学
章炳麟	太炎	浙江余杭	苏州锦帆路
赵守昕	云青	湖南浏阳	南京铁道部参事厅纂修组
吴梅	瞿安	江苏长洲	南京大石桥十五号
杨啸谷	句暗	四川大邑	北平遂安伯胡同六七号
汪承让	谦父	安徽歙县	安徽歙县西湖田
闻宥	在宥	江苏松江	北平燕京大学校
金章	寿仁	江苏吴县	甪直镇
李根沄	武城	云南腾冲	汉口特三区汉润里四八号

（《国学论衡》，第3期，1934年6月）

7月7日 浅白发表《也算国粹》，批评社会陋习。

文中称：

> 以残害躯体来博得观众的赏识和同情的，是一般卖艺者
最普遍的伎俩。他们能在这一点上洞察着那般所谓上流社会
人士的心里。最容易看见的是变戏法的人咽铁球和吞宝剑。

在故都的天桥，西单商场和东安市场以及各寺庙的庙会里都可以看到。

在乡下流行很广的一种刀砍幼童，使幼童裸去上服，仰卧地上，一个人手持一刀，猛向肚皮砍下，顿时鲜血四溅，刀若砍入寸许深，然后以布毡盖在幼童身上，向人索钱。实际上这是一种假彩，但玩得好的却非常逼真。

同时在乡下流行的种类似的玩意儿还有两种。一种是"大血八块"，我想这种戏法一定有许多人听见说过的，但是实在看见到的人却是很少，据说那是一种有咒语的魔法，把一个活人分尸八段，各部使其分离，而头部则能转动自如，且能吸烟。这种完全富有神话趣味的怪诞玩意儿，也许可以引起一部份人们自傲，认为这是我们这古老民族的特有绝技，应归在保存之例，但可惜究竟是否真有其事还须"考据"。有人推测那是应用光学的道理，如什刹海的"双头美人"，便是巧妙的应用了折光的方法的。"双头美人"在最初会被当局明令取缔，但内幕一被揭穿，却也只落得一度虚惊。还有另一种便是人们称作"钻坛"的，用一个大肚小口的坛子放在观众的面前，那坛口不过刚能伸一个拳头去，却能把一个活活的幼童从坛口装进去，只剩一条小辫垂在外边，一个人用手抓住小辫，可以连人带坛子一起提起来，而且用一柄匕首从坛口刺进去，登时鲜血外冒。

在我们这个以古老自傲的民族里，有趣味的奇事正多，大家不妨搜一搜拿来凑在国粹的数目里，照样地保存起来。（浅白：《也算国粹》，《华北日报》，1934年7月7日，第12版）

7月11日　《申报》报导何宪琦、侯昌国开办大学暑假星期补习班，提倡国学，请刘广文出任讲师。（《研究国学之良机》，《申报》，1934年7月11日，第4张第15版）

7月14日　北京大学教授刘复逝世。

7月22日　船山学社开董事常会，并接收房屋代表大会。

颜昌峣、杨树谷、谢鸿熙、王礼培、程子枢、萧度、周逸、陈嘉会、言汝昌、李澄宇、胡子清、方克刚、杨卓新等董事出席。"周董事木崖报告，曾公祠业将前年订约划归本社东边，即曾祠西边房屋，于七月十八日交出，已由逸与王副董事长接收。石董事长函请辞职，议决，照准，并照章以副董事长王礼培代理，至下期改选之日止。"（赵启霖著，施明、刘志盛整理：《赵瀞园集》，第429页）

7月29日　报载胡朴安任持志国学系主任，将重新厘订该系课程编制，并将添聘著名宿学教授多人。（《胡朴安任持志国学系主任》，《申报》，1934年7月29日，第4张第16版）

7月　杨树达《群书检目》一书由北京好望书店出版。

杨树达在序中说："此编为初治国学者检阅国学要籍编次，故择取唐以前国学最重要之古籍七十六种，将原书详细目录重行编次，以便易于翻检。"《群书检目·凡例》如下：

一、此编为初治国学者检阅国学要籍编次，故择取唐以前国学最重要之古籍七十六种，将原书详细目录重行编次，以便易于翻检。

二、编次用两式，一部首，一注音。部首列上层，注音列下层。检者若熟于部首，则只检阅上层可矣。若熟于注音，则只检阅下层可矣。惟卷数篇数数字最易错误，如检者发现错误时，最好取检者所不用之式互相对勘（如检者用部首，则取下层之注音对勘；用注音，则取上层之部首对勘）。当可发现正确数字。盖错误出于偶然，上下两层同时错误，为事实所难有故也。

　　三、各书卷数篇数皆根据通行本。间有本子编次不同者，如《法言》有十卷本，又有十三卷本。《三国志》有合编魏蜀吴为六十五卷者，有三书各自为卷者。其检法皆于本条下说明，务使学者无论所藏何种，皆可依此检寻。惟《后汉书》一种，范晔书今只存纪传，后人以司马彪《续汉书志》补之，著者既是二人，著述自当别异。昧者乃依班固《汉书》次序，将司马书杂厕于范书纪传之间，殊为无理。今取二书分别编之，其杂糅失当之卷次，不复阑入。

　　四、各书以经史子集为次。十三经列注疏卷数外，兼列旧疏及新疏。如《周易》兼列惠栋之《周易述》及江藩《周易述补》，《尚书》兼列王先谦之《尚书孔传参正》，《诗经》兼列陈奂之《毛诗传疏》及王先谦之《三家诗义集疏》，《周礼》兼列孙诒让之《周礼正义》，《仪礼》兼列胡培翚之《仪礼正义》，《左传》兼列洪亮吉之《左传诂》及李贻德之《左传贾服注辑述》，《公羊》兼列陈立之公羊义疏，《谷（榖）梁》兼列钟文烝之《谷梁补注》及廖平之《谷梁古义疏》，《孝经》兼列阮福之《孝经义疏补》及皮锡瑞之《郑注疏》，《论语》兼列梁皇侃之《义疏》及刘宝楠之《正义》潘维城之《古注集笺》，《孟子》兼列焦循之《正义》，《尔雅》兼列邵晋涵之《正义》郝懿行之《义疏》，皆是（《礼记》以无专书，故阙）。良以清儒经学，远胜唐人，第览旧疏，或难餍意，故不惜详列尔。

五、经史子中亦有近儒新注可供参考者，如平江苏厚庵先生之《春秋繁露义证》，王先谦之《汉书补注》《荀子集解》是也。惟诸书卷次与单注本相同，故不别列。

六、翻检史部正史，有汪辉祖《史姓韵编》一书，自为便利。惟其书卷帙太多，非初学者尽人所能备。四史既极重要，又卷数最多，若无检目，殊为不便。故今仍列四史。惟编次法有异于汪氏者。汪氏以姓氏为次，而此书则依本书原题。如《史记·魏其侯传》，汪氏改用窦婴标题，而此编则仍用魏其侯传标题，依"魏"字分次。《汉书·河间献王传》，汪氏改用刘德标题，而本书则仍用原题，依"河"字分次。在汪氏为体例所限，自有不得不尔之原因；然在初学颇为不便。何者？前人引用史汉，多举原题。初学据以检书，必不能得，一也。两汉刘氏，凡同姓侯王皆改刘姓，致刘姓人数太多，检者欲觅一人，必翻多页，二也。今惩其弊，改用原名，庶较便利耳。

七、集部文选篇数太多，不易寻检，故分为赋诗文三类，寻觅较易耳。

八、各书有卷有篇。有篇数卷数相同者，如《说苑》二十卷即二十篇，是也。有卷数少而篇数多者，如《论衡》三十卷，八十五篇是也。篇卷相同者，但举其一，可知其余，不烦重列。其不同者，则首列卷数，次记篇数：如《论衡案书篇》，既记卷二十九，又记篇八十三，《对作篇》既记卷二十九，又记篇八十四，是也。必如此者，盖当卷既得，欲检八十三篇之

《案书》而遇《对作》，见《对作》下有八十四字，可知案书在其前；同样欲检《对作》而遇《案书》，又可知《对作》在其后故也。

九、卷数少篇数多者，亦有二种。一为篇数具总数者，如上举《论衡》三十卷八十五篇是也。有篇数不具总数者，如《吕氏春秋》二十六卷，实为百六十篇，然原书篇数并无总次，今自不能为之杜撰。无已，则以每篇在当卷中之次为次。如卷九《季秋纪》共有五篇，则于《季秋篇》记卷九之一，《顺民篇》记卷九之二，《知士篇》记卷九之三，《审亡篇》记卷九之四，《精通篇》记卷九之五，是也。必如此者，检者既得当卷，如了知该篇在当卷先后，较易踪迹耳。

十、本书部首编次由姨丈蒋君德尊助编，注音则编者近年陆续自行编次者也。惟付印仓卒，未及细校，容有错误，用者如能垂示，深所企幸。（杨树达：《群书检目》，好望书店，1934年，凡例）

8月10日　天津国学研究社拟开先师孔子圣诞纪念会，李实忱为该社发起人，特制纪念歌。

李实忱撰《天津国学研究社孔子诞辰纪念歌》：

孔子至圣集大成，博学而无所成名。天地合其德，日月合其明，四时合其序，鬼神合其吉凶。阐扬尧舜禹汤文武周公之心传，删定赞修《诗》《书》《礼》《乐》《易象》《春秋》之群经。文行忠信垂正教，德行言语政事文学励实功。闻人所必戮，异端所必攻，志士仁人无不遵其训，乱臣贼子谁敢挫其锋。近数十年遭奇变，吾党几乎无正宗。今何幸！今何幸！尼山泗水又有灵，浮云不能蔽太空。先师孔子名尊重，诞辰纪念如风行。圣教从此远，国学从此兴，人心风俗从此厚，吾社从此历千万世之光荣。孔子以前未有孔子，孔子以后谁如孔子？中国以内尽师孔子，中国以外尽尊孔子。孔子孔子，大哉孔子！孔子孔子，大哉孔子！（李实忱：《天津国学研究社孔子诞辰纪念歌》，《新天津》，1934 年 8 月 10 日，第 10 版）

8 月 11 日　孙乃湛发表《国学之改造及其前提》，认为应使我国固有道德政治哲学尽为异邦师法，以完全恢复固有文化之伟业，进而提出改造国学及论究国学应认识的前提。

文中称：

> 今教育界复有文言文、语体文，读经与废经之辩。主张复兴文言文与读经者，谓文言读经足以观感儿童，复兴民族也。斯为教育问题，姑不论，请自学术上言之。昔我国言文一致，周诰殷盘，皆其著例，佶屈聱牙，不可诵读，故无由强记行远，犹今日语体文之这的那么，不堪记诵，不克为温故知新之具也。孔子赞易，冀能行远，传诸后世，故创文言文，以便记诵。于是周秦间蔚然成风，以文言相尚，学术乃锐进，不若夏商周初之混沌，文化成绩之不举矣。今人所云周秦诸子文，或云古文是也（古文为增进文化之具，确胜于不堪记诵之白话。但居今论之，有必需改良之处数点。容别为文以论之）。论者

谓为破落户遗物，不复适用，然须分别论之。昔人云："文以载道。"道为处世之道，即处世艺术。又云："经者常也。"处世常道也，亦即处世艺术，故六经又称六艺。其意与今人所云法规相似。常道为经，遇社会有变端，不能治以常世时，乃另有变则，是名反经之权，为艺术中之艺术，故名权术。其性质与今人所云政策、手段、手腕，相似。经权并用，即法规与策略兼施，而后处世之道完成。此其意详见《论语·子罕》。而我国固有学术，即可以此"经权"二字概括之。易以现代语，为法规与策略，所以完成全人类生活者也。故我国固有学术，可称为完成人类生活之学术，今简称为国学。吾侪欲在社会与中外人士相处以和，而皆能完成其生活，有生人乐趣，实不能外是。外之，则小而诈欺匪盗，大而战乱侵略，无宁日矣。纵物质科学发达，徒增杀人利器，不能增进全世界人民乐趣。由是言之，必将国学中经权二字，诠阐光大之宣传环球，使全世界人类受其感化，知其理而践其义，方能臻生活完成之程。如仅由国人奉为圭臬，不事宣传，不谋普及，则我讲礼让，人崇侵略，我讲法律，人事抢夺，犹雍容揖逊于豺虎等猛兽之中，几何不蹂躏于暴力下，使我独无生趣哉！此孔子相鲁，所以兼敦武备。国家用刑，所以期于刑。今日国际间，所以尚武装和平也。然必如何方能将经权二字真义，宣传全世界，感化全人类，使能相与合作，完成其生活？须将国学改造，重行建设，厘订系统，俾有线索，使研究者易得头绪，易握纲要而后可。昔孔子于创作文言文外，原将国学删订，金声玉振，俾有条理。惟经秦皇焚书，国学中断。宗明制艺，义理晦塞之后，须重加厘订，方能使国学复兴，为社会科学基础，并进而为各种科学之科学。何则？研究农工矿医者，欲用其所学，相与合作，使所如克致其力，收其效，皆须有处世之艺术。不然，农工矿医之艺术犹是，必因乏处世艺术，小已难施其技，世人难沐其利。尝喻曰，破落户建筑物，形式陈旧，不能适用，加以墙坍壁倒，危险殊甚，不惟不堪遇目，且不堪一宿。如其子孙有杰出人才，一意复兴，大加改造，去其不适用者，务求适用，使其新宅焕然彪炳，为环球观瞻所系，则为首都宫殿式之新建筑，将为异国仿造。由是使我国固有道德政治哲学尽为异邦师法，则我国民族地位，有不复兴者乎！夫中山先生倡始于前，后起之秀，应勉为其继，以完全恢复固有文化之伟业！然则改造国学，复兴文化之道德应如何？其理甚富，不能一日尽，请俟他日。兹先言改造国学及论究国学应认识之前提。

国学既为完全人类生活之具，则欲改造之，论究之，应认识下述三前提：（一）人为何物？（二）人类生活之具为何？（三）必如何方可谓为生活完成？认识斯三前提而透彻了解之，则如何方可谓为完成全人类生活之具，（即国学之内容若何）可迎刃解矣。故请继此言之。

（一）人为何物。人为产生于自然之生物，为生物中脊椎动物之一，有四肢百骸及种种生理上之构造性能，与豹虎牛马猿猴犬豕同，诚一完全禽兽，完全畜生也。而其自以为异于畜生，胜于禽兽者，仅知情意三者精神作用，视他兽为发达。能自用此三者精神作用支配其生活，使有缓急先后之别，有条不紊之序。其程途之幼稚者固无所谓缓急先后。直情径行，无异兽类。而其程途特高，至人类推为先觉，崇为圣贤者，则其知情意之发达，迥非任何禽兽所能及。此人之为物，所以异于禽兽，而为万物之灵也。（尝畜猫犬兔鸽鸡畜五头，而日夕玩弄之，体会其生活状态。因知猫犬兔鸽鸡，富于知情意。所异于人者，不能言语，而以鸣声动作表意耳。由是可知程度较高之脊椎动物，为马牛猿猴等，其富于知情意必较胜于猫犬兔鸽鸡。而他人传述马牛羊之如何有情为不虚矣。）

（二）生活之具为何。人之性欲为衣食住行色声香味触及男女牝牡。性者与生俱生之谓，非学而能，习而成者。《礼记》《中庸》谓为天命，生物学家谓为本能，故率性之欲，只能调节，不可抑遏。因其生于自然与禽兽同，不能抑遏以人力也。是以人之生活，不外满足性欲，是亦同于禽兽。而供给性欲需要之具，皆属生于自然之物质。纵男女性欲为两性相济以爱情，而其本身亦生于自然。外此所以得其需要之具者，人恒分其业为农工矿商医。其物皆产生于自然。故人类生活之具，为自然产物。

（三）必如何方可以为生活完成。人类之于性欲，贪廉不一。廉所以节其贪。人因知情意三者胜于禽兽，故方性欲之动，贪廉二意，交争于心。调节心胜，则适可而正性欲易盈，行为廉洁矣。贪欲心胜，则纵溢不禁，放溢无极，致与他人性欲冲突，而劫夺随之矣。夫性欲之发也为情。情之所在，无论衣食住行色声香味触及男女牝牡，皆求其美好。而美好之集，非人力不成。情意无极，人虽竭其力，而所得之物，不能充其求。苟不割情，必无以相供，而贪富相耀，心不和平，性不苟宁，盗贼诈欺，祸乱相随，生趣无矣。故欲完成人类生活，须审谛割情之道，胜有以相让，败有以相救，工作有以相助，疾病老幼有以相扶持。不徒顾一己之私，必兼顾天下之公而后可。

人之所以为人，而大有异于他乏动物者，即为向此生活完成之道前进。禽兽不能也，故禽兽生活永难完成。

国学千万言，其反复伸论者，不外综合上三前提，而以第三前提为目的。故改造国学，论究国学，须先认识此三前提（改造者将固有文化重行厘订之谓，非谓去其旧而别有所谋）。并可得结论如下：

（一）人为生物。故论究国学者必先钻研生物学，而认识国学之原则为自然律。（二）其生活之具得诸农工矿商医。故论究国学者必究农工矿商医诸科学常识，不然，其国学故无本，不惟不能澈底了解，且不足与语国学。（三）完成人类生活，须审谛割情之道。故义利之办，是非邪正善恶曲直之别，必先能确立标准，方克不谬所割，而完成其本趣。明乎此，而后改造之国学，论究之国学，可收实用，不复为破落户陈腐遗物矣。（孙乃湛：《国学之改造及其前提》，《民鸣周刊》，第1卷第11期，1934年8月）

8月14日　梅雪发表《暑期中的入学试验》，揶揄交大国学常识考试。

考交大时，国学常识中，有一条文言译语体的题目，叫

做：秦无庐，非无庐也，夫人而能为庐也。骤见之下，译这
几句，费甚么吹灰之力？便即落笔道：陕西没有房子，不是没
有房子，每一个人都会建筑房子。我以为大概是不错的了。出
场以后，讲给老师听，老师笑道：你弄错了，原文出于《周
礼·冬官·考工记》，这个庐字，不作房子讲，是说矛戟的柄。
我听说，先是怅然，后来哑然，这一天误造陕西房子的，不止
小子一人，大概百人里面，倒有九十九个缠夹二先生。（梅雪：
《暑期中的入学试验》，《申报》，1934年8月14日，第5张第17版）

8月17—20日　鲁迅写完《门外文谈》，反对精英主义，又反对
迎合大众，不要做"新国粹派"，也不要当"大众的新帮闲"。

鲁迅在《门外文谈》中，提出中国文化若要努力向上，必须提
倡大众语、大众文，书法必须拉丁化，"大众并不如读书人所想象
的愚蠢"：

但是，这一回，大众语文刚一提出，就有些猛将趁势出现
了，来路是并不一样的，可是都向白话，翻译，欧化语法，新
字眼进攻。他们都打着"大众"的旗，说这些东西，都为大众
所不懂，所以要不得。其中有的是原是文言余孽，借此先来打
击当面的白话和翻译的，就是祖传的"远交近攻"的老法术；
有的是本是懒惰分子，未尝用功，要大众语未成，白话先倒，
让他在这空场上夸海口的，其实也还是文言文的好朋友……然
而错误的人，因为他们不是看轻了大众，就是看轻了自己，仍
旧犯着古之读书人的老毛病。

　　读书人常常看轻别人，以为较新、较难的字句，自己能懂，大众却不能懂，所以为大众计，是必须彻底扫荡的；说话作文，越俗，就越好。这意见发展开来，他就要不自觉的成为新国粹派。或则希图大众语文在大众中推行得快，主张什么都要配大众的胃口，甚至于说要"迎合大众"，故意多骂几句，以博大众的欢心。这当然自有他的苦心孤诣，但这样下去，可要成为大众的新帮闲的。

　　说起大众来，界限宽泛得很，其中包括着各式各样的人，但即使"目不识丁"的文盲，由我看来，其实也并不如读书人所推想的那么愚蠢。他们是要智识，要新的智识，要学习，能摄取的。当然，如果满口新语法，新名词，他们是什么也不懂；但逐渐的检必要的灌输进去，他们却会接受；那消化的力量，也许还赛过成见更多的读书人。初生的孩子，都是文盲，但到两岁，就懂许多话，能说许多话了，这在他，全部是新名词，新语法。他哪里是从《马氏文通》或《辞源》里查来的呢，也没有教师给他解释，他是听过几回之后，从比较而明白了意义的。大众的会摄取新词汇和语法，也就是这样子，他们会这样的前进。所以，新国粹派的主张，虽然好像为大众设想，实际上倒尽了拖住的任务。不过也不能听大众的自然，因为有些见识，他们究竟还在觉悟的读书人之下，如果不给他们随时拣选，也许会误拿了无益的，甚而至于有害的东西。所以，"迎合大众"的新帮闲，是绝对的要不得的。

　　由历史所指示，凡有改革，最初，总是觉悟的智识者的任务。但这些智识者，却必须有研究，能思索，有决断，而且有毅力。他也用权，却不是骗人，他利导，却并非迎合。他不看轻自己，以为是大家的戏子，也不看轻别人，当作自己的喽罗。他只是大众中的一个人，我想，这才可以做大众的事业。（《鲁迅全集》第6卷，江苏凤凰文艺出版社，2020年，第58—59页）

8月21日　国学讲习社本学期开学迁址。

该社胡朴安担任国学研究课讲师，李续川担任散文课讲师，许幹丞担任骈文本国史课讲师，并增聘陈彦通担任古今体诗及词选课讲师，瞿润缗担任文字学课讲师，周宇清、张家凤担任文史文课讲师，研究补习两组，同时开班，"惟限额六十名，有志国学力求深造者不可交臂失之云"。（《国学讲习社消息》，《申报》，1934年8月21日，第4张第13版）

8月25日　陈影鹤发表《保存国粹与中西汇通》，提出保存国粹与中西汇通，应当从整理国医入手。

文章指出：

自西医挟其剖割之术以睥睨中土，国人见其器械甚精良，检病尤周至。习其业者崇奉彼说，印入脑筋，甚至嫉仇异已〔己〕。百端媒孽，执政者乃有"国医不能列入教育系统"，进而有"废止国医"之议。虽一般国医，有日沉湎迷困于宴安逸豫之中者。当此生死存亡关头，亦不能不怵然警惕，奋发图强，俾数千载积厚流光之医学，不至有沦没之患。于是"保存国粹""恢复固有知能"之呼声，弥漫医林；而中西医短兵相接之序幕，于以开展。有识者，以为医主治病，畛域之见，甚属无谓。苟能融会贯通，绌长补短，未尝不可成一完善之新学术，弭兹扎瘥夭枉，跻之仁寿康宁，讵非人间一大快事哉？

余维中西汇通，固为今后应趋之途径。然国医西医特长之处，未之或得，则所谓汇通者，不过东拾国医皮毛，西掇西医唾余。其论证也，非驴非马，牵强附会。其用药也，忽中忽西，揉（糅）杂混乱。以病人为刍狗，其杀人甚于枪炮，斯假汇通之名，所以为世诟病也！

夫西医特长之处，吾他日未尝学问，弗敢置喙。然则国医所特长者，果何在乎？内、难、伤寒、金匮、千金、外台、本事，下逮金、元、明、清诸家著述，一一靡有瑕疵乎？主凉，主攻，主养阴，主补土，以及古方时方之争，可以各行其是乎，显见国医学术，瑕瑜互掩，迄未划辨。国粹国糟，尚在胶固一团。保存之云何？汇通之云何？

故在今日而言保存国粹与中西汇通，厥宜从整理国医入手。国医学术，为一无穷之宝藏，虽披沙拣金，工作繁重然其实验处之应病人无穷之变，实绰有余裕。惟兹事体大，非一手一足之劳，一朝一夕之事，所能奏效；尤非读书多，经验富者，不足以语此也。尚望医林硕宿，视为己任。分部整理，悉心覆验，务取真凭实据，重新沽定价值，庶轩歧绝学，发扬光大；中西汇通，有以取资。人类健康实利赖之！（陈影鹤：《保存国粹与中西汇通》，《国医旬刊》，第1卷第4期，1934年8月25日）

8月28日 《益世报》刊登《鼻涕与国粹》，讥讽"国粹家"。

鼻涕和国粹连用起来，不免惹的国粹家们生一口气，但是慢点，这里有些议论。道教在宗教中，是我国惟一的土产，道家们修炼，不是叫人有了鼻涕时，和着唾沫，卷着咽喉，倒咽下去吗？在苏东坡先生，就是得了这种秘诀，不轻易告人，为的是怕人因此得道成仙。不信，看看目下我们的同胞们，当你在端起饭碗来，哼的一声！出来了，什么？黄的，脓腥腥的！落到地下，在天凉时，随着还有一丝热气，哼完了，大拇指和食指一捏一捏，似乎很有点味道，黏精精的，为甚不在饭前，不在饭后，偏偏一吃饭，就来哼鼻涕，因为是国粹，有古国文化，和历史的根据，你吃饭见了不哼的就恶心几口，这是反国粹的。

再不信在电杆上，墙角上，桌角上……也偶然能碰到，或是两手，或是衣服，要是地方不干净，也许还有贴了疮的废膏来——因为废膏药也算国粹，你发现了碰到手上了，不免要骂一声不讲公德，骂一声不讲公德，不要紧，你是反国粹！

从前有人因中国人好在吃饭时放屁，发了点议论，夫"鼻涕"与"屁"都是父母的遗体，有什么可议论处，在饭前而放者，是每饭不忘的意思，或者有性急的，是表示："放此再食"的决心，在饭前哼鼻涕的当然是同此例的了，至于在墙角……呢？是处处不忘的意思。

况且屁与鼻涕，都是吃上土产生长出来，吃土产不是爱国吗？前边说屁与鼻涕都是父母的遗体，那么哼鼻涕，和放了屁。除了保存国粹以外，除了尽忠爱国以外，还有扬名显亲的意思了。

鼻涕云乎哉！（《鼻涕与国粹》，北京《益世报》，1934 年 8 月 28 日，第 6 版）

8 月　高基删定，刊印《天梅遗集》。（杨天石、王学庄编著：《南社史长编》，第 628 页）

△　无锡国学专修学校丛书之六，唐文治著《周易消息大义》出版。

唐文治《茹经先生自订年谱·甲戌七十岁》："《周易消息大义》发明十二辟卦消息，凡政治盛衰、国家存亡、人事吉凶、得失进退之道，靡不兼赅。其中《反身录》箴砭痛切，书目表说明汉宋家法，不堕空虚，允为学者必读之书，已刊入《茹经堂全书》及《无锡国学专修学校丛书》中。"（邓国光辑释：《唐文治文集》第六册，第 3742 页）

9 月 1 日　湖南国学馆招考学生，聘请彭少湘、黄子固、颜息盦、李碧忱、赵日生、毛觉民、姚大慈、朱式明、徐戊舟、张树璜、席鲁思、方西耕等教师。

该年 6 月，何键计划在长沙成立湖南国学馆，以"读经纵非唯一之资料，然不能不谓为第一有力之资料"，招收学生读经。（《何键先生的意见》，《教育杂志》，第 25 卷第 5 号，1935 年 5 月 10 日）关于湖南国学馆的由来，吴中杰撰《最近产生之湖南国学馆》，指出：

> 湖南有一奇特而矛盾之现象，同一区域之人，甲讲维新，乙主守旧。同一家庭之中，兄尚物质，弟重精神，背道而驰。且各以兼程之力，欲穷其究竟而后已。此种现象，亦甚有意义。所谓湘人能进取在此，不团结亦在此。以教育而论。长沙

原少大学校，无甚精粹可言，而中小教育之成绩，在全国中，可谓首屈一指。苏浙之中等教育，未必优于湘也。而且学校皆集中长沙一隅，宜乎长沙青年，脑筋崭新矣。乃考诸实际，向来未入学校之子弟，埋头于经史中者，仍不乏人。或宗湘绮，或宗葵园，或仿桐城派，或学汉魏文，亦复各有其是非。彼既以研精国学为志趣，自不能不有就学之地。（吴中杰：《最近产生之湖南国学馆》，《国光杂志》，第1期，1935年5月2日）

何键主政湖南，"谋端本之治，提倡八德，阐扬孔道，兢兢孜孜，不遗余力"，遂创办湖南国学馆。起初，希望在船山学社补习国文，商讨在船山学社设置国学研究班，此事未果。随后，邀约汤仲镕、吴朗山、石达夫等人，设立湖南国学馆筹备处，推定董事，以石一参、张树璜为正副董事长。九月一日招考学生，招收108人，延聘彭少湘等名师。石一参主张魏源所发明的文字学，与近之治《说文》者多不合，遂有人反对国学馆。石一参听闻，称："我固不畏人言，但国学馆如初生婴儿，太稚亦太弱，苟以学术异同，而累及此婴，无伤于我，社会必受其不良影响。今后谁复讲国学者？国而无学，何以为国。且经费无出，亦不可以久支"。不久，石氏辞职。（吴中杰：《最近产生之湖南国学馆》，《国光杂志》，第2期，1935年5月16日）

国学馆举行一次考试情形如下：

湖南国学馆，于昨一日，举行第一次入学考试。应考者，百余人，由石一参、赵日生、朱式明、方西耕等到场监试。阅卷中颇多佳作。其第二次入学考试，已定于九月十五日上午八时举行。探录第一次试题如下：（甲）国文。一、述学。二、论通经致用与学古入官之理。三、学然后知不足说。（上三题任选一题）（乙）历史。一、中国固有学术以轩辕时代，为创造时间，唐虞时代为发展时期，成周为鼎盛时期，东周以后，为分途专习，更新竞胜时期，秦以后为衰落时期。能言其概略否？二、汉武常罢黜百家专崇六经，关于国家盛衰之前途，影响如何？三、陶渊明读书不求甚解，是否可为后学之法？（上三题任选一题）(《国学馆组织一次考试》,《湖南国民日报》，1934年9月3日，第6版）

9月3日　国立中央图书馆筹备处接收国学书局后，拟以国学书籍交换欧美书籍。(《中央图书馆筹备近讯》,《申报》，1934年9月3日，第4张第16版）

9月4日　任扬修发表《整理国学的我见》，提出整理国学的四种意见。

　　在三十多年以前，提起国学，自然是不成什么问题。那时所谓的整理，也不过把所有的经典古集，做一番分类与加批的功夫，便算了事。讲考据学的都赖有《太平御览》和《四库全书》等这些的丛籍，我们可以把他叫做总帐（账）式的纂辑，不算是整理的方法。我们所说的整理方法，是根据着时代的立场，和在实际上所需要的，客观上的整理。

　　我们根据着过去中国的学术遗产底下观察，平心说起来，大部分都是道学的理论。数千年来门户的意见，派系的斗争，直至今日其风不灭。

那么，我们祖宗的遗产，真的不值得注意吗？自然，我们不是轻薄子，只管镀着一身子洋金，说着一口子摩登话，瞎着眼胡乱排斥。我们也不愿学那道学先生们的偏见，出口就是世道衰微，人心不古，不断的长吁短叹着。我们是站在客观的上面去观察着一切的。我们是承认祖宗的遗产底下值得注意的材料很多，不过是散漫的，不是整个的，好像垃圾桶里堆积着许多东西。一块块的金子，也夹杂在里头。我们只须拿一只铁钳子，留心翻检一下，便不难发现。所以我说，整理国学这是中国学术界一个紧要的机会。无论个人方面，团体方面，都要埋头苦干一下，替祖宗争点气，也就是学术界应尽的当前的使命。

现在我们把整理国学应当注意的几点，写在下面，或许是一得之见，可供参考的需要吧。

（一）利用前人的著述，重下一番总检讨。

近代有人主张，把许多固有的典籍，重新整理一下。我说这可不必，事实上也许做不到的。就做起来，非费了数十百年，不会成功的，或许是劳而无功的。从前曾有许多学者，做过这样枉冤的苦功，这是我们的过去榜样，所以我们不要去仿他的老法，尤其在现时代底不相宜。我们主张还是把从前的许多学者现成的论著，搜集起来。只要稍费一番检讨的工作。把他精确地整理一下就够了。

（二）要从时代立场的眼光去整理国学。

每一时代的沿命和情形，自然有不同的地方。我们纵不能够断章取义的去非议着过去的一切。但是，整理的方法，却是免不掉依着时代演进的立场去抉择取舍。这是无疑的。我们可以把他观察一下，他们影响着后世是好的，或是坏的，都要平心静气地抉择。他们有好的影响，同时也有坏的影响。而况在这新旧学术大转变的时候，好的当然要保留，坏的当然要淘汰，这是不待繁言而解了。

（三）从古籍末流的偏见去辨别是非。

先秦以前的典籍，及唐宋以下的论著。我们把锐利的眼光看去，都有一部分偏激的理论，像墨子主张兼爱，孟子偏要斥他无父无君；荀子欲独传其道，把十二子都非议了；以及老子的清净无为，便是个人主义；庄周的放任自然，便是虚无主义；余如韩愈卫道，排斥百端；以及程朱重理性，陆王讲道学。要把他们末流的偏见，来辨别一下。孰是孰非，就不难明白了。

（四）勿昧于感情，勿囿于成见。

我们阅读的时候，往往□篇在手，便不知不觉地，被他同化了。这便是有吸引性的文字。在文章上，就是一种感情。在文章逻辑上，我们固要认他是描写中重要的条件，但是在整理方面，我们却要独具眼光平心静气研究下去。不然，就要被他引得毫无端绪。怎样去整理呢？国学里最富于这类吸引性的文字，要算韩愈了。你看他们底理论，何等浩瀚、拗转，何等周到。他们那一派卫道的空气，何等浓厚。在当时毋怪乎，"士仰之如泰山北斗"成了一代文章的宗匠。其余像宋代一般理学家，也很多这类吸引性的文字。所以中国数千年来，名教不衰，传统的观念，愈深愈固。这也许是中国文章的技巧特长吧。

其实文字的技巧，是另外的一个问题，断不能因其技巧，而昧了真理。所以我们在现时代下，做学者是很不容易的，要坦白、精干、宽人、和平，这都是必具的条件，尤其在这个时代整理一切学术，是格外感得困难的。不偏不倚，不为文章的外表的感情，和自己的成见所拘囿，这是我们整理国学，应该要知道的。

以上所述的都是整理国学，几个应该注意的重要课题。总之，时代已在动荡地演进着，无论什么，都要使他合乎人类的需要。我们要使中国浩如烟海的典籍，都成了纯粹的有系统的文学史、政治史、哲学史、社会史、宗教史。缬其精华，综其会归，谁谓"中华无学"呢？

编者按：这篇文字的见解虽末（未）有甚么独到之处，但作者一片苦心，有所主张，为"整理国学"计，合应披露。（任扬修：《整理国学的我见》，《晨报》，1934年9月4日，第8版）

9月11日　夏承焘接到张尔田数函，张尔田在信中评骘中国国学会与北平学风。

函称："金松岑与石遗、太炎合办之国学杂志，顷寄到数册，考据之末流，辞章之颓响，噫！三百年汉宋宗传之绪斩矣。游魂为变，曾何足当腐鼠之一赫。使人见此，良用增叹。""弟学无似，独好谈史，而于诗之可以证史者，则尤好之……此间非无可谈者，然大都以学问为稻粱之具，挟恐见破，谁敢招尤，人之著书，不能无类，自考据学行，入室操戈，遂成惯习。钱竹汀，孙渊如之辨太阴太岁，段茂堂，顾千里之争西郊四郊，已不免意气用事，今则更甚。交道之伤，往往在此。"（夏承焘：《夏承焘集·天风阁学词日记（一）》，浙江古籍出版社，浙江教育出版社，1997 年，第 318—319 页）

9 月 15 日　湖南国学馆举行二次考试。

试题如下："文课：（一）治学宜知行并进说。（二）试平议'中学为主西学为辅'之教育方针。史课：（一）宋明清以四书五经试士，号称代圣贤立言，是否为国学最盛之时期，其成绩如何？（二）清代西学东来，学校勃兴，提倡科学已三十年。最近通人多主张读经，其故安在？试申论之。（以两艺为完卷）。"（《国学馆昨日组织二次考试》，《湖南国民日报》，1934 年 9 月 16 日，第 7 版）

9 月 16 日　船山学社开董事常会。

董事王礼培、颜昌峣、周逸、谢鸿熙、陈嘉会、刘约真、程子枢、李澄宇、胡子清、杨卓新、杨树谷出席。"讨论护国息灾法会佃用本社由曾祠所交还房屋，押金二百元，月租三十元，地板、窗户、门片归本社修整，装电灯开关等装修，概归该会负责案，议决通过。"（赵启霖著，施明、刘志盛整理：《赵瀞园集》，第 429 页）

9 月 18 日　王葆心等提请要求公葬黄翼生先生。

王葆心、喻育之等发起，公葬耆儒黄翼生先生：

沔阳黄翼生先生，为近代经学名家，硕德大年，著作等身，不幸于本年溘逝。国失耆老，里萎哲人，学界名宿，同声哀悼。顷由王葆心、喻育之、张难先、孔庚等，联名具呈请省党部，拟请由政府拨地公葬，呈文闻出王君手笔，内中不特缕述黄先生生平学行，其于有清一代学术之嬗变，亦详溯其渊源

之所自，特为介绍。以供留心国学者之参考云。（编者识）

　　故儒黄翼生先生，讳福者，早膺举贡，晚抗师儒，仕祗儒官，教参新校，通今古文经而立业，汇汉宋学派以名家，自治逾勇，由义理考据而发为词章，教士有方，本经义治事而著为科目，负江汉耆宿之誉，人望之若斗杓，享期颐寿耇之年，士奉之为坛坫。溯自晚明以降，下逮有清盛时，吾国学风，迭经数变。盖自姚汪〔江〕心学，经鼎革而风微。新安大宗，入顺康而复炽，此绌陆王而伸程朱之时期也。顾黄王胡，创通儒之轨辙，纪阮惠戴，标汉学之门庭，此又抑宋学而伸汉学之一时期也。训故必泛长，诗礼必高密，乃古文学所挟持，言《春秋》必董何，言《周易》必虞荀，亦今文家之定范，此又抑东汉古文，而尊西汉今文之一时期也。该故儒当三变之后，恰价中兴之时，目击坚门户者，壁垒森然，守残缺者，穿穴蜂起，或则弊在党护，或则演畅偏端。于是上求私淑，以主根基，旁接师承，以定趋向，尝谓曾湘乡以宋儒真脉，而不废汉师，陈兰甫以精通汉故，而尊崇宋哲，此故儒私淑之所存也。又谓南皮张公，视学鄂渚之日，以考证义理之帜诱多士，以始于极博，中于极精，终于极通之涂。至室应刘君主讲经心之年，仿学海诂经之规，教诸生以治经宋汉，立身宗宋，经世宗近代名臣之说，此故儒师承之先导也。既而乙酉秋赋之捷，恰如义乌朱氏之门，义乌之学，不分茅蕝，诣在贯通，荟郑朱于一庭，与张刘无二道，故儒内惬微尚，外接心传，更获一师，鼎承三子，此又故儒师承之再嬗也。叶顾宁人广益多师之旨，践陆桴亭十年讲贯之功，其治经也，由汉师之小学训诂，求通其大义微言。于宋师之章句集注，必究极于反身致用，治《春秋》则宋宗主伊川纯粹之传，而数理各有所折衷，治春秋则贵尚左氏古文之书，而《公》《穀》亦举归遴采，共究心诸子也。本诸陆清献去毒之法，行以方望溪删定之功，舍短取长，证经翼史，究心道家之初祖，尤能阐发其微言。其精研宋儒之学也，谓必由穷经读史之博赡，以为从入之涂，尤不欲以语录学案之空疏，虚占名儒之席，及其周浃本末，而得所会通也。谓汉师于经籍，有发明保守之功，宋贤于经籍，有实践力行之美，有相补助无相违反。譬之农稼，汉则播种而成谷实，宋则凿治而登盘餐者也。譬之方技，汉则别百物之性，以储药囊，宋则立济人之方以去疾疢者也。彼挟汉以攻宋，主宋以奴汉者胡为焉。又谓，尚致知与主致良知，涂径何尝歧绝，尊德性与道学问互用，更见精神。彼挟洛闽以攻金溪新建，与主金溪新建以攻洛闽者又胡取焉。其为修也，守方刘姚曾之义法，兼有物有序之功能，主文词立诚以濬文之源，范人心世道以究文之用，不为抚拟宗派之谈，期入唐宋八家之室，其教人宗旨所乐也。主以三九之学，辅以六三之德，大旨所在，程涂有三：其始也，必有从入之途；其继也，必无自得之乐；其终也，必有归宿之宗。故居常服曾文正之阐清圣祖有三种尚贵之方，深佩胡文忠之告胡东谷阐深浅因人之学。又其尝告门人也，谓识不可以不宏，勿安小就以自挟功不可以不实，勿以穷大而失所居。综厥著述，所垂不下百数十卷，其已行世者，有《洪范集解》，《系词说卦辑义》，《老子解》，凡三种。其已写定者，有《群经补正》，《读史正义》，《理学正宗》，《觉世微言》，《古本大学注》，《孝经详注》，《冬官补亡》，凡七种。其属稿而未定者，有《一经大义》，《孟子要义》，《诸子粹言》，《安雅堂文集》，《怀永堂诗集》，凡五种待付梓民，以惠艺林。故儒生平，志在明伦，笃于教士，不计修脯，不尚崖岸，务餍学者之意，尤宏奖进之途。自奉俭觳，而宾祭必丰，所取廉洁，而康济从厚，竭力以赴公益。宛转以护穷涂，北历幽燕，南穷岭峤，山川名胜，题咏尤多，师友夹持，性情特挚。盖其所积逾厚，因之获赏亦优。八旬女弟犹存，四世儿孙绕膝，年登大耋，为三湘七泽之完人，子尽克家，媲二陆双丁之俊誉。窃念改革以来，新猷丕焕，以应化论，固当迎世界之新机。以国粹论，似宜崇祖邦之纯诣，彼东瀛阐我儒学之编，与西哲究我文代之勇，旁搜远揽，日异月新，矧在神洲，尤关学脉。如故儒者，述作满家，门才遍地，系梓桑之宿望，为鄢郢之芳型。不幸日斜庚子，里萎哲人，岁在龙蛇，星沉处士。今者形徂心在，旅殡于兹，水远山遥，返葬不易。为此呈乞钧会，扶轮微学，揭橥雅儒，远规樊汉南，袁孟浩然之阡，近仿陈沧州，营杜茶村之葬，割公家之坏土，树长逝之崇封。华表峨峨，万古之英灵永讬，丰碑屹屹，千年之胖蛄如闻，褒此纯修，昭垂来哲。庶几五经通德，墓门灿翼轸之光华，八柱承流，遗垄焕松楸之颜色云云。（《公葬耆儒黄翼生先生》，《大同日报》，1934年9月18日，第10版）

9月　吕思勉拟定光学大学国学概论月试试题。

国学概论月试一："无为"释义。（张义元，学号14）。国学概论月试二：汉世经学，有今古文之异，或谓其异同重要之点，并不在于文字，其说如何？东周之世，九流并盛，至汉而儒学专行，其故安在？试以意言之。论玄学兴起之由。读乐毅《报燕王书》。梁任公曰今日而言破坏当以不忍人之心行不得已之事，试申其说。《汉书·艺文志》，谓诸子之学，皆出于古之官守，其说然否？或谓先秦诸子之学，以古代与宗教混合之哲学及王官之学为其渊源，试述其说。何谓学校储才，以待科举，试释其义，并论其得失。（李永圻、张耕华编撰：《吕思勉先生年谱长编》上，上海古籍出版社，2012年，第455页）

△　唐文治致信黄侃，邀请其来无锡国学专修学校讲学，未成行。（陆阳编：《唐文治年谱》，第346页）

△　蒋梅笙著《国学入门》，由南京正中书局出版。

该书分经学、诸子学、秦之反经学、两汉传经学、汉末之新学说、魏晋玄学、南北朝隋唐之经学佛学、宋明理学、清代考证学、史学大略、文学大略、最近学术思想十二章。蒋梅笙称：

学问者，天下之达道，无所谓国界也。学而限之以国，前既无据，后亦恐不复存。第处此环球大通，文化糅合之世，学科灿列，泰半来自欧美。青年学子，震其新奇，探其奥赜，动辄目眩心醉，谓天下之美，尽在于斯，而忘其国内之自有瑰宝。甚且弁髦数千年来之文献，谓不足与于学。噫！国未亡而先拨其本，其亦不仁不智之甚者矣！夫吾华自有书契以来，垂五千载，源远流长，地大物博，经群圣众贤之绞脑瘁躬，创制增饰，学光灿烂，如日中天。徒以近古以来，守旧苟安，不谋进展，遂致国势颓弱，几几无以竞存。然一为沿流溯源，提纲挈领，固自有其金精玉美，不可忽视者在也！标以国学，谁曰不宜？

国学之项目，更仆杂终；求其提要钩玄，足供学校教科之用者，盖晨星可数。首创者章氏炳麟，继述者钱氏穆。章书综贯有余，而部居不别；又嗜奇太甚，或武断而失其真。不足以为后进师法！钱书准时代叙述，目次井然，较易赅括；顾工于修词，而事多漏略；勇于自信，而失之偏蔽；皆未足称为善本。（蒋梅笙：《国学入门》，南京正中书局，1934年初版，引言）

述数千年国学之迁流演变，迄于最近时期，尚在新旧过渡青黄不接之中，未易遽加断语。姑就耳目所及，一叙其梗概，俾使学者有考焉。民国建立，甫二十年，治学者不外两途：一曰，古子史之探讨，一曰，新文化之创设而已……

于此有深闳博大之思，足以鼓动全国，而开未来学术思想之新机运者，实为孙中山先生之《三民主义》。盖融贯古今，参酌中外，而定此救国保种之良方。其论恢复民族固有之道德智识能力，以恢复民族固有之精神，尤为卓识名论！盖吾国有四千余年之文化，关于道德哲学政治等，固已超越欧美；所不足者，物质之文明，科学之应用耳。然则居今日而言救国御侮，固宜恢复其固有之美德，增益其未备之新知，是亦足矣。今也，于固有之美德，则鄙为陈旧而废弃之；于未备之新知，则畏其繁难而忽置之。以不学无术之人群，而染骄奢淫逸之恶习，国之能立者几何？有《三民主义》之瑰宝，而阳奉阴违，泄沓不振，其去灭亡也几何？噫嗟！莽莽神州，芸芸黄胄，其尚有大彻大悟之一日乎？亟起而为贯古今合中外之实学，此其时矣！（蒋梅笙：《国学入门》，第237—240页）

国学典籍，汗牛充栋，欲提要钩玄，示后学以门径，其事至不易。时贤所著，非略而不明，即繁而寡要。兹编损益去取，颇费斟酌，识者自能辨之。

经为吾国学术之根本，录其纲要，已足累牍连篇。本章所述，参考朱剑芒《经学提要》。

诸子之学，考订论述者至多，本章所述，参考高维昌《周秦诸子概论》。

秦代焚坑之事，《史记》文本明白，世儒好异，自生疑窦。兹悉据原文矫正之。

两汉经学传授源流，以时代次第，离经学而别为一章。

汉末王充，博学闳识，继往开来，为古今仅见之学。本章所述，参考钱穆《国学概论》。

魏晋玄学，害多利少。钱氏评述，太重主观。兹挈其要领而论之。

南北朝至隋唐，经学佛学，分道扬镳。钱氏所述颇翔实，兹更节言之。

宋明理学，精深光大，足与晚周学风比烈。本章所述，参考钟泰《中国哲学史》。

清代考证学，画分三期述之。初期参考钟氏《哲学史》，二三期参考钱氏《国学概论》。

　　史学大略，仅述最简要之常识。以顾氏荩臣所编《国学研究》之一小部分为依据，而易其不达者。

　　文学大略，部居目次，悉准吾友刘君麟生之《中国文学ABC》。而详略去取，或参鄙见。盖学问贵乎公开，见解无妨互证。达者当不责其僭也。

　　末章最近学术思想，来轸方遒，月旦未定，故略采钱氏说而简言之。（蒋梅笙：《国学入门》，例言）

　　孟载南在《国学丛谈》，评价国学入门书籍，"详略去取，较为简切，可供学者研究途径，其惟刘麟生《中国文学ABC》与蒋梅笙《国学入门》，但又失之简略，难窥全豹"。（孟载南编著：《国学丛谈》，仁义永书局，1944年，自序）

　　10月1日　是日起，章太炎在苏州国学会讲学。

　　报道称："吴县图书馆国学会，间日一讲，请章太炎讲师，于十月一日始讲演国学，第一讲题《儒家之利病》，听讲者颇拥挤，嗣后间日一讲（星期一，三，五），每日下午四时开讲，讲期预定四星期。"（《章太炎讲学，间日一讲，讲学四星期》，《苏州明报》，1934年10月3日；转引自汤志钧编：《章太炎年谱长编（增订本）》下册，中华书局，2013年，第851页）

　　10月2日　万濮诚撰《一个名词的讨论：国粹学、国故学、国学（国学研究之一）》，我们的国学包含政治学、社会学、哲学、文学等，确定"国学"为国家学术的名词。

　　许久以前，这个问题，曾经轰烈的讨论过，现在是消沉下去，可是还没有得到很正确的结论，实在是研究国学的人们，共同引为不幸的事件，说重一点，简直是我们的耻辱。我写这题目，除表示我的主见外，并且欢迎大家来讨论，来澈底解决这个问题。

这个讨论的名词是什么？就是我们中国学术的总称，总代名词；如果有人问你：国粹学，国故学，国学，三者究竟是那一种能够确实代表中国学术？算得中国学术的总名称？你将怎样答复他呢？市上不是有很多国学研究丛书么？也不是有许多国故学讨论集么？还有许多国粹的专书，在继续出版么？我们要从这浩若烟海的境域中，来研究它，来确定这个名词，诚然是一件困难的工作，但是为要使我国学术前途光明，任何艰难，我们都不气馁的。

自从欧风东渐以后，研究中国学术的人，比较数量上减少，于是乎老辈的人，为挽救这种风气，拼命的叫喊，努力国故学，因为几个撑门面的老国学家，渐渐地没亡，能使许多人警醒起来，努力国学。所以国粹，国故，许多名词，盛极一时。统而言之，不过是国家的学术罢了，但是他们的立场不同，提出来的名词未免有偏狭的地方，比如说"国粹学"这个名词。粹者，不杂也，精纯也，国粹学，就是国家精纯的学术，但是这名词含义太狭，好像仅仅限于过去文哲学的意义，所以胡适章太炎等都不赞成，这个名词，不久便叫不响亮了。

再谈到"国故学"，国故学这个名词，是章太炎提出的，直到现在，还是非常的时髦。前几年，许啸天、曹聚仁等曾经标榜着研究国故和整理国故的头衔，满脑海的新思潮胡适博士，也很热烈地发表几篇研究国故学的论文。国故学这个名词的含义，范围虽然广大，但是却成了一个专门研究中国过去学术思想的代表名词，决对不能代表一个含有进步性的中国学术，曹聚仁对国故学这个名词，有几点很重要的意见，我们可以从他的意见当中，断定国故学这个名词是不正确的。他说："抑知国故二字之重心在故，于故乃知所研究之对象为过去文化思想之僵石，乃知此研究之对象，已考终于五四运动之际……国故学之对象限于国故，国故之质有限制，其时间性亦有限制，与中国文化史，中国学术史虽有相关涉之处，其职务，其断限则各不相侔，"他进一步的解释，连研究过去文化学术，都没有多大的关系，仅仅是研究中国文学而已。许啸天却说着比较有理由，他说："倘若后代的学者，肯用一番的苦功，加以整理，把一个囫囵的国故学，什么政治学，政治史，社会学，社会史，文学，文学史，哲学，哲学史，以及一切工业农业数理格物，一样一样的整理出来。"所以国故学这个名词，不能成立的缘因，谬在他们的主张，以及名词的含义，都有整理过去学术的意味，而且，有故必有新，那么，这随着时代而发生的中国学术，岂不又要立一个名词么？

第三个名词便是"国学"，国学这个名词极其普通，其含义是将国家的学术，完全包括在内，国粹也好，国故也好，总逃不出国学所包括的区域，有人误会以为国学为国文文学一项的，那就大错了。研究国学的人，决不是写几首诗，作几篇文能够算数的，可以说是研究中国文学。所以我们研究国学，是将哲学、政治、社会、文学等加以研究，那么，总括我国学术的名词，当然是国学二字最恰当了，但是，胡适却说："国学在我们的心眼里，只是国故学的缩写，中国的一切过去的文化历史，都是我们的国故，研究这一切过去的历史文化的学问，就是国故学，省称为国学。"他这议论，不但提倡国故学的曹聚仁反对，就是我们赞成"国学"二字的，也要否认此说。根本"国学"二字，不仅仅在研究过去文化历史，也不是国故学的简称，如果有外人问我，"你们中国有些什么学术"？我答应道："我们的国学，有政治学、社会学、哲学、文学等等学术。"

我们已经确定"国学"为国家学术的名词了。（万濮诚：《一个名词的讨论：国粹学、国故学、国学（国学研究之一）》，《中华周刊》，第493期，1934年10月27日）

10月8日　吴承仕撰《本系的检讨与展望》，提出中国学院国学系的实际内容以文学与史学为最重要。

吴承仕指出，本系课程标准与计划大纲，有所调整。首先是教学方式。教学方式分两种，一种以教师为主，"我们教什么，你们就接受什么"；第二种以学生为主，"你们喜欢什么，我们便教给什么"。老师的标准与学生的标准，"谁是谁非？那就得观察大时代的到来的历史任务，为唯一的指针"。吴承仕以为还得采用第一种方式，因为第二种方式学校的行政方面，大不方便，再者学生所要的，"不见得完全都对"。在过去十多年中，吴氏所出入学试题，都是信手拈来。今年为考察学生的认识，特地出了两种题：其一宗教式的因果问题，可测量学生是主张有神论或无神论，唯心论或唯物论；其二是有时代意义的尊孔问题，可测量学生是尊孔还是反孔。"结果，因果问题的答案中，不信因果的很多，但为何不信因果？不信因果，应向何方努力？却很少有人提到，尊孔问题的试卷中，虽然有十分之九尊孔，十分之一反孔，但尊孔或反孔的理由，大都说得非常模糊。"由此可见，学生中一部分人的思想"多少有点不正确，认识有点不清楚"。因此，现在的教学方式"不能不暂时采取第一种——我们给什么，你们要什么"。接着，吴承仕总结中国大学国学系过去与现在课程主旨与内容的变化：

（甲）本系的过去：本系创立到现在，已有十多年的历史了。最初担任主任一席的，是胡春霖先生，他后来，曾作过师长，胡氏去后，便是我来担任，直到现在。在这十多年中，本系的成绩如何，只消看外面对本系的批评，便可明白。因为外面的批评，便是本系的反响。大概在从前，外面多认为本系是谈古不谈今，抱残守缺的，最近《文史》问世，或者外面也改变了对本系的看法。但这我们不必去管它，我们只消认清目标，替社会服务，便什么都可以不问。当初我们在这里上课，每点钟两块半钱，有一年全年只能领到两个半月的每点钟两块半，度着那种艰苦的生活，我们也没有灰心，只知道在客观的条件之下，渐渐的改变我们的课目，充实我们的内容，企图本系的发展，种甚么因，收甚么果，也许我们的精力，不见得是完全浪费了。再者，"国学"这名词，最近也使我非常难过，因为社会进化，道通为一，一切学问，本无国界之分的。可是，"国"字在中国一般人底心目中，又仿佛别有一种其他的意义。

比方说，一位讲阴阳五行的，以金、木、水、火、土，配上春夏秋冬季，再配上心、肝、脾、肺、肾来治病的叫做"国"医。不讲物理化学等的武器，而练大刀太极，八卦的技艺，叫做"国"术，以鞭子代马，以旗子代城，活动于舞台上的玩意儿，叫做"国"剧。这样，"国"这个字，便好象完全是神秘的，不科学的。我们研究学问，带着这种神秘而不科学的意味，实在寒心的很。所以最近我很想把它改掉。但是以前叫的"国文系"又觉得范围太小，那么，我们应当怎么改呢？依我个人的意思，不如改为"文史系"，较为妥当。因为本系虽泛称国学，而实际内容，文学，史学，却最重要。不过想是这样想，现在终还没有改掉。这是因为：（1）本系在教部备案，系以国学为名，改起不便；（2）本系自《文史》出世，外面对本系也许有一种无聊的揣测，如果我们此时改名，恐益惹人注意；（3）我们不必顾及名目，只要实际慢慢的干，以正确的方法，研究学问，力图改善教材，阐明学术，便是尽了我们的责任。这样，我们的名目怎么样，暂时由它好了，这许是一个很聪明的办法吧。

（乙）本系的现在：现在本系最可注意的一件事，就是编制大纲的更改。本系编制大纲的创编，始于十九，二十年间，在这以前，直白地说，实在无所谓什么编制大纲的。——这在其他学校的国文系或历史系，恐怕也差不多。但自十九年到现在，四五年来，本系的课目，虽然时间有更动，而编制大纲，却是大体仍旧的。今年才稍为整理一下，分四个学年为两个阶段，增添了中国通史及社会科学概论等等科目，并注意到外国文的学习。

这种更改，并非一时偶然的设想，与前者截然不同，乃是积四五年来的经验，逐渐形成的。现在先讲其理由，次谈其纲要。

国学的内容，约为文学、史学两端。寻求其体性，文学是社会意识的表现，——占社会意识形态的最高层，与雕刻、绘画等平列而为艺术的二支。史学是以社会的陈迹为根据，而求其变迁的通例，与胜败的所由，面面不同的无穷人事，具着面面相同的若定范畴，所以自然科学以外的学问，都叫他历史科学也可以的。谈到它的效用，则史学是以藏往知来为职，譬如见生产关系到了某一阶段，可推知未来的社会，将是如何的前进。文学是以即小喻大推己及人为功，描写一个农夫贫苦生活的最小部分，可喻及农村破产的最大灾象，并看出整个世界的经济情形及中国与世界的经济关系。它这两种学问的任务，虽有不同，而其有助于人群文化，却是一样的。因此，我们在旧日所有的课目之外，再加上种种认识世界所需要的各科目。

其次，分四学年为二阶段的原因，也很复杂。在社会形态的结构上看去，以生活为其下层基础，层累而上，于是有习惯，有政治，有法律，有宗教，有哲学，有艺术。在这一切之中，由局部说明全体，本隐晦以推知显现，都是史学应有的事情。但经济，政治，法律，哲学，宗教等都别立专科。既不是一个人所能全通，也不是短时间所能遍涉的。所以作学问，便分开了精博二途。兼综不略，这是博的事情，专门名家，那是精的事情。但精博二事，又非截然两路，而是互相关系的。——非博无以致精，非精无以持博。所以我们在精博这点上，有分为两个阶段的必要，第一阶段从事于博，第二阶段从事于精。就学人的材性来说，有如《颜氏家训》所说："学问有利钝，文章有巧拙。钝学累功，不妨精熟，拙文研思，终归蚩鄙。但成学士，自足为人，必乏天才，勿强操笔。"可见华词妙语，作好文章，非人人能干，而困知勉行，研求学问，却是天才略劣，也应当奋勉从事的。历来学问，文章，兼有所长如钱大昕，章太炎等，固属高等人材，而质文偏胜的。如袁子才（长于文）、阮芸台（长于学）等，却亦不失为中等，但若治史的自名广览，而文笔不达意，作文的稍露才华，而常识差的太多，那就算是下等了。所以在天才的功夫多相与有成，学问文章，互为体用的这点，也有分为两个阶段的必要。第一阶段上博综大略，力谋常识之丰富，第二阶段，各务所好，以图天才之发展。中国过去文史的书籍，浩如烟海，又兼之杂乱无章，以有限的人生，要想遍读了这些书籍，实在难乎其难。何况学校有年级的限制，教授没有万能的法术呢？所以除基本常识，方法理论，及普通工具等，为一切学者所必修者，作为第一阶段——一二年级——的必修科外，其他专书讲授，便不能不举例以示方向了。譬如历史方法，是必修的课目，但若专书，则时而《左传》，《国语》，时而《史记》，《汉书》，也都可以的。因为有了方向，有了方法，自可触类旁通。会读《项羽本纪》，还不会读《高帝本纪》吗？常见其他学校历史系，把各代的史书，全列在功课表上，似乎是很完备，但其结果，教者走马，听者看花，学年完了，未必即有所得。所以我觉得这种必修选修的办法，不但理论如此，就是事实也

应当这样的。（吴承仕：《本系的检讨与展望》,《中大周刊》, 第56期,
1934年；又见庄华峰编纂：《吴承仕研究资料集》, 黄山书社, 1990年,
第165—171页）

同年, 中国学院颁布国学系学程编制大纲, 贯彻以史学与文学
为国学主要内容的主张。

本系泛称国学, 而内容约为两端, 一曰文学, 一曰史学。
寻其体性, 则文学乃社会意识之所表现, 为艺术之一支。史学
则以社会之陈迹为据, 而求其变迁之通例, 与善败之所由, 人
事无穷, 而范畴若定, 故自然科学而外, 皆谓之历史科学可
也。语其效用, 则史学以藏往知来为职, 文学以即小喻大、推
己及人为功, 其任务不同, 而有助于人群文化则一。体用既
明, 祈响乃定, 从事斯业者, 其庶几有勇知方矣乎。自社会形
态之机构观之, 以生活为其下基, 层累而上, 于是而有习惯,
有政治, 有法律, 有宗教, 有哲学, 有艺术。由局以明通, 本
隐而之显, 皆史学所有事也。然经济政治法律哲学宗教等, 皆
别立专科, 既非一时所能赅通, 亦非一时所能遍涉。故兼综大
略, 博之事也, 专门名家, 精之事也, 非博无以致精, 非精无
以持博。史学如此, 文学亦然。

自学人之材性言之。有如《颜氏家训》所云, "学问有利
钝, 文章有巧拙, 纯学累功, 不妨精熟, 拙文研思, 终归蚩
鄙, 但成学士, 自足为人, 必乏天才, 勿强操笔"。是故华词
妙悟非百姓之所与能, 困知勉行, 虽下材亦当自靖。既有寒

木，又发春华，上也。质文偏胜，次也。若治史者自名广览，而持论不根，属文者稍露才华，而常识甚阙，斯为下矣。然则学问文章，互为体用，天才人力，相与有成，以博综为始学之基，以专务为成熟之的。斯通方之论也。

文史往籍，浩如烟海，人生有限，遍及为难。况学校有年级之制，师资无万能之术，来者所望甚奢而去时所得盖寡，斯教学两穷之道也。是故基本常识，方法理论，及普通工具等，实为一切学者所必修。至于专书讲授，不过举例以俟偶反而已。例如历史方法，必修之科目也，若专书则时而《左》《国》，时而《史》《汉》，可也。文学概论文学史，必修之科目也，若专书，则时而韩柳，时而欧苏，可也。学术思想史，必修之科目也，若专书则时而老庄，时而孟荀，可也。若是者不独事实使然，抑亦理论宜尔也。

社会进化，道通为一，虽揭橥国学，绝无专己守残之理。盖自魏晋六朝以还，文儒多采释典以为思想文章之助。久假不归，视为己有，非一世矣。以是相准，则今世学士，正宜兼治外国语文，阅读东西典籍，参会短长，撷其精要以自封殖，此学人必由之路，无可置议者也。日本文与我文同原，世界语简明易习，如或兼修此二门，则用力少而成功速，年富力强者，又何乐而不为乎。（《国学系学程编制大纲》，《北平中国学院概览》，北平中国学院，1934 年，第30—31 页）

中国学院国学系课程一二年级必修科目，大致分为五类：一，社会学基本学科。二，史学基本学科，1.中国通史，2.经学源流，

3.史学方法，4.中国思想史，5.国学书目举要。三，文学基本学科，1.文学概论，2.中国文学史，3.西洋文学史，4.诗文选读及练习。四，语言文字基本学科，1.国语发音学，2.语言文字学要略，3.文字音韵沿革。五，外国语文。

表6为北平中国学院国学系教员履历录。

表6　教员履历录

姓名	性别	字号	职别	籍贯	履历	入社时间
吴承仕	男	检斋	国学系主任	安徽歙县	历任北京大学、师范大学主任、教授、讲师及名誉教授	民国十四年（1925）九月
孙人和	男	蜀丞	国学系教授	江苏海城	曾任北京大学、北平师范大学、北平大学女子师范学院等教授	民国十八年（1929）九月
陆和九	男	墨盦	国学系讲师	湖北沔阳	武昌文华大学汉文科长、湖北襄阳第二师范学校国文教员、民国大学金石学教员、辅仁大学金石学教员	民国十八年（1929）九月
汪怡	男	一庵	国学系讲师	浙江	国语统一筹备委员会常务委员、国语速记讲习所所长	民国十九年（1930）九月
孙席珍	男		国学系讲师	浙江绍兴	曾任北平各大学讲师	民国十九年（1930）九月

姓名	性别	字号	职别	籍贯	履历	入社时间
孙祥偈	女	松泉	国学系讲师	安徽桐城	女子师范大学毕业，现任公私各大学教员	民国二十一年（1932）九月
唐兰	男	立厂	国学系讲师	浙江嘉兴	北京大学、师范大学、辅仁大学等讲师	民国二十一年（1932）九月
陆宗达	男	颖明	国学系讲师	浙江慈溪	国立北京大学毕业，北京大学讲师	民国二十二年（1933）九月
刘节	男	子植	国学系讲师	浙江永嘉	国立清华大学研究院毕业，天津南开大学讲师、河南大学教授兼国文系主任、国立北平图书馆编纂委员、金石部办事	民国二十二年（1933）九月
高逵	男		国学系讲师	江苏太仓	北平美术院音乐系讲师	民国二十二年（1933）十一月
吴文祺	男		国学系讲师	浙江海宁	曾任上海商务印书馆编辑、中央军事政治学校教授，现任燕京大学讲师	民国二十三年（1934）九月
余季豫	男		国学系讲师	湖南常德	辅仁大学国学系主任兼教授、北京大学讲师	民国二十三年（1934）九月

续表

姓名	性别	字号	职别	籍贯	履历	入社时间
柯昌泗	男		国学系讲师	山东胶县	北京大学毕业，曾任直隶政治研究所所长、北大历史系、师大史学系讲师	民国二十三年（1934）九月
高天行	男		国学系讲师	吉林永吉	曾任北平师范文科文学教员，现任民国学院新闻系讲师	民国二十三年（1934）九月
齐燕铭	男	振勋	国学系讲师	河北宛平	中国学院国学系毕业，曾任北平市立第一女子中学教员，现任北平大同中学教员、中法大学讲师	民国二十三年（1934）九月

（《教员履历录》，《北平中国学院概览》，1934年，第170—171页）

△ 船山学社举行船山先师诞祭典礼。

何键主祭，财政厅厅长张开琏、建设厅厅长余籍传与社员易书竹等与祭者百余人，"祭毕，陶副社长、何主席及罗正纬先生等演说。下午开社员大会，推易书竹为名誉董事，连任董事周逸、胡子清、陈嘉会、颜昌峣、杨树谷、任福黎六人，推举谢序荃、邓振声、张有晋、萧仲祁为董事，并推朱肇干、曾慎齐、张斗衡、王寿慈为候补董事"。（赵启霖著，施明、刘志盛整理：《赵瀞园集》，第429—430页）

10月12日 《申报》刊登《四部精华》广告，誉之为"不特国学得其捷径，即整理国故，亦能抓住中心。数千年道术、学艺、文

章之精华，尽萃于斯"。（"广告"，《申报》，1934 年 10 月 12 日，第 3 版）

10 月 16 日　燕京大学召开第四次师生全体大会，由扬开道主持，由江问渔主讲"乡村运动与民族精神"，主张中国现状仍处于东西文化的冲突之中，应当采取"国学为体，西学为用"的方针。（《江问渔在燕大演讲》，《燕京新闻》，1934 年 10 月 16 日，第 1 版）

10 月 20 日　芦焚发表《也是国粹》，批评国粹所谓"炫耀世界"与"镇摄人心"的用途。

文中称：

> 不错，我们中国有不少国粹，除秦砖汉瓦而外，若某教授一类人物也有点气味，虽然已竟减色不少。不过我有意把他丢开了，还是谈谈"好汉不打倒好汉"便宜。这件想来也是国粹，你只消看它八面玲珑就得，也许更粹得可观，进而为宝贝都说不定。据说国粹有两项用途：曰藉以炫耀世界；曰镇摄人心。"炫耀世界"已然引入外国兵将，这且不提，所谓镇摄人心方式实烦复，约言之又不外教育，或麻醉；"教育"自然堂乎其皇，无如以前一直现在公开的教育和麻醉尚无法分开。其作用也不外两面：一是要这样；一是不要那样；追根求源依然是一而二——二而一的把戏。统治者视争权夺利为"本分"，在下者必佼尤在上者，于是就感不安，教人不逞强霸道，做事须合乎中庸，也就是"好汉不打倒汉"；奴化其心，之后可以零宰碎割。统治自己却不那样，所谓"立法者即最先破毁法律者"，至今也还有几分真理。鸦片严禁虽早要过了。"三令五申"，正仍不防国营。……

虎不感于狼的忠顺而肉欲稍减，帝国主义也不因"空城计"以止进军。也许日本毛子昧有"中庸"，不懂"幽默"，说得好听些，即非"英雄的"倒汉也还要打下来，于是只有再将金蝉脱壳密诀念念有词的重背一遍，自然因为这破落的家族已觉不安，效用不能全无。譬如说，李顿老爷丢下一本报告书，于是乎亲善，拜把兄弟，为虎谋肉……反回去说，何尝是密诀的效能，不过帝国主义为这破落的家族不安而已。虎自很高兴的赐一个Kiss，曰："大家都是兄弟，你的还不就是我的，嚷起来多不雅观！"做一个嘴脸，哈哈哈。话自然十足绅士，亦许万一被国粹的"好汉不打倒汉"感动了罢；虽然很中庸，倒也十足奴性。数千年奴才教育总算收了实效，以后更应多修文庙，广制"好汉不打倒汉"的宣传画，俾正人心。（芦焚：《也是国粹》，《新语林》，第6期，1934年10月20日）

10月22日　萧莫寒作《论治国学之门径》，以宋代理学为研究国学第一把锁钥。

文谓：

国学之范围至广至博，至繁琐至纷乱，吾人欲加以研究诚为不易之事。尤其今之学者大半皆不识训诂，不谙文字学，故往往涉足国学者莫不望门兴叹。北宋之欧阳永叔古文八大家之一也，其论著亦浩海渊博，而王荆公尚讥渠"欧狗不识字"，盖言欧氏不精训诂学之谓也。

今之论国学者概括经，史，子，集。而此四者之沿革迭失，则为古今学者争论最普遍之问题。就一方面言，可视为治国学之中心问题。故吾人治国学者，首须明了历代学问家研究之方法，及已研究出之假定理论。比如同一经学汉人有分为二类，即古文今文是也。降及汉末古今相并，而另分为南北学。迫唐代方有一系之定论。又如《五经》之《礼》，称为士礼，《汉书》称为《礼经》；自郑康成注《三礼》方称为《仪礼》。

自唐代颁行《五经正义》后，经学遂成帝王专有物。故宋之学者不满前人之注疏，大起反攻。至是时唐代之经解一切推翻。各以己意解经，如欧阳永叔作《毛诗本义》，苏辙作《诗经说》，郑樵、程大昌等专攻驳小序，朱子作《诗集传》。原来书经一向用《伪孔传》者，自苏轼作《书传》后，竟盛行废古注专重议论。直至蔡沈述朱子之义，作书《传集》，竟将《伪孔传》之席推翻。其次，宋之学者治《春秋》，亦特别俱有精锐之眼光。其最重要端，即为非杂糅三传，辄排斥三传。杂糅三传者：如刘尚之《春秋权衡》及陈傅良之《春秋后传》；辄排斥三传者：如孙复所作之《春秋尊王发微》，废除传注，专论书法。其后胡安国作《春秋》，亦借以讽刺时事。诸如此类者，皆宋儒研究学问另开生面之笔调也。

其外对于中国学术界尤大贡献者，即为宋儒研究学问之怀疑态度及勇敢删改之精神也。对于此点有人嫌其武断者，如欧阳永叔排《系词》，苏东坡之《讥书》，李觏、司马光等之其疑孟子，皆宋儒研究学问之怀疑态度也。如朱子对《大学》移文补其传，对于《孝经》分经传又删经文，以及述俞廷椿之《复古编》，皆宋儒勇敢删改之精神也。至王柏作《书疑》，将《尚书》大半增删，几不保留原部之精要；作《诗疑》，竟将国风之郑卫删去，雅颂亦大加改易，则不无增删失实之虞。然此种精神则甚可为吾人打破拘死含糊之弊病也。故吾人读古书，须有怀疑态度，及考证增删之精神。古书每多伪造，此为古今治国学者所共认。如继郑康成而起之王肃，此人文思最为纵横，兼通古今文，当时以有意与郑为难，往往郑用今文者，王则据古文驳之；郑用古文，则据今文驳之；恐其说之不固，甚至伪造古书以自证其说。如孔安国《尚书传》，孔安国《论语注》，孔安国《孝经注》，《孔氏家语》，《孔丛子》，皆其假托孔氏或孔氏子孙以自证其说者也。

其次宋之理学，诚为承上五代以上学问家所研究之结晶，启元明清后代治国学之门径。故吾人研究国学者，得宋儒理学为辅佐，则无异获得第一把锁钥也。（萧莫寒：《论治国学之门径》，《大夏周报》，第11卷第7期，1934年10月22日）

10月25日 李实忱撰文推广国学研究社。

李实忱提出：

国学荒弃久矣，废孔废经，铸成大错；惟心惟物，互起争端，同人怒焉忧之。爰于民国二十一年，有国学研究社之创议。当其组织伊始，邀集硕儒宿学，讨论綦详，多谓宣尼集群圣之大成，六经为万世治平之根本，若不阐明精义，一任古籍荡然，势必邪说横行，无以抉经心而敷圣化。所谓尧舜禹汤文武周公之流风善政，且扫地无余矣。于是各矢血诚，决计振兴国学。无社址也，借用市立师校；无讲坛也，借用师校礼堂；无社费也，社员分任月捐；无讲师也，各经学家分门主讲，且纯尽义务。议定每日两小时，为宣讲时间，对于听讲社员，每月课文一篇，每年测验两次。按日轮讲者，为《说文》《尔雅》、音韵、《易》《书》《诗》《礼》《春秋》《左传》《孝经》、四子，每星期日，讲子书及书法。听讲资格，限定中校以上，或有相当学识者为合宜。无报名费，所有讲义及试卷一律由社备办，不须社员摊资。当年除端午、中秋、除夕外，概不停课。

现在注册社员一千余名，每日轮流听讲者，约二百名上下。计由开社以至今日，讲学已及三年。书法毕业一班，工书者得四十余人。《易》《书》《孝经》《论语》诸书，均经讲过一周，尚须由浅入深，继续再行讲解，此本社经过之概略也。顷因中央实行尊孔，决然休复固有文明。戴传贤先生又主张各校添课读经，已正式提出议案。从此阐扬文化，则古圣先贤之微言大义，当可与日月重光。惟以通儒大半凋零，又无经生继起，自应即时设法，培养经学人才。近虽曲阜议设学院，预备圣裔治经。大名救济院函索本社简章，意在组成分社。然恐经书久废之后，未易多得此项专家，且虑各校果添习经一门，若无合格师资，必至名是实非，流为异端曲学，用是征集名家意见，以期切实推行。咸称中校以上，及图书馆宣讲所等，均须附设国学研究社，所有社址社费，既可变通利用。而讲师及社中办公人员等，亦可就地取材。惟此事关系地方行政，应由教育局，通令各校馆所，同时举办，自能日起有功。吾津为商埠奥区，号称人文渊薮，甚多明经巨子，博学鸿儒，迅即出首协商，力谋此社发展，庶几渐推渐远，举国风行，国多通经致用之才，士无叛道离经之失，可挽不良之风俗，可收既去之人心，则吾国前途，或有转危为安之一日也。（李实忱：《推广国学研究社之希望》，《新天津》，1934年10月25—26日，第1张第2版）

10月27日　景梅九、许海仙等在三晋会馆发起筹办国学研究社。国学研究社在新新饭店举行第一次筹备会议，冯子车、王尧青、杨绍时、梁景韩、郭子俊、郑云飞、李卓吾、王晓霞、杨重山、许海仙、续约斋出席。

　　甲报告事项：主席报告，日前诸同乡在义仙亭联欢席，由景梅九先生发起提倡，在梁家牌楼三晋会馆筹备三晋公学及国学研究社，经各同乡一体赞同，并决定在座均为发起人。除三晋公学筹备人选，由发起人提出本届同乡大会推选外，先推许海仙、王尧青、郭子俊、杨重山、李卓吾、冯子车、续约斋、郑云飞、杨绍时、王晓霞、梁景韩诸先生筹备国学研究社进行事宜。并推兄弟与杨重山先生、郑云飞先生负责召集，共筹进行。今日诸君全体出席，足征同乡对于国学研究社之热心与诚意，嗣后国学研究社，应如何筹划进行，诸位同人发表意见，共同讨论，以期早日成立。乙、讨论事项：一、国学研究社社址，应设何处案、决议，设梁家牌楼三晋会馆，并推许海仙、王尧青接洽；二、社章及一切规则，应如何规定案、决议，推续约斋、王晓霞、郭子俊草拟；三、本社缘起，应如何拟草案，决议推景梅九先生草拟；四、本社筹备时间。应刻图记，以资对外案，决议，先刻国学社筹备会长戳一个。五、本社社址既定，应刻社牌悬挂门首，使外界明了案，决议，推冯子车，请冯钦哉先生书，刻长牌一个。本社筹备事宜，应推常务委员三人负责进行，决议，推冯子车、郑云飞、杨重山担任。六、下次筹备会日期，应如何决定案，决议下星期日上午十时，在三晋会馆举行，并将社址提前整理完备云。（《三晋名流组织国学研究社，由景梅九等发起，昨开首次筹备会》,《西京日报》, 1934 年 10 月 28 日，第 7 版）

10 月 31 日　船山学社开第三届董事成立会。

杨树谷、杨华一、程子枢、周逸、谢序荃、张有晋、谢鸿熙、王礼培、黄赞元、邓振声、胡子清、陈嘉会、颜昌峣、李澄宇等董事出席；刘约真、萧仲祁请假。"推定王礼培为董事长，黄赞元为副董事长，并推举胡董事少潜、杨董事树谷、谢董事鸿熙、陈董事嘉会审查委决算预算。"（赵启霖著，施明、刘志盛整理：《赵瀞园集》，第 430 页）

10 月　胡琴溪撰《明年对于国学改进之提议》，指出"一国之文野在于文学之进化与否"，中国文化维系数千年而不衰，"自以文学为前提"。学校为传授文化的机关，应当将国学列为主要必修科目。

师范学校国学教学的问题有："教授法过于普通"，"改作过于客气"，"同学间无集合研究之机会"，并提议明年国学改进计划，"扩充国文科时数"，"多选授古今有价值文学"，"增加讲解时间，必要时化讲解为讨论"，"每月课间作文一次，课外作文二三次"，"注重集合研究，必要时组织国学研究社"，"发行国学研究刊物"。

（胡琴溪撰：《明年对于国学改进之提议》，《学生文艺丛刊》，第8卷第2期，1934年10月）

△ 刘修业编辑《国学论文索引三编》，由北平中华图书馆协会出版。

该书收录192种杂志、报刊1928年至1933年5月间所载国学论文，分为总论、群经、小学、考古学、史学、地学、诸子学、文学、科学、政治学、经济学、社会学、教育学、宗教学、音乐、艺术、图书目录学等，并附录1928年1月至1933年12月间期刊一览。（刘修业编：《国学论文索引三编》，北平中华图书馆协会，1934年）

△ 湖南船山学社公布新入社社员名单（见表7）。

表7 湖南船山学社民国二十三年（1934）九月至十月新入社员一览表

姓名	别号	年龄	籍贯
胡作镛	肇修	六六	湘潭
郭人谦	海潮	五八	湘潭
罗正纬	达存	五十	湘潭
李砾	别樵	六三	浏阳
杨佑群		四八	宁乡
廖介诚	戒成	五五	长沙
阮映长	心潭	三四	安化

（《湖南船山学社民国二十三年（1934）九月至十月新入社员一览表》，《船山学报》，1934年第6期）

11月6日 "金石考古名家单次刚就平艺专国学教授"。（"教育消息"，《申报》，1934年11月6日，第4张第14版）

△　西安国学研究社，在本市梁家牌楼三晋会馆举行第二次筹备会议，出席者有冯子车、李卓吾、续约斋、杨少时、梁景韩、杨重山、王晓霞、郑云飞等，许海仙、王尧青、郭子俊缺席，杨重山主持，郑云飞记录。

甲、报告事项：一、主席宣读上次会议记录；二、主席报告上次会议决议案办理经过，并印信封信纸，及刊刻长戳各情形。

乙、讨论事项：一、本社缘起，业经景梅九先生拟就，应如何办理，请公决案，决议：请景先生再加斟酌后，附印社章草案之前；二、本社章程，业经郭子俊、续约斋、王晓霞三先生拟就，请公决案、决议：修正通过，暂作草案附印缘起之后，俟本社成立大会，再行公决；三、社牌及字应用何色，请公决案，决议：茶漆底，绿字；四、本社临时印刷等费，应如何筹集案，决议：由第一次聚餐被邀发起人冯钦哉、景梅九、续式甫、王怡然、李梅卿、张云卿、那功百、陈东初、韩振声、李秀亭、张亚雄、张仲陶、庞利澄、高碧峰、杨清轩、杨绍时、张诚斋、潘昆山、王瑞生、王尧青、杨重山、王文初、李卓吾、景颐三、冯达忱、王晓霞、梁景韩、郑云飞、高茂卿、陈锦行、银泽洪、左尧生、续约斋、许海仙、冯子车、郭子俊诸先生，每人暂收洋二元，将来抵作常年社费；四、本社第三次筹备会，应定何时举行案，决议：由常务酌事务需要，临时召集。（《国学研究社昨开三次筹备会议》，《西京日报》，1934年11月7日，第7版）

11月10日　汪吟龙等发起成立中华儒学研究会，汪氏认为儒学最能体现"国学"之独特性，彰显民族精神。

汪吟龙撰《中华儒学研究会组织理由书》，首先区别儒学与儒教。最近世纪，为东西文化接触时期，也是世界学说发达时期。我国为东亚古国，自有史以来，迄至东汉初年——佛法流入中土以前——社会的基本组织与政治的范围，"殆均为儒家学说之领域"。"天生蒸民，作之君，作之师"，将政教两途，划分清楚。迨后孟子以"为王者师"自命，历代帝王，至尊孔子为"万世师表"，孔孟二人，均为儒家学说之中心人物，其影响足以普及社会，以后儒者思想，只求保证"师"的地位。虽然儒家前后有道墨阴阳名法纵横兵农各家，然各家学说的传播，远不如儒家广大。魏晋以后，佛老盛行，儒学从未废弃，自唐韩愈以"攘斥佛老"自任，门户之见日深，迄宋元明清，仍有主张攻击二氏之说，"于是流俗相传，乃有儒释道三教之称。其实遍览历代儒家著作，殆未见有'儒教'二字，亦未见有自称'儒教信徒'者"。海通以还，欧风东渐，于是"宗教"二字名词开始流行。民国初年，北京政府鉴于西人"传教士"深入吾土，提议创设"国教"，时争执者多，于是康有为等人乃倡"孔教"之说，其门人陈焕章更创设"孔教大学"，而西方人士遂误传以"中国为孔教国家"。其实，儒学既非宗教，孔子更非教主，且中国即无国教，无损于独立精神。但自康氏倡议以后，旧的方面，既未能餍足人望，新的方面，反引起许多不好感想，结果乃有"打倒孔家店""打倒帝国主义走狗孔丘"的口号发生。中央大学院为免除争执误会起见，遽下废止孔祀之明令。从此以往，对于"儒学""孔子""宗教"三个问题，几于无从划分，无人道及，其实都很错误。

接着申明发起组织本会，为避免引起他人误会起见，所以郑重声明，本会是"儒学"，不是"儒教"，是研究中国历来政治社会基础之儒学，不是研究孔子之学，或某一个人、某一部分之学：

世间任何宗教，或某种主义，皆欲自居领袖地位，甚有不顾他人一切利害，而限制他人"既为此信仰，即不能另有主张者"。惟儒者学说，在政治方面，既不肯自居领袖地位，同时复不象宗教家之种种限制……足见儒学精神，至为博大，非一曲之说之范围所能限制。故西哲常言"物质文明将破产，必待中国文明输入，以超度彼之人类"。所谓"真正中国之文明"，殆非"儒家学说"莫属矣。……

儒学之功用，实有研究之价值。而环顾国内，既无专门研究儒学机关，即各大学文科学生，亦殊鲜研究儒学之机会（二十年及二十二年，高等考试，国文试题之出于四子书者，各大学生，多不知其出处）。往年教育部，曾有停办文法科之拟议，其实学习文科，决不认为即系研究儒学。近来留心爱国之士，往往以"中国文学"四字，简称"国学"二字，同时在译书方面，反称某某国大儒，例如称孟德斯鸠卢骚等为法国大儒，真可谓不合逻辑。因为中国有国学，欧美日本诸国，亦无不各有其"国学"。假如我们出国宣传中华固有之"国学"，外人译文，若不加成"中国之学"，将不知所据。惟儒学之名，乃吾国所独有，非他人所得冒牌，即如卢骚孟德斯鸠等，只可译为"某国学者"，而不得称为"某国儒学"，如此则正名定分，庶几足扬国光，而垂世范。

发起人等，研究儒学，积有岁年，或皓首穷经，或抗心睎古，或栖神严穴，或掉鞅文坛，虽藏山事业，敢自诩于等身，而出国宣传，固将期于万里。比以蒋委员长驻节南昌，厉行新生活运动，提倡礼义廉耻，改善衣食住行。全国向风，兆人思奋，曾由吟龙以发起儒学研究会事，征求蒋公同意，颇蒙嘉奖，具征儒学之有待研究，本会之急需组织矣，兹际呈奉中央暨主管官厅核准备案之时，谨具理由，诸希公鉴。（汪吟龙：《中华儒学研究会组织理由书》，《国学论衡》，第4期，1934年11月。）

汪吟龙提出《中华儒学研究会工作计划书》，主要分为儒学研究，下分经学组，研究汉儒之学（今文家、古文家），宋儒之学（程朱学派、陆王学派）；经之作述（六经、续六经、再续六经），经之汇刻（汇刻正经正注、汇刻汉经解、明经解等），校刻正经正注，校刻历代经注经说。史学组：研究国史之编纂（古代通史之编纂、当代史料之抉择），世界史之编纂（新大陆发现以前之史、新大陆发现以后至欧战以前之史、欧战以后至现时之史）。舆地学组，研究中华地志（古地图志、今地图志），世界地志（古地图志、今地图志）。诸子组，研究儒学诸子（前编：周秦以至隋唐之儒学诸子；后编：宋以后迄至现在之儒学诸子），非儒学诸子（前编：周秦至唐；后编：宋至现代）。文艺学组，研究应用文艺，寿世文艺（传记之文、金石之文、书画作品）。同时汪吟龙提出儒学宣扬方面，应当筹备曲阜研究院。曲阜研究院，以研究东方文化，儒家学说为宗旨，而辅以其他有关之学科，分设经学研究所、文字音韵学研究所、史学研究所、舆地学研究所、诸子学研究所、文艺美术研究所、中国政治学研究所、中国社会学研究所，以及其他研究所，如水利、农田、矿产、医药、体育等研究所。各研究所，得分设于曲阜、泰山、济南、青岛等地。

另外，设立儒学讲座，加授各大学及中小学儒学课程："拟请由中央通令各大学，在原有学科外，设立儒学讲座，并加授各大学及中小学儒学课程。"理由如下：

中国学说，至为广泛，近年以来，各大学文学院，多有国学系及哲学系之设（哲学之名词，系由翻译而来，在吾国各学校，列入课程距今仅十余年）。而国学系内间有经学课程，哲学系内，亦间有儒家哲学课程，既易混同，且嫌冲突。而讲中国哲学者，对于周秦时代，尚有诸子之分，但至有宋五子以后，中国哲学之发达，殆均为儒家学说之精义，故一般言中国哲学史者，往往多侧重于先秦之世，而于汉宋之经学理学，殊少研求。故本会私意，欲在哲学国学之课程外，特设儒学课程，以便专门研究，诚以哲学无所不包，过于笼统，且"哲学"二字，固与"科学"为对待名词，曾未闻任何大学，有以"科学"为课目之名称者。换言之，则理工学系之课程，无一而非科学，而文哲学系之课程，又何一而不可加以某种哲学之名称乎。国学二字，亦犯嫌名，盖世界独立之国家，无不各有其国学，若施之译文，必加为中华国学，乃能分晓。故本会既以儒学为名，更请设立儒学讲座，加授儒学课程，如此，则大之足以表彰民族之精神，小之足以确立课程之名目，将见行之数年之后，定可于世界文化中，占一席地，而当世界大战结束之后，各种主义学说试验无效之时，或可将儒学精神，成为世界普遍研究之对象，是固在不可必知之数，而亦非本会之所敢预言者矣。

同时，设立儒学讲演团、儒学奖学金，联络各地学术团体，组织世界嘤求团，组织世界讲演团，筹设各国儒学研究院，筹设各国儒学讲座，加授各大学及中小学儒学课程。（汪吟龙：《中华儒学研究会工作计划书》，《国学论衡》，第4期，1934年11月）

11月16日　船山学社开秋季季课委员会。

王礼培、陈嘉会、胡子清、谢鸿熙、周逸、颜昌峣、杨树谷、张有晋等季课委员出席，推举颜昌峣、王礼培、赵曰生、杨树谷、谢伯涵为阅卷委员。"阅卷规定，文内断句处用单点，其佳者用单圈或双圈，卷背尾等等符号，甲等用三圈，乙等两圈，丙等一圈，附取三点。批纸一律由社发给，阅卷期间，限于本月七日起，至十七日止，一律齐卷。"（赵启霖著，施明、刘志盛整理：《赵瀞园集》，第430页）

11月　陈朝爵发表《上教育部论保存国本首当尊孔读经书》，主张恢复读经。

文中称：

自十七年国府议决，定孔子诞日为纪念后，前年又倡修孔林，并迭次申令保护各地孔庙，而年来各省各县长官，以及地方人士，相率恭行祀孔者日多，此实默探我政府当局，已有恢复祀典之心，而为此将顺其美之事，易称不远而复。今已有此良机，钧部宜及此时机，首先动议，恢复春秋丁祭、旧典，并复曲阜衍圣公封号，酌量增改学校课程，自小学至大学，恢复读经、讲经、经学专门学程，以此明示国人共尊本国文化重心，与保持民族不可磨灭之特性之急务，即以求在此危急存亡之际，谋留一线共同之生命，此实钧部应负之责，匪异人任也。

且以学校课程言之，前清大中小学校章程，科学西文，何尝不重？今政府重要人物，行政、司法、教育、实业、军事长二各官，以及著名之教育家，谁非当时学堂造就之学生？设有人诋毁前清学堂课程腐陋，学生毫无国家社会世界知识，政教诸公，必不任受，何也？诸公实当时学堂课程所造就故也。顾又有说曰：科学进步，一日千里，不容墨守前规。然窃以为科学所研究，知识之有变者也，经书所研究，道德之无变者也，两不相妨，而道德尤为知识之干橹，无道德则知识易流于危险。今日强以猫狗说话之国语，代当日之孝经论孟，以委靡浪漫之白话小说，代当日之五经，是限锢儿童头脑，只认禽兽为朋友，而不知有圣贤，导领成年学子思想，沈迷神圣之恋爱，而不得不仇视礼教。于科学知识，实风马牛，而经书道德，已根本划绝，即此原因，已足以亡国而有余，揆之国家设教育才之本心，岂至如此。然颓波所趋，不至此不止，十余年来，国内外有识之士，鼠思泣血，干肝焦肺于此者，实为全社会之大多数，徒以其威权势力，操持于少数人之手，莫敢谁何耳。然微闻平日号称新文学之钜子，其私家子弟，实请老经生课读经书，一如旧法，毁经公廷，课经私室，绝人读经，教子读经，天下古今之奇幻，宁有至此者乎？

夫学说当视时代为存废，岂惟今世，古亦如斯。孔子之书，所以亘万世而不敝者，正惟其为万世之常道。《礼记大传》，谓圣人治天下，必自人道始，立权度量，考文章，改正朔，易服色，殊徽号，异器械，别衣服，此其所得与民变革者也。亲亲，尊尊，长长，男女有别，此其不可得与民变革者也。董仲舒言：受命之君，徙居处，更称号，改正朔，易服色，顺天志而明自显也。若夫大纲，人伦道理，政治教化，习俗文义，尽如故，亦何改哉？故王者有改制之名，无易道之实，此即天不变道亦不变之精义。近代梁任公，亦云：著述有带时代性的，有不带时代性的，不带时代性的，无论何时都有用。古今所论既已如此明白，敬考先总理全书，于孔子之道，崇敬发挥，尤不一而足，乃党治数年，政治教育，俱未满民望，而废孔蔑经，尤为教育咈违民心之大者。钧部典司邦教，全国宗师，继绝存亡，是在今日。

朝爵愚瞽贱，夫宿昔主张尊孔。民国五年，曾以国会宪法会议，议删孔子之道条文，著有《驳议》，载入山西《宗圣学报》。十七年，以大学院通令废止祀孔，复著论上内政部，当蒙批覆在案。是年六月，湖南清乡督办鲁、会办何据王之平及朝爵所请，电呈国民政府主席谭、军事委员会主席蒋，请明定孔子祀典，蒙交大学院内政部核议。旋经会呈国民政府，于十月二日，第九十八次常会议决，以孔子诞日为纪念日，通行全国遵照。一时海内外士论，翕然赞成，年来日益加多，不论南北，不分新旧，已渐趋一致。报章所载，班班可考，尤可注意者，近闻德国大学，有焚毁恋爱书籍之事。广东国立中山大

学，中国语言文学系，二十一年度课目表，自一年至四年，必
修基本国文，完全为经学，近且有恢复祀孔，学校议以读经为
主课之事。东海西海，心同理同，人之欲善，谁不如我，世运
循环，无往不复，尤为不可易之轨辙，知钧部与当轴诸公，必
已早见及此。爰敢本其素志，再发狂言，见禾黍而闵宗周，忧
心靡靡，抱残缺而瞻坏壁，坠绪茫茫，迫切陈辞。除陈明行政
院外，合行缕恳钧部，俯予审核，呈请行政院，转呈国民政
府，采择施行。教育前途幸甚，中国人民幸甚，临颖无任悚切
屏营之至，伏祈钧鉴。（陈朝爵：《上教育部论保存国本首当尊孔读经
书》，《国学论衡》，第4期下，1934年11月）

△　中国国学会制定国学会会员姓名一览表等表单（见表8—
11）。

表8　国学会会员姓名一览表

姓名	字	籍贯	通讯处
王蕴章	莼农	江苏无锡	上海白克路登贤坊二五号或新闻报馆
王树枏	晋卿	新城	北平西直门大街北本场路东
朱广福	右白	江苏泰兴	上海河南路商务印书馆制版部
朱汝珍	聘三		香港坚道孔教学院
宋慈衰	墨衰	瑞安	瑞安城内大街
宋庚荫	筱牧	河南郑县	北平宣武门外贾家胡同三十二号
车驹	驭钦	江西贵溪	江西南昌省立第二中学校
汪吟龙	子龙	安徽桐城	开封省政府西街六十号

续表

姓名	字	籍贯	通讯处
李静之	静之	河南南阳	河南开封高中
邵瑞彭	次公	浙江淳安	开封同乐街二三号
吴恭亨	弹赦	湖南慈利	湖南慈利正街吴宅
吴企云		安徽泾县	吴县县政府
沈道乾	抱一	江苏常熟	常熟大步道巷七号
杜仲陵		四川广安	真如暨南村十八号
杜钢百		四川广安	上海真如暨南大学
易军左		湖南汉寿	镇江小市青云门读书楼
金心齐	幼石	安徽无为	安徽无为县西门大街土地庙间壁
胡朴安		安徽泾县	上海康脑脱路康乐里九号
高亨	晋生	吉林双阳	开封河南大学
徐畴	禹廷	浙江海盐	吴县建设局
秦若贽	慕陆	江苏无锡	苏州干将坊六三号
陈士群		湖南长沙	济南地方法院
陈鼎忠	天倪	湖南益阳	广州中山大学
陈裕菁	南屏	江苏镇江	镇江磨刀巷二三号
陈彝	子彝	江苏昆山	苏州沧浪亭省立图书馆
郭绍虞		江苏吴县	北平燕京大学文学系
茹欲立	卓亭	陕西三原	南京棉鞋营十三号
许承尧	际唐	安徽歙县	安徽歙县乡西［唐］模村
许汝藻	兰樵	湖北松滋	湖北松滋县邮局
许志伊	莘农	江苏江都	秦县交通银行
许树枌	情荃	江苏如皋	如皋柴湾画隐园
张宗玉	铸勋	江苏吴县	苏州东白塔寺巷十七号

续表

姓名	字	籍贯	通讯处
彭重熙		江苏吴县	杭州之江大学
杨钟羲	子勤	河北北平	北平遂安伯胡同六十七号
杨鸿烈	宪武	云南晋宁	开封河南大学姜亮夫转
杨荣光	耀远	河南开封	河南城内辖轹湾街十五号
蒋天枢	秉南	江苏丰县	河南开封高中
郑其藻	彝久	河南开封	北平齐内小方家胡同三号
萧瑞麟	石齐	云南昆明	昆明螺峰街悔庐
萧蜕	蜕公	江苏常熟	苏州大石头巷三五号
严福年	禄宸	广东顺德	广东省立第一中学校
严庆祥		江苏上海	上海平凉路二十五号 上海江西路五八号光裕营业公司

表 9　国学会会员迁移一览表

姓名	字	籍贯	通讯处
王大隆	欣夫	江苏吴县	上海梵王渡约翰大学
王蘧常	瑗仲	浙江嘉兴	上海康脑脱路同康里五号
毛汶	凤济	安徽歙县	开封豫中学校
史乃康	耐耕	江苏宜兴	镇江教育厅编审委员
田名瑜	个石	湖南凤凰	湖南沅陵县电报街二号思庐
古直	公愚	广东梅县	广州东山均益路二号二楼
李猷	嘉有	江苏常熟	常熟钟楼关七号
金元宪	立初	江苏吴江	苏州草桥中学
金震	东雷	江苏吴县	天津法租界大公报编辑室
孙至诚	思肪	河南浚县	安庆省政府秘书处转

续表

姓名	字	籍贯	通讯处
郭竹书	冷厂	江苏丹阳	南京鼓楼大方巷十二号
施福绥	纯丞	江苏吴县	本城大石头巷二九号
陆丹林		广东三水	上海古拔路七十号道路月刊社
徐震	哲东	江苏武进	大治西路第三纵队秘书处庄先生转交
时希圣	孟邻	江苏常熟	本城泗井巷十八号
曹元宇	玄宇	安徽歙县	杭州刀茅巷医学专科学校
曹熙宇	靖陶	安徽歙县	杭州城站鸿飞汽车运货公司
曹昌麟	明甫	江苏淮安	青岛龙山路新六号
张任政	惠衣	浙江海宁	上海光华大学
杨俊	咏裳	江苏吴县	本城多贵桥二一号
路朝銮	金城	贵州毕节	青岛龙山路二五号
靳志	仲云	河南开封	南京外交部秘书处
诸祖耿	左耕	江苏无锡	苏州振华女校
钱希晋		江苏泰兴	苏州阔家头巷二九号

表10　国学会讲师表

姓名	字	演讲次数
章炳麟	太炎	三十次
朱文鑫	贡三	五次
张凤	天放	三次
唐文治	蔚芝	三次
金天翮	松岑	二次
钱穆	宾四	二次
陈衍	石遗	一次
李崇元	续川	一次
姜寅清	亮夫	一次

表11　国学会耆硕表

姓名	字	籍贯	年
王树枏	晋卿	新城	八四
陈衍	石遗	福建侯官	七九
吴恭亨	弹赦	湖南慈利	七八
张其淦	豫泉	广东东莞	七六
许树枌	情荃	江苏如皋	七四
杨钟羲	子勤	河北北平	七十
唐文治	蔚芝	江苏太仓	七十
罗致勋	栖青	江苏宜兴	七十
孙雄	师郑	江苏常熟	六九
张一麐	仲仁	江苏吴县	六八
张鸿	隐南	江苏常熟	六八
程适	肖琴	江苏宜兴	六八
金祖泽	砚君	江苏吴江	六八
章炳麟	太炎	浙江余杭	六七
萧瑞麟	石斋	云南昆明	六七
胡蕴	石予	江苏昆山	六七
秦光玉	璞安	云南呈贡	六六
孙德谦	受之	江苏吴县	六五

（《国学论衡》，第4期下，1934年11月）

12月3日　柳盈发表《关于文学遗产》，辨析"文学遗产"与"整理国故"的关系与区别，接受文学遗产的目的是清除毒素。

"整理国故"与"接受文学遗产"这两个名词在外表上观之，有人以为是同一的：以为五四运动的时候，已有人提议过"整理国故"，至现在不过尚未实现，不必再提议甚么"接受文学遗产"，只须依照以前的方案做去就是。——这是错误的说法的。

"整理国故"是将以前杂乱无章固有的文学作品，以现今科学的眼光加以一番整理，如胡适之所谓"如还它一个本来面目的工作"。整理以后，现今是否适用，则绝不加以选择，□只义务的承收；而"接受文学遗产"则是权利的，打破固有都是优良值得模仿的观念的。明白的说，即是优良的，我们有接受的权利，有毒害性的，我们有权利摒弃它。

所以，"整理国故"是义务的，"接受文学遗产"是权利的，这是截然不同的两件事，也是"接受文学遗产"对于国故的整理更为正确的方法。

固然，我国有不少优良的文学作品，如《诗经》《离骚》……甚至《水浒》《红楼梦》《金瓶梅》等等，以时代的不同内中不正确的意识，也不在少数，必须经过消毒的手续，炼取精华，才能供给作现今的营养。"五四"没有做到这层工作，以致这些腐蚀分子仍在今日发酵，而酿成复古，我们岂能再蹈覆辙的，不极积进一步作最后的清算？——采取有用的，摒弃有毒素的来营养我们本身。

在范围上"接受文学遗产"也较整理国故为广大，是以世界全部的文学为对象，而不是国家个体的。我们须知"五四"以后，中国文学已经随着世界潮流，融汇而为世界文学的一支，虽然以空间时间的关系，各有其特殊性，而文学在历史上发展的一致性，是决不会背道而驰。所以，在现今，于技巧上手法上的学习与其说得自本国，不如说取法于世界的多，这也是事实的。

屈原、杜甫等的作品是我们的遗产，同样巴尔扎克、哥德等的也是我们的遗产，都有待于我们来接收的。

读杜甫的《兵车行》有益，读巴尔扎克的《人间的喜剧》也是有益的（这是举例的说），我们的眼光应该放得远些，并不限定汉字才是我们的遗产。选择只在何者是有益的营养，何者是毒害的破坏，在这点上来决定，绝不能以地域来作界限。

"接受文学遗产"是个清算的工作，让我们来排除一切毒素的分子罢！（柳盈：《关于文学遗产》，《四川晨报》，1934年12月3日，第8版）

△ 《大学新闻周报》报道东北大学国学系因马宗芗要求以骈文完成作文课业，学生要求另聘教授无果，遂"退出教室"，导致"国学系之国学，已有无形停顿之势"。（《骈文复活》，《大学新闻周报》，1934年12月3日，第2版）

12月5日　张东荪撰《现代的中国怎样要孔子》，提出国学在确立民族自主性与吸取西方学说的功能。

张东荪认为我们必须以民族国家主义为标准来估量一切，那么，整理国故不能只寄希望于了解旧学的人而是要于新学有根本。不过，"必须对于中国文化从有价值的方面去看"是整理国故的必要条件：

　　我以为"整理国故"所负的使命实在很大，而可怜一班整理国故的人们完全见不及此。他们把国故当作欧洲学者研究埃及文字与巴比伦宗教一样看待，简直把中国文化当作已亡了数千年的骨董来看，所谓国学直是考古学。外国人研究中国学术取这样的态度原不足怪，最可笑的是中国人因为外国人如此，所以亦必来仿效一下，而美其名曰科学方法。我愿说一句过激的话：就是先打倒目下流行的整理国故的态度，然后方可有真正的整理，有了真正的整理方可言有所谓国故，不然全是骨董。我们今天救死不遑，那里有闲暇去玩弄骨董呢！

　　……像现在一班流行的态度，认中国的东西件件都不如人，这是不行的。关于这一点，张君劢先生曾把中西思想的异同列举了出来过，好像他以为中国总是偏于对自己；外国总是偏于对物。以我观之，可以说中国总是偏于以自己为对象，以自己为起点，来研究如何修养，如何做人，如何处世。外国则注重于研究外物是什么，怎样去利用它，克服他。这两方面其实并没有冲突的必要。张君劢先生主张给科学以相当范围，同时承认人生问题不在科学以内。他的思想可以说始终是想从中国固有的文化中创出一个新理学（我以为可以说是新儒家），同时又从西方文化中尽量吸取其科学（自然科学与社会科学）。就我个人论，我对于这样态度在大体上是赞成的。不过所引为忧虑的就在于迄至今天为止还很少有人真向着这个方向去走。其所以如此的缘故乃在于中国思想既是对自己的，则从事于此的人自必须躬行实践。现在人们把学问总当作纸片上的工夫，所以论孔子的文章愈多，而孔子的真义愈失。如此尊孔，我亦反对尊孔。我以为今后孔子要在现代的中国发生一些效用，必须把孔子贯入人们的血管里才行。倘只是腾在口头，则孔子依然是个死东西。所以尊孔不能使孔子复活。惟有体会孔子的精神，口头虽不提孔子而血管中充满了孔子，方可算用孔子来复兴民族。不然，孔子早已死了，不但不能复活，并且近于无聊。所以今后的关键只在于四万万人中究竟能有几个是真把孔子贯入血轮中去的。倘这样的人多起来了，我敢说中国的民族复兴必定有望，否则全是空谈。这便是我和时流意见不同的所在了。（张东荪：《现代的中国怎样要孔子》，《正风半月刊》，第 1 卷第 2 期，1935 年 1 月）

12 月 6 日　中央政治学校教授孟宪承在无锡国专演讲，讲题为《欧洲之汉学》。

此次演讲由虞斌麟记录，演讲记录稿刊于《国学界》创刊号，演讲中介绍欧洲的汉学研究，主要分成四个方面：一，经籍之翻译；二，文学之著作；三，考古之发现；四，语言音韵之研究。（孟宪承：《欧洲之汉学》，《国学界》，第 1 期，1937 年 5 月）

12 月 17 日　陈君葆与王国芳讨论白话、文言与国学的关系。

陈君葆约王国芳下午到平山图书馆谈话，王国芳提出："不晓得怎的，凤坡总是板拗不过，他的意思以为若果承认了白话可以替代文言，将来或许会喧宾夺主，文言反而失了地位，如此一来国学便无由去维持了。"陈君葆认为："这种腐儒之见明明错认工具作目的，其实文字不过工具而已，何尝见得较简单的工具语体文不可以作载道之文，保存古文词的国粹是一件事，研究一般所谓'国学'的内包，又是另一件事，安可举偏以废全，或以局部代表了全体！难道词章便是国学？"〔谢荣滚主编：《陈君葆日记全集》卷一，1934年12月17日，商务印书馆（香港）有限公司，2004年〕

12月25日　甘簃发表《告国立编译馆》，批评国立编译馆尸位素餐，希望国立编译馆能有切实方针，弘扬国学，号召天下之士。

甘簃《告国立编译馆》如下：

> 往者，章孤桐先生预政北部，思起学术于衰微，拟议设置国立编译馆。事垂成，以解组遂寝。党治于今为盛，政府已设国立编译馆，遴选人员主其事。此孤桐先生未遂之图，而循其成案，具微当局识卓虑远。虽然，吾有说，吾有说。
>
> 夫国立编译馆之组织，既有日矣，未见议一事，制一书。尸位素餐，若昔之将军府将军，今之军参院参议。诚如是，度非当局重视国学之本心，亦非诸君从事纂述之初旨。吾人望穿秋水者，乃如斯而已乎。
>
> 吾国学说，历周秦而大变，诸子竞言其术。逮汉武崇儒，黜百家，而独尊孔子，亘数千百年于不堕。虽近时一二乖谬之人，倡废孔毁庙之说，徒使盲从者以尼圣木主当薪。观于今岁孔诞，政府与地方之热诚致祭，又复风靡一时。论者谓尼圣亡灵否极泰来，则谲矣。
>
> 有清康熙雍正乾隆间，累兴文字狱，罪且及九族，遂使经世致用之学，摧残无余。而编纂四库全书图书集成，则远迈前代，有裨益于学术，其明效也。今之论学术者，不审体裁，不

辨雅俗，不计工拙，朝发一议，夕已脱稿，东涂西抹，不知所云。书贾牟利，辄为锓版。当局漫不审察，图书之滥，蔑以加矣。是则编译馆之设，固当有切实之方针，以号召天下之士。略举所知以告。

（一）定切实经费

此机关，固政府管辖之一。但事实与精神，宜使其独立。独立之要者，即规定巨额经费，作为基金，罔论何地何人，毋得动用，庶几源源不竭，人人皆能放手做事。傥仅如普通惯例年定经费若干，随政治兴替为存亡，有时度支支绌，或中途停顿，则事莫能举，故预筹储待之法，刻不容缓。如中英庚款之类，皆可资挹注者也。

（二）罗致博通人才

国内不乏学问博通之士，或以撰著名，或以译述称，允宜礼罗，严限资格，优给俸薪，畀以编审之责，或专任，或兼任，因材而施。就事论赏，庶几已至者得安于位，未来者闻风而起，亦延揽人材之道。

（三）奖励专家著述

天下之广，学者无穷，编译馆固无殊学术贩卖之所，而在事人员匪多，心思才力，或不免千虑一失。以年计，若成书三五种，或二三种，甚或萃多学人而成书一二种。其量寥寥。既想□而得。所谓专家，自有其研精之学问。于叶而骎骎于著述者，不一其人，应广为搜集，详加审定，给予优值，收取版权。即不然，择最而与以多金之奖励，使学者呕尽之心血，不致掷诸虚牝。则政府维持文化之功，讵可没耶。

吾言尚多，执笔鲜暇。意未尽什一也。（甘簃：《告国立编译馆》，《晨报》，1934年12月25日，第8版）

12月27日，郑鹤声撰《致本刊编者书》，批评该刊的"国学"观念，予以回应：

甘簃先生大鉴：刻从《晨报·国学研究号》第二十七期，暨《青鹤杂志》三卷三期上得读大著《告国立编译馆》一文。对于规定切实经费，罗致博通人才，奖励专家著述诸端，有所陈说。足见阁下留意编译馆之诚心，良可感佩。而惜乎犹未能深悉其蕴底也。鄙人为编译馆之一员，知之较切，兹略为阁下言之，并以告读者诸公。吾国编译事业，由来已久。清季以还，其势益盛。官译者，有京师同文馆、江南制造局等。私译者，有上海各书局、广州各教会。其间旨归既殊，译述不同。大抵官译多兵工之属，私译多医教之类。国立编译馆奉令成立后，除审查教科图书工作外，并注重编译学术上及教育上必要图书，及厘订各科学术名词，以树立其基础。其编译对象，则人文科学与自然科学并进，国内与国外兼顾。其宗旨所在，既非仅如章孤桐"思起学术于衰微"。（学术二字，盖包罗万象，即凡百科学精奥之所在，是谓学术。章先生之旨甚当，何至误解。）而与阁下之所谓"国学"者，其范围广狭直不可以道里计。盖所谓国学实不过编译馆工作中之一小部分耳（按本刊原文，所包者广，岂仅国学一端，何忽略至此）。

其次，编译馆原为独立机关，惟经费无多。对于"博通人才"之罗致，及"专家著述"之奖励等计划，不能尽量施行，久为馆中同人所抱憾。然对于人才之联络，与专著之提倡，在可能范围内，则未始不竭力进行，以期告慰于国人。试为言之：

（甲）关于联络人才。编译馆于国内外专门人才，暨学术团体之有互相关系者，必加以联络，以收分工合作之效。例如编订天文算学物理化学等各科学名词，皆经本馆与各专家及学会再三开会讨论，然后决定公布，其他各种学术图书，有非本馆所能为力者，则委托专家为之。

（乙）关于提倡专著。编译馆同人对于专家著作之编译，固不能尽量发展。然颇努力于学术之集中，对于接收馆外稿件，拟具计划，经出版委员会审查，认为合格者，当即收购，或以抽版税法行之。

以上两点，为编译馆成立以来之方针，亦为国内人士所共见共闻者也。此外更有一言，即学术工作，本非旦夕可期，编译馆自二十一年六月正式成立，至本年六月共计二年，其工作状况，属于编译方面者，已未出版书籍，凡译名十八种，专著四十八种，教科书九种，其他书籍八种，共计八十三种。属于审查方面者，自二十二年五月教育部公布课程标准后，共审查中小学教科用书四百另四种，皆具见编译馆一览中。（本年八月编印）其出版各书，皆由上海商务印书馆承印发行，逐日公布于各大报纸。审查结果，亦按月登载。岂阁下尚未见及欤？至所谓"未见议一事制一书"者，恐系隔膜，方有此误会耳。兹特奉赠《编译馆一览》暨《出版书籍目录》各一册，请赐检阅，当可了然，并希将此意刊入阁下等所编之《国学研究》及

《青鹤杂志》，向读者诸公作一解释焉。专颂撰祺。（郑鹤声：《致本刊编者书》，《新夜报》，1935年1月22日，第2版）

12月26日 原南社成员嵇鼎铭在湖州约集陈勤士、李吉甫、沈若臣、唐钰升、钮味青、陈季封、黄志樵、周声伯、卢作霖、许垂青、陆伯觞、姚韵员为发起人，发布启事，呼吁重组南社。（杨天石、王学庄编著：《南社史长编》，第628—629页）

重组南社启事：

夫保存国粹，经史与子集俱崇，牖启民心，词曲偕讴歌齐唱。新生活为救时急务，旧吟咏乃纠俗良方，休嫌冯妇下车，见嗤士类，且学刘琨推枕，起舞中宵。叹神州之破碎，久经泪洒铜驼，慨人气之衰微，安望羽穿石虎。爱国而请缨无路，伤时而厌世行吟。故扬朱见歧路而悲，屈子有楚骚之作。盖讽世原非遁世，任人寒瘦之评，耽吟若不谙吟，显我温柔之旨。无论体裁判别，□目繁纷，但看藻采毕陈，形容各妙。文思浩漫，既豪放乎千言，诗律精严，或推敲夫一字。此皆千秋之所传颂，而非鲰生所敢企望者也。惟琢磨得同人互助，应求籍尺素遥传，士贵知己，虞翻因以伤怀，穷当益坚，马接老犹励志。仆系出樵国隶吴兴，诗礼守鲤庭之训，风姿无凤尾之称，负郭有田畴，不谙耕凿，绕床多儿女略解之无（中略一节）。今者泪显青衫，正垂翅渑池之日。瓮无黄液，谋步兵校尉之厨，窃思鲫鱼过江，固多名士，漫说雕虫小技，无裨时难（中略□节）。然而偾偾招尤，吠日岂同蜀犬，逢迎附热，窃膻有笑秋蝇。暂屈泥涂，姑溷绛县老人之迹，欲拈秃笔，愧乏黄绢幼妇之词。庶几《广陵》曲奏，续南社不绝之遗音，别墅棋敲，写东山赋闲之逸趣。勿靳珠玉，乞示姓名，率尔操觚，勉成此启云。（《湖州名儒倡导复古南社东山再起发起人多为耆老宿学四六文启事广征同志》，《大晚报》，1934 年 12 月 29 日，第 5 版）

12 月 30 日　船山学社开第二次董事常会。

胡子清、杨卓新、邓振声、萧仲祁、周逸、颜昌峣、谢鸿熙、刘约真、黄赞元、陈嘉会、杨树谷、李澄宇等董事出席。报告事项："一、杨董事树谷报告审查学社决算案，议决，上年度决算已经补行审查无异，以后应按社章第二十七条，先交董事会审查办理。讨论事项：一、推举彭施涤先生为名誉董事案，议决通过；二、陶思曾、周逸介绍谭从炳、吴昭瞵、陶思曾，黄巩介绍李忠澍、刘芯，胡子清介绍陈迪光为本社社员案，议决通过。"（赵启霖著，施明、刘志盛整理：《赵瀞园集》，第 430 页）本年船山学社社长为赵启霖，副社长陶思曾，秘书周逸，讲演主任黄巩，编辑部主任周逸，庶务郑家肃，书记李闰夫、王杨道，是年共举行讲演四十一次，多以阐扬船山学说为主，听者每次多者有二三百人，少者亦七八十人。（《湖南船山学社业务概况》，《湖南年鉴》，长沙洞庭印务馆，1935 年，第 870 页）

12 月　无锡国学专修学校丛书之七，朱文熊著《庄子新义》出版。（陆阳编：《唐文治年谱》，第 347 页）

△　方明编述（会考升学必备）《国学要题简答》，由上海元新书局出版。分经学、文字学、史学、哲学、文学五部分，共五百余题。

是年秋　唐大圆为建立研究国粹之最高学府，以期造成致治保邦之人材，特修订《东方文化研究院新订学程》[民国廿三年（1934）秋第二学期]、《学约》、《招生简章》。

唐大圆在《叙言》中称：

> 世运靡当，瞬息万变，人类思想，亦变动不居。泥执而不变者愚，变而不适宜者悖。吾尝叹自书院制改学校，废弃讲学之风，取法泰西，不惟教育混乱已极，即人材亦卑污弗堪。盖既扫除五伦八德之教，使人民争效夫禽兽，取法泰西奢侈靡丽，使寒士无由入学，寒士聪俊者不能入学，纨绔得入而又愚惰，则学术必由此而衰。学术虽衰而可毕业得官，则益轻学术而贪财利。教育之不可说，国亦不国矣。今果欲救国振教育，非采书院制以讲学不可。予仰观俯察，怀兹已十稔矣。初以逆潮流而未能发，或虽发而未成事实。顷察世变愈急，朝流转顺，乃商何公芸樵，阎公百川，田公颂尧，赵公次龙，李公子宽，方公耀廷等，创立东方文化研究院于武昌，试办一学期，随所实验，适变日新，因制为学程，藉以转陈中央政府，认可立案，所有宗旨及办法等，条列如左。

东方文化研究院的旨趣为："云何而为学，何法以为学，骤以质诸今之学生，每茫不知答，或以所志较所学，亦哑然失笑。本院则正告学生以自矢曰：须确依周官乡三物德行艺科，建立研究国粹之最高学府，以期造成致治保邦之人材。"

学科设置为：中国经史子集四部，摄以今学，宜分为经史哲艺之四科，经学宜取《孝经》《论语》《孟子》《诗》《书》《易》《礼记》《春秋》《左传》《公羊》《穀梁》《说文》《尔雅》等，史学宜取《史记》《汉书》《三国志》《晋书》《新唐书》《五代史》《通鉴》《续通鉴》《通典》《通考》《史通》等，哲学宜取《老子》《庄子》《列子》《荀子》《墨子》《公孙龙子》《管子》《韩非子》《吕氏春秋》《淮南子》《高士传》《说苑》《新序》《韩诗外传》《牟子理惑论》《护法论》《四十二章经》《百法明门论》《大乘五蕴论》《解深密经》《法华经》《成唯识论》《中论》《百论》《十二门论》《宋元学案》《明儒学案》《五子近思录》《人谱》《六祖坛经》《宗镜录》等，艺学宜取《文选》《古文辞类纂》《八代诗选》《唐诗别裁》《文心雕龙》《唐人万首绝句选》《内经》《难经》《伤寒论》《医门法律》《黄氏八种》《齐民要术》等，"于此中取最精者以为讲授，次精者读诵，再次则博览贯通而已"。

附录《东方文化研究院学约》（第一学年第二学期）：

宙合巨劫，虚空纷碎，万怪驰骤于有海，群生颠沛于危涂，将欲提挈天地，荡涤腥膻，枢纽橐籥，示之周行，其惟依东方圣哲证平等理，现自在业者，次第简择，陶铸炉冶，以日新日日新又日新乎。

夫迷东西者，依方故迷，方实不转。今举世扰扰，大浸稽天，蜗角触蛮，尸岳血渊者，其于真际，未动毫末，三十幅共一毂，当其无，有毂之用。无之当也，用之有也，斯为真际，执其知之，孰为为之。

学而时习，云何而悦，朋自远来，胡乃有乐。达真际者，发愤忘食，乐以忘忧，不知老之将至，不耻恶衣菲食，箪瓢陋巷，不改其乐，蔬食饮水，乐在其中。三年学，不至于谷，多闻见阙疑殆，言行寡尤悔，而禄在其中。

斯学何学，曰：文行忠信，行在己之谓忠，文施人之谓信，文行一贯，是谓忠信。廓之有四，曰志于道，据于德，依于仁，游于艺。天下之达道五，曰父子也，夫妇也，昆弟也，主臣也，朋友之交也。五者其道渊博，终身行之弗尽，故曰志之。德开为六，曰智仁圣义忠和，六者励修于内而有所得，故曰据之。仁行有六，曰孝友睦渊任恤，六者施之事实以正其行，故曰依之。藝析为六，曰礼乐射御书数，六者术业所资以养，故曰游之。今之世仅知以游艺为学之根极，敝屣道德仁而不顾，故不能不乱。

将成斯学，先致其知，致知在格物，格者来也，物来顺应，有应读书，读之通彻，斯名物格，物格而知可致。知致而意可诚，意诚而心可正，心正而身可修，斯名尽己无怍之忠，亦曰独善，曰自觉，曰内圣。身修而家可齐，家齐而国可治，国治而天下可平，斯名推己及人之恕，亦曰兼善，曰觉他，曰外王。忠与恕一贯，独善资兼，自觉觉他，内圣亦实孕夫外王也。

有教无类，类化乎教，一音演教，随类等解。故教可唯一而科自成四也。在昔曰德行、言语、政事、文学，酌以今义，则教有九而学成唯六。一曰志道，二曰据德，三曰依仁，四曰游艺。艺科开六，一曰文学，二曰政法，三曰教育，四曰农医，五曰工艺，六曰商计。前三形上，通以必修，后六形下，别以选习。故贤者闻一知十，无俯而及之苦，不肖者，闻一知二，亦无仰而企之艰。

文学有道德仁，故不见讥于无行；政法有道德仁，故不舞文弄法；教育有道德仁，故能知时雨之化；农医有道德仁，故善养生；工艺有道德仁，故绝骄奢；商计有道德仁，故不役于利。形上与形下兼摄，精神与物质互融，故成材无偏枯，而能从容于中道。世所争趋，吾所弗愿，人之所弃，是吾所取。世如负贩，随适即鬻，恒虑货罄，吾乃储货，尽世所有，及所其无，兼收并蓄，非大知识，则不为鬻。是故今者，不患人不己知，患不知人，不患能不世见，患其无能。研究课程，略订如左。

（甲）形上三系

一、志道系。《周易》《老子》《庄子》《通书》（全读全讲），《列子》《扬子》（全读选讲），《吕览》《淮南子》（指导阅读），《百法明门论》《成唯识论》《瑜伽真实义品》（全读全讲），《解深密经》《摄大乘论》《瑜伽师地论》（指导阅读）。

二、据德系。《礼记》《仪礼》（全读全讲），《孟子》《荀子》《文中子》（全读全讲），《墨子》《韩诗外传》《新序》《说苑》（指导阅读），《心经》《金刚经》《圆觉经》《中论》（全读全讲），《无垢称经》《大般若经》《大智度论》（指导阅读）。

三、依仁系。《尚书》《春秋左传》（全读全讲），《史记》《汉书》《三国志》（全读选讲），《国语》《资治通鉴》（指导阅读），《贤愚因缘经》《发菩提心论》（全读全讲），《菩萨藏经》《法华经》《华严经》（指导阅读）。

四、游艺系（别开六科）

一，文学科。《诗经》《尔雅》《说文》（全读全讲），《文选》《文心雕龙》《古文辞类纂》《八代诗选》《唐诗别裁》（全读选讲），《因明入正理论》（全读全讲），《宏明集》《广宏明集》（指导阅读），此属六艺之书。

二，教育科。书云：夔典乐教胄子，及声教讫于四海等，则教育宜属六艺之乐。其书有《论语》《孝经》《弟子职》《学记》《儒行》（全读全讲），《近思录》《传习录》《人谱》《五种遗规》（全读全讲），《宋元学案》《明儒学案》（指导阅读）。

三，政法科。政治法律，习以治民，属六艺之礼。其书有《周礼》为主典，全读全讲。《管子》，《韩非子》（全读选讲）。《九通》，《唐明清会典》（指导阅读）。

四，农医科。本草托始神农，故农医合。吾国以农立，上符御极，下亦不异车轨之御。故此属六艺之御。其书有《内经》，《难经》，《伤寒论》，《齐民要术》（全读选讲）。《本草纲目》，《千金要方》，《农政丛书》（指导阅读）。

五，工艺科。文艺之刻印，武艺之国术。凡切于时世所需要者，属六艺之射，有《考工记》，《孙子》，《司马法》等。通其理论，别重实习。

六，商计科。商业会计，不仅市易，为用尤广，属六艺之数。有《九章算术》，《史记·货殖传》等，通其理别，论取今算，以重实习。（唐大圆：《东方文化研究院新订学程》（民国廿三年秋第二学期）、《东方文化研究院学约》，《国学论衡》，第4期下，1934年11月）

是年冬　章太炎以"与国学会旨趣不合"，拟在苏州发起章氏国学讲习会。

沈延国认为自国学会成立，出版《国学商兑季刊》，后又改名《国学论衡》，也请金天翮主编。以诗人的风格，内容相互比较，多方面采纳。章太炎以朴学眼光来批判，当然是有许多缺点的。"但主要是由于宗旨不同，而因此使他们交谊渐渐淡薄，未免可惜。"而章氏国学讲习会的成立，又"使金天翮由'淡'而'不欢'了"。（陈平原、杜玲玲编：《追忆章太炎（修订本）》，生活·读书·新知三联书店，2009 年，第 328 页）章太炎与苏州国学会产生分歧的缘由散见时人论述之中，节录如下：

> （苏州国学会）多锓布述作，传诵中外，顾锓书工资巨，会员常年有内费，既猥众不以时内，岁会出入不相偿，以责腾冲，腾冲窘，卒无以应。太炎闻而笑曰："吾来此，乐与诸君子问字载酒游，松岑无端作打门催科吏，恼乃公兴。"初亦无忤意，积久而谗毁至，交构其间，二人隙乃成。腾冲、石遗常弥缝之。太炎卒注退会员籍，聚徒讲学，称章氏国学讲习会以自异。（金元宪：《伯兄贞献先生行状》，金天羽著，周录祥校点：《天放楼诗文集》，上海古籍出版社，2007 年，第 1401 页）
>
> （松岑）谈国学会刊，谓会员已逾三百人。会刊印资则全恃特捐。谓某翁近颇宽裕，为杜月笙撰杜氏祠堂记，得润笔五千金，其余数千一千不等。为段祺瑞寿序，比之郭汾阳，似亦得三千金。其近所为文，甚不经意，一如笔记，与旧作大异……（按：为陈石遗）以七十八、九老人，犹仆仆赴无锡国专修学校讲课，所获亦甚菲，与太炎菀枯大异也。（夏承焘：《夏

承焘集·天风阁学词日记（一）》上，第340页）

　　谭秋谓松岑，太炎二老近有违言。（夏承焘：《夏承焘集·天
风阁学词日记（一）》，第366页）

　　赴浣花国学会之召，因是日余且演讲也。松岑已先在……
始演讲，无甚意义。而松岑报告太炎出国学会事，由于诸祖耿
之舞美，亦可笑矣。（吴梅：《吴梅全集·日记卷》下，河北教育出版
社，2002年，第708页）

　　12月　袁大韶发表《〈国学基本丛书〉第二集之商榷》，从应当
抽取、加入、采用善本等角度评论《国学基本丛书》第二集选书之
优劣。

　　袁大韶认为商务印书馆出版《万有文库》第二集中《国学基
本丛书》第二集，分为五十六类，收书三百种，比第一集类别增加
二十五，书籍增多二百种。其中多数要籍，"往昔或刻入丛书，例
不单行，或流播不广，欲购无从，又或价值过昂，无力备置"。今
得刊布，采取分售与合售的方式，"上述种种困难，均可解除"，其
中《十通》及《佩文韵府》等参考书，"尤有裨于治学之士，此吾
人所当感谢者也"。此集所收书籍，根据各名家国学书目为选取依
据，但仍有诸多可商榷之处。《万有文库》二集印行缘起中称："国
学书籍既多，当读者亦不少，而本文库在依适当进程，先其所急。"
编辑凡例有成："各丛书选定之书，如将来有较善之本或较佳之作，
得酌量更易。"袁大韶根据这两种原则，提出商榷意见：

　　一、《国学基本丛书》第二集宜抽去之书

（1）陆陇其《松阳讲义》一书，专说《四书》，纯以理学家见解为依归，堕入宋明人理障甚深，且间有不脱高头讲章之处，在国学书中为无关紧要之著作。（2）唐鉴《国朝学案小识》，推崇程朱，排斥陆王，不但门户之见太深，王学久已绝迹，射死虎以示勇，亦无谓之甚矣，而且芜杂疏漏，毫无条理。梁任公谓"唐书以清代最不振之程朱学派为立脚点，褊狭固陋，万不可读"，盖确论也。（3）刘淇《助字辨略》。清代笺释古书语词专著，自以刘氏此书为嚆矢，开辟蚕丛，用力良多，但以切合实用言，则远不如后来各书之精核可据耳。抽去此书，而以杨树达《高等国文法》补入，似较为胜。（4）吴仁杰《离骚草木疏》，专疏释《离骚》中之草木，作为《楚词》参考书差可，若用为植物学书，则读《广群芳谱》《植物名实图考》等书已足，无需此也。（5）刘宗周《人谱》，以通俗适用言，此书似不及陈宏谋之《五种遗规》。（6）王安石《唐百家诗选》，去取极不适当，如宋之问、沈佺期、陈子昂、张九龄、张说、王勃、杨炯、卢照邻、骆宾王、王维、李白、杜甫、韦应物、刘眘虚、贾至、孙逖、祖咏、綦毋潜、刘长卿、柳宗元、韩愈、刘禹锡、孟东野、李贺、元稹、白居易、温庭筠各大名家，均不入选，而高适、岑参、皇甫冉、王建诸人，每人录及百篇，轻重失宜，实无足观，宋严羽、清王世祯均议其疏略，吾人不得震于荆公之名，而漫为收入。（7）梁章钜《楹联丛话》。联语在文学中本居不甚重要之地位，此书亦在可缓之列。（8）清代各家词集。将各家词集抽去，补入谭献《箧中词》似较切用。胡适之云："为初学人及小图书馆计，皆宜先从总集下手"，此意甚可法也。以上诸书，非为其毫无价值可言，盖权其轻重，则可缓耳。如此，庶第二集中得多收有用切要之书也。

二、《国学基本丛书》第二集似应加入之书

（1）《东塾读书记》，卷十三西汉。陈氏此书，拟目二十五卷，其中卷十四东汉，卷十七晋，卷十八南北朝隋，卷十九唐五代，卷二十宋，卷二十二辽金元，卷二十三明，卷二十四清，卷二十五通论，均未成书。卷十三西汉虽成书，然别刊单行，且流播不广，今应收入《东塾读书记》中，以增完备。（2）杨树达《古书疑义举例续补》，马叙伦《古书疑义举例校录》，为读古书最重要之工具书，杨马所著，足补正俞刘之所不逮，且篇幅不多，应收入以成全璧。（3）俞樾《诸子评议补录》，足补原书之缺略，似亦应采入，俾学者得窥其全豹。（4）王念孙《广雅疏证补正》，朱骏声《说文通训定声补遗》，此二种宜附刻各原书后，以便读者。（5）《检字一贯三》。《说文》部目纷繁，而字之隶部，又不可意知，学者苦之，此书将段氏《说文注》，朱氏《说文通训定声》，阮氏《经籍纂诂》三书，分别部居，次第笔画，大书一字，小注三行，中行为段注，左行为《纂诂》，右行为《通训定声》，《说文》与楷书不同之文字，则注于书眉，检一字则三书之字同时可得，便利切用，莫过于此。（6）陈沆《诗比兴笺》，选录各家名作，详引史事证明某诗是讽刺某人某事，独辟町畦，自抒己见，诚文学书中之佳作，似宜酌采。（7）管世铭《读雪山房唐诗钞》。此书于唐代各家网罗略备，去取亦甚得适当，所附诗人小传，亦极精核，较之荆公《唐百家诗选》，切用多矣。（8）谭献《箧中词正续编》，选录清人之词，始于顺治，迄于清季，搜辑广博，去取谨严，评论得要，于清代二百来词坛正变，阐发无遗，后附自作，亦清丽可诵。（9）金和《秋蟪吟馆诗钞》。和诗以散文化见称，又亲与太平军及官军来往，目击时事，所作足补史事之遗，梁任公，陈石遗，胡适之诸先生均推重之，其诗雄奇特创，开《人境庐》之先声。在此诗学转变之期，此书固不可不注意也。（10）许鸿磐《方舆考证》，凡百卷，计三百八十余万言，盖尽一生之精力始底于成，参稽群籍，凡数百家，博取择精，足补顾著《方舆纪要》之不足而订其讹。又变其体例，所重在沿革，山川，险要，古迹，而不止名胜；所详在兵机，河防，海防，屯政，水利，而取不词章。诚为经济之学，有用之书也。（11）蔡云《人表考校补正续》一书，补梁书之遗，应刊于梁书之后。（12）赵翼《二十二史札记》深得比事之诀，每一个题目之下，其资料皆从几十篇传中零零碎碎觅出，如采花成蜜，学者能用其法以读史，便可养成著述能力，此书之重要可知矣。（13）萧一山《清代通史》。《国学基本丛书》第一集及第二集内，于历代史迹，均采精要之作，而于最近及最关重要之清代，反付缺如，不可谓非疏漏也。萧氏此书取材广博，条理分明，于清代文化，尚能纲举目张，虽稍有舛误之处，然无损于全书之价值，律以详近略远之义，萧书似亦在可收之列。又李元度《国朝先正事略》，考核详明，叙次有法，道光以前人物，略备于是，似应收入此集，以为参考近二百来史迹之资料。

三、《国学基本丛书》第二集应采用之善本

（1）《经籍举要》一书应用袁昶重订本（刻于芜湖中江书院），因较龙氏原编推阐更为详备故也。（2）《四书集注》应用清代璜川吴氏仿宋廿六卷本，因吴刻附有考证四卷，校订精审，极有功于朱注，如将刘宝楠《论孟集注附考》二卷刊于后，尤便学者。（3）《贾子新书》宜用王耕心《贾子次诂》，或将刘光汉《新书校补》附后，似较善。（4）《春秋繁露》一书，宜用苏舆校注本，或董金鉴集注本。（5）《文子缵义》宜用《道藏举要》本。因此系足本，且附有音释。（6）《晏子春秋》宜用苏舆集校本。（7）《鹖冠子》宜用王闿运注本。（8）《公孙龙子》宜用陈澧注，或朱从约注本（《豫章丛书本》）。（9）《盐铁论》宜用王先谦校刻本，因此本附有《校勘小识》。（10）朱淑贞《断肠词》宜用郑元佐笺注本。（11）《陆宣公奏议》宜用郎晔注本。（12）《穆天子传》，丁谦《穆传地理考证》宜附刊于后，又顾实《穆传西征讲疏》，取材广博，持论新颖，虽属荒渺难稽，但既采《穆传》，则顾疏自宜参考也。（13）《世说新语》一书宜用王先谦校刻本，因此本附有考证。（14）《蔡中郎集》宜将劳格及孙诒让校记刊于后。（15）《鲍参军集》宜用黄节或钱振伦校注本。（16）《江文通集》宜用胡人骥汇注本。（17）《王子安集》宜用蒋翌清注释本，如将罗振玉《王子集佚文》一卷附刊于后，尤佳。（18）《骆宾王集》宜用陈熙晋注本。（19）《昌谷集》宜用王琦汇解本。（20）《李义山集》宜用冯浩详注本。（21）《徐骑省集》宜用吴兆宜笺注本，或用徐乃昌影宋本，徐本附于补遗校记各一卷。（22）《山谷内外集》宜用任渊及史容注本。（23）《石湖居士诗集》宜用沈钦韩注释本。（24）《铁崖古乐府》宜用楼卜瀍注。（25）《高青邱诗集》宜用金檀注释本。（26）《钱牧斋诗钞》宜用钱曾注。（27）《渔洋精华录》宜用金荣笺注本，又按唐宋人集，吴汝纶均有点勘，甚为精核，可资参考，应援第一集《韩昌黎集》附刻陈景云韩集点勘之例，刊于各书之后，以便读者。（28）《长春真人西游记》宜用王国维校注本，或将丁谦地理考证附后。（29）《历代帝王年表》，齐氏原书有舛误疏略处，宜用唐邦治补订本，陈庆麒《中国大事年表》亦可用。（30）《竹书纪年》，王国维《今本竹书纪年疏证》及《古本竹书纪年辑校》，均甚精核，应并为刊入。

《书目答问》凡例云："知某书宜读，而不得精校精注本，事倍功半。"今罗列诸名家校注者，亦欲使治学之士，得收事半功倍之效耳。抑韶有进者，商务近出之书，如蒋维乔之《中国佛教史》，冯友兰之《中国哲学史》，郭绍虞之《中国文学批评史》，陈顾远之《中国法制史》，郑振铎之《插图本中国文学史》（此书普及本现归商务出版）等，均取材详瞻，条理明晰，虽不能纯粹无疵，然用作参考书，以为后学津逮，固甚适宜也。援一集收《古代哲学史》,《清代学术概论》各书旧例，皆应收入，以便学者，如以卷帙过繁，与原定册数有不相符处，则可将原编文学类及史地类之不甚重要者，减去二三类或数种均可。以上所陈，系就"先其所急"及"酌量更改"二义而评述之，况刊书为传播文化最重要之一端，自应慎重，将事精益求精也。商务印书馆为我国大出版家之一，热心于文化，当不

以韶言为河汉而无极也。（袁大韶：《国学基本丛书第二集之商榷》，
《图书季刊》，第1卷第4期，1934年12月）

是年　中山县县长唐绍仪提请省会与各道设立公私立国学专修
学院及讲习所。

提案称：

理由：窃以学术与政治相关系，士品之醇疵，教化之兴
衰，人心风俗之纯厚浇薄，皆视学术为权衡。自周以后，若东
汉，若唐宋，若明清，人才蔚起，皆源于学术之盛。顾今日欲
提倡国学，必先根柢于群经。经学昌明，政治因之整肃，理固
然也。前经陈总司令提议于所属各学校增设孝经一科，俾学生
相与研究经学，咸知孝弟忠信礼义廉耻之要义，法良意美，洵
为挽救人心风俗之急务。惟今日经师缺乏，非多年含嚼经义
者，不能揭其要领，以训迪多士官广搜穷经之儒，以担任教
授，俾学子咸得力于读经，庶通经足以致用。

办法：拟设置国学专修学院及讲习所多所，专聘学有根底
之士为经学主任，凡一切文科附之。先期招考教师人才，试验
合格，然后聘任。省会设国学专修学院，各道区设国学专修讲
习所，或公立，或私立，均视地方情形选择品学最优者充学院
院长或教员，次充讲习所所长或教员。其所教授以孝经为经，
以群经为纬，以廿四史诸子百家为参考互证，旁及种种文艺。
其所以另行组织者，实因中学以上之学生学科略繁，或鲜暇晷
研经。小学学生程度尚浅，授以经义，或多茫然不知。若能多
设国举专修之所，如前此书院之制，则将来生徒毕业，皆为有

本之学，可以造就无量数之人才。经明而行修，取则不远，明体达用之士辈出，犯上作乱之事自少，庶于学术政治多所俾益。（《提案：拟请于省会及旧时各道议设置公私立国学专修学院及讲习所以宏文化案》，《中山县县政季刊》，1934 年第 6 期）

△ 《东吴大学以故国学教授黄摩西、稽健鹤、朱稼秋三先生名义，设立国文奖学基金，征募奖学基金。

闻之师道立，则善人多。汉代重经生，功由许郑。唐初隆相业，道始河汾。盖大风丕振，雅为群宗。教泽覃敷，英才斯盛。是以探渊源所自，必追思其耳提面命之人。感气谊相亲，尤痛念于木坏山颓之日，溯吾东吴大学之成立也，阅时三十五载，成材数百千人。社会差幸交推，吾人未敢自信，而要能仰体第一任孙校长中西并重之心，抑深得黄稽朱三先生前后相承之力。而惜也黄公摩西，以海虞通儒，民初殁于佯狂之疾。稽公健鹤，以梁溪才士民八殒于毁鼻之疴，年皆未登乎五旬。任乃忽弛于中道，嗣是而领袖群伦。甄陶多士者，惟有朱公稼秋。朱公挺吴会之耆英，研中西之哲理，逾古稀而诲人不倦，嫉文胜而论道弥督，洵所谓能元元本本，殚见洽闻者矣。兹又于上年春中辍讲座，遽归道山。日月易逝，嗟先觉之云亡，馨欬难亲，惜后生之无幸。吾人于此，心焉恫之。虽然饮水思源，三先生之典型尚在，移花接木，三先生之教思无穷。本后海先河之义，育宏中肆外之才，相期入室生徒，尽入文豪之选。且信在天灵爽，共扶国学之轮，则吾人之所以纪念三先生者，追悼仅具虚仪，心丧只循古制，为铭镂逝者，鼓舞来兹计，爰拟醵资以集成数，奖学以励美才，法较良意可取也。嗟乎，寝门而志痛当，时泣固不尽低徊，彰师表以兴贤，是举益可垂永久。惟吾人情切难忘，力绵未逮，因念众擎而后易举，积少可以成多，夙仰诸君子，或列门墙，或亲砚席，或共商量旧学，或相研讨新知，或尝私淑于人，或与交游有素。所望慨分腰橐，遍邀知者，同情，代爇心香。借展吾人微意。志在磨砻俊彦。发皇大汉之文章，事关树立风声，襃礼三吴之师傅，要之永留模范于他年。不是寻常之义举。

附简章四则：（一）此款定名为东吴大学故国学教授黄稚朱三先生国文奖学基金。（一）收到是项捐数，除由本校正式掣付收据外，随时即存入银行起息，为维持久远计，是项基金永不动支。（一）用法系每年于大中学学生中察核国学致功弥远论文成绩优良者，以利率所入，酌量分配，给予奖金或赠品。（一）利息绩金如有余款，可每年酌提若干，购置国文书籍。[《东吴为故国学教授募奖学基金》，《兴华》，第31卷第13期，1934年4月]

△ 开封国学专修馆添讲佛学课。

开封有国学专修馆，系一般举人秀才诸宿儒所办；有学生三百余人，皆中学以上之毕业者。馆长张中孚对于佛学颇有认识，又以中国文化受佛学之影响极大，研究中国文化不可不进而研究佛学，于是每周加讲佛学两课，特聘河南省佛学苑慧童法师为讲师。课本系用唐大圆居士所造之《唯识三字经》，标曰佛教哲学。讲到八识分位分折处，听者多叹未曾有，《三字经》乃初入之浅课耳，佛学之浅者胜国学之深者，信然矣。（空：《开封国学专修馆添讲佛学课》，《海潮音》，第 15 卷第2 期，1934 年 2 月）

△　之江大学公布 1933—1934 学年国文学生毕业论文题目：张荃《两汉诸儒门弟子经学传授及著录人数表》，林衢《秦史》，陈瑜《译白石道人歌曲谱》，郑祥鼎《庄疋》，李诩《转注学史》，刘怀儒《孟荀异同》。钟泰就作诗赞誉："口耳何裨七尺身，圣门学派认须真，扩充矫饰皆心法，异户同门孟与荀。"（刘怀儒毕业论文为"孟荀异同"）"漆园道术本诸天，物与时行只眼前，交臂却怜吾与汝，劳劳文字恋蹄荃。"（郑天然论文"庄疋"）"志乘流传几姓名，词人事业可怜生，览观四百年陈迹，择术应知孰重轻。"（林衢"两宋金元词人行实考"）"解读班昭续父书，传经一表费爬梳，伏生有女前规在，寥落儒林日企予。"（张荃"两汉三国诸儒传授表"）"聚讼声刑苦折衷，得君转注说能通，六书原是穷经地，更理微言竟此功。"（李诩"转注考略"）（钟泰：《赠中国文学系本届毕业生》，《之江年刊》，1934 年）

1933—1934 学年度，之江大学国文系学程分配表中，国学概论："自文字音韵以至章句目录之学，皆讲授其大概以为研究国学之基础。"（《学程说明·国文学系》，《私立之江文理学院一览》，1933—1934 年）

武汉大学开设"英文国学论著"课程。

英文国学论著（每周三小时一年授完）："本学程选读英文书籍

关于国学之批评或研究，尤注意其方法及理论。国学名著曾经翻译者，亦间行选读，借资比较，以增进研究之兴趣。"（国立武汉大学编印：《国立武汉大学一览》，国立武汉大学，1934年，第29页）

中法大学开设"国学概论"课程。

戴元龄讲授国学概论："总述吾国学术结晶之经史子集四部，以缘流溯源，据源理流，为方法，以阐明吾国学术所独具之特质，认识吾民族意识与精神之所在为目的。"（《文学院中国文学系法国文学系课程指导书》，《中法大学一览》，中法大学，1935年，第88页）

私立金陵女子文理学院开设"国学概论"课程。

本学程上学期讲授"经史子集之概要，使学生知中国学术之横的派别"，下学期讲授"周秦以降各种学术之嬗变，使学生知中国学术之纵的源流"。该课为主修生必修学程。（金陵女子文理学院编：《私立金陵女子文理学院概况》，金陵女子文理学院，1934年，第67页）

△　中央大学发布国文系课程，杜钢百撰文与之商榷。

中央大学中国文学系分为四大类：

（一）第一类，国学门径。1.各体文选："本课目特选专门著述与历代文家专集中较有关系之文逐篇讲授为学者讲习文学之基础。"2.国学概论："本课目统论经学、小学、史学哲学纲要使学者略明其原流派别，俾识国学内容。"3.小学纲要："本课目讲授字形、字音、字义三部纲要，俾识小学门径。"4.目录学："本课目通论目录之源流、类例以为研究国学之门径，最后注重应用与读书指导。"5.文学史纲要："本课目讲授历代文学之变迁与其派别，而尤重视某种文体之产生与其时代背景。"6.文学研究法："本课目研究文学之内质与外形，与其他关于文学上之重要知识。"

　　（二）第二类，语言文字分门研究及文学之分代研究。7.经学通论："本课目通论六艺之起源传授之派别与群经之大义，及其他经学上之重要问题在国学概论中不及详者专章论列之。"8.训诂学："本课目专论训诂之原理及其方式，尤注重致用于解释一切文籍。"9.声韵学："本课目讲明声韵学之原理与历史，尤注重古音之分部，使学者由声音证文字，由文字证训诂。"10.修辞学："本课目论修辞之原理与修辞之现象。"11.文艺评论："本课目专授历代关于文学之评论与文学上诸问题之解释。"12.唐以后文学："本课目详述唐以后文学之源流派别，于新文体之发生详为论述。"13.秦汉文。14.六朝文。15.唐宋文。16.骈体文。17.辞赋选。18.诗歌史："本课目讲明历代诗歌之体制与变迁。"19.诗名著选。20.汉魏六朝诗。21.唐诗。22.宋诗。"上列三课目为历代诗歌之研究，就各时代诗家之派别说明之。"23.近代诗："本课目讲明道光至晚近百年间诗派之变迁及各派代表作者生平、地位，最后精选各家诗逐篇讲授。"24.乐府通论："本课目考论自汉魏至唐宋间乐府之源流体制文词声律，以明其上承诗骚下启词曲之迹象。"25.词曲史："本课目在讲明词曲之演进与其源流派别。"26.词学通论："本课目论词学源流音律作法与其他关于词学之重要问题"，"就散篇、专著二部择要选授，并说明其源流、派别及其研究之途径"。27.唐宋词选："本课目专录唐宋名篇择要讲授并详示作法。"28.曲学通论："本课目论戏曲起原、派别及元明间名著，并其他关于曲学之重要知识。"29.曲律："本课目专论曲律为审音制曲之标准。"30.曲选："本课目选录元明以来名著详为讲授，并研究审音制曲之法。"31.小说史："本课目讲明中国小说之源流。"32.唐人小说。

（三）第三类，作文练习。33.练习作文（乙）："本课目注重文辞体制与其作法以资学习者之实习。"34.练习作文："（甲）本课目继续练习作文（乙）为进一步之练习。"

（四）第四类，专书及总集之研究。35.经学专书研究："本课目于群经之中选授一种讲述其义例，传授流别及其训诂、校勘，计已开班者有三，《礼》《书经》《毛诗》《左传》《公》《穀》、四子书诸课目。"36.小学专书研究："已开班者有《尔雅》《方言》两课。"37.史传文研究："已开班者有《史记》《汉书》两课。"38.诸子专书研究："本课目于诸子中选授一种讲授其学派、流别，兼及训诂、校勘，已开班者有庄子、管子、墨子、韩非子、荀子、杨子《法言》诸课目。"39.总集研究："已开班者为楚词、文选两课。"40.专家文研究："已开班者有韩文、柳文。"41.专家诗研究："已开班者有陶谢诗、杜诗、李诗、温李诗、王荆公诗、苏诗、黄诗、元遗山诗诸课目。"42.专家词研究："本课目选授唐宋词家专集，已开班者有清真词、梦窗词、稼轩词三课目。"43.甲骨文："本课目讲述甲骨文出土之经过与近人研究之成绩，最后讨论其文字、文例与古史之关系。"44.钟鼎文："本课目就钟鼎文字、文例加以说明，并选宋以来解释钟鼎文字之名著讲授之。"（国立中央大学编：《国立中央大学文学院选课指导书》，国立中央大学出版组，1935年，第16—24页）

汪东认为，国文系的宗旨为"（一）以文学声韵训诂为研究一切国学之根柢；（二）欣赏高等文学之能力；（三）阅读古书之能力"。杜钢百认为三种目的均欠妥，"第一目的不通，第二、第三目的不够"。第一点需要首先说明"文学"与"一切国学"的界域及根柢。"文学"定义可分为三派：（1）"广义派"，即谓文学为著述的总称。（2）"狭义派"，即谓文学为美艺的学术。（3）"人生的艺术派"，陈受颐讲人生的表现与反映。这是以感情为经、以想象思想形式为纬的独立学科。

　　故据上三派之文学解释，无论第一派之广泛无限（文学几与国学相等），第二派之谨严有制（文学又艺术之小部），第三派之独立专科（文学自有其永久特殊性），要之文学一门，绝不能与声韵、训诂同为一切国学之根柢。须知"一切国学"内包甚广，上自六艺诸子、教哲政典、玄理名物等文献，下至堪舆星相、占卜历数、国医国技等方术，皆世人所谓"一切国学"也。其目既多，其学实繁，吾不知此庞博无涯之"一切国学"，汪东先生将如何导其生徒以文学、声韵、训诂为其根柢耶？此不通者一。又须知声韵、训诂，在昔朴学家固以此为阅读古书之工具，所谓工具者，仅治学应用之敲门砖耳，岂能与核心种子之根柢相等。夫所谓根柢者，由此而潜滋暗长，由此而发芽结果之现象是也。吾不知以文学、声韵、训诂三种子，将何以发芽结果而为"一切国学"之根柢耶？真匪夷所思者矣！此不通者二。又须知文学既与声韵训诂同为"一切国学"之根柢，则汪东先生固已视文学为治"一切国学"之工具，而非独立专科矣。准此推论，则中央大学之中国文学系，不过为"一切国学"之预备班耳，岂足以言最高学府？总之，此种目的，荒谬已极。不知基于何种理论，出于何类书籍，尚希高明之汪东先生有以见告也，评第一目的之不通意。

杜钢百认为，中央大学国文系课程简陋与重复，"1.应有偏无，逐末忘本也"；"2.同类丛列，漫无准则也"；"3.佞古悖今，大违时代也"。研究分组没有规划，主要有三点："无分组计划"，"无基本训练"，"无指导方术与练习规定"。第一点详为：

> 查各大学中文系，虽亦日高等专门教育，然核其教授方式，似仍与高中无甚差异，穷其因由，大都科目广泛而无统宗，徒昭美备而强欲兼重。（如广州中大中国语文学系生徒，既有语音学、文学两者繁重之主系课目，又有教哲社诸史辅系学程，故终于东鳞西爪漫无统系矣。）而选习简易以企学分者，又习为敷演将事，只冀及格塞责，大都生徒均择其易于考试者以修习，于是乎成绩斐然，竟胜似埋头研究之毕业论文多矣。循致大学专门之钻研，仍为一般之普通肆习。（理工科自无此现象，即法科亦较少此弊，惟文学院之中文系，则难乎以语今之学林矣。）盖学程之基础科目，既阙略而不严，则研究之区分门类，自在有而实无，故主系辅系，虽有明文规定，然选甲读乙，仍成习惯恶例。此皆各大学历年共有之不良现象，固不独一地一校为然也。然试寻其病根所在，岂非无分组计划之流蔽哉！故系中分组，既可责其为论题研究攻而专考，而辅系指定科目，亦为论题研究而选修。苟如是，则"所学"与"所习"，"讲授"与"研究"，自能融和一片，而期其实用矣。默察海上大学，能循以分组方式以收效者，惟持志、光华二校而已（按持志学院校章，分其国学系为学术组、文艺组两者。光华亦分其国学系为国学、国史两组，而指定选修

辅系学程。故两校生徒之毕业论文颇有可观），此分组研究之所以应计划者一。（杜钢百：《检讨国内大学中文系（？）之“名称”“课程”及其组织》，《新中国》，第1卷第5期，1934年4月；清华大学国学研究院主编：《清华国学书系·杜钢百文存》，江苏人民出版社，2018年，第133—134页）

△　北平私立中国学院国学系毕业学生名单。

名单为：冀纯修，山东临清；陈统，福建闽侯；张淑慧，河北清苑；王荫普，河南汲县；李蕴华，河北清苑；乔国楠，河北满城；刘同声，辽宁凤城；石藏宝，辽宁开原；周鼎，广东璟东；李作孚，辽宁沈阳；任时培，河南商丘；申永钧，山东日照；黄朔孚，河北清苑；陈倬，河南商丘；魏若耐，湖南长沙；胡景宽，湖北定兴；王龙川，河南武陟。（《北平私立中国学院1934年度毕业证书》，北京市档案馆藏，档案号J135-001-00010）

△　圣约翰大学公布国学系课程与师资（见表12）。

表12　圣约翰大学国学系师资表

姓名	学历	课程或任职
冯光斗		国文书记
俞智雄		国学系抄写员，兼国文助理书记
陆渔荪		国学系抄写员
蔡正华	文学士、文科硕士	国学教授
潘伯彦	贡生、法政毕业	国学副教授
王欣夫		国学副教授
黄嘉德	文学士	国文

散文第一、二学程为基本训练，以文章之示范习作为主。第一学程授以叙事之文，取材于《史记》《汉书》《后汉书》《三国志》《新唐书》《后五代史》等，而以《史记》《汉书》为主。第二学程，授以论著之文，取材于子部，如《孟子》《荀子》《老子》《庄子》《墨子》《韩非子》等，儒墨道法，四者并重，有余力兼涉名杂诸家。第三学程讲授典要之文，取材于经部，如《诗》《书》《三礼》《易》《春秋传》等，以《诗》与《春秋传》为先，《书》次之，《礼》次之，《易》最后。第四学程讲授情感之文，取材于集部，如《楚辞》，两汉词赋铭赞，六朝以上用韵诸作。

中国文学史："学者既有文学技能之熟练，乃进而求文学知识之内容，本学程说明文学之意义，及其源流变迁。"

文字学："由文学的知识，进而探讨国学的内容，及其整理方法，本学程教材为文字学发凡，形声义三者并重。"

群经大要："讨论古今区别，传授源流，及汉宋家法。"

诸子哲学："教授旨趣，在使学生明了古代思想变迁之线索，探讨其因果，评判其价值。"

韵文："以诗词为教材中心，特重欣赏力之养成。"

翻译："讨论翻译之方法及练习。"

古书读校法："引起研究古书之兴趣，详论校读种种方法：如别真伪，议涂径，明训诂，辨章句等，为读书之方法；辨次部类，搜集遗佚，是正错误，创通义例等，为校书之方法；兼及目录分类，经籍举要，以示国学门径。"

曲选："元代杂剧及散套之研究。"（圣约翰大学编：《圣约翰大学一览（民国二十三年至二十四年）》，圣约翰大学，1935年，第10—23页）

1935年（民国二十四年　乙亥）

1月4日　胡适抵达香港，8日离港，期间与香港大学当局讨论改革该校文科事宜。

先是，香港当局有意改革中文教学，多次邀请胡适赴港。胡适认为，香港的中文教学成为"保存国故"的温床，赴港前致信傅斯年："香港之行，势不容已。已决定廿九日南下，……香港大学去年要给我名誉学位，我托故辞了；今年没有法子再辞了，只好去走一趟，我的意思是'开辟殖民地'，你定要笑我不脱'通天教主'味儿了！"（耿云志、欧阳哲生编：《胡适书信集》，北京大学出版社，1996年，第632页）香港各界肯定胡适在文学革命、整理国故运动，乃至在中国历史上的重要作用。香港大学赠以荣衔，"将来亦当与有荣焉"。香港大学副监督韩尼路致词：

> 港大更有较切之理由感于胡博士者，盖其曾为港大汉文编纂汉文应如何入轨道，现在尚在指导中。尝有问香港非中国，何求汉文进步于港大。本校之答案，港大为一专门学院，而求学者多来自中国，故汉文一科，必不能缺乏，抑亦不能不谋进

展。今日胡博士在座，本人敢谓港大汉文，必有复兴，虽或收效较微，然其必有相当进展也。(《港大举行第廿六届毕业礼》,《香港工商日报》,1935年1月8日，第3张第1版)

胡适在港停留5日，接受香港大学授予的荣誉博士学位。关于该校文科改革，双方列出了理想的中文负责人应具备的条件：(一)须是一位高明的国学家；(二)须能通晓英文，能在大学会议席上为本系辩护；(三)须是一位有管理才干的人；(四)最好须是一位广东籍的学者。(胡适:《南游杂忆·(一)香港》,《独立评论》,第141号,1935年3月10日)

香港学界纷纷邀请胡适讲演，九龙三十余校联合致函敦请：

先生为吾国教育导师，眼见此地七八万智识饥荒的学生，应有怜而教之之意。先生又是世界文化的领导者，对此侨港八九十万思想落后的群众，必有发聋振聩之言。我想先生这回南下动程之前，早已算到此著，而携带了一个特大的木铎来了。我们想请益的千头万绪。现在谨择一个当地教育上急宜纠正的问题，就是"语体文与香港"，敦请先生讲演，提撕提撕，先生为吾国文体的革命家。二十年来，一般青年如云从龙，中华民国仅存一股新气，惟此而已。然而咄咄怪事，香港一隅，却同化外，至今学校鄙薄白话，和五四运动以前一样，固由遗老作怪，亦缘遗少糊涂，必得先生登坛棒喝兼施，叫大众豁然顿醒，此功德不可思量。史称老聃出阁，关尹挽留，要他老人家书传道德五千字，成为千古佳话。今香港正是南粤之一关门也，我辈侨来，在此守关，欢迎先生高轩，时不可失，乞留嘉言。先生勿怪说笑不庄，因为今日大众前来欢迎，似乎不笑，不足以为道。(《胡适之博士昨抵港》,《香港工商日报》,1935年1月5日，第3张第1版)

胡适面允，谓"现时秩序早经香港大学教务主任科士打代为拟定，未便更易，俟从桂省东旋，定必如约到会"。(《胡适博士答允九龙学校演讲》,《香港工商日报》,1935年1月6日，第3张第1版)1月4日晚，**在香港大学礼堂，胡适道明南来动机，使香港大学开始与内地大学发生关系，互相联络，后演讲"中国的文艺复兴"：**

予与港大向无关系，而竟得港大当局赠予此荣誉学位者，余添为第一人。中国之文艺复兴，有许多人以为此系一种文学运动，又有等人以为此系一种言语之单简化，但中国之文艺复兴，其意义包含较广。中国之文艺复兴，即系提倡一种活文字之运动，及革新中国人民之人生观，又系从新估定中国传统文化之价值，又系包含一种新学术，以提倡及发展各种事业之科学的考究。概言之，中国之文艺复兴运动，系以审查中国自古遗下的学术，为其活动之中心。谈到活言语之问题，中国自从用白话文以来，中国言语，弄到益为复杂，但同时亦较为丰富。其实各种之活言语，俱逐渐生长之物，世界上无一种活言语能够单简化。中国今日之言语，比较二十年前单简得多，中国今日之字典，比较旧经典丰富得多，至少百与一之比。中国今日之语言，每日必有新名词。今日之所谓千字文运动，只系一种语言革新运动之一部分，其目的在选择一千个字，根以教导未曾受过学校教育之成年男女。若谓此种千文字运动，即系将中国文字单简化者，则完全不对。中国文艺复兴运动之目的，系欲探行一种活语言，使其不独可以用作教育之媒介物，且可用以制作各种之文艺。回忆中国在二千年前，有一汉朝之拜相向皇帝裹奏，谓皇上之御旨及律例，全用经典文字作成，非独一般人民不能明了，且负解释此律例之官吏，亦不甚清楚云，汉朝即采用开科取士制，实由此起。于是朝廷鼓励读书，穷年研究经典之学，而大多数民众，因不欲穷一世之生命以研究此种烦难之文字，故对于科举之学，绝无相关。中国自开通以来，与西方各国愈加接近，当局者感觉中国人民不识字者占百分之八十五，实难图存于世界。试问吾人在日常生活中，如何能用此种文字以为生活之媒介？自此问题发生后，于是有人提议用一种新字母，以教导人民读书写字，又有等主张提倡白话文字，印刊单行书本，以利便教导民众，但结果俱无成功。最后能解决之问题者，不在于经验成熟之改革家，而竟发自一美国大学之学生宿舍。因余当留美时，于同学辈辩难多次，结果，有认定中国有文学价值之著作及诗词等，实系当时之人用当时之文字所作，并非用死文字者。余发此论，系在一九一六年，余更断定中国文学中之价值的著作，系由普通之民众得来，而非由穷究经典之学者得来。其实街市中人，及在街边谈故事者，此等人对于言语，甚有经验，故能造甚惊异之民间歌谣故事及小说。余于是在一九一七年致书于文学院长提出余之意见，并附带一本予用新语言所作之白话诗。予之白话诗，当时果得人之同情，但余之理论，则不甚得留美华人之欢迎，其时只有国内一国立大学表示赞许。新文学运动，其始逐渐膨胀，而中国文字渐成为一种极简易之文字云。（《胡适之博士昨抵港》，《香港工商日报》，1935 年 1 月 5 日，第 3 张第 1 版）

1 月 5 日，胡适在香港教员协会演讲《科学的复兴》（演讲稿未见）。1 月 6 日，胡适在华侨教育会演讲《新文化运动与教育问题》，讨论文学革命与香港、广东教育问题之间的联系：

　　我此次南来，不单纯来接受港大的学位，实在很想乘这机会，对南方的教育文化考察一下。现在广东很多人反对用语体文，主张用古文，不但古文，而且还提倡读经书。我真不懂，因为广东是革命策源地，为什么别的地方已经风起云涌了，而革命策源地的广东反而守旧如此！

　　我这回来香港，逗留了几天，细加考察，便有所悟。我觉得一个地方的文化传到它的……边境，本地方已经变了，而边境……仍是保留着它祖宗的遗物。……中原的文化许多都变了，而在广东尚留着，像现在的广东音是最古的，我现在说的才是新的……对于娘处来的东西，都想设法去保持它，说是祖宗的遗物。但是，我们应该晓得，祖宗之所以遗给我们是在乎应用的，比方"灯"是祖宗遗下来的，然而我们现在用电灯了。这是祖宗的吗？从前我们用人力车，现在则用电车或汽车，难道"车""灯"可以变化，思想文化便不可以吗？所以，我第一希望香港能实现为第一个义务教育的地方。新的领袖，尤其要接受新的文化，做新文化运动的领导者，以和平的手段转移守旧势力，使香港成为南方新文化中心。

听说香港教育很发达，单是教员已经有三千多，不能谓不发达。但我们要知道教育的基础是很重要的。前两月汪院长无线电报告念三年教育成绩，据说念三年度小学教育比前增四倍，中学增十倍，大学增一百倍，在量看来很发达了，但试想这样的进步是没有基础的。因为大学中学要学费，许多人没有资格升学，不该升学的，都凭借他的金钱或面子进去了。有天才的学生许多还没入学的机会。照理大学教育增一百倍，小学该增至二万倍，这样才有教育的基础，有天才的人才有抬头的机会，所以非做到义务教育、强迫教育不行。

现在我国的教育是办不好的。一个小孩在小学念了六年书，毕了业回到家中，穿起一件长衫，便不屑助哥哥做木工，帮爸爸种田了，他说自己是学生了，特殊阶级了。假使阿猫的儿子或阿狗的儿子，都给他念书，由小学毕业出来，人人都是特殊阶级，那就没有特殊了。

教育的药没有什么，就是多给他教育，不能因为有毛病就不教育，有毛病更应该多教育。然而，我觉得中国现在还谈不到教育毛病问题。教育有两种方法：一是普及，一是提高。把它普及了，又要把它提高，这样的教育才有稳固的基础。

香港是一个商业的地方，做商人的或许没有顾及教育或文化的问题，老一辈的也想保守着旧有的，统治阶级也不一定对新文化表同情。然而现在不同了，香港最高级教育当局也想改进中国的文化。香港大学文学院从前是没有人注意的，

最近他们叫我计划发展。但是我不懂的，已经介绍两位教育
家给他了，这是很好的象征。诸位新领袖，应该把着这新的
转机推进这新的运动。我希望下次来港各位有新的成绩报
告。这地方美极了，各位应该把它做成南方的文化中心。（《新
文化运动与教育问题》，天津《大公报》，1935 年 1 月 16 日，第 1 张第 4
版）

1 月 8 日离港赴粤前，胡适在扶轮社演讲《二十年来中国的进
步》（文稿未见）。

胡适对香港和广东的一褒一贬，因演讲词中某些地方言辞的不
当（据胡适自称是记者笔记的误记），在广东给自己招来了不小的
麻烦。《香港工商晚报》予以回应，称：

提倡文学革命的先进胡适之先生，此次因受香港大学所赐
的博士学位而南下，我们南方人士，争着欢迎，这种现象所表
现的社会价值怎样？记者现时还不敢加以定评。我们仅仅以崇
拜偶像的心情来欢迎他呢？还是欢迎他某一种行为意识所影响
于社会人类的价值？如果我们只是因为胡适之先生是一个活偶
像而向他叩头作揖的话，我想胡先生于受了我们崇拜之后，还
会冷笑一声说：唉！你们南方这一班傻瓜！因为一个人，除了
他的行为意义有益于人群的价值外，赤裸裸的个人，是与社会
中的任何一个张三李四一样，值不得崇拜和特别的欢迎。胡适
先生之值得我们欢迎就在他提倡语体文和以科学精神及方法来
研究及整理国粹。记者今天以这一点精神来欢迎胡博士，希望

胡博士亦以这一点精神来接受南方人士之欢迎而切实指导，若只作随感录式的枝节演讲，那就令我们失望了！胡博士是一个提倡实用主义的人，我今天就以实用主义的观点，于表示欢迎之余，提出两个问题来，请胡博士加以切实的指导：1.中国文学形式既经革命之后，文学内容应当怎样革命才合中国此时此地的需要？那些高呼"打倒""拥护"和"××联合起来"的普罗文学，及那些"妹妹""哥哥"和"我只要你的心"的新鸳鸯蝴蝶派的文学，都因语体文而风行国内了，先生认这些是您提创文学革命的成功吗？先生便认这些是新文化吗？先生提创文学革命第一步于形式方面确已大半成功了，怎样应用活文学来创造有益于此时此地的中国的新文化？先生是义不容辞的要再出来指导吧！ 2.为什么革命策源地不应该读经书？经书虽然因环境的变迁而变易其价值，现时至少尚含有若干实用的价值，至少他在中国的文化史上占了一页，难道革命是要将过去文化的命也一齐革掉才是真革命吗？究竟现时的中国，由那一种人，用那一种方法来研究经书？经书的真价值在那里？希望胡博士以平日整理国故的心得拿出来切实指导，随便说一句："而且还要提倡读经书，我真不懂！"未免令我们南方人士失望罢！（《胡适南来，我们应当怎样欢迎他？》，《香港工商晚报》，1935年1月9日，第3版）

《大光报（香港）》《民报》《广州民国日报》等报纸上纷纷有指责胡适"歌颂香港及污蔑广东"，为帝国主义宣传。（《专为帝国主义宣传之胡适今日来省》，《广州民国日报》，1935年1月8日，第1张第4版）

1月9日，中山大学、岭南大学等取消了原定邀请胡适到校讲演的安排。中山大学特发出布告说：

> 前定本星期四五两日下午二时请胡适演讲，业经布告在案，现阅《香港华字日报》，胡适此次南来，接受香港大学博士学位之后，在港华侨教育会所发之言论，竟谓香港最高教育当局，也想改进中国的文化。又谓：各位应该把它做成南方的文化中心……此等言论，在中国国家立场言之，胡适实为认人作父；在广东人民地位言之，胡适竟以吾粤为生番民族，失学者态度。应即停止其在本校演讲。（海波：《学府播送：胡适被挡驾之详情》，《老实话》，第55期，1935年2月1日）

11日下午，胡适往梧州会晤广西大学校长马君武。此事并未因胡适离粤而平息。12日，古直、李沧萍、钟应梅联名发表两份"真电"：

> （一）广州分送西南政务委员会、陈总司令、林主席、省党部、林宪兵司令、何公安局长勋鉴：昔颜介庚信，北陷虏廷，尚有乡关之思，今胡适南履故土，反发盗憎之论，在道德为无耻，在法律为乱贼矣，又况指广东为殖民，置公等于何地？虽立正典刑，如孔子之诛少正卯可也，何乃令其逍遥法外，造谣惑众，为侵掠主义张目哉！今闻尚未出境，请即电令截回，径付执宪，庶几乱臣贼子，稍知警悚矣。否则老口北返，将笑广东为无人也。国立中山大学中文系主任古直，教员

李沧萍、钟应梅等叩，真辰。（二）探送梧州南宁李总司令、白副总司令、黄主席、马校长勋鉴：（前段与上电同略）今闻将入贵境，请即电令所在截留，径付执宪，庶几乱臣贼子，稍知警悚矣，……而反容受刘豫、张邦昌一流人物以自玷，天下其谓公何？心所谓危，不敢不告。国立中山大学中文系主任古直，教员李沧萍、钟应梅叩，真午。（胡适：《南游杂忆·（二）广州》，《独立评论》，第142号，1935年3月17日）

李沧萍事前"未尝与闻"真电实情，古直、钟应梅又联名发布启事予以说明：

胡适出言侮辱宗国，侮辱广东三千万人，中山大学布告驱之，定其罪名为认人作父。夫认人作父，此贼子也。刑罚不加，直等以为遗憾。真日代电，所以义形于色矣。李沧萍教授同此慷慨，是以分之以义，其实未尝与闻。今知其为北大出身也，则直等过矣。呜乎道真之妒，昔人所叹。自今以往，吾犹敢高谈教育救国乎？先民有言，丈夫行事当磊磊落落，特此相明，不欺其心。（《古直钟应梅启事》，《国立中山大学日报》，1935年1月16日，第6版）

面对各方批评，胡适提及"在广州演说之误会，本人（胡适自称）毫不介意，且本人在广州计住两日半，所与周旋者，多系政治教育中人，亦未提起此事，因本人所说者不过批判小学读经，并未涉及其他问题"（《胡适之昨晨到沪》，《申报》，1935年1月29日，第4张第

13 版）。"邹先生误会了我的话，我……并不是对目前已开化的广东而言。不过我说，广东虽是'革命的策源地'，有时也很'守旧'，赶不上长江下游各省，……我指出乃是事实，并不是胡说八道"（《胡适对广州停讲风波之表白》，《天光报》，1935 年 2 月 14 日，第 2 版）。完叟评述胡适南游非但没有"触霉头"，反而十分"走运"："胡适之本有胡圣人的雅号，现在圣人一变而为少正卯，倒也新鲜。适之近年的文运本已不如从前了，不过这回经广东先生们大张旗鼓的一个通电，反倒增加了他的声价，替他做了一次有力的义务宣传，所以我们对于前面的文人走霉运说，认为'然而不然'。"（完叟：《胡适之走运》，北京《益世报》，1935 年 1 月 23 日，第 6 版）

尽管广东当局将胡适的"罪名"归结为认人作父，各方争议的焦点仍在于文学革命与读经问题。陈君葆记：胡适此次入粤"总有一种政治上的使命，粤当局想系借题拒之耳，且即使因为反对读经而触粤当局之忌，又何至器小至不能容一两遭欢迎会的酬应，这明白是小题大做或则借题发挥"（谢荣滚主编：《陈君葆日记全集》卷一，第 145—146 页）。香港媒体报道胡适在香港与国民党元老胡汉民有所联系，"查胡氏以素未与党国元老胡展堂晤面，殊属憾事，昨晨特赴干德道胡公馆访胡，畅谈移时始辞退"（《胡适昨晨访胡即晚夜船赴省在省逗留四天再来港然后赴桂》，《香港工商日报》，1935 年 1 月 9 日，第 3 张第 1 版）。胡适自称及报纸记载都说双方之间谈兴甚好（适之：《编辑后记》，《独立评论》，第 202 号，1936 年 5 月 24 日）。陈君葆所知"内情"是"展堂拒见胡适"（谢荣滚主编：《陈君葆日记全集》卷一，第 145—146 页）。有人说，胡适"访晤胡汉民氏，先托友人接洽，约定期间会晤。谈话中，胡博士主张开放党禁，取消党治。不料批评党治过于激烈，致触胡元老之怒，争论甚剧，不欢而散。博士去后，胡氏即挥函致中大校长邹鲁，着设法阻禁博士在粤活动；中大原定一月十日请博士演讲，邹校长接胡氏函后，遽出布告取消"（海波：《学府播送：胡适被挡驾之详情》，《老实话》，第55期，1935年2月1日）。有记者将胡适演讲引发的风波告知胡汉民，以求评议，报载"胡元老亦甚愤慨，为表示对胡适深痛恶绝，特在报端发表谈话云：'……胡适是什么东西，充其量不过是改良主义者的书生是耳，既毫不懂政治，又赶不上时代，惟借空口说大话，据讲坛唱高调，诚乃妄人之尤……军阀时代有他的份，好人政府实现也或有他的份。于今何世，他配谋什么文化吗？又配谈国家大事吗……真乃妄人之尤，太不自量耳……'"。（卫道者：《胡汉民骂胡适为妄人之尤》，《上海报》，1935年1月16日，第2版）

　　胡适南游引发新一轮的关于胡适学行以及"读经问题"的争议。密弓阐述了革命与读经的关系，"若援引古代革命事迹，问问胡先生曰：'中国之革命始祖，是否是汤武？汤武之革命事迹，最先纪载及宣扬者，是否是《尚书》及其他之经籍？'吾知胡先生虽有万喙，舌如苏张，恐亦难答此问。胡先生以著《中国哲学史》上册著名，其《中国哲学史》上册之材料多出于经。凡读过《中国哲学史》上册者，皆以为胡先生必深于经矣。乃其《中国哲学史》上册自出世以迄于今，凡十余年，胡先生仍不能续其中下两册。致令今日之仰胡先生哲学者，咸起怀疑。甚至，有谓其哲学史上册，实出自……。虽并无凭证，然胡先生之国学根柢，吾敢视其不甚深厚也"。（密弓：《胡适之与梁启超》，《香港华字日报》，1935年2月10—12日，第4张第4版）有人讽刺胡适太过极端，带有文化偏见，"先生留学外国多年，饱受西洋化的熏染，醉饫功利主义，对于所谓'汽车文明'，有深切的认识，故素受知于帝国主义。这次得到英国殖民地政府的青睐，授与博士荣衔，'实至名归，当诸无愧'"，"以先生十余年得来的虚誉，苟专致力于文学革命，提倡国语体文，用科学方法研究学问，整理国故，则先生思想行为如何，学问真实如何，未尝可骄人，则先生之为先生，自可永远虚眩于世，乃竟贪双料博士的荣衔，不惜跋涉千里，贬损人格，发表谬论把马脚完全暴露"，"香港不过一个商业区域，无文化深远的历史，在这里的大都是持筹握算，计较锱铢的商人，又在异族统治之下，怎么能容说高深的文化？"（力行：《致胡适之》，《民间周报》，第94期，1935年1月14日）"胡博士说：广东是革命策源地，不应当提倡读经。他不晓得，孙中山先生的革命，是经学上的革命。《易·革卦》汤武革命，顺乎天而应乎人。孙中山先生的革命，就是顺天应人的革命；亦即是一面破坏，一面建设的革命。故革命与建设，绝非二事。"（《民国日报辟胡适 对于胡适博士侨教会演词的批评》，广州《文学杂志》，第12期，1935年12月）

1月9日 国学研究社在三晋会馆举行第三次筹会，冯子车、郑云飞、杨重山出席，商议社务。

主席郑云飞报告本日仅到常务三人，不足法定人数，改常务谈话会。一，冯常务报告上次推本人交做社牌，已请冯钦哉先生写就，做好，价洋二元八角，可否即日悬挂，请公决案。议决，即日悬挂。二，杨常务报告上次会议后，因本社及三晋公学筹备办公室，需要小牌二个，当即任郭春圃君代交做二个，价格若干，尚未见郭君说明，已于日昨差送来悬挂东厢，可否即先将东厢房作本社筹备办公室，请公决案。决议，先请平民工厂，将东厢房存物移于他处，加以修理，修理费先由平民工厂房租赁下借支。三，主席提议本社筹备时期，各项工作，应分别担任，并置记录收支各簿案。决议，推杨重山担任文书事宜，郑云飞担任庶务事宜，冯子车担任会计交际事宜，并置记录簿收支簿各一本。四，主席提议本社筹备办公室，应用各项设备，如何办理案。决议，推郑云飞酌量需要情形办理。（《国学研究社积极筹备，工作业已分配》，《西北文化日报》，1935年1月9日，第6版）

1月10日 王新命、何炳松、陶希圣、武堉干、孙寒冰、黄文山、章益、陈高傭、樊仲云、萨孟武十位教授联名发表《中国本位的文化建设宣言》，引发为时一年多的关于中国文化建设问题的大讨论。

该宣言宣称："在文化的领域中，我们看不见现在的中国了"：

有的虽拼命钻进古人的坟墓，想向骷髅分一点余光，乞一点余热；有的抱着欧美传教师的脚，希望传教师放下一根超度众生的绳，把他们吊上光明温暖的天堂；但骷髅是把他们从黑暗的边缘带到黑暗的深渊，从萧瑟的晚秋导入凛冽的寒冬；传教师是把他们悬在半空中，使他们在上不着天下不着地的虚无境界中漂泊流浪，憧憬摸索，结果是同一的失望。中国在文化的领域中是消失了；中国政治的形态、社会的组织和思想的内容与形式，已经失去它的特征。由这没有特征的政治、社会和思想所化育的人民，也渐渐的不能算得中国人。所以我们可以肯定的说：从文化的领域去展望，现代世界里面固然已经没有了中国，中国的领土里面也几乎已经没有了中国人。要使中国能在文化的领域中抬头，要使中国的政治、社会和思想都具有中国的特征，必须从事于中国本位的文化建设。

若要从事中国本位的文化建设，"必须用批评的态度、科学的方法，检阅过去的中国，把握现在的中国，建设将来的中国"。首先，要做"一个总清算"：

有人以为中国该复古，但古代的中国已成历史，历史不能重演，也不需要重演。有人以为中国应完全模仿英美，英美固有英美的特长，但地非英美的中国应有其独特的意识形态，并且中国现在是在农业的封建的社会和工业的社会交嬗的时期，和已完全进到工业时代的英美，自有其不同的情形；所以我们决不能赞成完全模仿英美。除却主张模仿英美的以外，还有两派：一派主张模仿苏俄，一派主张模仿意、德。但其错误和主张模仿英美的人完全相同，都是轻视了中国空间、时间的特殊性。

中国文化唯一的出路，应该以"此时此地的需要"为基础，进行"中国本位的文化建设"。该宣言提出应该遵循的五点认识：

1.中国是中国，不是任何一个地域，因而有它自己的特殊性。同时，中国是现在的中国，不是过去的中国，自有其一定的时代性。所以我们特别注意于此时此地的需要，此时此地的需要，就是中国本位的基础。2.徒然赞美古代的中国制度思想，是无用的；徒然诅咒古代的中国制度思想，也一样无用；必需把过去的一切，加以检讨，存其所当存，去其所当去；其可赞美的良好制度伟大思想，当竭力为之发扬光大，以贡献于全世界；而可诅咒的不良制度卑劣思想，则当淘汰务尽，无所吝惜。3.吸收欧、美的文化是必要而且应该的，但须吸收其所当吸收，而不应以全盘承受的态度，连渣滓都吸收过来。吸收的标准，当决定于现代中国的需要。4.中国本位的文化建设，是创造，是迎头赶上去的创造；其创造目的是使在文化领域中因失去特征而没落的中国和中国人，不仅能与别国和别国人并驾齐驱于文化的领域，并且对于世界的文化能有最珍贵的贡献。5.我们在文化上建设中国，并不是抛弃大同的理想，是先建设中国，成为一整个健全的单位，在促进世界大同上能有充分的力。

进而指出，"中国是既要有自我的认识，也要有世界的眼光，既要有不闭关自守的度量，也要有不盲目模仿的决心"，应该"不守旧，不盲从；根据中国本位，采取批评态度，应用科学方法来检讨过去，把握现在，创造将来……使中国在文化的领域中能恢复过去的光荣，重新占着重要的位置，成为促进世界大同的一支最劲最强的生力军"。（《中国本位的文化建设宣言》,《文化建设》，第1卷第4期，1935年1月10日）

陶希圣认为，假若回复到百年前的中国思想，中国本位思想是封建或专制思想，不适于现代社会，民族主义常常流为"国粹主义"，"这种发展是复古的运动，在复古运动里，很容易把百年前中国的本来社会思想恢复，所以说流弊也很多"。(《研究中国社会的学者陶希圣》，贺逸文等撰，张雷编：《北平学人访问记》上，商务印书馆，2020年，第43—44页)

1月12日　南浔庞莱臣设立南浔国学讲习馆，报名处分设上海、苏州、湖州等地。(《南浔国学讲习馆之设立》，《申报》，1935年1月20日，第4张第14版)

庞莱臣聘请王均卿出任南浔国学讲习馆名誉馆长，"讲习馆设初级、高级两班。以讲授经史子集为主。原拟增设国画、国医两科，因抗战爆发，讲习馆一度停办，后迁上海在爱多亚路（今延安中路），赁管复记三楼为校舍，更名为南浔国学专修学校"。王均卿病逝后，张一鹏继任校长，庞莱臣为董事长。(王瑜孙：《自号"新旧废物"的王均卿》，顾国华编：《文坛杂忆初编》，上海书店，1999年，第216页)

1月15日　刘孟纯发表《恢复民族道德和整理国粹》，认为中体西用的思想正确，只不过中国文化的本体早已失坠，"中学为体"的精神主宰作用无法落实，目前亟须恢复民族道德，整理国故的意义根源于此。

刘孟纯指出，复兴民族的工作首先要明确民族的优点和民族的缺点，"对于民族优点有了明确的认识，才能够发生自信力；对于民族缺点有了明确的认识，才能够发生创造力。前者是积极的工作，以恢复固有良好精神道德做出发点；后者是消极的工作，以扫荡旧有不良好的习惯做出发点"。整理国粹于是成为民族革命运动中最有意义而又最急切的工作。社会上目前有两个绝对不同的壁垒，"其一是认为旧有的东西，一切都是好的，一切都是值得保存的；其二是认为旧有的东西，一切都是坏的，一切都应该扫除"。对于这两种见解，都不敢苟同，二者都犯着偏激的毛病：

> 前者是矫枉过正，后者是数典忘祖。我们对于复兴民族的步骤，当然以恢复民族精神为基点，但民族精神的丧失，已经是不可讳言的事实，当民族精神丧失之后的一段时间，民族里面所残留的，大部分是一种乱动的不合理的社会习惯，所以我们要讲恢复民族精神，便要跨过这一个阶级，由民族精神没有丧失以前的时间内去找到我们立国的灵魂，不能因循旧污，囫囵吞枣地去保存近时代的恶习惯……从国粹的本身意义上说来，所谓"粹"者，当然是精采的意思。但我们固有文化的精粹，已早被恶习所掩蔽，我们想从垃圾堆中找出金子来，一定要先做一番淘汰拣选的工作，正如披沙拣金一样。如果盲目地把垃圾也认为国粹，不但有鱼目混珠之嫌，转有叫社会开倒车的危险。所以国粹的应该保存，本无疑义，而保存国粹，必须认定国粹的真谛，弃瑕取瑜，精华才能发现。我提出整理国粹的问题，就是这个意思。

整理国故是要从道德的估价、社会道德和社会结构、法律和道德等方面做系统的研究，进而实现民族性的改造。在道德的估价层面，道德应当完全合乎环境，"违反时代的精神或是断章取义来谈论道德，是会消灭道德本身精神的"。现在应该以民族主义为范围，道德精神才能成为复兴民族的工具。在社会道德和社会结构方面，中国的家族制度可以作为社会结构的基础，不过，"家族道德的发扬，尤其子弟对于父兄，应该扫除了倚赖的劣根性"，"家族观念应该扩充，以家族为社会的基础则可，以家族为活动范围的止境则不可"。社会道德与家族道德应当连贯与衔接，社会基础方才能巩固。在法律和道德方面，立法精神应该注重民族发展，而"不应该替宗法思想做无报酬的保镖"。目前的中国，"由政治经济的环境造成民族的贫弱和道德的凌夷，同样的可以由道德的恢复，而打破政治经济的恶劣局面。能除民族的束缚和压迫，结果自然可以解决民族的贫弱问题，这是埋头于复兴民族工作的同志，应该具有的信念"。民族复兴应当从改造中国的民族性做起：

> 我们的民族道德，确实失去了，因此我们便再没有自信的勇气。但另一部分人，都拾着垃圾当金子，一味开他的古董铺。以为这是尽提倡民族道德的能事了，这样下去，不但不能找回民族的灵魂，结果民族性会日见堕落的。所以我们不能不先加检讨，先加估价，使得精粹的民族道德，可以显示出来，假如人人都有"昨死今生"的决心，大家努力于改造自己，然后造成一种新的风气，民族的前途，是很有希望的。(刘孟纯：《恢复民族道德和整理国粹》，南京《黄埔》，第 3 卷第 1 期，1935 年 1 月 15 日)

1 月 17 日　下午四时起，无锡世泰盛富新合组广播电台陆续播送唐文治有关国学内容之演讲及古诗文吟诵。

报道称唐文治为"吾国士林中著名硕彦，道德文章，声望隆重。近年对于国学极力提倡，不遗余力"，最近，唐文治"特制唱盘多张，于后日（十七）下午四时起，假座世泰盛富新合组广播电台公开播送。社会人士、研究国学者宜于收音时特别注意"。节目内容有"讲演孝道、读《诗经》法、读《左传》法、读《泷冈阡（表）》法、读《出师表》、读《吊古战场文》、读《史记·屈原传》"。（《收音机内研究国学》，《新无锡》，1935年1月15日，第3版；转引自刘桂秋编著：《唐文治年谱长编》，第897页）

1月中旬　1935年之江大学中国文学会拟轮流报告研究心得，钟泰捐赠大批书籍，以资激励。

中国文学会拟报告名单有胡铭仁《战国策的版本》，章思徐《邵康节击壤集》，张钦才《秦郡考》，王武岳《曾国藩家书》，宋锡人《清代学术概论》，蒋礼鸿《四部二流》，廖伯坦《谈尺牍》，符恺元《目录学之内涵意义及演化》，任铭善《说文》，沈茂彰《袁中郎》，骆允治《仁》，陈瑜《孝》，包怡春《颜氏家训》，唐鸣春《西厢记的演化》，颜怀礼《评马瀛国学概论》，王彤官《陆游袭杜工部诗》，甘复初《红楼梦考证》。此外尚有梅自强《南乡子考》，钱耀宗《山海经研究》已撰写成文。（《中国文学会讯》，《之江校刊》，第70—71期合刊，1935年1月20日）

1月27日　《申报》刊登桑影的《国学大师胡朴安先生印象记》。

文中称"提起胡朴安先生，在脑海里就会浮起'国学大师'四个字来。确实，时人中对于国学，有真正高深的造诣的，胡朴安先生怕是鲁殿灵光了罢！"（桑影：《国学大师胡朴安先生印象记》，《申报》，1935年1月27日，本埠增刊第2版）

1月 蹇萧然（先艾）编《国学常识三百问答（中学师范参考适用）》，由北平华北科学社出版。

《自序》称："从前中等学校是有《文学史》,《文字学》,《国故概要》的；虽然囫囵吞枣，一知半解，学生毕竟也学得了一些片段的知识。近两三年来，高中国文既不分科，除了讲读之外，这些功课也就不大有了；即令有，也并不完备。但是学生们刚一踏出中学校门，接着便要跨过'会考'和'大学入学试验'两重难关；两者的当局又往往爱拿'国学常识'来测验学生，其结果学生因为和这一道素昧平生，所以连最简单的问题，如'四书五经是什么'都答不上来。自然，书坊似乎大有供给他们一些国学参考用书的必要。"蹇萧然总结坊间国学参考用书有三种毛病："搜罗不很详尽；材料分配轻重不均；见解陈腐和偏颇。""这本书是企图避免以上的缺陷的，辑录的答案材料多半是今古的意见并重。编者的目的在给高中学生一点帮助，使他们花费很少的时光，从这本小册子稍微明了国学的大概，对于考试今后不会再感觉应付的困难。它的对象既是中学学生，当然也就不能持什么高论。连关于文人传略，在《中国人名大辞典》中随手便能查出的，也都一概付之阙如。问题的数字虽不怎样惊人，内容却敢担保比较坊间刊行者稍为丰富。如果中等学校采作补助教本，教师加以贯串，讲得详细一点，这本书也可以抵当《文学史》,《文字学》,《国故概论》三科的纲要之用。"（蹇先艾编：《国学常识三百问答（中学师范参考适用）》，华北科学社，1935年，自序，第1—2页）

△ 初旸发表短论《保存国粹？》，批评时下借保存国粹之名，以翻印古书为生财之道，指出发扬国粹关键在于使国粹与现代人的

生活发生密切影响。

评论称：

中国二十年来，因为模仿外国而得不着真正的好处，逼着一般人在那里起疑心，以为外国的文化，一到中国就不适宜了，恐怕所谓文化也者，毕竟还是自己的好；于是"保存国粹"的呼声，在一般人的口中沸水似的翻腾着。有些聪明的书店经理，好像有先见之明，早就停收欧美译述的名著，亟切地在翻印二十五史，二十六史，九通，十通等等的缩本了，我希望他们能在"保存国粹"的呼声还未十分消沉的时候，立刻赶印了出来，大赚一批钱。赚钱总是有趣的事，何况又能博得"保存国粹"的美名呢！不过，中国的潮流，来去太匆匆，迎潮的人儿，脚步要快，慢一点儿就不行。这一笔美妙的"生意眼"是否能射得中？在下还不免要替他们担几分心事。老实说，保存国粹，是天经地义，谁都不能反对的。问题就在所保存的，是不是国粹？而何者才算是国粹？假使是粹，我们该用怎样的方式去保存？这些都是值得研究的。我以为如果在中国固有的文化中，已发觉到真正的国粹，仅是把它们保存，不过避免年久失传而已，于实际上并未有多大的用处。既称之为粹，我们就当更进一步把它们发扬广大起来，使能与现代人的生活发生密切的影响。（初旸：《保存国粹？》,《读书顾问》，第4期，1935年1月）

△　《江苏省立国学图书馆概况》出版，刊登国学图书馆各门

堂所张贴的《国学要语》。

门前影壁："大道之行也，天下为公。选贤与能，讲信修睦。故人不独亲其亲，不独子其子，使老有所终，壮有所用，幼有所长，矜、寡、孤、独、废疾者皆有所养，男有分，女有归。货恶其弃于地也，不必藏于己；力恶其不出于身也，不必为己。是故，谋闭而不兴，盗窃乱贼而不作，故外户而不闭，是谓大同。"

门左："忠孝，仁爱，信义，和平。"

门右："格物致知，诚意正心，修身齐家治国平天下。"

景陶堂壁："礼义廉耻。"

景陶堂柱："学然后知不足，开拓万古心胸。大人之学也为道，小人之学也为利。知今不知古，谓之盲瞽；知古不知今，谓之陆沈。礼义廉耻，国之四维，四维不张，国乃灭亡。博学之，审问之，慎思之，明辨之，笃行之。多识前言往行，以畜其德。君子以朋友讲习。"

衡山寄庼前后廊："多闻则守之以约，多见则守之以卓。人之所以异于禽兽者几希，庶民去之，君子存之。学而不思则罔，思而不学则殆。学而时习之，不亦说乎。小立课程，大作功夫。君子以教思无穷，容保民无疆。悠悠忽忽过一日，便等间断送一生。强勉学问，则闻见博而知益明。"

善本普通阅览室廊："为学如逆水行舟，不进则退。开卷便有与圣贤不相似处，岂可不自鞭策。学者读书，须是于无味处当致思焉，至于群疑并兴，寝食俱废，乃能骤进。读书，须是知贯通处，东边西边，都触着这关捩子，方得。人不可以无耻。居天下之广居，立天下之正位，行天下之大道。知类通达，强立而不反，谓之大成。为学日益，为道日损。圣贤之言，须常将来眼头过，口头转，心头运。"

阅报室廊："锲而不舍，金石可镂。学以聚之，问以辨之。不学便老而衰。为学须先立志，志既立，则学问可次第着力。"

杂志阅览室廊："博闻强识而让。疏通知远不诬。旧学商量加邃密。莫问收获，但问耕耘。"

印行书库廊："常以古人为镜方能自照。有志者，事竟成。苟日新，日日新，又日新。正容体，齐颜色，顺辞令。知之为知之，不知为不知。不薄今人爱古人。业精于勤，荒于嬉。德修于己，所行自无疑。"

职员宿舍廊："开卷有益；穷理，尽性，以至于命；为学须是切实为己。"

陶风楼过道廊："好学近乎知，力行近乎仁，知耻近乎勇。圣贤之学，不贵能知而贵能行。行己有耻，博爱于文。博学而笃志，切问而近思。但患学不足，不患无际遇。读书只恁逐段子细看积累，去则一生读多少书。"

国学图书馆公布该馆进行计划：

本馆成立二十余年，薄海内外亦多称道第。自开创之始，即未尝有大规模之计划，期其造成一完善之图书馆，因陋就简以迄今。兹不第不足语于发展抑且不克善，其保存书楼、书橱，纯系木质，且以穷旧危险堪虞，补苴缺漏款恒支出，彻底改造费更不资。阅览之室仅容三十人，设备简略，莫求美观。宋元旧椠、明清孤本大部名著多未印行。装潢修补辟蠹祛霉。

一二书工日不暇给，至于广购新书盛钞藏本供专门之研究，广时世之需求则更有所未逮，近八九年，在事诸人竭尽心力，履厥职责，编摩整饬，稍稍改观。续加经费年有预算，建议当轴贡策乡贤，冀无负于藏书或颉颃于他馆，空言积尺，实现无期憬。

总理恢复民族精神之训，值全国提倡、社会教育之，殷省政日即恢宏教费，年有进展。惟兹馆款仅敷维持以云改良则同画饼，其亦邦人君子所深恤欤？窃计兹馆必需建筑水泥铁筋书楼及容数百人之阅览室，改造馆员研究办公等室，定制钢质书架，为费无虑三十万元，此为临时筹措钜款必不可省者。至于印书一项，宜别规定母金，售价即可循环，存货亦可有实值，子母相生，初非消耗，但得一二十万元为印书基本，则大宗秘籍流部［布］，天壤昌明，国学即所以振兴，民族精神而子息所储兼可裨益，公款亦何惮而不为。惟收购旧书较难，逆计故家钜室斥售所藏，少或千金多且大万，各方争购，价即立增。备之之道，亦可先集基金，储为专款，奇零收购，但恃月息。至欲搜罗著名收藏家之珍籍，若海源阁、天一阁所散佚，毋令异族得之者，始得声请官厅指拨存本。综右所述，建筑印刷购书三项都六七十万元，或拨公款，或追官逋，或分文化基金，或斥地方公债，胥可集事保存旧籍，发皇国宝利赖之，其经常支费，第与各省立机关比例增加，不敢挟奢望也。大雅宏达垂念，馆书倘以登高之呼，新此藏山之业，则幸甚矣。（《国学要语》《进行计划》，《江苏省立国学图书馆概况》，江苏省立国学图书馆，1935年，第1—2页，第28—29页）

2月7日　许地山谈读经问题，声援胡适，批评以中山大学国文系诸教授为代表的广东学界逐字死念，就字面读经的做法。古直听闻后，致函邹鲁，严厉驳斥。

胡适在广州与陈济棠谈话时，承认："我并不反对古经典的研究，但我不能赞成一班不懂得古书的人们假借经典来做复古的运动。"（胡适：《南游杂忆：（二）广州》，《独立评论》，第142期，1935年3月17日）此后又进一步说明，在今日妄谈读经实谓无知之谈。"古代的经典今日正在开始受科学的整理的时期，孟真先生说的'六经虽在专门家手中也是半懂半不懂的东西'，真是最确当的估计。……最近一二十年中，学校废止了读经的工课，使得经书的讲授完全脱离了村学究的胡说，渐渐归到专门学者的手里，这是使经学走上科学的路的最重要的条件。"（胡适：《我们今日还不配读经》，《中华教育界》，第22卷第12期，1935年6月）

许地山认为：

> 关于读经，我并不反对，不过我所赞成的读经，是要读的有点意义。站在保存我国故有文化的立足点去读经，并不是不可以，但是一个字一个字的去死念，毫无疑义的去死念，那未免有些太无聊了。在《左传》《孟子》，各经书上有好多有意味的故事，若是摘下来给中小学的学生去读，是很好的教材，但是拿整部的经书来只就字面去读，却有些不很妥当。再者，经书上深奥难懂的字句，不妨另外增进字去，使他变成易读易懂，对于学生所得的益处，我想多些。广东方面的读经，我根本有点不敢赞成，尤其是中山大学国文系诸教授主张的读法。

我在广东也发表过几次关于读经的意见，因为他们的办法，我觉着太不满意了，他们主张的读经便是只就字面去死读，过去中山大学国文学系，听说做首诗或写篇赋就可以毕业，他们国文系的教授，好多位又都是陶诗专门的，在中山大学的那几位教授，他们会把陶诗、李诗、杜诗，去分开专门研究会把《昭明文选》里赋文，各别的分开，都使它单独的成为专门的学问。一个大学生只要做首二十八个字的律诗，或是写篇赋，就可以毕业，可算是亘古奇闻。若是做首五言绝句，二十个字就成了，这种毕业论文，未免太容易，也未免太可笑了。他们只就字面，一字一字的去读经的办法，是不会有益处的，读了半天还是个莫明其妙，这样去读，读了又有何益，也不过多认识几个单字而已，并且有好些读了多少年经书，有时连句子都分不开的。

不过我国的学者，从来是很少作实际需要的工作的，譬如说最近开明印的二十五史，只知道去使书局去印，但是不知道去标点一下。主持教育的人，也是这样，在广东的中小学用的国语课本，虽然是商务、中华出版的国语，但是读起来却用广东音，结果他们读的国语，即非国语，又非广东话，弄得广东人自己都听不懂，他们虽然用了国语写成的课本，却并不注意国音，对注音字母也并不认真，一星期里虽然功课表上定了三小时的注音字母，不过是备此一格，所以汉字旁加添注音字母，的确是件二重的工作，尤其是在广东福建各省。

话说得离题太远了，还是谈读经问题吧！我个人对于读经的意见是前面说过的，要有意义的去读，摘出有趣味的故事给小学生读也可以，不过一字一字的死念，是很不妥当的，至于胡适之先生这次为读经而引起广东方面的反对，原因不外和广东方面读经的主张冲突，并且他在香港大学里说香港应作南方文化中心……也是引起反感的大原因。不过我觉着胡先生应当先到广东中山大学实地的观察一下，找着他们的弱点，然后发言，是比较自己站得稳固些的。（《许地山谈：读经意见，主张选读反对逐字死念，胡适之在广州遭人反对……系未能抓住他人之弱点》，天津《益世报》，1935年2月7日，第2张第8版）

古直为此上书中山大学校长邹鲁，谓：

顷见香港报载许地山之谈话，诋及中文系读经，此妖言也。公去岁屡在会议席上，慷慨正告各教授曰："今之中山大学，乃各国大学出张所，长此不已，亡中国之责，己亦负之。"言犹在耳，痛犹在心。中文系以经史为教，竭力求脱各国出张所之圈，以救中国而已，且焉有不熟经史而能为文者哉？韩昌黎百世之宗师也，自谓口不绝吟于六艺之文（《进学解》）。能暗记《论语》《尚书》《毛诗》《左氏传》《文选》（李邢墓志）；然则吾人欲学文章，猥云可舍诵读，非所谓航断港绝潢而望至于海乎？杜甫读书破万卷，然后下笔如有神。一诗一赋，许氏轻之，未见许氏果能一诗一赋也，谈何容易也。少陵诗曰，赋诗何必多，往往凌鲍谢。以吾粤人论，如黄晦闻《蒹葭楼诗》，不过三百首，而为北京大学宗师二十年。陈述叔《海绡词》，不过百余首，而朱彊村折节交之，奉为词宗云。新拜海南为上

将，文岂贵多乎哉？夫使中文系诸生真能一诗一赋，为文宗词
伯矜赏，如王桐花崔黄叶之类，虽由此名震一世，进为教授可
也，何但毕业之云哉？陈东塾曰：今日学者之弊，在懒而躁不
能读一簿书，此弊能使天下大乱。由许氏之说，非使天下大乱
永无宁息不可矣。凡此所论，自公所悉，而复繁辞者，冀公崇
笃初志，造成非出张所之大学，亦如中山先生当日坚持三民主
义，终以销铄保皇，造成民国尔，学海横流，惟公实砥柱之。
手此敬颂努力，为道加卫。（《古直与邹校长书》，《香港华字日报》，
1935 年 2 月 21 日，第 2 张第 1 版）

时人将许地山、古直的争议视为胡适反对广州读经的余波，古
直痛诋许地山之说"亦属儒林话柄，足当一哂"。（湘如：《胡适之反对
广州读经之余波》，《晶报》，1935 年 4 月 13 日，第 2 版）

2 月 14 日　何键通电广东当局，"略抒所感，以为同声之应"，
指责胡适倡导所谓新文化运动，煽惑无知青年，教他人以废弃之
言，"邪说披猖，动摇国本"。

湖南省主席兼追剿军总司令何键，电称：

顷读余子敬肃先生《孔子教化与最近二十年的关系之窥
测》文，深切严明，狂澜砥柱，敬佩曷既。孔子集列圣人之大
成，数千年来，礼教人伦，诗书典则，赖以不坠，教化无比，
如日月览天，无远弗届，有礼同钦。虽后儒穿声附会，学昧本
原，究无损于大道之光明。自胡适之倡导所谓新文化运动，提
出打倒孔家店口号，煽惑无知青年……我政府惩前毖后，近特

隆重礼孔，用端趋向，举国上下莫不翕然景从。独胡氏惧其新文化领袖头衔不保，复在《独立评论》撰文，极词丑诋……丧心病狂，一至于此，可胜浩叹。据闻胡氏生平、言行矛盾，教他人以废弃文言，而其子弟仍然读经，如果属实，则居心更不堪问。健身膺剿匪重任，深恐邪说披猖，动摇国本，敬故敢略抒所感，以为同声之应，甚愿二三卫道君子，扶摇正义，转移劫运。(《湘主席何键亦通电骂胡适》，《香港工商日报》，1935年2月15日，第2张第2版)

2月16日　吴伯襄、颜文豪倡办惠灵国学播音班。(《无线电新闻·播讲国学》，《申报》，1935年2月16日，本埠增刊第2版)

2月18日　正风文学院开学，以注重国学为职志，本学期特顺应世界潮流，并为毕业生便利应文官考试及谋职业起见，增设政治、经济、法学、论理、哲学等课。

正风文学院所聘教授"均系专家知名之士，除胡朴安、顾惕生、陈彦通、朱香晚诸名流外，本学期新聘者，有高潜子太史、刘廉生、周新民、钱石、蒋竹庄诸人"。(《正风文学院增设学课》，《申报》，1935年2月18日，第4张第14版)

2月20日　林语堂主编《人间世》发起"征求五十年来百部佳作"，提出"在此整理国故期间，赅备精当之各种专史（时代史，文学史，美术史，社会制度史）尤为注意"。(《徵选现代中国百部佳作启事》，《人间世》，第22期，1935年2月20日)

夏丏尊、王伯祥、叶圣陶与章锡琛根据"有独特之见解""有重大之发现""开一时之风气，影响及于现在及将来"三项标准，在学术评论类列举廖平《今古学考》、康有为《新学伪经考》、章太炎《国故论衡》与周予同《经今古文学》四种。《人间世》汇总国学与经解类有："三三张之洞：《书目答问》又补正；三四章太炎：《国故论衡》浙江书局；三五章太炎：《检论》浙江书局；三六崔适：《论语足征记》北大出版部；三七孙诒让：《札迻》刊本；三八孙诒让：《墨子间诂》家刊本又商务影印本；三九孙诒让：《周礼正义》原刊本又中华排影本；四〇杨守敬：《水经注疏》原刊本；四一王先谦：《汉书补注》长沙原刊本又文瑞楼影印本；四二王先谦：《荀子集解》思贤讲舍刊本又商务本；四三刘家立：《淮南集证》中华书局本；四四刘文典：《淮南鸿烈集解》商务印本；四五康有为：《新学伪经考》刊本；四六康有为：《孔子改制考》刊本；四七廖平：《知圣编》四益馆经学丛书；四八廖平：《今古学考》；四九皮锡瑞：《经学历史》原刊本又商务本；五〇皮锡瑞：《五经通论》；五一崔适：《春秋复始》；五二崔适：《史记探源》北京大学；五三黄以周：《礼书通故》浙江书局；五四王国维：《观堂集林》；五五梁启超：《墨经校释》；五六洪钧：《元史译文证补》；五七苏舆：《春秋繁露义证》。"（《五十年来百部佳作特辑》，《人间世》，第 38 期，1935 年 10 月 20 日）

次年，姚华发表《论百部佳作》，谈论国学书目的优劣。文中称：

现已停刊之《人间世》杂志，最后数期中有百部佳作之征求，这件事很引起了一部分人的注意，许多名流学者著作家以及文人等都将自己认为"佳"的书籍推举出来，更有几位把所举出的书，作了一段短短的介绍式的批评，将每一书的真价值指示出，期望着人间世社的最后的决定。但人间世社已宣告结束，此项工作就不免搁置了。

开书目这件事对于读书者有什么益处？这问题的答案真不容易说。清末张之洞的《书目答问》是书目书的老前辈，有人因读了而得治国学的途径，也有人读了之后只听了许多书名，却并不去一翻所推举的书，因此觉得如过眼烟云，毫无用处。近一些如民国初年梁任公、胡适之两先生都曾开过一个国学书目，那是为清华学校留美学生而开的，但结果呢，梁胡两先生都不免太书生气，所举的书目设一小小的国学图书馆而有余，教留美学生如何读法？但在专修国学者看来，却确能将研究国学的基本书罗列在内，尤其是梁任公所草的《国学入门书及其读法》，将每书何处当精读，何处当浏览，何处可读，何处不可读，某书有何参考书，某书有何读法，都详细举出，真是治国学者的一件宝贝。我本人就受过这书目的帮助，因此很觉开书目这件事对于读书者是很有用的，假使这书目是开得精当的话。

只要仔细的想想，书目对于读者的益处是很多的。第一可以不受书贾的欺骗，我知道有许多青年他们买书的动机，是由于书局的诱人的广告，但书局的广告是否可靠，就很难说，至少也已将坏处藏好，只露出种种好处来。因此，一张书目就可以破除书贾的欺骗。第二个益处是接着来的，便是不浪费光阴去读不好或无用的书，因为书目里是没有这种书的。第三，因为买书之前已经过了选择，所买的都有相当的价值的书，当然可以节省买书的费用。更因为选定的书都是有价值有意义的，那更增加了读者对于读书的兴趣，这是第四个益处。最后一点，也是最重要的，便是使学者从最正当的路径去研究他所需要的学识。或者有人要说，学术界上没有所谓正统派的：同样是为整个社会的病所开的药方，你不能说释迦的佛教哲学不对而说马克思的社会主义对，也不能说基尔特社会制度的不对，而说技术统治（Technocracy）的制度对，他们都有他们本身的价值。在相当的环境之下，他们是可以完全对的，而在另一个情形下，或许这药方对于病有百害而无一利，但就研究学识的立场而言，好的药方固然要看，而坏的药方也当知道，不要临到自己开药方时将坏的药方开出，那就贻害不浅了。这种见解，固是不错。但要知道一本真正的佳书是不应当有偏见的，这本书介绍一种学说，就只介绍这种学说，他要将所介绍的东西的真面目显露出来，而不是要给人家看带着花脸的装扮。所以任你基尔特社会吧，技术统治吧，这本书就把他们的本来面目，任他缺唇也好，齁㾖头也好，源源本本的让你自己去看，这样的书自然是一部佳作。

书目的益处既如此之多，而佳书的标准又当定得比较地高，那末百部佳作的选定，应当不是一个文艺性质的人间世杂志所能做，而当出一个负有促进全国文化的机关——如中国文化建设协会者——来主持这个挑选，才能得出一张公允精确的书目。（姚华：《论百部佳作》，《申报》，1936 年 1 月 16 日，第 5 张第 18 版）

2 月 22—26 日　《香港工商晚报》"北平通讯"连载许地山关于读经的言论，古直连发两次布告，公开予以驳诘。

布告一云：

为报告事，昨见《香港工商晚报》北平通讯载许地山谈话，轻议我中文系读经，并及学生毕业论文，其言盖因胡适事而发，故谈话之末，深慨于胡适不能找着中大弱点。夫胡适见拒于本校，咎在认人作父，布告备矣，何俟赘述。而许地山今兹孟浪之言，则且正词以辟之，曰学者，何学之为言效也？效法先民，而先民则已往矣，幸其嘉言懿行犹存于经，诵其遗经，穆然如见其羹墙，则择其言行之，适于今者，拳拳服膺以淑身淑世焉。如未知养亲者，观先民之先意，承颜怡声下气，不惮劬劳，以致甘腰，则惕然惭愧，起而行之也；未知事国者，观先民之守职无侵，见危授命，不忘诚谏，以利社稷，则恻然自念，思欲法之也；素骄奢者，观先民之恭俭节用，卑以自牧，礼为教本，敬者身基，则瞿然自失，敛容仰志也；素鄙吝者，观先民之贵义轻利，少私寡欲，忌盈恶满，赒穷恤匮，则赧然悔耻，积而能散也；素暴悍者，观先民之小心黜己，尊贤容众，则恭然沮丧，若不胜衣也；素怯懦者，观先民之达生委命，强毅正直，立言必信，求福不回，则勃然奋励，毅然不慑也；未知廉耻者，观先民之砥砺廉隅，富贵不淫，分国以禄，轻如锱铢，则悚然汗下，奋气褫魄，不敢以鲜卑语，阘然媚外也；未知改过者，观先民之拜善自讼，如日月食无损于明，则怃然开悟，不敢昼夜额额，怙恶不悛，终于小人之归也；于矜学问者，观先民之博学，知服己虽生知，尤且好古敏求，不耻下问，则□然意下，低首读书，不敢史目。未知八书，而妄说伪史，经注未熟一部，而妄说伪经也，历兹以往，百行皆然（说本《颜氏家训》）。经之效用，更仆虽终，余力学文，取镕经意，已有寒木，复发春华，文质彬彬，斯为君子矣。韩退之焚膏继晷，穷年矻矻（见《进学解》）。朱文公终身读《论语》（黄东发说），读了又思，思了又读（《语类》卷十）。阮文达、陈东塾，十日一行，不放只字（见《东塾遗诗》）。贤哲如此，况在常人。而许地山谓一字一字去读经，读了半天，还是个莫明其妙，汝懒躁不肯竟读，只读半天，固宜莫明其妙。昔有从董遇学者，遇云："必当先读百遍，而义自见。"今以此法告汝，汝倘从之，而犹莫明其妙，然后诋毁读经，岂为迟乎？许地山又谓，闻我学生毕业论文，可以一诗一赋代，此亦道听途说，全与事实相违。然善一诗一赋，谈何容易哉？扬子云曰："读千赋，则善赋矣。"黄山谷曰："熟读楚词三百篇，诗之曲折在是矣。"一诗一赋，字句虽少，非读破万卷，岂易为功？黄晦闻之诗，盖棺论定，可谓江河不废矣。然读书六十年，然后得此也，谈何容易哉？时流教人翻书，不教人读书，故有翻尽全图书馆之书，抄成三行高、两行低之册子，高可隐身，名为某字诗研究，持以示人，互相矜重，及偶令其作诗，则一字不似者，比比皆是也，谈何容易哉？故诚有诗如古诗十九，赋如相如长门，虽一字千金，天地等寿可耳，何有于一张毕业文凭，而靳不与哉？许地山嫌其字少，买荣乎，求益也。君子一言以为智，一言以为不智，许地山可谓不智矣。为此布告，使我同学诸生，咸知此意。（《许地山指摘读经，古直竟发报告痛斥》，《天光报》，1935年2月23日，第2版）

布告二云：

前日布告辞辟许地山谈话，仍有未尽之意，以事关本校设教宗旨，不邂好辨之名，更详言之。大学设教，贵在精专，分系设科，尤当严密，非第浮泛笼统，肤壳大帽，粗得常识，便为满足，此本常理，尽人皆知，身事教育，据席黉舍，乃竟于此有疑，宁不令人怪诧？本中文系课程，分必修选修二门。必修课目，以经史小学植其深基；选修课目，以特种专门宏其研究。鸿篇古籍，垂缘汲深，譬如西方大学文科，未有不攻荷马柏拉图苏格拉底之书，而可成为学科者也。许地山谓本中文系居然以陶诗李诗杜诗等分开教授，诧为亘古奇闻，不知西方大学，有专门莎士比亚戏曲研究，有专门康德哲学研究，有专门各家文学研究，非专授概论大纲而已。凡此皆历历可考，不知许氏于此亦竟以为亘古奇闻否也？许氏又怪本中文系将《昭明文选》中之诗赋与杂文分开教授，此尤昧于我国文学之历史。魏晋以来，本有文笔之分，文选中所录之诗赋，文也，所录杂文，笔也，下及唐人，亦有杜诗韩笔之说。文笔二类体势不同，专家研究，各臻其极。文选本是总集，所录各有要归，研究八代之文，当以文选诗赋为郭廓；研究八代之笔，当以文选杂文为范畴。许氏若复于此有疑，亦将谓西洋文学不可分开某时代之诗歌文学，与散文文学，分张研究耶。朝三暮四，暮四朝三，名实未殊，喜怒为用，许地山自于古复昧于今，轻率妄言，一至于此，即如彼谓本系可以作诗作赋代毕业论文，全是子虚之言，前已驳斥。然亦不知西人一诗篇一剧本可以取高等学位，得诺贝奖金，其价值亦相等也。所谓读经不可一字一句底读，要以有关民族意识的方法去读，吾不知许氏方法，果为何种？夫义见于文字，不细读文字，何由见其大义？且许氏之言，亦与事实不符。本系各课教授之法，无不注重提要钩玄，未尝专门循行数墨。若专循行数墨，则学生在校四年光阴，无一部书可以读毕矣。所谓振兴民族意识，发扬国家文化，岂是日日教学生空喊口号，高抬大帽者，所能为力？我国治学方法，有训诂，有大义。训诂通大义，大义不离训诂。顾亭林、黄梨洲、王船山之发扬国光，绍隆国脉之本领，无不由此方法而来也，尚何疑哉？凡所称引，多为我同学诸生所知，而复有云者，非与许氏逞口舌之是非也。诚恐观听不决，或成心理之病，害我青年，为虑至切耳。夫物本乎天，人本乎祖，国势阽危，国魂将绝，数典忘祖，其如国命何哉？愿我同学诸生，立志为笃实光辉之读书种子，不愿其为游谈无根随波逐浪之人；愿我同学诸生立志为复兴民族之中坚人物，不愿其为阘然媚外异心叵测之辈。（《古直第二次布告痛辟许地山谈话》，《香港华字日报》，1935 年 2 月 27 日，第 2 张第 1 版）

2 月 24 日　船山学社召开第三次董事会。

王礼培、周逸、谢鸿熙、李澄宇、刘约真、张有晋、杨卓新、颜昌峣、任福黎等董事出席；黄赞元、程子枢、杨树谷、萧仲祁请假。讨论事项："一、息灾法会租赁本社左边房屋，月租三十元，现该会已经结束改组，佃约须另更换，并每月加行佃洋六元案，议决通过；二、周逸、陶思曾介绍罗杰、郑铸心、谭辛震，刘约真、颜昌峣介绍马惕冰、唐显度，李澄宇、谢鸿熙介绍王原一为本社社员案，议决通过。"（赵启霖著，施明、刘志盛整理：《赵瀞园集》，第431页）

2月25日 隽如发表《国学研究社——本市唯一讲学机关》，详尽介绍天津国学研究社的缘起与组织情况。

> 近些年来，国学消沉极了；但是国学的价值，并未因为消沉而消失，不但在国内有他的价值，就在世界上亦有他的价值。

> 现在世界上，如英、法、德、俄、美、波兰、比利时、加拿大许多国家，都设有中国文化讲座，五经、四书、诸子，已有拉丁、英、法各种文字的译本，虽然多将本意译掉，可是欧美人士研究中国文化的精神，是可佩服的！

> 最近国内一般人士，似乎对于国学上渐知注意；但是除去各大学的文学院，或国文系，有少数人研究外，上不起大学的，恐怕找不到研究的机会；反不如前些年，私塾未被淘汰的时候，倒能普遍。

> 像这种情形，如果再不在国学上提倡和努力，恐怕将来会有礼失求野的现象，如同埃及和秘鲁，在国内看不到本国文化的可怜！

> 江元虎先生，以为现在国学程度太低，作风太坏，已在上海组织存文会，这种举动，是值得吾们钦佩和同情的。天津虽说没有这样的组织，但是在三年前，已有同样性质的国学研究社产生了，由这三年历史中，虽已在本市许多人士的脑海内，有了深刻的印象，记者以为有志研究国学，因为不明了该社情形，以致驻足不前的，还是很多；现在就个人知道的，略为介

绍一下：

"缘起"：津门宿儒李实忱先生，鉴诸莘莘学子，专重外文，轻抛国学，读书既无门迳，论治殊失权衡，况乎宜尼集群圣之大成，成六经为万世治平之根本；若不阐明精义，一任古籍荡然，势必邪说横行，无以抉经心而敷圣化，所谓尧、舜、禹、汤、文、武、周公之流风善政，且扫地无余矣。遂于民国二十一年，邀集硕儒宿学，各矢血诚，决计振兴国学，先就津埠一隅，组设国学研究社。

"组织"：李实忱先生为社长，钟蕙生先生为副社长，陈慰苍、孟昭芳、郑菊如、金潜斋、陈礐洲、裴学海、吴杰民、王维宸，诸位先生分别主讲各课。

"社址"：附设本市特别二区市立师范学校内。

"时间"：每日下午七时至九时，星期日下午三时至五时。

"课程"：星期一，第一时，钟蕙生先生讲《中庸》，第二时，金潜斋先生讲《孟子》；星期二，第一时，裴学海先生讲《礼记》，第二时，吴杰民先生讲《音韵》；星期三，第一二两时，均为孟昭芳先生讲《易经》；星期四，第一时，王维宸先生讲《尔雅》，第二时，李实忱先生讲《尚书》；星期五，第一时，裴学海先生讲《春秋》，第二时，郑菊如先生讲《诗经》；星期六，第一时，陈慰苍先生讲《说文》，第二时吴杰民先生讲《周礼》；星期日，则由吴杰民先生和陈礐洲先生轮流讲授，吴先生讲《庄子》，陈先生讲书法。

"听讲资格"：以中学以上程度为合格，但程度稍差，而有研究志趣者，并不拒绝。

"入学办法"：随时均可报名入学，并不纳费，入学时并不考试，学额亦不限定。

"听讲规则"：所讲各课，除音韵、《说文》、书法、诗经，由社随讲颁发购义（应为讲义）外，其余书籍均须自购，并须携带笔记本，随时笔记讲授精义。

"月课"：每月课文一次，由李实忱先生担任批改，试卷由社颁发，但纯系自动性质，如不能作文的，并不勉强。

"测验"：每年举行测验一次，由各位讲师分别出题和批改，亦系自动性质，不愿参加测验的，亦不勉强，测验后，择尤颁发奖章奖状，以资策励。

由以上的种种设施上看起来，足征李实忱先生，提倡国学和嘉惠后学的苦心，是不遗余力的。并且于经济上、资格上、时间上，均能为听讲的人着想，尤其是于时间上，给服务社会，或白天求学的人们，莫大的便利。至于各位讲师，均系宿学，对于所授课程，并有独到之处，迥非普通讲学者可比。津门为人文荟萃之区，不乏力学向义之士，既知有这样阐扬国学的完善机关，希望不可轻意放过，并希望前往求学的，须持有恒的精神，和坚决的毅力，必要切实去干。如果凭一时高兴，干个三天五天就算了，是不会成功的。若能够持久的潜心干下去，于气质上，文学上，自然会得著特殊的进益。（隽如：《国学研究社——本市唯一讲学机关》，天津《大公报》，1935年2月25日，第16版）

2月26日　五伦女子职业学校本学期设立国学讲座，聘请前进

士陈俊卿讲授四书集注。(《五伦女中》,《申报》, 1935年2月26日, 第4张第13版)

2月27日　古直呈请西南政务委员会明令尊经，定民志，正学风，树国本。

国立中山大学中国语言文学系主任古直，昨呈请西南政务会，原呈云：

> 为呈请明令尊经，诛放狂狡，以定民志，以正学风，以树国本事。窃惟六经垂教，万世永昌，其事昭昭，如日月经天，江河行地，今诸狂狡日日倡言摧毁，我政府以其为狂狡，初未加以禁遏，此事关于民族国本，不可以不痛论。夫驱除异族，建立民国，其源皆出经训，一部《民报》，一部《国粹学报》，什九皆经训之所发挥，即总理之三民主义，亦何一非经训之所发挥乎？故谓从本极源，要恢复民族地位，非先恢复我民族固有道德不可。故谓《大学》诚意正心，为政治哲学智识中独有之宝贝。(皆见民族主义第六讲)若夫总理手书《礼运》天下为公，早已高悬于纪念堂，尤为青天白日之下，人所具瞻矣。然则狂狡日日倡言摧毁经训，无异日日倡言摧毁三民主义，颠覆中华民国也。我政府出厚糈以豢养狂狡，使处庠序，反而摧毁我主义颠覆我民国乎？呜乎哀哉！人知狂狡为我哺乳之孙子，不知狂狡即我饮血之寇仇也，且我国步虽云式微，国际重我犹以五千年文明历史，诸狂狡亦多依附经训，取得外国博士以为宗族交游光宠者。经训亡，则精魂亡，而躯壳亦随之矣。诸狂狡丧心病狂，敢于日日倡言摧毁，其罪通天，其祸比于洪水……拔本塞源，在诛放狂狡明示天下，必尊经训，必尊总理

发挥经训之三民主义，为此呈请我政府立涣大号，以荡险厄，以定民志，以正学风，以树国本，岂惟某等之幸。抑自羲农黄唐以降五千年历史，四百兆民族实嘉赖之。（《古直呈请明令尊经，倡毁经训，其罪通天》，《香港华字日报》，1935年2月28日，第2张第2版）

2月　天津国学研究社聘请濬卿、靳敬暄讲授《大学》。

天津国学研究社李实忱社长为竭力提倡国学起见，特聘灵寿濬卿、靳敬暄先生讲授《大学》。濬卿先生，钻研《大学》有年，对于《大学》精义，颇能阐发蕴奥。

（濬卿）曾著《大学鉴》一书，凡六万言，依古本经文之脉络，贯通其义，划分七章。曰："道在致知格物章第一。"自大学之道句起，至致知在格物句止。曰："覆说格物致知章第二。"自物格而后知至句起，至此谓知之至也句止。曰："广诚意章第三。"自所谓诚其意者句起，至此谓知本句止。曰："广正心修身章第四。"自所谓修身在正其心者句起，至此谓修身在正其心句止。曰："广修身齐家章第五。"自所谓齐其家在修其身者句起，至此谓身不修，不可以齐其家句止。曰："广齐家治国章第六。"自所谓治国在齐其家者句起，至此谓治国在齐其家句止。曰："广治国平天下章第七。"自所谓平天下在治其国者句起，至此谓国不以利为利，以义为利也句止。以意逆志，颇具苦心。惜原著未及出版，而稿本已失！最近复著《古本大学文义问源》一书，抛却往昔治经体例，依本经之文，以治本经之义，一扫汉儒偏重训诂，和宋儒分经补传之弊。濬卿先生已于本星期一第一时，假钟蕙生先生讲《中庸》时间，开始讲授古本大学问源。讲义由社随讲颁发，但听讲社员须携带今本《大学》，以备参考。李实忱先生所讲《尚书》，已次第讲完。现已通知社员，由本星期四起改讲《左传》。孟昭芳先生所讲《易经》，已讲到"说卦传"，不久即从乾卦重讲第二遍。当这各课多在周而复始的时候，盼望有国学志趣的，从速前往报名，勿失良机！（隽如：《国学研究社又聘名师》，《大公报》，1935 年 2 月 28 日，第 4 张第 16 版）

时人评述国学研究社非寻常腐儒寻章摘句，或沉溺故纸堆功夫，号召国学爱好者以向道之心，前往求学：

余昔居故都，所与游皆文人，因同气相求，势使然也。比来津沽，所习见者，多为商贾，风晨月夕，意兴萧然。嗣见报载，河东有国学研究社之设立，初意不过寻章摘句之腐儒，索居无俚，聊以遣兴耳，遂亦置之。继复见报载云云，意又稍动，姑投函一询，随得覆函，欢迎加入，抽暇一往，得见教授某君，听其言论之阔达，观其容貌之秀伟，不觉五体投地，而尤以为未见实忱先生为恨也。刺凡三投，始蒙延见，先生年逾花甲，精神矍铄，阅历既深，学识又富，诚有所谓遂心所欲不逾距〔矩〕者，所讲各书，均以自身经历与书史相契合者为讲授。一以启诸生身体力行之机，并足以激发志气云云。语云，与君一夕话，胜读十年书。今始信然，嗣听讲数日，如发蒙，如振聩，觉此间实另有天地在，非特呫哗侏儒，以数朱注为能事者，所可望其项背。即在故纸堆中有功夫，就陈迹以为讲述，而并无阅历者，亦实有上下床之别。谨公之报端，庶爱好国学者，有所问津焉。抑尤有进者，学术不过艺术之一端耳。先生悯人心日偷，四维已堕，故借此以粹励人心，使人人向道，所见者大，所施者博，凡我同志，盍兴乎来。（陶菊侪启）

（《记国学研究社》，天津《大公报》，1935年3月29日，第16版）

△ 柳诒徵撰《三年来之中国文化教育》，指出当今专门教授中国学术文章的机构，只有无锡国学专门学院与上海正风文学院。

柳诒徵指出：

中国文化之衰落，无可讳言。古来师儒讲学之风，久已不绝如缕。姑就耳目所及言之：今之专以中国之学术文章教授来学者，只有无锡国学专门学院，及上海正风文学院。此二校者，历史孔久。或注重理学及散文，或注重考据及词章。校誉之盛，非自此三年中始。第自九一八以来，国专院长唐文治氏，痛心于国事日非，不惮大声疾呼，痛哭流涕，提倡吾国之精神，以期挽救今日之颓运之论著甚夥。如所著《国鉴》……其文陈古刺今，穷原竟委，实可见诸施行，非迂儒徒为高论者比。故在今日一切学校师长中，深知中国文化之重要，且息息以救国救民为念者，殆无过于唐氏。然其学校以格于规制，绌于财力，未能充其力之所至。（柳诒徵：《三年来之中国文化教育》，《江苏教育》，第4卷第1—2期，1935年2月）

△ 胡怀琛著《国学概论》由上海乐华图书公司出版。

该书分六章介绍国学的含义，研究的目的、方法，经、史、子、集的概况，整理国学并运用旧有学术创造新学术之道。《总论》详细论述国学的定义、目的与方法。第一，何谓国学。胡怀琛认为，从字面上很容易解释，"国"就是中国的简称，"学"就是"学术"的简称。"国学"就是"中国学术"的简称。这看似十分明白，但是事情并不简单。有人从学术是世界所共有的视角，批评"国学二字不能成立"，认为学术分类只能按学术的性质分为文学、哲学等科目，而不能依照国别来分，并没有英国学术、法国学术、意大利学术、德意志学术等名称，而且英、法、意、德等国都没有所谓"国学"，为什么中国独有"国学"？"如果这个问题不能答复，那么，国学这个名称就不能成立。"胡怀琛认为这个问题很容易答复：

英，法各国没有所谓"国学"，而中国却有所谓"国学"，惟一的原因是如下：英，法各国所有的学术是同出于一源，所以没有彼此的分别。中国学术和西洋学术不是同出于一源，所以有彼此的分别。譬如在中国境内只有"国学"没有"省学"。江苏与浙江，广东与福建，河南与河北，所有的学术都是同出于一源，同是一个系统，所以不必另标出来这是江苏省的学术，那是浙江省的学术，这是什么，那是什么。但是把中国学术和西洋学术放在一起说，那就各是一个系统。譬如语文学，中国造字的方法，和中国语言的结构，就根本和西洋不同。因此，就不得不有所谓"中国学术"了。

也有一种人说：西洋学术的分类如哲学，文学等，是合科学方法的。中国学术的分类如所谓经，史，子，集，是不合科学方法的。我们现在要依照西洋学术分类的方法，把中国原有的学术整理一下，把它分门别类的容纳于世界共同的学术纲目之下，同时就把"国学"这个名称取消了。如此说来，"国学"二字没有存在的必要，更何必要保存这名称，使它和西洋学术居在并立的地位。

不错，这种整理的工作是应该有的。不过，这种工作太难了。不但是中国自己人的关系，而且是全世界的关系。例如中国以写字为美术的一种，名人的书法，可以作欣赏品，这是在西洋所没有的。倘然我们要在美术中加入书法一种，必须要全世界上的学者公认了，然后能行。现在还谈不到。如把书法一门取消了罢，在学术史上看，又和事实不符。而且它的本身是不是有美术的价值，这也还是一个疑问。所以我们还是照中国学术原有的系统来研究所谓"国学"。"国学"这个名称在若干百年以后或是可以取消的，不过在今日还是不能。

也有些人说：照中国学术原有的系统研究"国学"，这是对于已经过去学术作历史的研究。例如西洋人也有所谓"埃及学"，不过这是死的学术，不是活的学术。我们不应以中国比埃及。或者甲国研究乙国的各种情形，也有这种称谓，例如日本有所谓"支那学"，然这个名称他们不曾认为是学术上的名称，因为它根本不合科学方法。我们不能袭用这种名称，以为"国学"二字是可成立的。

这话也有些对。但我再要说明几句：我们研究中国原有的学术，是当它历史研究；但是我们要从死的学术中，寻出活的生命来。因为一国的现状和一国的历史是有密切的关系，我们研究现状离不了历史，我们研究历史也必须注意到与现状的关系，而使我们研究所得，对于现状确实有用，并不是只研究离开了现状的死的历史。甲国人对于乙国尚且要有深刻的认识研究它的各项的情形，本国人对于本国，那更当要有深刻的认识。我们研究"国学"，就是暂时把"国学"二字做一个对象去认识它，并不是认为是合于科学方法的一个名称。

第二，国学之目的。胡怀琛认为研究国学不能跟着人家走错路，首先要避免保守、排斥、利用、调和、玩物丧志、削足适履等六种弊病：

（一）我们不是保守。有许多老先生们以为研究"国学"就是要保守"国学"，保守"国学"就是保守一切原有的风俗，习惯。我们原有的风俗，习惯，固然有一部份必须要保守的，但是决不能完完全全的保守着十八世纪、十九世纪一切原有的状态。有许多老先生们看见现在父子间感情日薄，便以为要保守旧式大家庭的制度，要保守家长绝对专制的制度，这是错了。他们看见现在离婚案件一天天多起来，恋爱的悲剧也继续不断的演出来，便以为要保守旧式的"父母之命，媒妁之言"的老法，这也是错了。他们看见现在多数的学生写白话文写得不合法，便以为要保守原有韩、柳的古文，这也是错了。我们只管研究"国学"，只管读古书，切不可跟著他们走错路。我们要有我们的目的。

（二）我们不是排斥。我们固然不是保守，但我们也不是排斥。既然说排斥，为什么又要研究呢？其实是不然。譬如日本，他是对于全世界排斥中国的，说中国是没有组织的国家，但是他却要研究中国各种的情形。中国有许多排斥旧学术的人，他们也极力读旧书，但是他们的目的，是在专门寻出旧的坏处来，作攻击的资料，若发现了好处时，就把它抹杀了不提起。这样也是错的。我们不可跟着他们走错路。

（三）我们不是利用。更有一种研究"国学"的人，他们的目的是在利用"国学"。譬如大多数的中国人的心理，是有形或无形受了孔子学说的支配，于是人家就利用这一点。信耶稣教的人引孔子的话来证明圣经，信佛教的人引用孔子的话来解释佛经。或断章取义，或曲为注解，必要想法子说出理由来。……这样都是利用。他们也自知是错的，却故意的要如此说。不过我们不能盲目的跟着他们错。

（四）我们不是调和。更有一种人，研究"国学"，是要懂得一点中国原有的学术，拿来调和新旧，使新旧不发生冲突，这也是不对的。所谓调和，是不问两方面的好坏，只把两方面的事情都采取一点，支配平均。也不管所采取的放在一起能不能容纳，只要面面都应酬到，就算是他们的本事好。在风俗，习惯上，这种情形是常有的。譬如出丧，棺材后面的孝子穿麻衣，扶竹杖，这是儒家的仪式；却是前面的"西方接引"的布幡，又是佛教的仪式；而棺材的前面装一个龙头，后面装一个龙尾，又是道教的仪式；最近又有用花圈的，这是西洋的仪式了。把四种不同的仪式合在一起究竟彼此能不能容纳，完全不管。只知这样便算是调和。出丧如此，其他像这样的还很多。就宗教讲，道教的庙里也可以供佛教的观音菩萨。就衣服讲，穿中国式的长袍，马褂，却偏要戴西洋式的铜盆帽。如这样七拼八凑的事情，我们随处可以看见。他所以出现的原因，就是因为有许多人喜欢讲调和的缘故。我们固然也要采取各方面长处合在一起，但是要有组织，要能融化，决不是乱七八糟的东采一点西采一点，混合起来。这里我们要认清楚。我们不可盲从一般讲调和的人们瞎闹。

（五）我们不是玩物丧志。"玩物丧志"是中国的一句成语。什么叫"玩物丧志"呢？我们拿事实来证明罢。譬如研究中国古画，一般骨董家，他们对于中国古画见识得多，但是他们只知把古画当美术品赏鉴，却不知道如何宣扬它，使中国的古画在全世界上占得更高的地位，更不知道如何创造一种新的中国画。这样就叫"玩物丧志"。我们应该反转来，做我们宣扬及创造的工作，那就不是"玩物丧志"。又如中国的磁器也是有名的，如但知赏鉴名磁，就是"玩物丧志"。我们研究磁器，或作工业方面的研究，或作商业方面的研究，那就不是"玩物丧志"。我们研究一切的学术都是如此。万不可患了"玩物丧志"的毛病。

（六）我们不是削足就履。"削足就履"，也是中国的一句成语。它是一句譬喻语。因为要适合鞋子的大小，就把自己的脚削了一块肉，世上决没有这样愚笨的人。但是讲学术的人，往往要削"中"以就"谣"，削"古"以就"今"。这结果是如何，已不言而可知了。

我们的目的是"求知"，是"致用"：

（一）求知。所谓"求知"，就是要把原有的学术的内容知道得清楚，用客观的眼光去考察它，的的确确看出它的利和弊来。但是单做了"求知"的工作，我们的目的还没有达到，我们还要讲"致用"。不过，欲讲"致用"，当先讲"求知"。倘然知还没有知，如何能用呢？

（二）致用。所谓"致用"，就是将我们所求到的"知"，使它能够有用。那么，所有的"知"，才不是死的知识。而"致用"又必本于"求知"，倘不先"求知"，也就不能凭空讲"致用"。

我们举一个实例，来证明研究"国学"的求知致用，莫如孙中山先生所创造的"五权宪法"。他的五权宪法，既不是抄袭外国的法子，也不是因袭中国的法子，的确是他创造的。他也不是凭空创造的，他是从认识了外国"三权宪法"并认识了中国的"考试制度"和"御史制度"，把它们融化起来，才创造了这种新的制度。"认识"是"求知"，"创造"是"致用"。这件事他是由"求知"做到"致用"。

第三，研究国学之方法。胡怀琛认为，研究国学的方法可以分为三步：

（1）是对于"国学"的认识，（2）是如何整理"国学"？
（3）运用旧有学术因而创造新的学术。关于（1）（3）两
项，就是上文所说的"求知"和"致用"。不过，我们在"求
知""致用"的中间，再加一番整理的工夫。这三个步骤是
依次而下的，必须从第一步做到第二步，从第二步做到第三
步。……用这各种方法，用很好的工具，对付所搜罗到的各种
丰富的材料，这就是所谓整理国学。我们依照上面所说的话，
用过一番工夫，自然心有所得。再凭我们自己的见解，自然可
以发生一种新的感想，因而创造出一种新的学术来。至于整理
及创造的"具体的办法"，情形很复杂，不是简单的话所能说
得明白的。这是要学者自己随时随地用功，才可以收效。我们
只要认清我们"研究国学"的目的，努力做去，我们自然可以
得到好的效果。（胡怀琛：《国学概论》，上海乐华图书公司，1935年，
第1—14页，第146—147页）

《申报》刊登"广告"宣传该书为"当代学者群相推重"：

国学一词，今人解释，彼此略有不同，大抵则谓国学二
字，系指吾中华民族文化活动之成绩而言。吾人欲改进现在，
创造将来，不得不认识过去之种种，然后因革损益，从已有之
基础，而更进于高明，此则学者所公认。而国学概论一类之著
作，亦为目前所急需也。今胡怀琛君，本其平日研究所得，著
成《国学概论》一册对于国学之解释，及研究国学之目的，研
究国学之方法，均有正确简明之叙述。当代学者，颇多称许。

交通大学教授陈柱尊云："能使读者一日工夫，得到新颖之国学常识。"

复旦大学教授郭步陶认为："此书特点有二，拈出求知致用四字，则目的正确，分类虽沿用旧法，但每章立论，实能融会古今，辨正折衷于正，则认识充足。"交通大学教授郑师许谓："切实适用，可代表作者读书之眼光与作文之手段。"江亢虎则谓为"可与张之洞之輶轩语并重"。此书业已出版，由本埠四马路乐华图书公司发行。（《国学名著〈国学概论〉出版》，《申报》，1935年3月4日，第4张第13版）

△　张鹏一、范凝绩、赵玉玺为新组织国学讲习馆，呈文陕西省政府。

呈文如下：

窃本会于民国十六年以前，曾附设国学讲习馆。其时由会长寇立如，郭蕴生诸先生，苦心经营，毅力讲贯，以明体致用为宗，实正本清源之道。办理以来，颇著成效，嗣于十六年间，因少年党徒，极力破坏。当道不能制止，事遂中辍。比年以来，莘莘学子，无力出外求学，有志研究国学者，苦无相当之学校，从事讲习，光阴虚度，良可惜也。本会有鉴于此，不忍坐视，爰按照孔教总会章程讲习部之规定，从新组织国学讲习馆，借以保存国粹，纠正人心。或于世道学术，不无裨益。理合拟具简章，恭请鉴核备案。实为公便。

3月5日，省主席邵力子批示："该会拟设之组织国学讲习

馆。查系补习学校性质，事属可行。应准备案。"（《张鹏一等：呈省政府文》，《陕西省孔教会汇志》，1935 年第 4 期）

黄竹斋、徐怀璋、赵鹏超先后执教于陕西国学讲习馆。

3 月 1 日　上海学界王西神、江亢虎、潘公展等六十余人拟发起成立存文会，挽救国学颓势，呈文市党部。

该会发起人有王西神、王慕尊、毛啸岑、江亢虎、朱香晚、汪剑余、李仲乾、姚明辉、胡朴安、胡寄尘、马公冕、陈彦通、陈诒先、张凤、廖邵闲、潘公展、顾实、蒋建白等六十四人。呈请如下：

呈为请求准予发起存文会事，窃亢虎等鉴于新文化运动以来，教育普及功效未见，而国文作风日坏，国学程度日低，近更有倡言废弃文言并废弃汉字者，同人怀伊川为戎之惧，矢文章报国之诚，当存亡绝续之交，敢尽奔走呼号之责，爰有存文会之发起，专以保存汉字保存文言为目的，惟是事关组织学术团体，理应备文呈请钧会准予发起，实为公便。发起书与宗旨如下：

发起旨趣书　昔颜习斋标揭四存，曰存人，曰存性，曰存学，曰存治，同人以为今日所需，尚有一存，即存文是已。慨自新文化运动以来，教育普及功效未见，而国文作风日坏，国学程度日低，近更有倡言废弃文言，并废弃汉字者矣，同人怀伊川为戎之惧，矢文章报国之诚，当存亡绝续之交，尽奔走呼号之责，斯文未丧，来日方长，愿与有志者共勉之。

宗旨及工作　宗旨：（一）本会专以保存汉字保存文言为

目的，联合同志努力迈进，（二）本会认注音为识字符号，如字母反切之用，但反对以之替代汉字；认白话为学文阶梯，有启蒙通俗之功，但反对因而废弃文言。（三）本会主张以群经正史诸子百家乃国文最高之标准。（四）本会主张中等以上学校教本作文悉用文言，一切文字除特殊与必要外亦悉用文言。工作：（一）向政府当局合词请愿推行本会主张。（二）向各处教育文化学术及出版机关提出意见唤起同情。（三）联络各学校国学国文教员请其赞助实施。（四）推广识字运动，普及文言教育，养成国学师资，提倡文学结社，流通文艺作品。（五）编辑发行存文杂志负下列使命。（1）征求当代作家鸿文巨制以端趋向而示楷模。（2）选录各学校最优国文成绩，以资奖励而备观摩。（3）批评纠正出版书报之误失，以免谬种流传贻误后学。（4）登载本会消息及有关国学国文之新闻。

　　组织及规戒　组织：（一）凡赞同本会宗旨者皆得报名为会员，一机关有会员十人皆得设立分会，一地方有会员百人皆得设立支会。（二）会员除共同担任维持当地会务外，不另收会费。（三）本会希望会员每人订阅本会杂志一份。（四）本会每月各处开会员会一次，每年联合开代表会一次。规戒：（一）本会除上列各条外，绝不参加其他活动。（二）本会会员不得以本会或会员名义参加其他活动。（《为保存汉字及文言，学术界组织存文会，列名发起者共计六十余人，俟呈请党部备案即日成立》，《申报》，1935年3月1日，第4张第16版）

存文会被学界视为复古的代表，引起各方评论：

江亢虎博士自美返国后，因不得志于仕途，在京曾一尝缧绁之苦，因乃来沪创办亢庐讲学会，提倡国学，不遗余力。近并鉴于各大学生中学生国文程度低落，又组织一存文会，邀请各大学中学国文教师参加，江博士提倡国学之心，真是值得世人敬佩。尤其当举国提倡复古之时，江亢虎博士以挽救国学存文自命，尤与当局有异曲同工之妙。江博士毕竟是聪明人，所以能上体当局提倡复古之苦心，下则投一般少年老成者之所好，"博学好古"的四字招牌，真可赠给我们的江博士。（大风：《江亢虎的存文会》，《社会日报》，1935 年 1 月 25 日，第 2 版）

侯仰鸾认为存文会因故而产生，其动机在（一）复兴民族，（二）挽救国家，（三）保持旧有文化。成立之后工作重点在打倒语体文和发挥光大国学。不过侯氏对存文会的工作抱有深深的怀疑，怀疑其成效：

学习文字，不仅要看效力，而且应该计算"过程"，这一点存文会已经承认了，在他认定初中和小学可用"白话"为"学文的阶梯"中可看出来。他们分开"白话"和"文言"，而不曾注意"白话文"和"文言文"，这一误会，遂成了白话只是浅薄的语言纪录，文言才有丰富的内容，我看存文会发起人当中如胡寄尘、江亢虎他们也曾用白话发表过意见，他们并未声明他是白话没有把他们高深的意见表示出来另为文言以明之，我们何曾听见哲学家说，白话不能说会至高的原理？我们又何尝听见科学家说白话不能做学理的记述？桐城派古文钜子用白话也能记事，常州派词人做白话诗也把情景完全嵌得上，白话不有成为"白话文"的可能么，要整理国学，要将国学清出头绪来和世界学术衡量一下看居于怎样的地位，白话文却是良好的工具。

我们的学术，不当仅仅的存在"文"中而已，我们要把他普遍的译给大众，舍白话其孰能？我们还当尽力的吸收西方文明以充实我们的文化，草草地叫执笔之士不写"噫哩吗哦"而写"之乎也者"，就算复兴民族挽救国家保持文化吗？

前几年有所谓存古学堂，其工作和现在存文会所主张的完全相同，不惟新文化被他阻碍了进程，而所存的旧有学术，也被闭塞了而未研究。

况且，"文"并没有遗失，四库全书的缩影四部丛刊、四部备要、古今图书集成、国学必读书之类，比往前的领域要广袤得许多的，如果要"存他的形式"的话，这个责任，尽可付之于图书馆。如果要把他的内容传给大众，就是他们六十多个专家去研究出系统来用纯白话告诉我们也就可以的，何须支会分会？

我们国度里现在需要的是千百个科学用极分明的话语贯输利学智识于四百兆人的脑中，并不需要成千成万的能"文"之士！

我相信千万个存文会的会员再做一部群经正史诸子百家综合的四库全书，也无补于民族国家与文化的。（侯仰鸢：《论所谓存文会》，《新蜀报》，1935年3月31日，第4版）

胡风指出：

小的时候，曾受过"敬惜字纸"的教育。书不能放在和"下身"接近的地方，字纸不能丢在地下，用脚踩更是不行的，否则就要瞎掉眼睛。这也是一种"国粹"，应该保存的。我们在大都市底僻街小巷里面，常常看得见挂着的小篾篓子，贴有"敬惜字纸"的字条，就是这个国粹道德底痕迹。但可惜这却不能抵抗"江河日下"的大势，如果我们到公共厕所去看一看就会发现许多人是用报纸屈躬的。"字是圣人造的"，现在可交了空前的恶运。但还有更坏的事情，"近更有倡言废弃文言，并废弃汉字者矣"。"斯文未丧，来日方长"，国粹大家江亢虎博士等就不能不"奔走呼号"，大吹大擂地组织起"存文会"来了。如果我们把这个存文运动和三家村老学究底敬惜字纸看做"一丘之貉"，那就要换"有眼不识泰山"的嘲笑，因为这是老学究们连梦想都没有梦想到的"矢文章报国之诚"的大业。然而，"文章报国"，到底是怎样一个报法呢？"国学程度日低"，恐怕很少人能够懂得这个"使命"罢。据我想，要报国就得有一个"国"在，就得保存这一块土地。不是国立大学底政治学教授也还在叫着"国家之要素有三：土地，人民，政府"的么？（胡风：《存文》，《太白》，第 2 卷第 2 期，1935 年 4 月 5 日）

征农作批评道：

国文作风真的日坏吗？国学程度真的日低吗？完全不是这

么一回事。……"存文会"除掉含有一般复古运动所具有的作用，还有特殊的作用，那就是失意的政客们企图借以恢复他们的政治地位，以求达到他们出卖中国大众的野心，这一点，是我们应该特别指出来的。我们反对复古，我们更其要反对政客们借"报国"之名来断送中国文化的前途。（征农作：《文章可以报国吗？——答李崇清君》，《文学问答集》（二），上海生活书店，1935年，第133—136页。）

3月4日 建国中学请胡朴安演讲"国学问题"。

胡朴安首先演讲"国学之意义与范围"，其次"就国学范围中而专讲国文略举国文之种类"，约分为三：（一）学术文，（二）美术文，（三）应用文。"学术文可与美术文相合并，故实际只有美术文与应用文两种。美术文之作法，分（一）托物，（二）遣辞，（三）造句，（四）用音四种。应用文之作法，分（一）平正通达，（二）整齐简洁两种，旁证博引庄谐，闻者莫不动容。"（《建国请胡朴安演讲》，《申报》，1935年3月6日，第4张第13版）

3月6日 《兴华》杂志刊登《胡适痛骂国粹》的短评。

胡博士曾挖苦本国文化说："你们大家都不愿意拆穿自己的西洋镜"，承认"祖宗的罪孽深重"，那末，就让我来宣扬一下家丑吧。譬如说，固有文化中我们所独有的宝贝，骈文，律诗，八股，小脚，太监，姨太太，五世同居的大家庭，贞节牌坊，地狱似的监牢，廷杖，板子夹棍的法庭，这十一项，差不多全是我们的"国粹"，是洋鬼子家里搜不出来的，无论我们如何爱护祖宗，这些宝贝似的国粹，要拿出来，总是不免羞人的……（《胡适痛骂国粹》，《兴华》，第 32 卷第 8 期，1935 年 3 月 6 日）

3 月 7 日　《申报》刊登全国各主要学术机关之沿革，其中齐鲁大学国学研究所负责人林济青，为齐鲁大学所设立，研究音韵、考古、金石及社会经济等。（《全国各主要学术机关之沿革》，《申报》，1935 年 3 月 7 日，第 4 张第 13 版）

3 月 13 日《益世报》报道"碧盦居士成立汉文补习学社，以文会友并不取费，亦无限制，教授经史诗词，借以提倡国学"。

汉文补习学社启事：

盖闻秦燔古籍，实启两汉之经师；儒守薪传，不借百家之爝火。中华以文学为国粹，已数千余年，虽迭兴迭衰，要有不可磨灭者在也。自欧风东渐，科学竞新，学校如林，菁莪茁秀，只以班欲速成，学仅齐末，书抄译本，不曾读四子之篇，字作旁行，无暇研六书之旨。纵使博士头衔，高级毕业，循资作吏，鲜引经断狱之长；执笔为文，有亥豕鲁鱼之误。试观夫中央政府，当道伟人，开会训词，类多骈四俪六；宣言通电，何非引典据经。其有吐弃中文鄙夷旧学者，似可惕然知反矣。况新生活之运动，已为旧文学大放曙光，不亟亟温故知新，通经致用可乎？鄙人坎坷白首，眷念青衿，游乡校而兴思，慨旧书之厌读，爰立汉文旧学社，得于学校正课之外，补习骈散文辞，古律体诗，公文程式，来往书牍楷书等，可以讲解，可以试作。宗旨会友以文，无取师生名义，讲义老妪都解，何分男女学员。同学少年，有愿从吾游乎，但以一知半解，借作他山攻错之资，或能顺理成章，足供社会普通之用。碧启，简章函索另寄。（通讯处：天津特别二区平安街三十九号）（碧盦居士：《成立汉文补习学社》，天津《益世报》，1935年3月13日，第9版）

△ 孔子后裔孔繁英、孔繁藻晋谒孔祥熙，请向中央建议，设立国学学院，以培植儒学人才。（《圣裔谒孔部长》，《申报》，1935年3月14日，第3版）进而提议筹资修葺浙江省龙江等县南裔宗祠与孔庙，孔繁英赠送孔祥熙一副孔子先师夫妇古代石像遗影。（《先师南裔代表谒孔，请在京设国学书院》，《南京日报》，1935年3月14日，第2版）3月15日，针对孔子后裔提议建立国学院，《益世报》发表社论《设立国学院似可不必》，从文字简化与现代生活的角度，不赞成以国学院的形式发扬孔学。

社论谓：

中国字体，着重象形。是故笔划烦多，而辨认不易。且也发音全赖专忆，凭借茫无，偶一不慎即陷于千里毫厘之差。因斯往往中学毕业求一发音准确者颇不易，而大学毕业求一文言通顺者更不易。此中关键，其一固由于现今学校授课注重白话忽略文言，其二亦基因于现今与满清时代之不同，并学术进化之出人意外。所谓科学进步，其事实仅在近一百年内。举凡电气工业，机械工业，规模之伟大，设计之巧妙，皆为百年前所梦想不到。百年前人类之衣食住，方式极为简单，织女供衣，农夫供食，瓦匠供住，生活问题大体解决，其余一切皆成赘疣。换言之：百年前之物质经济问题，其重要性远不及政治管理问题。彼时之物质经济问题简易，而政治管理问题烦难。造屋，耕田，织布，稍一涉猎，即能领略。反之，政治管理则困难较多，非对文学，政治，哲学各门研究深刻者不易从事，故十年窗下，苦攻奋读之目的，端在学优而仕。若夫耕农做工，固无需下此苦功，亦从未见下此苦功者。智识阶级唯一出路即为做官，其专心一意苦攻大政治家或大哲学家之遗著，冀有所新发现，并力求文藻优美，修饰其应用工具，亦乃时势使然，无可厚非。我国往昔文人，提倡经书，注重文辞，在彼一时，确为需要。

惟近百年来，时代不同，异乎寻常。自然科学之发达，国际关系之错综，一方面增加物质经济之复杂性，他方面复减轻古书文学等类之重要性。其原因即由于今日人类生活方式，其进步之程度，远超过百年前之时代。昔人用油灯而今人用电灯；昔日人力或马力耕田播种，今日则用机械飞机代劳；昔日茅房，今日则大理石水门汀之伟大建筑。凡供给电气者，制造飞机者，设计建设者，非昔日农夫织女工人所可同语，皆需要博深之学识与长期之研究。百年前学优而仕，而今日情势则大不相同。固有学而仕者，然亦有学而农，学而工者。学工学农之人，尽其全副精力，以从事研究，犹虞不暇。故往昔所盛行一时之经书与深奥文言，今日学者势难并筹兼顾。

再且中国文字，诚如前言，发音书写，皆不易致。至于信件往来，文言求其通顺，更匪浅易。除学中国文学外，其余学者，仍以为苦。故近人常倡师法土尔耳，改革文字，务求简易适用，便于学习。例如行政院之拨款铸造注音字母，推其用意，亦无非为普及教育，减少识字困难而设。从事政治管理之学，在昔固以攻读经书，修饰文藻为得策。但近日国际关系之频烦，社会环境之不同，决非仅烂读经书，斟字酌句所能圆满肆应。研究人类间之关系，时人称为社会科学，内分经济，政治，法律，教育等各门。从事政治管理之学，至少亦应学有专门。而社会科学每门包括之学识甚广，决非单读经书即能融通一切。例如第二外国语，各国政制之研究，法学原理之探讨，法律应用之适合，儿童心理之推敲，教育制度之改善，皆非最短期内即能心领神会，著有成效。彼辈终日孜孜，从事研究其专门应用之学识，唯恐不精，同一难有余暇以兼顾经书诵读并文藻修饰。故除专攻中国文学之外，一般趋势大抵要求文字之简化，借得享受充分时间以从事于其专门应用之一门也。

以上所述，吾人以为乃属事实问题。故近一年来，各地所提倡之恢复读经运动，吾人对之殊觉未敢热诚拥扶为憾。夫经书字深义奥，冲龄学子，终日苦攻，是否能有补助，姑且不论。即以其占据学子研究其他实用学识之时间以言，是否应予积极提倡，甚至其他可以不顾，而经则不可不读。故反对读经，虽不能言其毫无理由，牵强曲解。但主张读经当局之本身，自应□□□□，反躬自省，详加考虑。吾人所最不了解□□□当国内某学者在港学术讲演，详释反对读经之理由，而粤省某竟认胡氏所言为大逆不道，请求军事当局扣留枪毙。事之滑稽，至此地步；拥扶读经之狂，亦至此状态，宁不可叹。

据南京十三日电，孔子南宗圣裔代表孔繁英等十余人谒见财长孔祥熙氏，请向中央建议，设立国学院。孔等主张最后用意，究竟为何？吾人一时捉摸不清，殊难断言。惟现今各大学中，皆有国文学系之设备，今孔等以圣裔资格，建议设专门国学院，岂其衷心尚以国文学系为不足而坚欲另设专院，对孔子学说加以发扬光大乎？唯孔子伟大，乃在其本身方面。愈压制愈显其价值。以往史实，覆按可考。今故意予以发扬，恐结果适得其反。况以往昔经验，提倡孔子学说者，动辄仅得皮毛，而轻忽实际。甚至偶像崇拜，而不自觉。对于如何发挥实行孔子大道，则反略而不问。近人提倡尊孔，诚有部分理由。唯提倡尊孔，过重形式，往往反背道而驰，使人失去原有信仰。圣裔代表提议设立专院，虽不必故予反对，但将来假设专院成立以后，是否能不蹈覆辙，重复酿成像偶崇拜，殊成疑问。吾人私意，多印经书，由各校提倡学生自由研究，极为妥善。至于设立专院，观乎粤省竟有人主张枪毙胡适，将来万一成立，其成绩不能使人满意，可预料而知也。（《设立国学院似可不必》，《益世报》，1935年3月15日，第3版）

3月15日　孙德谦发表《国学必读简要目录序》，指近人对于旧有学问，往往借资于异域，惟外人是赖，此真中国之奇耻大辱，症结在于研究国学不得其法。

孙德谦谓：

夫吾国学术，为类至众，有经学焉，而小学音学，则为经之所属。有史学焉，而地理簿录金石诸学，则为史之所属。有子学焉，儒道名墨，纵横小说，班志十家而外，又有兵医术数，其后元学理学，释道艺术，则皆为子之所属。至文自屈宋以降，固足成为一家之学，但诗文词曲，文体虽分，只国学之一种，而国学不可概以文言之。如概以文言，则经史诸子，各有其学者，将懵然无知矣。特是国学之类别，既名目繁多，而书亦以此充箱照轸，即周秦而下，屡遭祸厄，亡逸者不为少。宋欧阳文忠尝叹其部目空存，而学者每有望洋向若之患。何也？言乎经，宋儒撰述，汇刊于通志者，不下数百种，为汉学者，有学海南菁两刊之经解，几搜采无遗，真可谓处充栋宇，出汗马牛者也。言乎史，则迁固以来，历朝均有国史，重以编年则《通鉴》，典制则《九通》，又如传记谱录之类，不胜枚举。言乎子，则儒墨一切专家之业，后之作者，宗旨虽不能尽纯，然世所行者，号为百子全书，亦觥觥巨制矣。若文章之传于今者，有别集总集，而评论之书，如诗话等作，又较他部为宏富。学者苟未得门而入，必将畏难而裹足不前，此无足怪。尝推求其故，由于无人焉择其简要者，编成书目，以为志在讽读者，得所依据耳。近世之目录家，若黄荛圃辈，鉴别宋元，不过讲求版本，以备藏书家之用。四库提要，岂非示人得失，俾学者识所要归哉，然其所著录者，浩如烟海，即按籍而求，亦不免穷年莫殚，累世莫究之虞。今天下庠序盈门，一堂之上，师弟授受，何尝不勤劳备至，乃莘莘学子，历级而升，或已入大学之中，五经四子书，昔日所家弦而户诵者，今且多未寓目，惟守一先生之言，而不以读书为先务，长此以往，则国学之沦胥以亡，非大可惧哉？子路氏之言曰，何必读书，然后为学。夫学问之道，固不徒乞灵于书策，当为贤者之识大，推而致用于世。若但孜孜矻矻，不能见之行事，即博学多闻，得比之陆厨柳箧，诚无谓也。然取其说而反证之，人之为学，要不可不读书。盖书之所载，皆古人为学之方，开卷者有益，此所以播为美谈耳。余今以四部之书，审辨于胸臆间，参酌去取，为学者所必读，将其至简至要者拟定目录，而于此数书之读法，揭其大旨，复将读可暂缓者，亦为申明其说，庶几治国学者，可以知所从事也夫。（孙德谦：《国学必读简要目录序》，《大夏》，第1卷第10号，1935年3月15日）

3月16日　李凤栖向天津各电台建议播送国学演讲。

适兹国学复兴时期似有利用无线电台广播之需要，俾唤醒民众，从而研究之。查津市早有国学传习所一处，设立于市立师范学校内，至今已经三载有余，讲师大半为饱学之士。惟以时间及距离关系，有欲前往听讲而不能如愿者，比比皆是。各电台若仿效仁昌电台放送中华茶园戏剧之办法，播送国学传习所之国学讲演，不特津市民众得聆教益，即外埠听众，亦受惠不浅。

记者称："本部非常赞同"，"应当由市教育局国学传习所及愿意播送之电台，切实商酌一下，因为此种学术的演讲，比较深奥而枯燥，有相当国学程度的人，看着书本听讲，有时还要听不懂，若由电台播送给听众，就更不容易使听众感到兴趣了。怎样可以使听

者了解有趣味，收效果，这是第一步应该研究的"。(《国学广播》，天津《益世报》，1935年3月16日，第9版)

3月17日　船山学社召开春季季课委员会，张有晋、李澄宇、黄巩、王礼培、周逸、赵日生、谢序荃、颜昌峣、陈嘉会等委员出席。

讨论事项：一、增加本会委员人数案，议决，公推张有晋、谢序荃、赵日生、黄巩四人为本会委员。二、修改季课简章案，议决，第一条修改为："本社季课分经义、治事、词章三类命题，应课者以每类各作一题为完卷。"第五条修改为："评定课卷，分正取、附取给奖，揭榜登报，其最优者选登《船山学报》。"第八条修改为："省会限二十日交卷，外县限三十日交卷，自出题之日算至付邮之日止，直寄长沙中山东路船山学社。"第九条修改为："课卷分正取、附取，正取第一名奖银二十四元，第二名二十元，第三名十六元，第四名十二元，第五名八元，第六名至第十名各六元，第十一名至第四十名各四元，附取各三元，无定额。"(赵启霖著，施明、刘志盛整理：《赵瀞园集》，第431页)

3月18日　昌溪发表《民族复兴声中的国粹主义》，分析当前世界的国粹主义以尊重自己国民的历史传统文化为名，排斥他国。国粹主义是国民主义的文化运动，俨然成为政治思潮而风靡世界，德意志是十九世纪国粹主义最盛的国家。现代最能以国粹主义标榜的，仍是法西斯的德意志。同时，受压迫民族以国粹主义去唤起国民的意识以及对外的敌忾心，力争获得政治独立。(昌溪：《民族复兴

声中的国粹主义》，《汗血周刊》，第 4 卷第 11 期，1935 年 3 月 18 日）

3 月 23 日　《新闻报》报道江苏省立国学图书馆拟于学校春假期内在该馆举行图书展览会。（《省立国学图书馆将举行图书展览》，《新闻报》，1935 年 3 月 23 日，第 16 版）

3 月 24 日　船山学社开季课委员会，张有晋、黄巩、谢序荃、周逸、谢鸿熙、王礼培、颜昌峣、陈嘉会等委员出席。

拟定春季课题："甲、经义类，一、《经正则庶民兴，庶民兴斯无邪慝矣义》，二、《居敬而行简，以临其民义》；乙、治事类，一、《改良学校制度平议》，二、《顾亭林清议名教篇书后》；丙、词章类，一、《拟重修定王台启》（骈文），二、《三月三日续兰亭修禊序》（骈文）。"（赵启霖著，施明、刘志盛整理：《赵瀞园集》，第 432 页）

△　青年会德育演讲会沪江大学国学系王治心演讲中国伦理思想的演变。

王治心所讲大意为："（一）先秦诸子的伦理思想，（二）六朝道佛的伦理思想，（三）宋元明理学家的伦理思想，（四）基督教传入中国后的伦理思想。"（《青年会德育演讲会，王治心演讲中国伦理思想的演变》，《申报》，1935 年 3 月 24 日，第 3 张第 11 版）

3 月 29 日　陈君葆应香港大学中文学会之邀在平山图书馆演讲"胡适与线装书"，从哲学、文学、国学三方面介绍胡适的学说和思想。

演说称：

> 胡适之先生为什么提倡整理国政［故］呢？在《新思潮的意义》一文里他嫌陈独秀要拥护"德""赛"两先生便不得不

反对国粹和旧文学的话笼统，他说："据我个人的观察，新思潮的根本意义，只是一种新态度，这新态度可叫做'批评的态度'（用尼采的话）来说便是重新估定一切价值，领域包括上下三四千年的过去文化，打破一切的门户成见，拿历史的眼光来整理一切，认清了'国故学'的使命是整理中国一切文化历史便可以把一切狭隘的门户之见都扫空了。"在纲总所指出的一节里面，他不但说明了什么叫"国学"，他还提倡要扩大研究的范围，他承认从明末到现在"这三百年是古学昌明时代，总括三百年的成绩可分三方面"：（一）整理古书，（二）发现古书，（三）发现古物。但是，他说这三百年的古学研究在今日估计起来实在还有许多缺点：（第一）研究的范围太狭窄了，大家注力的焦点究竟只在儒家的几部书……一切古学都是经学的丫头；（第二）太注重功力而忽略了理解，"三百年终只有经师而无思想家，只有校史者而无史家，只有校注而无著作"，除了几人外；（第三）缺乏参考比较的材料，譬如"宋明的理学家，所以富于理解，全因为六朝唐以后，佛家与道士的学说弥漫空气中，宋明的理学全受了他们的影响，用他们的学说，作一种参考比较的资料"。清朝的学者反对宋明，但结果只做得个陋字。因此在方法方面，适之先生叫我们如要想提倡古学的研究应该注意下列几点：（一）扩大研究范围，（二）注意系统的整理（索引结帐专史）式，（三）博采参考比较资料——国学的目的是要做成中国文化史，而他"理想中的国学研究"是"最少有这样的一个系统"，中国文化史：（一）民族史；（二）语言文字史；（三）经济史；（四）政治史；（五）国际交通史；（六）

思想学术史；（七）宗教史；（八）文艺史；（九）风俗史；（十）制度史。胡适之先生提倡国学应用了他的科学方法，于是乎在国故整理方面遂有这样的成绩——（一）《先秦名学史》；（二）《中国哲学史大纲（上卷）》（这本书奠定了他在学理上的地位）；（三）《戴东原的哲学》（一九二七）；（四）《白话文学史》（一九二八）；（五）《章实斋年谱》（一九二二）；（六）《词选》（一九二七年在这书的文学见解很不错，《词底起源》一篇也很有可取）；（七）《淮南王书》（一九二一）。除此之外还有好些文章如《清代学者治学方法》之类。这样适之先生走上了"国故"（旧文化的革新）的路子上去，他的成绩的确很可观，而他的影响可就不小。据他自己说，由于他提倡整理国故，读古书的反日增加起来，古书销流也日见畅旺。而据西滢说："因为他同梁启超争开国学书目，结果是线装书的价钱十年来涨了二三倍。"这正应了他在《国学季刊发刊宣言》里所说："我不但不抱悲观，并且还抱无穷乐观，我们深信国学的将来定能远胜道国学的过去。"那末怕古学会沦亡先生们大可以不必忧心了。（陈君葆：《胡适与线装书》，《香港工商日报》，1935年4月3日，第3张第3版）

陈君葆自称"大约大家对于这次演讲，都有一个很好的印象"。（谢荣滚主编：《陈君葆日记全集》卷一，第160页）

　　3月　湖南国学馆举行第一次月课，公布三道经义题：《修己以敬义》《孟子言谨庠序之教申之以孝弟之义试征引群经之言以证明之》《汉武帝表彰六经论》，以后逐月举行的月课和夏冬举行的季课

都以经义题目为主。(《国学湖南国学馆三月月考试卷》,《国光杂志》,第4期,1935年6月)

△ 柳诒徵在电台广播,讲授《讲国学宜先讲史学》,指出中国学术之中史学最为发达,讲国学应当以史学为首位。

柳诒徵指出,现在有许多人都在讲国学,但是中国学问范围广,首先应讲哪种学问,各有各的嗜好习惯。喜欢讲某种学问的就先讲这种学问,以为旁的学问为次。其比如小学、经学、理学、文学、考古学等都很重要,"许多专家都认为讲国学莫要于此"。柳氏认为"这许多学问都应当讲的",但是我们讲国学,"必须先将各国的学问来比较一下,哪一种学问在世界各国都有的,那就要问某一种学问在中国是特别发达特别完备"。"普通人以为孔子删订的书,叫做经,其实都是史",中国学问最初发达的"无过于史学",后来逐渐进步、完备,"所以我说讲国学宜先讲史学":

> 现在的教育,自然不能叫个个人都讲史学,但是只有一点一滴的史事在胸中,那就比从前相差得不知多远了。现在讲教育的人,有读经和非读经两派的争执。我以为经字这个字,很可以不必争。我们说是史,或是叫做传记,教学生去诵读,那也不成问题。类如读《论语》,就是读一部孔子的传记;读《孟子》,就是读一部孟子的传记,那有什么不可以的道理。我们要复兴民族,我们要唤起民族精神,将古时有名的人物传记来做国民读本,或是将一种文化史的史料来教学生,那是复兴民族很要紧的一件事,经与非经的问题也就可以不争了。从前的教育,偏重在文史一方面,但是有许多人先得了一种古人的

经验，他却不叫做史学。另外有种做史学的工夫，大概浅薄点的人，总是做几篇史论，什么韩信论哪，张良论哪，起承转合做了几百个字，那就算是读史有得。其实他的议论的本原，还是从那几本老书上传下来的，或是喜欢翻案，也没有什么大关系。另外有一种学问较高的，就讲究校勘史书或是考据一二种琐碎的事，那比做史论的高得多了。但是我们要知道，清朝的考据的风气，是因为经过许多文字的大狱，吓得许多聪明人，不敢讲有用的学问，只好专门做考据的工夫，说我们是考古，与今日的政治没有关系，免得清朝的满洲人猜忌他们，这是一种不可告人之隐。我们在今日要原谅那些老先生的。我们既然将满清推翻，创造中华民国应该将历史和政治连合起来，发见史学的功效了，谁知道又大不然。因为教育家只知其一不知其二，以为外国人教学生只教他一两本历史教科书，我们也只要教一两本教科书就够了。许多外国人讲究历史，发扬他的民族，以及考究他国的历史，预备亡人的国、灭人的种的方法，那就是讲教育的人没有顾到的。所以现在大多数受过教育的人，就有许多不知道中国的历史。和外国人接洽，或是游历，或是办理外交，往往外国人比我们中国人知道我们中国历史还要强，这是多么可耻的事。另外有一种比较有历史兴味的人，知道近来各国的学者很注重历史，有种种的研究方法，因此将他们的方法来讲中国的历史。在现今看来，确也有相当的成绩。但是有一种毛病，以为中国古代的许多书，多半是伪造的，甚至相传有名的人物，可以说没有这个人，都是后来的人附会造作的。此种风气一开，就相率以疑古辨伪，算是讲史学的惟一法门，美其名曰求真。不知中国的史书，没有多少神话，比较别国的古代历史完全出于神话的，要可信得多。我们不说中国的史书，比外国的史书是可以算得信史的，反转因为外国人不信他们从前相传的神话，也就将中国的人事疑做一种神话，这不是自己糟蹋自己吗？况且古书不尽是伪造，即使拆穿西洋镜，证实他是造谣言，我们得了一种求真的好方法，于社会国家有何关系？史书上真的事情很多，那种无伪可辨的，我们做什么工夫呢？所以只讲考据和疑古辨伪，都是不肯将史学求得实用，避免政治关系，再进一步说是为学问而学问，换句话就是说讲学问不要有用的。

　　我们看孔子讲学问的方法是怎么样。孔子说："入其国，其教可知也。其为人也，疏通知远，书教也。疏通知远而不诬，则深于书者也。"疏是知道若干大事，通是前后贯通。知道若干大事前后贯通就可以彰往察来，所以能知后来或是远方之事。并且不至于诬蔑前人，造作谣言，这就是深于历史的功效。……虽然同样的读史，动机是两样的。所以《论语》上有两句讲学问的最好的方法，是"博学而笃志，切问而近思"。凡人见得不多，没有种种的比较推勘，不能发生许多见识，所以先须要博学。但是博学不是搬与人看的，要有笃实的志向，为自己、为最近的人和当时的国家，如此方能得到最切近的问题，才能靠近的想。此是讲一切学问的方法，我就将此四种说是讲史学的方法，奉告今日之热心讲究国学的人。（柳诒徵：《讲国学宜先讲史学》，《广播周报》，第25期，1935年3月）

　　△　傅佛崖发表《研究国学之宗旨》，认为研究国学的宗旨在于知文化之演进，促学术之进步，识民族之精神，增求学之兴味，学以致用，学求为己。

　　傅佛崖指出，第一，知文化之演进："中国文化，日进无疆，是古非今，悉为证见。……先察文字，后考典章，文化演进，即了然在目，求学准的，其在兹乎！"第二，促学术之进步："文化演进，既知之矣。知文化之演进，而不促学术之进步，亦非善学者之本旨。故藏往所以知来，通古所以适今，学术原如逆水行舟，不进则退。（朱子语）……清代乾隆中叶以后，古学复兴，义理经济，考据词章，兼采并进，则学术随世运而进化，已较然可睹。学者居今日而研究国学，可不力求进步乎？"第三，识民族之精神："文学者，国学之一部，为表现情感之工具，与夫民族之精神者也。夫民族为自然力形成之团体，其蕴藏于民族之意识，各有不同，而表现情感之文学，自亦有异。故民族文学之名词，于兹以起。民族文学，既因民族名异而有别矣。而时间环境之变迁，亦有影响焉。受时间环揽之影响，而为文以抒发其精神者，不外书愤，励志，雄壮，愉快诸端。盖因民族之受侮，而书愤之文生焉；因国家之衰微而励志之文生焉；因战斗之劳苦，而雄壮之文生焉；因武功之伟大，而愉快之文生焉。"第四，增求学之兴味："顾兴味之起，惟在诚心慕学，苦中求乐。诚心慕学，自能专心致志，为学问而学问，不为外物所诱。苦中求乐，自能深加奋勉，如愚公移山，精卫填海，他人视之以为苦；而本人视之则为乐。昔人所谓寻孔颜乐处，亦岂外乎是哉？"第五，学以致用："学以致用，古有明训。……殊不知学求致用，厥有二义，一曰须明大义；二曰须知通今。例如

《孟子》一书，以性善为体，以仁义为用。其论治，以民为体，以学校井田为用。此其大义也。学者读书，必求其大义所在，取其有益于身心，有关于国家者讲明之。于古人之陈迹，略知其典章制度斯可耳。决不可泥古而不通今也。"第六，学求为己："为己而后能致用，即孔子所谓己立立人，己达达人也。其即所谓本立而道生也。孔子教育目的，惟在为己，为己以改善个人为根本，并以矫正当时干禄之风。"以上六点，"务求一贯，沿根讨叶，思转自圆。观其会通，循序渐进，庄子所谓得其环中，以应无穷也。否则学无友纪，杂施不逊则坏乱而不修矣"。（傅佛崖：《研究国学之宗旨》，《正中半月刊》，第1卷第7期，1935年3月1日）

　　△　船山学社公布本年度学社职员、董事、名誉董事、新入社社员名单（见表13—16）。

表13　湖南船山学社职员一览表［民国二十三年（1934）下期］

职别	姓名	别号	年龄	籍贯	通讯处
社长	赵启霖	芷荪	七六	湘潭	湘潭十四都广陵桥栗山嘴
副社长	陶思曾	叔惠	五六	安化	本社
秘书	周逸	木崖	五四	湘潭	本社
研究主任					
讲演主任	黄巩	子固	七八	长沙	本社
编辑主任	周逸	木崖	五四	湘潭	本社
庶务	郑家肃		四四	长沙	本社
书记	李闰夫		二七	长沙	本社
	万受康	长龄	三八	湘潭	本社

表14 湖南船山学社董事一览表

职别	姓名	别号	年龄	籍贯
董事长	王礼培	佩初	七一	湘乡
副董事长	黄赞元	镜人	五七	长沙
董事	周逸	木崖	五四	湘潭
	陈嘉会	凤光	六十	湘阴
	颜昌峣	息庵	六六	湘乡
	胡子清	少潜	六一	湘乡
	任福黎	寿国	六六	长沙
	杨树谷	芗诒	五二	长沙
	杨卓新	华一	四九	新化
	谢鸿熙	同甫	四四	长沙
	程子枢	雾生	六二	资兴
	李澄宇	洞庭	五一	岳阳
	刘谦	约真	四九	醴陵
	谢序荃	伯涵	七一	新化
	萧仲祁	理衡	六十	湘乡
	张有晋	麓村	五五	湘乡
	邓振声	瑾珊	五二	岳阳

表15 湖南船山学社名誉董事一览表

职别	姓名	别号	年龄	籍贯
董事长	何键	芸樵	四八	醴陵
董事	熊希龄	秉三		凤凰
	朱经农			济南
	曹伯闻			长沙
	余籍传	剑秋		长沙

续表

职别	姓名	别号	年龄	籍贯
	张开琏	慕舟		醴陵
	彭清黎	少湘	八三	长沙
	谢维岳	龙山	八三	邵阳
	刘岳峙	梅斋		衡山
	曹典球	籽谷		长沙
	王代懿	季果	五九	湘潭
	黄士衡	剑平	四五	郴县
	胡庶华	春藻	四八	攸县
	马邻冀	振吾		长沙
	刘仲迈			浏阳
	胡元倓	子靖		湘潭
	陶广	思安		醴陵
	刘建绪	恢先		醴陵
	毛炳文	次亨		邵阳
	王东原			安徽
	陈光中	桂生		邵阳
	傅绍严	梅根	六八	宁乡
	彭兆璜	公望	六一	湘阴
	方克刚	筱川	四八	平江
	萧度	叔康	六三	衡阳
	靳云鹗	荐青		山东济宁
	张元夫			奉天
	易书竹	铭勋		醴陵
	彭施涤	悝筌		永顺

表16 湖南船山学社民国二十三年（1934）十一月至

民国二十四年（1935）二月新入社员一览表

姓名	别号	年龄	籍贯
李忠澍	雨荪	七十	长沙
陈迪光	介石	三九	浏阳
谭从炳	棣生	六二	湘潭
吴昭瞵	果庵	六八	湘潭
罗杰	峙云唾庵	七十	长沙
郑振楚	铸心	四六	衡阳

（《船山学报》，1935年第7期）

是年春 唐文治在课外为无锡国学专修学校学生讲《大学》。

学生要求唐文治讲授性理学，唐文治以《大学》开讲，"首揭诚伪义利之辨，为修己治平之本；然后明圣功，知王道，继绝学，开太平，可循序渐进也。所用课本，则先生所著《大学大义》。至于口耳之薪传，则命龙笔记之，以为身体力行之用。唯龙学陋，蕴义明论，未足有当万一也"（崔龙：《唐茹经先生〈大学〉讲记》，《国专月刊》，第2卷第1期，1935年9月15日）。

4月1日 《现代》杂志发刊"反读经存文"特辑，汪馥泉等发表《反"读经""存文"》等文，对古直的"以经为文""读经救国"的论调与存文会的旨趣提出了异议。

汪馥泉认为，把"十三经"放在大学里或者研究院里去作专门的研究，这是千应该万应该的，然而，这并不是用来寻求"做人"的道理的，也不是用来"救中国"的，更不是借以"能文"的，这只是当作"史料"的，我们可以在"十三经"里研究古代社会的情况，研究古代语言的情况及其他。"十三经"是汉代及其以前的著作，所以，其内容当然是那个时代的社会生活的记录，便是，或者部落社会或者封建社会或者"商业资本"社会的生活。……一个时代有一个时代的语言文字，这从前的学者早已向我们指摘过了。在"词"的方面，我们现在该变为简单的都变为简单了。……既然各时代有各时代的语言文字，加之经史百家之不通的文章如此其多，那末，前代的经史百家如何能作国文最高的标准。江某之流懂得吗？

（汪馥泉：《反"读经""存文"》，《现代（上海1932）》，第6卷第3期，1935年4月1日）

曹聚仁发表《无经可读：国学扬弃之一》，指出读经问题"还不在青年该不该读经，而在有什么经可以读"：

"读经"的话，我听得很多了。依我这个从国故圈子里出来的人看来，问题还不在青年该不该读经，而在有什么经可以读。五经、九经、十三经，我差不多都读过了；西汉今文家的微言大义，东汉古文家的诂训，以及唐人的注疏，宋人的义理，清人的考证，我看得也不算少了，我的结论是四个大字——无经可读。

先从《易经》说起。《周易》是战国末年阴阳五行家所附会的卜筮之书，和文王、周公、孔子绝对没有关系，画卦重卦之说，都是前人的谣言，这差不多可以下全称肯定的结论了。汉人阴阳家化的《易纬》；魏晋间老庄化的王弼注，神仙家化的《参同契》；宋以后道士化的《先天图》；理学化的伊川《易传》，谁的话都是主观的臆造的，没有一种是可靠的。近年来容肇祖、李镜池的研究，方是《周易》研究的正轨，但三五十年内决无完善的《易经》可读，谁都明白的，所以我们不能叫青年读《易经》。

其次说到《尚书》。《尚书》五十八篇中，有二十五篇是魏晋人伪造的；这件公案，早经三百年前学者阎若璩考成定案了；而坊间的《尚书》，还是用真伪杂（糅）的蔡沈《集传》，冬烘先生捧着这样固陋的《集传》来当读本，其不能理解《尚书》，可以推想而知。可是清人的研究，还只长真伪的剖辨，文句的校勘，训诂的考订，其于整理古史，还差得很远。自安阳龟甲出土，古史面目焕然一新，王国维、罗振玉的研究，已非阎若璩、孙星衍、魏源所能梦见，近年顾颉刚、李济的研究，更非清代学者所能及。百年后的《尚书》，一定可以淘汰汉宋明清一切《尚书》的注疏考证，我们研究古史的都可以这样断言；可见目前——在古史整理未完善以前——叫青年去读《尚书》，只是白糟塌了青年的精神和时间。

说到《诗经》吗？毛郑的笺注简直要不得，朱熹的《集传》也一样的要不得。清代学者考证注释的工夫做得很多了，如陈奂的《毛诗传疏》，可说十分完备。若以文学的眼光来看《诗经》，则他们的工作仍是徒劳的。青年要读《诗经》，一定用不着那些笺注；而以文学的眼光来整理的《诗经》，现在还没人做过，我们怎可把《诗经》全部介绍给青年。

《春秋》的纠纷是很多的。古文家要大家去读《左传》，今文家要大家去读《公羊》，大家争辩得口干唇焦，青年还是瞪目不解所以。目前我们所知道的，《春秋》是一部鲁国的断烂朝报，和孔子全无关系。《左传》是刘歆采取《国语》中的史事，依着年月编排出来的古代编年史，和《春秋》也无连带关系。我们既不必把那本流水古帐（《春秋》）介绍给青年，而给治古史有兴趣的人介绍那部《左传》，也与读经无关。读《左传》只能算是读史，不是读经。

礼经在今文家古文家的眼里，又是一个大纠纷。今文家把《仪礼》看得那样重要，说《周礼》是伪书；而古文家奉《周礼》为至宝，目今文家为固陋。其实今古文家的说礼解礼，都是空泛不经的。依民族学、风俗学、社会学来整理《礼经》，如江绍原、周作人、顾颉刚所做的，还仅是开端，离完成还远得很呢。连第一流大学者对于《礼经》都没有读过的把握，叫青年去读礼经，岂非荒天下之大唐？

此外《孝经》是西汉人所伪造的假书，杂乱无章，开端就说错；不独与孔子无关，即与儒家亦无关。那么芜杂的书，我们决不愿意青年们去读。又如《尔雅》，是一部汉人的训诂汇集，本非经书，备研究古书的人检查之用则可，怎好叫青年拿来诵读？又如《论语》《孟子》是儒家谈论人生问题政治问题的记录，把他放在哲学史政治思想史上自有其价值，但我们怎能勉强青年都去研究哲学和政治？我们怎能把《论语》《孟子》强青年们去诵读呢？

我们要请教提倡读经的人们的有三项：一，你读过经书吗？你看过《清经解》《续清经解》吗？你能分别古文家今文家宋学家汉书家的异同吗？二，你做过考证工夫吗？你懂得理学家的把戏吗？你懂得阴阳五行的基本理论吗？三，你研究过甲骨文字吗？你知道近三十年来古史研究的进步吗？你知道五经那名词根本不能成立吗？假使你不能给我一个正确的答复，你就不配提倡读经！你自己既莫明其妙，还是免开尊口，不要遗误青年了！（曹聚仁：《无经可读：国学扬弃之一》，《现代（上海1932）》，第 6 卷第 3 期，1935 年 4 月 1 日）

4 月 3 日　清华大学举办国学诵读会，朱自清、俞平伯、浦江清及同学多人分别诵读古今诗词文章，"实系提倡国学之最有效办法，高读朗诵以语调表情节"。

节目表如下：一、荏平店（儿女英雄传）陶光；二、白妞说书（老残游记），张清常；三、帖木真故事（元秘史），王文婉；四、约伯记两章（官话《旧约》《圣经》），朱自清；五、木皮散人鼓词开场白，张清常；六、哀江南赋序（庚信），浦江清；口琴，张清常；七、坠马（龙凤鱼——琵琶记），俞平伯；八、出峡词（魏源——见近代诗钞），朱自清；九、再别康桥（徐志摩），孙作云；十、黄大傻台词（田汉获虎之夜），刘安义；十一、赣第德一章（徐志摩译本），高景芝；十二、一天（老舍），唐宝鑫。（炳：《国学诵读会》，《益世报》，1935 年 4 月 3 日，第 8 版）

4 月 5 日　南社湘集在长沙天心阁举行第十一次雅集，刘谦、龙曙、龚尔位、黄正理、马惕冰、文斐、李澄宇、王世龙、黄钧、柳昶鋆、王竞、王存统、方克刚 13 人参加。（杨天石、王学庄编著：《南社史长编》，第 631 页）

4 月 7 日　《申报》刊登广告《上海扫叶山房书局廉价状况》，介绍扫叶山房书局提倡国学。

棋盘街口扫叶山房书局"自实行新运以来，提倡国学，建设中国本位的文化，所出版书籍，大都系中国连史纸线装式而处处保存着固有的状态，最合建设国学者之采用，现于四月一日起，设有廉价部期限一个月，过期截止"（《市声》，《申报》，1935年4月7日，第3张第12版）。

4月9日　《申报》刊登《章太炎启事》，发起章氏国学讲习会与读经日。

启事称：

> 余前因诸生有志国学者，推属讲演发起章氏国学讲习会，以事体重大，经费不充，未能骤举。项因小恙，得中央同人馈赠医药费，正堪移用讲学会，开办始有端倪。爰先举行星期六之讲演及星期日之读经会，自四月下旬起至暑假时止，地点皆暂就敝寓苏州锦帆路五十号，各订简章，以备有志入会者索阅。其正式讲习会筹备未完，俟暑假后举行，特此通告。（《章太炎启事》，《申报》，1935年4月9日，第2版）

章氏门人对国学讲习会有不同意见，4月20日，黄侃记载："旭初来，与谈蕲汉讲学诸生登广告之失辞。"（黄侃：《黄侃日记》，中华书局，2007年，第1067页）5月18日，"蕲汉门人在苏州者，为之组织一国学讲习会，作一公启寄来，令签名为发起人。予视其公启有极不安处，恐非师意，未敢遽签名也"（黄侃：《黄侃日记》，第1074页）。

△　陶希圣在齐鲁大学国学研究所做"诅咒与宗教"的演讲。（朱斌：《民国学术史上被湮没的一页》，山东大学，博士学位论文，2017年，

第 48 页）

4月15日　新加坡华侨吴可培致函无锡国学专修学校，拟在曾国藩《圣哲画像记》所列名的32位古代圣哲之后，增添关羽、岳飞、文天祥、戚继光、王阳明、李颙、曾国藩与唐文治八人，来信索求唐文治照片。唐文治辞谢不果，遂寄一近影，但仍称"愧不敢当"。

新加坡华侨吴可培君，久已私淑唐校长，对于所著《四书大义》，以为昭同日月，实旷世大师。近又来函云"曾文正有《圣哲画像记》，中列文、周、孔、孟、班、马、左、庄、葛、陆、范、马、周、程、朱、张、韩、柳、欧、曾、李、杜、苏、黄、许、郑、杜、马、顾、秦、姚、王三十二人，今窃欲私增关、岳、文、戚、王（阳明）、李（二曲）、曾（湘乡）、唐（太仓），即乞惠赐玉照"等语，由此可知校长声教之远矣。（《校闻·新加坡华侨吴可培来函请求唐校长惠赐近影列入〈圣哲画像记〉》，《国专月刊》，第1卷第2期，1935年4月15日）

△　第箺发表《关于保存国粹问题》辨析科学与国学的关系，主张弘扬国粹。

国于天地，必有与立。吾华自鼎革以还，立志图雄，醉心欧化，新文化运动盛行全国，而卢梭马克斯主义以行。所谓文人博士，莫不以非经非古为得志。有非孔孟之法者而于国家民族之观念，漠然不关休戚于其怀。外洋学说有无损于国体勿问也，经籍子史有无益于民族勿问也。言科学则进步毫无，问国粹而沦亡殆尽。吾人试思科学之进步果与文学成反比例乎？此必无事也。夫卫国强民，与人类求生活、谋幸福，固必赖乎科学，而施政教，系人心，亦非文治不为功。独不见夫轰然杀人于无形者，毒瓦斯也；隆然而翱翔乎天空者，战斗机也；死光死音电气皆足以杀千万人于顷刻，呜呼！如是之科学，吾宁愿老死于十八世纪之穷乡僻巷中，而不愿生于火光炮焰中之科学时代也。虽然此又俗儒之论，经史子集，何莫非科学之书。古人云，学以致用，经史子集不宜于时代思想者，吾人固当改正之，加以相当之探讨。庶几乎吾中华国民之前途，将有一科学化、艺术化而又光明灿烂之文学化国家之出现，不徒为弃本求末之下策也。（第笪：《关于保存国粹问题》，《兑泽校刊》，第5卷第6期，1935年4月15日）

4月16日 "傻"发表《中国在文化上尚未寻到自己》，评述完全抛弃国学不用的弊端。

文中称：

美国教育家孟禄博士，前日曾与客时论，彼所称为吾人新时代最有意义之运动，即东方文化之出现与复兴，据谓渠信中国在政治上文化上，尚未寻着自己，我对于来路货戴方帽子的朋友，根本上谈不到信仰，但是他前天所说吾国在政治上文化上尚未寻着自己这一句话，我却十分相信。

若说政治，我完全没有政治常识，有没有寻着自己，姑且按下不谈，若所谓文化（不过也有一部分包括政治在内），也有属于物质的，也有属于精神的，物质的文化，我也搁置不谈，若论精神的文化，则一切文艺、美术、宗教、言语、习惯、伦理等等，多包括在内，故"文化"二字的定义，照梁任公先生所说，"人类心能所开积出来的有价值的共业"，便是文化。

谈到文化，便有新旧两种思想的不同，扬镳分道，各走极端，例如谈文艺者，新的则欲完全抛弃国学不用，而主张所谓大众语、拉丁化等等，旧的则主张读经，再来大谈其"天命之为性""大学之道"等等，一则"看见胡子便叫伯伯"，一则穿上红袍纱帽，还大踱其方步，两者的距离，便是叫孙行者来翻几个筋斗，恐还是达不到哩。

再以女子方面言，新的不但赤足穿鞋，甚且主张裸体游行，旧的几欲重驱一般妇女们，仍到房间里去，读她们的闺门训女儿经，缠她们的三寸金莲，守她们三从四德，这两种完全冲突的思想，多是自己满身毛病发觉的表现，就是孟禄博士所谓还没有寻着自己，故孟禄博士说东方自始即相信其自己文化的真实，但此文化必须加以修改，而使适用于新时代的世界，此语真是值得注意。

所谓寻着自己者，先要认识自己，要认识自己，先要具判断新旧文化优劣的能力，自己固有的文化，不合于新时代者，去之惟恐不速，合于新时代者，保存之惟恐不暇，否则如扶醉汉，扶到东来西又侧，便始终寻不着自己的庐山面目。（傻：《中国在文化上尚未寻到自己》，《申报》，1935年4月16日，第5张第19版）

4月21日　存文会在上海文庙召开成立大会，选举职员，发表大会宣言。

存文会在市立民众教育馆举行成立大会，讨论章程宣言及选举职员，通过提案。江亢虎、潘公展、姚明晖、王西神、胡朴安、蒋建白、马公愚、毛啸岑、朱香晚、钱化佛、吕海澜、丁守棠、袁增煌、郭步陶、高吹万、陈公素、邵鸣九、陈翠娜、张凤、陈柱尊等二百余会员出席。市党部代表毛云、市教育局代表聂海帆出席指导，主席团江亢虎、潘公展、姚明晖、马公愚、王西神、陈柱尊、胡朴安七人。

主席报告：行礼如仪后，主席江亢虎报告，略谓今日天气甚好，又在文庙内举行存文会，天时地利，各得其宜，存文会之发起，赞同者有之，反对者亦有之。赞同者且不论，其反对者，固不明存文会之宗旨而然，其误会之点，并不在存文名词上，而在具体的问题上。（一）白话文问题。有人以为存文会是反对白话文的，其实本人对于白话文之提倡远在三十年以前，所谓反对白话文，毫无意义。但我以为文章各有体裁，作文各有自由，各行其事，不必限制。白话文之功用，第一能启蒙，第二能通俗，但除此二点以外，中等学校以上教科书，我们仍主张用文言。（二）拼音字问题。存文会对于拼音字及注音符号等，亦在提倡之例，但如有人专用符号，废弃汉字，则存文会绝对反对。（三）手头字或简体字问题。存文会对于手头字也有相当赞成，并不反对。以上是我们的态度，至今后工作之进行，至少希望中等以上国文教员都来从事此存文运动，更希望一般中等以上学校学生有文言文的常识，纵不能做文言文的文章，至少要懂得读得文言文云云。

随后有市党部、市教育局代表致词与姚明晖等演说。再者讨论提案："（一）存文会简章案，由主席逐条宣读修正通过。（二）存文会宣言案，议决修正通过发表。（三）用大会名议［义］呈请教育部通令全国小学自中年级起每星期增加浅近文言文两小时案，议决通过。"最后选举职员，由市党部代表毛云、市教育局代表聂海帆监选结果，江亢虎、王西神、潘公展、姚明晖、胡朴安、马公愚、钱基博七人当选为干事，毛啸岑、蒋建白、张凤三人当选为候补干事。发布存文会宣言：

存文运动揭橥以来，赞同者反对者海内外繁声四起。今姑置赞同者不言，而专论反对者之说。甲曰：文固未废，何有于存？是谓无病呻吟，无的放矢。此不思颜氏四存之说，人之性与学与治，固未尝一日绝于天壤间，而颜氏独怀其亡其亡之戒者，岂不以操之则存，辨之不可不早也哉。乙曰：文言废矣，如陈死人，应归窀穸，不烦被饰。此与甲志，矛盾相抵，信斯言也。生死肉骨，责在吾人，剑及履及，义无反顾。诚以文存一切存，文废一切废，文学固不足概文化，文化却不能离文学也。丙曰：不然，今所当废，惟文言耳，语体代兴，文化递进。抑思递进云者，必因所本有而附益之，何得依据数十年之创造，抹杀数千年之遗传？丁曰：否否，文言但当列为专科，供考古家之研究，美术家之赏玩，社会群众，学校生徒，肄习何为？如是则历史文化永与民族绝缘，而民族生命力亦几乎熄灭。戊曰：肄习可也，只求通晓，无取仿效，口诵文言乎习语体，亦不宜乎？惟是读而不写，义必不精用必不广，将寖如欧美各校之腊丁文，由活文字变死文字。然腊丁可死，而文言不可死。文言一死，则语言因地域而各异，文字亦因地域而各异，不能统一国语，反致分裂国文。语言因时代而变迁，文字亦因时代而变迁，每更四五百年，即须移译一次，其得失如何？己曰：是何伤乎？白话拼音，革新文学，论文言汉字，淘汰固宜。然盍一借镜于日本之前车，汉字原系舶来，假名凤已通用，拼音最便，何必相参，而文言汉字终于不废，其故安然，耐人寻思，况于我所自出者哉。庚曰：不废汉字文言可也，然坊行教科，粲然具备，何必读经史子集，更何必悬经史子集为文学标准？呜呼，谬种流传，习非胜是，尽舍原本，何所拆中。况文学标准，贵取法手上，各国虑无不然。今弃周鼎而实康瓠，吐精英而哺糟粕，每下愈况，俱执甚焉。辛曰：经史子集亦糟粕耳。错举四部中踦驳谬悠之词，为口实相诋諆，遂谓一切可摧拉之。吹毛求疵，因噎止食，自甘冻馁，于人何尤。壬曰：文字嬗化，略同语言，周秦汉唐，不相沿袭，从事墨守，自封故步。此意似是。惟文字之变至缓，当一任其自然，若悉改成语体，则鸿沟井然，反大不便矣。癸曰：诚体作家，尽多杰构。当代勿论，即《三国》《水浒》《儒林》《红楼》，特较文言并无媲色。此论亦是。惟截至今兹，凡语体作家，类文言能手，狮子搏兔，倍见精神。假其不通文言，是否有此成绩？综上十论，答辩已详，别有毁词，故张悬口，为尊人格，不欲反唇。要之同人承认白话其价值，但不当因而废弃文言。拼音有其功能，但不当以之替代汉字；语体尽可写制，但不当禁人提倡文言；语体亦多佳篇、但不当视为正统文学。兹当本会成立伊始，因就见闻所及，攻错之资，拉杂胪陈，附加案断，郑重宣言。（《存文会昨正式成立，江亢虎报告存文会之态度，选举干事七人并发表宣言》，《申报》，1935年4月22日，第12版）

4月27日 之江教授夏承焘原拟在浙江省立图书馆演讲"国学研究法"。后改为研究国学两疑问。

夏承焘解释初治国学者，畏古书多，古书难读之疑，国学分作历史、艺术、伦理三方面。后发表《研究国学困难问题之解答》，指出从三方面研究国学，历史方面旨在求真，艺术方面旨在求美，伦理方面旨在求善。

研究国学的人，大概都有两个疑问：第一，国学的书太多，从何读起好？第二，古书难读，文字上，文法上，在在使得初学者望而生畏，好像寻常一个堕落的"落"字，古书中却用作"死"字解，捣乱的"乱"字，亦可以训作"治"字，刚刚同它的本义相反。又如"矣"可代"乎"，"焉"字亦可以用在句首之类，如何不使人有无所措手之感呢？关于第一个问题，虽则梁任公胡适之李雁晴诸先生都曾替它开过研究国学的应用书目，但是动不动还是几百种的一批书单。仍旧是叫初学的人摸不着头脑的。今天是专对初学的人说法的，力求"卑之！无甚高论"；所以我现在就把我对于这两个困难问题的解决办法，略说于后，以供各位参考。

凡是一种学问，我以为都可以从三方面来看：第一历史方面，旨在求真，第二艺术方面，旨在求美；简单地说，就是欣赏；第三伦理方面，旨在求善。国学也是如此。国学的书籍固然是太多，并且亦似乎的确难读；然而如果从这二方面的看法来看，那末，上述两个疑问，是可以迎刃而解的。何以言之呢？因为自伦理学家眼中观察，读书要能读得一句用得一句才行，同时，所读的书，亦要拣有益身心的才读，作奸犯科诲淫诲盗的书固然要不得，就是风云月露之词，亦理学家所深恶痛绝的。所以国学的书虽则是很多，而在他们看来，中用的实在有限得很呢！（夏承焘：《研究国学困难问题之解答》，《图书展望》，第1期，1935年10月）

夏承焘认为，读书应当读最难的书，"愈难读，愈要去读，愈读愈熟，就会慢慢地苦尽甘来，觉得深印脑筋，越悟越有兴趣了"。治国学的不二法门，"除不怕书多与难读外，尤其是要引起读书兴趣"。（夏承焘：《研究国学困难问题之解答》，《图书展望》，1935年第1期）

4月28日　何键在船山学社讲演"人能弘道非道弘人"，认为人为万物之体，负有弘道的责任，不弘道就等于不孝父母，以八德修身就是弘道的实功。

何键指出：

大道无声无臭，天地乃块然一义。从他本身上说，似乎都没有什么作用。作用全在人的身上。人的聪明才智，虽有不同，但既已为人，则弘道的资格与能力，便无二致。实当人人自尊自重，以道为己任，各尽为人之道。道即因之而弘，并不是离开人身，而更有所谓玄妙之道。其要只在修身，其功重在自强不息，人能以至诚之心，自强不息以弘道，自然大道日彰日明，而其本身，亦诚为天地之爱子，人间不可少之人了。（何键：《人能弘道非道弘人》，《国光杂志》，第2期，1935年5月16日）

4月30日　无锡国学专修学校丛书之八，冯振著《老子通证》出版。

冯振主张以《老子》本书证《老子》：

> 自来解诸子书者，莫众于《老子》。而多先自存成见，强《老子》以自圆其说，鲜能得老氏之本真。诸子著书，莫不各有其宗旨，虽枝叶扶疏，而根柢于一本。故能持之有故，言之成理。读诸子书者，必融会贯通，求其宗旨之所在。然后能明其万派生于一源，一源流为万派，此通之事也。然自有主意，强古人以就己，首尾本末，仍相连属，是亦通也。而可以谓为其人之宗旨，不可谓为古人之宗旨也。故通必于事有证焉。证者所以明义非虚构，语有左证也。通论但通一章之义而已，若沿参证而贯通之，虽全书之义可通也。然则疏通证明，期不失老氏之本真，此又通证之名所由取也。虽然，义求有证，已若可信。今又多以本书证本书，殆更足信矣。而所引以为之证者，是否不已失其本旨，此至难言也。苟所引以为之证者，已有谬误，则以误证误，其误滋甚。又安见语有左证而遂能一无

所误乎？然则本书之疏通证明者，其果能得老氏之宗旨乎，抑犹不免余一人之宗旨耶？斯则在读者之自定之而已。

冯友兰认为："冯先生所疏通证明者，诚尚可有商酌增损之处，但其书所用以讲《老子》之方法，是很得当，值得介绍的。"（冯友兰：《冯振:〈老子通证〉》,《清华学报》，第11卷第1期，1936年1月）

4月　声涛发表《客观的研究国学方法》，宣扬胡朴安整理国学的主张。（一）以结账式之整理，以求国学之统系。（二）以摘要式之整理，以求国学之精粹。（声涛:《客观的研究国学方法》,《校声》，1935年第3期）

4月起　章氏在苏州开办章氏星期讲演会，每星期日上午专题讲演，由国学会登报通知，听众入座听讲。一共举行9期，1—8期主要由王謇、吴契宁记录，第9期由王乘六、诸祖耿记录，孙世扬校刊行讲演录。

第一期《说文解字序》，4月讲。第二期《白话与文言之关系》，4月讲。第三期《论读经有利而无弊》，一，论经学之利；二，论读经无顽固之弊；三，论今日一切顽固之弊，反赖该经以救，5月讲，并刊登于《大公报》《国光》《国风》《正论》等。第四期《论经史实录不应无故怀疑》，5月讲，并刊登于《浙江图书馆馆刊》。第五期《再释读经之异议》，5月讲，并载于《国光》《正论》。第六期《论经史儒之分合》，6月讲，并刊登于《光华》。第七期《论读史之利益》，6月讲。第八期《略论读史之法》，7月讲。第九期《文学略说》，11月讲，王乘六、诸祖耿记录，孙世扬校。（汤志钧编:《章太炎年谱长编（增订本）》,第549页）

5月1日 汪馥泉发表《读经与会考》《"存文会"到"存结绳会"》等杂文，讨论读经与存文等问题。

汪馥泉认为，在《初级高级中学国文课程标准》中，没有"读经"的规定，"甚至于连因习的《国学概论》都没有开到账单中去，在这一点上，这是很进步的课程标准"。（慧先：《读经与会考》，《现代（上海1932）》，第6卷第4期，1935年5月）孔丘说，上古是结绳而治的，"存文会"还不如叫"存结绳会"，"（这一句不是原文，是总结）存文会诸公，要贩古，不要不三不四。免得孔夫子看了肚里气；赶快放下屠刀（文言文及汉字），可以立地成佛！如此，则'文存一切存'，中国赖以得救矣，而诸公亦庶几乎其将成圣人之徒也欤！"（馥泉：《"存文会"到"存结绳会"》，《现代（上海1932）》，第6卷第4期，1935年5月）

5月2日 湖南国学馆为推动读经运动，成立国光杂志社，《国光杂志》半月刊创刊，何键题名。

该社立足于中国固有文化精神，使之"明行于内，辉照于外，以定国是而挽世运"，拟先从宣传入手，发行刊物，定名为国光杂志社。国光杂志社宗旨是"明儒术，辨是非，正伦纪，厚风俗，养成最大多数国民之基本智识，故取材以旨趣纯正，切合实用为标准，约分八目"："甲，阐发孔门学问。乙，解释六经义理。丙，褒扬善政懿行。丁，昌明有用学术。戊，改良社会风俗。己，提倡大同学说。庚，博采辟谬救时之言论意见。辛，表彰先哲时贤之遗著鸿文。"杂志开设社论、学术、经义、时评、研究、转载、专著、杂俎、文苑、国学十个栏目，要求文章"以平正通达、明豁简要为主，文体不加限制"。（《国光杂志社简章》，《国光杂志》，第1期，1935年5月）

该刊《发刊词》称："本刊经始，谋所以立言之方，与其供献于学者，不如供献于常人；与其供献于某一阶级，不如供献于全国民众；与其供献于老成耆宿，不如供献于青年学生。明知不学无文，而不欲隐默藏拙者，欲将吾侪赤诚心愿，白诸国人之前，作共同研究之提案，共同践履之阶梯也。"国光杂志社提出下列八点心愿：

中国大患不在无治法、无治人，而在是非淆惑，道路不明，人异其言，家异其说，各以新知异能相夸尚。要其所归宿，敷衍公事，争夺权利而已。一般心理，大率如是。其地位愈优，智识愈富者，则其争夺之心亦愈强，聚如是人，作国家事，不足为豪杰，亦不足为豪杰辅。吾不为今人责，盖新潮输入，旧章不守，青黄不接之际，应有之现象也。欲破除此现象，振起新精神，莫先于明是非，正人心，此其一。

欲明是非，必先定是非之标准，如射者立鹄，向之为是，背之为非；如立竿取影，直则为是，斜则为非。国家社会之是非，虽不如之简而易明，理则一也。但是非之混淆，由来已久。必有似是而非，似非而是之说，深入人心，群众乃随之而乱，未有故意以非为是，以是为非者。欲定今日之是非，须先考我民族立国以来传统之精神，与全民共信之学说，正其本源，而后末流可得而清。在中国历史上，行之最久，力量最大之学说，莫如孔子之书。近人有尊孔者，有非孔者。究竟孔子何如人，其道为何道，宜奉之乎？宜舍之乎？取舍从违，不容犹豫。阐孔道求真理，此其二。

孔子距今二千余年，其言行之可征者，莫如经史，尤以六经为孔子删订修正之书。孟子师承孔学，《论语》为其亲炙弟子纪录师说而成编。是四书六经为研究孔道所必入之门也。今人于经，有一笔抹煞，谓无一读之价值者。有取其一章一节，以为立说之佐证者。有仍守昔年家法，训诂名物考据，处处致力累词盈千，不能尽其一句一言之义者。更有厌今反古，欲以古之制度文物建设今之社会，以立治平之根基者。谁是谁非，我不敢知。然六经自西汉表彰，历唐宋明清，又皆以明经取士。二千年来，识字之人，未有不读经者，其于我民族文化有甚深关系，殆任何人所不能否认。欲整理中国文化，既不许割裂时代，蔑弃旧物，则六经中何者宜取，何者宜弃，何者宜急明，何者宜缓议。假使学校应加读经一科，经宜如何读，或经万万不宜再读，均应平心静气，细细研究，以救国救世为前提，不容有丝毫主观之我执杂于其间。大抵制度有古今之异，精神无新旧之殊。明经旨、定国学，此其三。

今日文化建设问题，甚嚣尘上，报章杂志所讨论者，几以此问题为中心。夫文化建设云者，质言之即我民族整个之生存问题，而文化之养成，其渊源又极复杂。譬如执一伟人之手，而问其食何物而得此健康，读何书而获此智识，则必瞠目结舌，不知所对。彼岂不足以自知，盖其历百折，行万里所经历，享受繁焉而不可胜数也。文化生命，与是正同，其历史愈长，则其吐纳演进之状况愈繁复而不可以一言尽之。举其大端，则书籍之所传，宗教之所规，社会习惯之所染，先民前贤之所训，异族外道之所激刺，人情物欲之所引诱，实占其最多最强之成分。中国果无本位文化，须待吾人建设乎？中国本有本位文化，仅须吾人整理乎？从古乎？从今乎？取固有之文物乎？袭欧洲之制度乎？重精神乎？重物质乎？问题至大，又关系我民族整个之兴衰存亡，非少数人所能议定，而又不能不求其早定。不然者，听官府思得一节，便行一节，学者信得一义，便倡一义。久之，养成百里不同风俗，千里不同道德之歧异习尚，则统一国家整个民族将车裂以毁支解而亡矣。宁不痛软？定文化，谋复兴，此其四。

中国建设事业，如行万重路，方在跬步，而跬步之始，有越货之惧。歧路之惑，歧路之中，东有车辙，西有马路，南有行人，北有驿站，交相引诱，各欲出于其途，方徘徊而不敢进，而川资之不充，父母之垂泪，妻子之娇啼牵衣，亭园花木之依依恋人，又欲其滞留退守，裹足而不前，如是虽百里亦难达也。中国二十年来，有主学欧美者，有主学日本者，有主守旧德者，而建设之人，既限于财力，复有解决自身生活问题，与洋房汽车妻妾田产充分供给之愿欲。故徘徊留滞，以至于今。愚谓建设非官府一方之力，推进社会求民众智能之进步，所关由重。语其大端，不外培民德，增民智，健民生而已。欲民德敦厚，则嘉言懿行，足为民法者，可载也。欲民智增加，则破除迷信，提倡科学之言论事实，可述也。欲民生健康而富裕，则日用医药，拳术，及生产方面之精义名言可陈也。果能使人民自强自进，其对国家社会之程度，与欧美人民相伯仲，清议足以左右政局，舆论足以抑止贪妄则国家进步，自然一日千里。述常识、觉人民，此其五。

欧化输入，既数十年，其为功于社会者，固属不少，而学子袭取其皮毛，误解其学说。因以贻害风俗人心者，其病态亦处到可见，尤以教育一端，为我国盛衰兴亡之最大枢纽，未可学步外人，遂忘我民族之个性与固有之精神也。比来我国出洋学生，不谓不多，学制之取时代化，教程之取科学化，模仿不谓不肖，而成效如何？举国人民，对于现代教育之感觉如何？批评如何？吾恐除少数同化欧美之人士，及以教育为固定职业之当局外，殆无不痛心疾首，日夜祈祷其改革者。以余所闻，诋毁现教育为贵族，为傀儡，为盲目，为封建，为养奸，为亡国之阶梯者，几乎众口一词。虽曰过激之言，顽梗之论，不值一顾。然"民意即天意"为中国向来预卜盛衰兴替之准绳。苟无切肤之痛，悲怨之感，决不能如是之哀鸣而泣道，则固人情之常也。查中国教育演至今日状态，已有三十年之历史，当时锱较铢衡，日吸月纳而得之。何能以一时之感，一端之弊，尽毁旧观而不稍顾忌。况偏激之言，因不足为定衡也。今后宜如何斟酌损益，祛其害而存其利，推其功而扩其用，吾人虽非教育专家，然刍荛之见，不妨供献于国家，一得之愚，不妨质商于贤者，安知当局固执己见，无集思广益之量耶？商教育，培人材，此其六。

学术者，事实之母也。一事之兴，一功之成，必先有是学说，入于民心，为人民所习知习闻，而后事功乃易产生。故学术昌盛之国，其民必智，其政必修。中国向来，虽尊孔宗经，而信教自由，言论自由，甚少缚束民智之政令。三十年来，异说尤多，惟未衷于一是。遂至纷纷扰扰，如乱丝之梦，无所用之。中国过去之学说，以周秦为最盛，诸子百家，其精义之可行者安在？欧美学说之入中国，各科各门，无形之哲理，有形之器物，皆有移述，以供国人之参考，其宜于中土者，又安在？东西各国学者，曾客居中国者，每对我国家社会，有所批评，有赞许者，有鄙视者，有毁誉参半者。其毁也固不必是，其誉也又何能适合，其毁其誉，皆有辨正之必要，决不能姑息隐忍，失真面目于外人，使演成似是而非之说也。辨学术，定趋向。此其七。

今日世界交通，国于地球之上者，将以百计。所谓列强，固钩心斗角，厉兵秣马，以扩张其威力，而欲并人之国家，即诸弱小，亦结邻联友，附于一二大国，以求其疆土之保全。似此争夺之局势，可久乎？抑不可久乎？人类之福乎？抑人类之祸乎？如谓其害于人而不可久也，战争之局果有何道以易之。近来富有世界眼光，及慈悲为怀之学者，亦唱息战之说，和平之调。然其立言之动机，皆有所依傍，滞碍而不可通行。惟孔子大同之义，创于数千年前，曰"选贤与能，讲信修睦"其事可行也。曰"老有所归，壮有所用，幼有所长，鳏寡孤独者皆有所养"人情可得也。曰"货恶其弃于地也不必藏诸己，力恶其不出于身也，不必为己"其为境可企而至也。今人力已至矣，舟车已通矣，大同之机，天实启之。吾人方引诱万国，使知大同之真理，渐入大同之正路。假使我国自谋，而不具此眼光，仍规规焉，惟昔年之国家主义是尚，武器强力是崇，是弃家珍而不宝，而行乞于路人车马之后也，倡大同，救世界，此其八。（张树璜：《发刊词》，《国光杂志》，第1期，1935年5月）

刘朏深编订《湖南国学馆教程》，认为世变日亟，民族复兴之机，在于昌明国学，"学贵专不贵芜，贵实不贵虚，贵有用不贵无用"，湖南国学馆参照"往哲遗法，约其必备"，开设经学、小学、史学、理学、诸子学、文学六科：

（一）经学：治国学者莫先于经。六经为洙泗政学之书。（《小戴记》经解，始有经名。）圣人立说以俟百世，删《诗》《书》，订《礼》《乐》，作《春秋》，传《周易》。故孔子曰：六艺于治，一也。（六艺即六经，非周官师氏教国子礼、乐、射、御、书、数之六艺。）《礼》以节人，《乐》以发和，《书》以道事，《诗》以达意，《易》以神化，《春秋》以道义。（《史记·滑稽列传》引逸论语。）又《礼记》经解篇，记孔子论六艺云："温柔敦厚，诗教也。疏通知远，书教也。广博易良，乐教也。洁净精微，易教也。恭俭庄敬，礼教也。属辞比事，春秋教也。"此夫子于六艺发其旨趣，明示应用之方，所以司马迁《孔子世家赞》，谓："中国言六艺者，折衷于孔子。"迁史自叙，复申夫子之说，通论六经云。《易》著天地阴阳四时五行，故长于变。《礼》记人伦，故长于行。《书》记先王之事，故长于政。《诗》记山川、溪谷、禽兽、草木、牝牡、雌雄，故长于风。《乐》，《乐》所以立，故长于和。（《太平御览》六百八，引《白虎通论》，古以《易》《书》《诗》《礼》《乐》《春秋》为六经，至秦焚书，《乐经》亡。邵懿辰曰：《乐》寓《诗》《礼》之中，名为六艺，实止五经。）《春秋》辨是非，故长于治人。汉刘歆《七略》，又以五常分配五经。其言曰：

《乐》以和神，仁之表也。《诗》以正言，义之用也。《礼》以明体，明者著见，故无训也。《书》以广听，智之术也。《春秋》以断事，信之符也。五者，盖五常之道，相需而备，而易为之原。《白虎通》云：《礼》有《仪礼》《周礼》《礼记》，曰三礼。《春秋》有《左氏》《公羊》《穀梁》，曰三传。（《国语》为左氏外传，《战国策》亦《春秋》类。）与《易》《书》《诗》通数，亦谓之九经。唐刻九经于国子监，并及《孝经》《论语》《尔雅》，后蜀亦然，是为十二经。迨宋补刻蜀石经《孟子》，于是有十三经之名。尔雅为孔子门人所作以释六艺之文。（见郑君《驳五经异义》。）《孝经》《论语》，并皆孔子授徒之绪论，《学》《庸》附于《小戴记》中。宋儒始合论孟别立四书。（《四库总目提要》谓《论语》《孝经》《孟子》虽自为书，实均五经之流别。）盖典章制度，一经不能备。非通一经不能通群经，非通群经亦无由通一经。所以西汉儒生，数经并涉。（考《汉书·儒林传》便知。）经术萌芽于西汉，自汉武表章六经以来，真儒辈出，用之则施于世，舍之则传之其人。各守遗经，各有家法。（家法即师说。）西汉之微言大义，东汉之训诂名物，魏晋迄唐之义疏，两宋之义理，有清之考据。理而董之，发挥而光大之，皆所以阐经术之真。经名行修，各蕲至于古圣贤致用之实学，无门户也。考汉时官私之学，莫不先受孝经论语。（《后汉书》荀慈明对策云：汉制，使天下诵《孝经》。）唐陆德明《释文序录》，称王俭七志，《孝经》为初。（《孝经·钩命决》云，孔子志在《春秋》，行在《孝经》。隋刘炫述义云：士有百行，以孝为本，本立而后道行，道行而后业就。）今吾馆课程从之，窃愿诸生古训有获，先民是程，以之治身，则内行修，而外物无由扰。以之治国，则内政完，而外侮无由入。有欲为往圣继绝学，为来世开太平者乎？请自读经始，合天下为一家，进小康于大同。斯则经术之极则也。

（二）小学：周官保氏，教国子以六书。吾国文字，举莫外于六书。指事、象形、形声会意者，文字之本原，转注、假借者，文字之作用。汉平帝元始中，征天下言小学者以百数，各令记字于庭中。盖古者八岁入小学，教之识字。小学之名，因此而昉。故欲通经学，必先通小学。汉之《七略》，《艺文》，梁隋之《七录》，《经籍》，以小学附群经，有以也。然小学之用，非徒通经。周秦诸子、《史记》《汉书》之属，多存古字古言，亦非小学莫能津逮。昔秦丞相李斯作《仓颉篇》，西汉黄门侍郎杨雄作《训纂篇》，东汉郎中贾鲂作《滂喜篇》，（其书实继训纂而作。）世称三仓。（三仓今佚，编次之法，缀辑散文，不依部类，后儒有辑本。）与贾鲂同时厥有大尉南阁祭酒许慎，远溯六书，类聚群分，囊括万有，成《说文解字》十四篇。（十四篇，五百四十部，九千三百五十三文，重一千一百六十三，解说凡十三万三千四百四十一字。）方之前修，实为创例。（前乎《说文》，则有《尔雅》《小尔雅》《方言》；后乎《说文》，则有《释名》《广雅》，皆以训诂为主，《释名》又专以声音为训，胥与字形无涉。）段氏玉裁为《说文解字注》，乃清代言《说文》者之宗。大抵识字必先审音，音由文出，义由音定，由音求义，即义准音。即文字音声以通训诂，由训诂以通古圣作者之心志。譬之通堂坛之必循其阶，所以许君说文审形定声。于字之难识及音已迁变者，兼著其读也。朱子《答杨元范书》云："字画音韵，是经中浅事。故先儒得其大者，多不留意。然不知此等处不理会，却枉费无限辞说牵补，而卒不能得其本义，亦甚害事也。"其《答吕伯恭书》又云："向议欲刊《说文》。"则紫阳释经，尝取正于《说文》，或谓宋儒不重训诂，非也。

（三）史学。吾国四千年来之史书，《史记》而外，称正史者，盖二十有三。历代地理人物、典章制度、治乱兴衰、沿革得失，胥在其中。司马迁《史记》，以实录称。班固《汉书》，断代为史，亦为实录之体。实录者，传记之史也。范晔《后汉书》、陈寿《三国志》，他若《宋书》《南齐书》《梁书》《陈书》，体亦接近纂修实录。诸史义例，皆本马班。唐李延寿撰《南史》，因宋、齐、梁、陈，四史，略加删润。《北史》亦延寿所撰，用力较《南史》为深。（于周补《文苑传》，于齐补《列女传》。）至于《晋书》《魏书》《北齐书》《周书》，及《隋书》《新唐书》《新五代史》，并为纪传之史。《旧唐书》《旧五代史》，自《新唐书》《新五代史》出，而世以土苴视之。元托克托等撰《宋史》，表章道学，遂创立道学传。又撰《辽史》，仅据耶律俨、陈大任，二家所纪，以成其书。金史亦为所撰，视辽史为优。明宋濂撰元史，仓卒脱稿，动多舛驳。昔人认其芜杂无剪裁。（吾湘魏氏源有《元史新编》，近儒柯劭忞《新元史》最善。）明史亦未为善。传记之史，备于是矣。盖史有纪传，编年，二体，论一时之事，纪传不如编年。论一人之终，编年不如纪传。二者不可偏废。宋司马光资治通鉴，为编年之史。淹博贯串，世称绝作。采用杂史诸书，凡二百二十二家。其他类史，如五种纪事本末，创于宋人，为编年之变例。唐刘知几撰《史通》，则又研究史学之枢要也。明儒唐顺之曰：大抵看史，见治以为治，乱以为乱，见一事则止知一事，何取观史。如身在其中，见事之利害，时之祸患，必掩卷自思，使我遇此等事，当作何处之？如此观史，学问可以进，智识亦可以高，方为有益。诸生读史，当以《史记》、两汉书，及《三国志》《资治通鉴》，为尤要。其实六经皆史，今更于吾馆选修科所定乙部各目。博而观之，俾免陷诸空疏之域，约而取之，亦免流于泛滥之归。

（四）理学：自《大学》一书以齐家、治国、平天下，皆本于诚意，正心、修身。故汉儒析理以修身为最详。如刘熙《释名》云：心，纤也。所识纤微，无物不贯。《白虎通》云：心是支体主。赵岐《孟子章句》云：心者，人之北辰也。《说文》性字解云：性，人之阳气性善者也。从心，生声。诗郑笺云：天之生众民，其性有物象，谓五行仁、义、礼、智、信也。诸说莫不穷心性之本源，是为宋儒理学之祖。宋儒之学，有伦理、心理，二科。理学二字，实足以赅之。盖位天地，育万物，皆此理也。北宋以来，南北名儒，竞尚理学。然开其先者，厥惟吾乡周子濂溪（道州营道人），周子得道统之传，著《太极图说》，并《通书》十四篇，以易简为本（《通书》第六篇曰：天地岂不简易，岂为难知），以顺化为主（《通书》第十三篇言顺化）。以无言垂教（见《圣蕴》《精蕴》两篇），以主静为归（见《圣学》《慎勤》两篇，又周子言诚即言静，见

《诚上》《诚下》两篇）。存诚至欲（《圣学篇》云：无欲则静），为儒家之正宗。河南二程（明道、伊川），受业濂溪，横渠张子产于关中，亦由二程而私淑。莫不居敬穷理，由诚入明。龟山（杨时）、上蔡（谢良佐），为程门五弟子之冠。康侯（胡安国）从上蔡游，其子五峰（胡弘）传其学。南轩张氏受业五峰，以下学上达立教（南轩言非下学之外，别有上达）。以致知力行为归（又言致知力行皆是下学），龟山得慎独主静之功（如言静中看喜怒哀乐未发时气象），一传而为豫章（罗仲素），再传而为延平（李侗）。其学以默坐澄心为要。守程子体认天理之传，以为心体洞然，即可反身自得（见《延平问答》）。考亭朱子师延平而友南轩，故晚年力守二程之说。其为教也，以格物致知为先，躬行实践为要。反观内省，明镜喻心（《答王子合书》，论心犹如明镜），如云浑然之中，万理毕具（《朱子语录》），洵涵养有得之言也，以上皆濂溪正脉，因特举之（朱子同时金溪陆氏象山，其学不出于周子），夫理学者，心学也。理学盛则人心正，世道从之而正。理学衰则人心坏，世道亦从之而坏。然则人心之关于世道，固如此其重且大也。而谓吾辈占毕之士，可不加意于斯乎。诸生须知穷理尽性，为吾儒莫大之学问，有莫大之学问，故能以身任道，建莫大之事功。心性之学，其始也，要以静坐为下手功夫（程子即叹见人静坐为善学），克欲断私，又必私欲尽去，方与大学明明德之道相合，领会心性自然之本体，即人心以证道心。性体既明，天理乃见（《乐记篇》曰：人生而静，天之性也，感于物而动，性之欲也）。于是有万物皆备气象，而后弥纶六合，退藏于密，放卷自如矣。为天地立心，为万民立命。泛应曲当，举不外此心此性之见端。颜子三月不违仁，即不违此，性与天道。子贡不可得闻，无他，是在学者善治其心，非言语可形容也。明儒陈瑚曰：人之所同者，心也。心之所同者，理也。同此心同此理，而或不同者，拘于气质之偏，而梏于物欲之累也。气质物欲不同矣，而可以至于同者，学也（见《圣学入门·自序》）。昔人谓朱子小学，不止是教童子之书。近思录，乃朱子辑周张二程之要语，为学者之司南。故吾馆于理学一科，取之为法。

（五）诸子学。吾国周秦以来，学术之盛，不外因文见道之六艺，与各自名家之九流（班志首序六艺，次论十家，儒、道、阴阳、法、名、墨、纵横、杂、农、小说，又去小说家为九流，故云：诸子十家，其可观者，九家而已）。诸子起于周秦易姓之交，争鸣于战国之际，其学说约分政学两派。老庄之学，专于哲理。管商韩非荀卿之学，专于政法。若墨子之学，则哲理政法兼而有之。思以其学易天下，而不知所裁（《非乐篇》尤显戾圣哲），故其流愈分愈岐。道术遂为天下裂，孟子拒扬墨，诚恐往而不返。汉武帝于百家严加罢黜，正所以表章六经。然试溯诸子渊源，并皆六经之支流余裔（说本班孟坚）。去其蔽短，固未可全斥也。班固《汉书·艺文志》，于名家引孔子曰：必也正名乎，名不正则言不顺。于纵横家引孔子曰：诵诗三百，使于四方，不能专对。于农家引孔子曰：所重民食。于小说家引孔子曰：虽小道必有可观。于兵家引孔子曰：为国者足食足兵。盖以证明诸子学术不尽悖孔门。其次儒家不列孔子者，则以宣圣学通六艺而包九流，非儒家所能限也。诸子之书，往往有先王政教之遗。究其流别，推论得失，以穷其指归，不独多识之资，亦可裨于实用。至于儒家之可贵，职责在于化民训俗，必其学术，言行，足为人伦表率。特立于流俗而不为所移，乃谓之儒（《礼记·儒行》，特立独行谓之儒）。《仪礼·士相见礼》云：与老者言，言使弟子。与幼子言，言孝弟于父兄。与众言，言忠信慈祥。与居官者言，言忠信。是化民训俗，儒者之事也。班志列儒书凡五十三家，八百三十六篇，以晏子冠首，子思曾子次之。自虞舜命契为司徒，教以人伦，亲、义、信、序、别，五大端。为尽人所莫能外。周礼大司徒之职，以五礼防万民之伪，而教之中；以六乐防万民之淫；而教之和。又如保氏、师氏，均以教育为职，而悉隶于司徒。故班志云：儒家者流，出于司徒之官。今诸生被服儒者，其故可思矣。

（六）文学。文章根底，全在六经。经之至者，道也。所以载道者，文也。《汉书·楚元王传》赞曰：自孔子后，缀文之士众矣。惟孟轲、孙况、董仲舒、司马迁、刘向、杨雄，此数公者，皆博物洽闻，通达古今，其言有补于世（班说止此）。故文之至者，上而经国，下而淑身。通诸其邮，言之有物。又必探源于六经，孔门四科。游夏并列文学，而游夏皆传经之儒（后汉徐防云：诗书礼乐，定自孔子，章句发明，始于子夏。按《仪礼·丧服传》，贾疏以为子夏作；《礼记·礼运》，自称言偃，则为子游作。又《经典释文序录》引郑康成云：论语子夏等所撰定）。是其证也。三代以下，文莫盛于秦汉，而魏晋次之。梁昭明纂辑秦汉魏晋六朝之作，成文选一编，蔚为文章巨观。各体灿然具备，是为总集之滥觞。梁刘勰《文心雕龙》，乃操觚家之圭臬。彦和举当时常言，谓有韵为文，无韵为笔，然义各有当，无取区分。故班志叙艺文，仅叙诗赋为五种，屈宋楚词，为词赋家之鼻祖。实吾湘文献所关，俱谓之文，更无异说。吾馆于文学外，不别立诗学，尤班志例也。若夫作文之旨，厥有二端。一曰文体，二曰文法。而《文心雕龙》分析颇详，诸生于读经史诸子及历代名家专集之余，亦当各有玩索自得之妙。总之善属文者必遂于学，故能笙簧六籍，鼓吹百家。虽曰积字成句，积句成文。语其实则尤在积意成理。积理成文，盖积学多则理必充，积理富则文亦必工。司马温公《答孔文仲书》云：学积于内则文发于外，积于内也深，则发于外也淳奥，理固然已。作者或杂怪诞以诩新裁；或务艰深而乖真气；或师异域之说，掇拾牙慧，乱其统而为尸；或袭小书之言，盘悦词华，饰于文而遗行（顾氏炎武谓：士一命为文人，遂无足观。盖为有文无行者而发）。凡此种种，俱无取焉。此指作文言也。即读他人之文，亦必选择。元许文正公衡云：凡无检束，无法度，艳丽不羁文字，皆不可读。大能移人性情，圣人以义理诲人，力挽之不能回，而此等语一见入骨髓，使人情志不可收拾。从善如登，从恶如崩。古语有之，可不慎乎。（刘腴深：《湖南国学馆教程（未完）》，《国光杂志》，第 1 期，1935 年 5 月）

5 月 4 日　唐文治派无锡国学专修学生章松龄、沈讱和崔龙到苏州章氏国学讲习会，随班听章太炎讲课。

三人课后又向章太炎问学，三人将此事写成《菿汉亲闻录》，刊于《国专月刊》第1卷第3期。章松龄题识：

中华民国二十四年五月四日，龄偕同学沈讱、崔龙，请业家兄太炎于苏州锦帆路私邸。时适读经会期，随班列坐，日暝乃休。门下尽散，惟龄等三人侍立闲庭，自申及戌，诲迪亹亹，始述新学之猖狭，卒为后波所汩没；继示文辞之涂径，遂及诗道之盛衰。名理精粹，诙谐间出。夜色既沉，惟闻磬欬。退而相与追记，百之一二。（章松龄、沈讱、崔龙：《菿汉亲闻录》，《国专月刊》，第1卷第3期，1935年5月15日）

5月6日　刘文典接受访谈，自述学术经历与治国学研究方法。

我（刘先生自称）幼年在合肥读书，因先君期望之切，专延名师，教以经史。年十一二即从美国 Dr. Butches 先生学英文。十四岁而《五经》《左传》《通鉴》读完，往上海入学校。未几复返本省，肄业于安徽公学，虽日从仪征刘先生游（刘师培申叔先生），因国学毫无根底，在同门中所学最为简陋。十八岁毕业。因当时本省无处升学，又往上海入教会学校，以资质愚鲁一无所得，乃负笈往日本。时余杭章先生（章炳麟太炎先生）创学林社于东京，课暇时往听讲，虽曾读半部《说文》，一部《庄子》，仍未通解。辛亥归国，任范鸿仙上将记室。民国元年任《民立报》编辑兼英日文翻译。及讨袁军败，亡命沪上。端居多暇，始尽读诸子、《通考》、《通志》，旁及英

日文哲学书，六年春任北京大学教授，嗣任清华大学教授。因
北平课书甚易，讲诵多暇，乃仿依高邮王氏（父子，王念孙、
王引之）方法，校理古书。积日既久，稍通途术。深致慨北洋
军阀之败国乱政，日以点校群籍自遣，至今垂二十年矣。性又
好博览，所涉猎之方面甚多，故无专门名家之学。近七八年兴
趣转向史学，所读几全为外国人著作，日书文为尤多。虽自身
百无一成，然自依据二三十年经验言之，认为求学第一须有恒
心；须由博返约；须自己搜讨原料；不可以他人所著哲学史、
文学史等类现成之书为依据，区区之意，如斯而已。（刘文典：
《怎样研究国学》，《大学新闻周报》，1935 年 5 月 7 日，第 4 版）

5月10日　《教育杂志》出版"读经问题专号"，何炳松总结
"全国专家对于读经问题的意见"，分为三大类：（一）绝对的赞成
者；（二）相对的赞成者，同时亦可称为相对的反对者；（三）绝对
的反对者。

中大中文系的古直、曾运乾、陈鼎忠、方孝岳四位教授联名发
表意见，认为经学乃立国的精魂：

时流谈学术者矜重先秦诸子，下及流沙坠简，殷墟书契，
靡不珍之。顾于三极彝训，反从弃捐，蒙所未喻也？夫国于天
地，必有与立。经也者，吾国立国之精魂，民族由此而尊，民
权由此而崇。满清猾夏，祀逾二百，吾人根于《春秋》大义，
卒颠覆之，斯其明效大验已！向使清初诸帝，置经典于焚毁诸
书之列，尽拔其根，无使萌蘖，吾人尚能哀思故国，作为《民

报》《国粹学报》以唤醒民族邪？合经而言教育，吾惟亡国是惧，他何论焉！（《古直、曾运乾、陈鼎忠、方孝岳四位先生的意见》，《教育杂志》，第25卷第5号《读经专号》，1935年）

王伯祥高度赞誉该专号，"收集各家意见至夥，有极端主张读经者，有极端反对读经者，有相对的反对或赞成者，于现在一般思想界之混乱状况大堪领会。可谓近日学术界文献之所归。柏丞主编以来，此为出色之结撰矣"。（张廷银、刘应梅整理：《王伯祥日记》第5册，中华书局，2020年，第1941页）

△ 汪辟疆发表《中学国学用书叙目》，认为"国文非国学也，然欲治文，非于学术略识门径，则文无由达"，"问途国学，先之以读史，继之以读经，终之以学文，史与经立身之本也，文则余事耳"，研习国学应当研读原典，不能依赖概论。

汪辟疆指出，学校教学国文的弊端，最为显著的有两点，"用耳不用目"，"用口不用手"。"治学治文，自治为贵"，时下学子，多以用手为苦事，"每遇作文。辄多方推诿，教者利因循而惮改削，而学者又不肯自动撰文，但以耳口相传，为弋录获名之捷径；一旦出而任事，假手记室，其偾事当何如哉！"这些是学校教学的通病，"欲救引病，当反其道而施之，则治学治文之坦途，庶可遵循"。

问途国学，先之以读史，继之以读经，终之以学文，史与经立身之本也，文则余事耳。义理备在经史，无取别立品目。曷言乎先之以读史也？盖史为学术之总汇，亦为治事之楷模，一切学术皆与时代为因缘，而一朝之政治制度，社会情状，皆足以影响于学术。有成周学在官师之制，而后有晚周诸子之勃兴；有秦政焚书坑儒之举，而后有两汉今学古学之争执；它如汉武崇儒，而两晋、南北朝之道佛蔚然鼎盛；五代弃礼，而两宋、元、明之理学隐操中权；此其征验也。一人治事，以经验为判断，然一人经验有限，不能不借助于前言往行，故读史可以判得失，断兴亡，测未来，究利病，举凡一切专门科学之卓然自立者，皆不可不知国史，以立治事治人之标准，此又不待烦言也。余杭章太炎先生尝言："史之发人志趣，益人神智，其用实倍于经，非独多识往事而已。"（见《华国》第二卷第二期）又曰："欲省功而易进，多识而发志者，其唯史乎？其书虽广，而文易知；其事虽烦，而贤人君子之事，与夫得失之故悉有之。"（见《救学弊论》）则史之为用，近贤所言，当非妄语。今时学校国史一课，至初中始有简陋教本，当局既以为无足重轻，学子亦视为干燥寡味，大学各有专科，非专治史学者，终身不知汉祖、唐宗为何等人物矣。循此不变，则虽学治专门，于国家社会究何益乎？曷言乎继之以读经也？经书为古先王政典，亦即义理之山渊。周孔之所遗留者，只有此数；而我国之一切文物政教，悉发源于此。今既读史而知历代之得失矣，当进而求之于经，庶几循流溯源，可知古先哲王之规划宏远，沾溉百代，而靡有穷极，此经书之必宜一读也。惟古籍文义难晓，初读苦不能入；若史书已熟，则经亦非难治。且晚近名儒，皆有新疏新解，视唐人以前之注疏，更足益人神智，文句疏释，尤较显明。近人有新印十三经新疏（所收皆清人详注详疏之本甚便），斯治经者所必宜浏览者也。治经要义，一则可以稽制度，一则可以益身心；前者为考据学，后者为义理学；此其大用也。若夫文章之事，前人视为余事，今人视为专科，曹子桓亦言："文章者，经国之大业，不朽之盛事。"似亦专重文事矣。然文而至经国不朽，必非吟弄风月之文可知也。学者欲为经世大文，必当于经史书中求之，自有坦径可寻。如欲精研文学专著，以求其至，则《左》《孟》《庄》《骚》《文选》诸书，即可终身玩索，益以一二总集之大雅者，取备讽咏，有余师矣。

治学既有途径可循，然有讽诵而无会通，有涉览而无心得，亦只记诵之学而已，又曷贵哉？学求有益，有益于身心，有益于治事，有益于国家社会，大之可以经国宏远，小之可以律己修人，非平居玩索之余，有慎思明辨之力，未足语此。学子咕哔之余，于读经则详考其立法垂训之大原，于读史则博稽成败兴衰之得失，举凡一名一物一制度一因革，皆宜用综合分析之法，或比较其异同；或钩稽其奥义；或于一事未著，而决其成败得失；或于一言之细，而求其是非利害。则以我观书，书尽为我用矣。此法古人多有行之者。其法在每读一书，置册座隅，或排日而作记，或积札而成篇，如顾亭林、阎百诗、钱竹汀、陈兰甫诸先生之所为者，幼而习之，长而弗倦，则益已［己］益人，为功不细矣。顾、阎诸公之学，初学固未易几，然此物此志，师可以诏其弟，父可以诏其子矣。

汪辟疆认为，上述仅是"初学说法，无高深之论"，在今日不易指示学者治学准绳，就中学国学用书而言，下列为最为重要：基本书应当熟读熟讲，阅览书应当宜排日课阅，稽考书应当取备检查，聊佐咨询。

一、基本书有《论语》《孟子》《礼记》《荀子》《庄子》《春秋左氏传》《国语》《战国策》《史记》《汉书》《诗经》《楚辞》《文选》《尔雅》《说文解字》。

上列十五部，为经史基本书，宜取全书细读细讲，如时日有未逮，亦宜就全书择要授读；若但取节本，则终身不知此数书有几卷矣。今略言之：《孟》《论》《礼记》《荀子》，义理之渊薮也；《语》《策》《左》《史》、班书，记事之楷模也；《诗经》《庄子》《骚》《选》，文章之源泉也；《尔雅》《说文》，识字之基础也。识字在古时为小学，在今日则为专门绝业，有皓首而莫竟其业也。如有名师指导，从此而入，则基础已固，以之治文，则用字不苟；以之读古书，则训诂易明；此正轨也。否则先诵经疏，次及文史，就前人所笺训，以求达诂，再事声音文字之学，亦可补救于一时，不可忽也！史法之详赡，莫过于马、班，文章之美妙，无逾于《骚》《选》；《语》《策》《左》《庄》，又其高据上座者也。基本书初不止此，惟此为必读之书，并此而不能读，何以齿于学者之林乎？

二、阅览书有《资治通鉴》《通典》。

二通者，史学之大辂也。古今史籍，奚止汗牛，必一一而浏览之，非惟时日不给，抑亦非今时学子所能兼及者也。惟此二书，万不可不阅！且宜排日课之，日尽四五页，不过三年可毕。《通鉴》详于历代之兴亡得失，此代不因袭者也；《通典》详于历代之典章制度，此代有因袭者也。二者虽为用不同，然读史非从此两大途径入手不可！今日学校初中以上，始有历史一课，而教本之简陋可笑。盖以五千年之史实，悉纳于短书小册之中，满纸除地名人名外，又皆概括之语，即在颖慧之士，能背诵全册，亦终无所得而已。大学虽有史学系，亦尚通论而鲜读本书，东西兼鹜则有顾此失彼之虞；古近分驰，则有忘源究委之诮。教者虽条贯井然，学者仍迷闷鲜实，此深识者所由窃叹也。治史而取给黉舍，其势必不能。今取此二书，为学子之课外补充，决不可缓！否则修学期满，出而问世，以国人而昧于国史，将何以应事变乎？余写此目，深虑学子仍苦不能尽读，辄为详言于此云。

　　二书为读史初步而言，实则正史廿五部，何一非应读之书？即通典以外如《通志》《文献通考》、历代会要亦当遍及，方足与言致用。晚近明、清二代，为近日政治外交蜕变之原，并宜详阅！惟类史如纪事本末差可缓耳。如初学仍不能读此二书，不得已而求其次，则取清修《通鉴辑览》、严惇虞《文献通考详节》先读之，亦胜于袁、王《纲鉴易知录》等俗书多多矣。

　　三、稽考书有《群经检目》《十三经索引》《说文通检》《史姓韵编》《丛书书目索引》《纪元通谱》《中国大事年表》《历代名人年谱》《历代名人生卒年表》《历代地理沿革表》《历代职官表》《中国文学年表》《历代舆地全图》《中国历代疆域战争合图》《中国析类

分省图》《中国分省新图》《经籍纂诂》《辞通》《中国人名大辞典》
《中国古今地名大辞典》《佩文韵府》《渊鉴类函》《书目答问》《四
库全书总目提要》《大清一统志》。

　　上列二十五种书，所谓工具之书也。工具之书，以新出者
为胜，亦以新出者为最滥，故选择亦至难。学子购书不易，得
一书必求其实用，庶金钱时力，不致虚糜，此最宜注意者也！
本目所列，亦不敢谓其完美无缺失，然便于检查十得七八已属
难能，其方法较密者如《十三经索引》《史姓韵编》《中国文学
年表》《中国析类分省图》诸书则其翘楚也。后有作者，当更
胜之，要在学者随时留意耳。

　　汪辟疆指出，有学人或许会质疑上述书目，"重本书而忽通论，
贵全书而鄙选本"。其用意恰恰是借此"矫近日学风之痼疾"，"夫
治学之法，首贵识途；而识途之方，尤贵探本。得其本者，则足以
俯视一切，高据上流；失其本者，则虽目疲填籍，而奥旨莫窥，群
言靡断，此治学之大患也。通论之书，厥旨浅薄，古今人为之者，
不旋踵而澌灭"。时下中等以上学校纷纷开设所谓《国学概论》等
专门课程，"选者云起"，"骤睹其目，未尝不足以资号召"，校外学
子也纷纷重视此类课程，希望由此获得国学常识，"岂知事有大谬
不然者"：

　　所谓国学者，自有经史本书在，能读本书，于一经能诵经
文，通大义，明家法，达训诂；于一史能诵史文，明体制，知

得失，具鉴裁，斯亦已矣，安用概论？且其人又皆耳学，不习本书，哆口大言，撷拾古今人之唾余，削草搦管，如坠云雾，已［己］所未谕，安能诏人？故其书类皆断烂不全，轻重失当，此课本之无足取也。即就习者而论，近时高中以上学生，在小学习闻浅陋教材，在中校亦抱庸滥杂文一二册。以为国学在是，终身未闻有所谓经史本书者。一旦骤语以经师家法，古今文异义，以及史迁、班固之史法，通史与断代史之异同，几何不如坠五里雾中，诧为天书？且一年以内，毕此课程，忽而谈经，忽而论史，忽而文推渊云，忽而诗崇甫白，才高者奔走而未遑，才弱者则谛听而声应。蒇业以后，若询以经文一二节之句读，李、杜诗一二篇之讲解，则瞠目而不知所答，而教之者反自诩曰："吾书内容之孕育，若何宏富也；吾言之显豁，若何令人了解也。"吾谁欺，欺天乎？平居尝与人谈及此，自信十年以后，大学国文系课程，当必先罢"通论""纲要"之讲义，悉易以课读本书，宁求其专，不求其全；宁求其背诵白文，不求其侈谈大义。则中国文学，或其复兴之一日。反本之初，当必举此自欺欺人之课目，摧陷而廓清之也。

汪辟疆认为，通论与选本并非完全不可取，可资借鉴的有《经典释文叙录》《说文后序》《汉书·艺文志叙录》《隋书·经籍志序录》、阮孝绪《七录序》《读史方舆纪要·州郡小序》《三通序录》《文选总序》《乐府诗集叙录》《四六丛话小序》《汉魏百三名家集题辞》《古文类纂序目》《古谣谚叙例》，以及各史《儒林传》《文苑传序》等文，不仅"源流正变，灼然可寻"，"即论其词采斐然，有资文事，则此数十篇，胜于时人《国学概论》万万矣！"另外，选本中，"文如李兆洛《骈体文钞》、曾氏《经史百家杂钞》；诗如曾氏《十八家诗钞》，此通选之最佳者"。另外，张琦《古诗录》、管世铭《读雪山房唐诗钞》、周济《宋四家词》、朱祖谋《宋词三百首》等，"博而能约，简而有法，则其尤雅者也。业余讽诵，借此以窥门径，非谓守此而怏然自足也"。（汪辟疆：《中学国学用书叙目》，《国衡》，创刊号，1935年5月）

　　△　李麦麦发表《论"五四"整理国故运动之意义》，称"五四"整理国故的历史意义，是批判封建，创造新历史，必然是要用新的时代理性审判旧社会。

　　李麦麦认为，五四运动是中国第三阶级的思想文化运动。五四运动在消极方面反对封建思想、封建伦理、孔孟精神、贵族文学，在积极方面，高举赛先生（Science）和德先生（Democracy），"确是一切第三阶级历史运动之指标"。除此之外，还有一位"国故先生"，将整个的五四运动化为"介绍新潮，整理国故"的运动。"这不是当时的人主观地想分裂这种运动，而是客观地反映出五四运动自身是两个历史运动之携手。"五四运动是中国的"文艺复兴"（Renaissance）运动和"开明"（Enlightenment）运动的合流。然而，会合的历史运动很容易混淆人们的视力，尊视五四运动历史意义的人同时对整理国故运动发生不满，究其原因，仍在于对"五四"思想文化运动的分析尚欠充分："形式的文化批评者，当然是认整理国故，就是复古，复古就是反动。但我们决然反对这种意见。历史告诉我们，复古有反动和进步之分。"如果我们批评"五四"时代的胡适，不能因为他提倡整理国故运动，而要批评他不理解思想批判运动与革命的关系，"五四"时代的整理国故运动，"是近代中国的第三阶级复活春秋战国时代工商业的哲学表示，是近代中国的第三阶级对于汉以来封建伦理之打破和对于传统历史之批判表示"。"五四"的国故整理工作，不外以下三点：（一）战国时代的哲学；（二）元明清各代的文学作品；（三）封建历史之批判。

　　一般的"五四"的批评家，只知胡适整理国故是复古，但他从不对胡适整理国故的立场和方法加以考虑。胡适等整理国故，不是用东方文化派的精神，不是用中学为体西学为用的精神，而是用的资产阶级的自由精神。至于他所使用的方法，虽有时不免犯形而上学的错误，但一般的说，仍然是唯物的。不过，不是近代唯物论，而是自然哲学的唯物论。此外，当然还有他的市侩的实验主义的方法论。至于反对胡适整理国故的，如吴稚晖，鲁迅等的思想怎样？他们在这一点，却完全只犯了十几世纪的唯物论者的短处，即是说，他们和十几世纪唯物论者一样，只是不加分析地朴素地否定过去全部历史价值。他们不知黑格尔所说："哲学史的总和不是一种人类的理智的错乱现象的展览室，宁可比之为'众神的殿堂'。"至于这种否定的态度，与以发现人类历史过程之法则为职责的近代唯物论毫无共同之点，那是更不必说。

　　最后，李麦麦着重分析"五四"整理国故以及对封建历史展开批评。清代整个考据运动都可以被视作中国的第三阶级对封建历史的批判运动，但只有到"五四"时代才公开举起反封建的旗帜：

老实说，"五四"整理国故所发起的古史讨论，其意义之重大并不亚于当时的科玄论战。当时即使是很进步的教授，有不畏这种讨论"影响人心"么？虽然当时的历史家一直到现在还未给我们做出一部可看的历史来，但他们对封建历史公然举出革命旗帜，其功绩，总不能完全否认。

人们虽能创造自己的新历史，但他们却没有选择历史环境之自由。死去的遗体总是和泰山一样压着人们的脑袋，因此，当人们正要创造新事物，正要使自己的时代生气化时，他们是不能不把他们要借助的亡灵，从地层下唤起，为自己壮观瞻，同时对他们一向憎恶的故物，又不能不拿到新的理性的王座之前，加以审判。

这就是"五四"整理国故之历史意义！（李麦麦：《论"五四"整理国故运动之意义》，《文化建设》，第1卷第8期，1935年5月）

5月12日　陶孟和撰《国粹与西洋文化》，指出人类的前途不能专倚靠西洋文化，也不能如国粹论者专在保存固有的文化。人类的运命全在于各民族能否在短的时期内建设出一个各方面平衡发展的，适于全人类的新文化。

现在世界上各个社会的文化不相同，就是同一的文化，在不同的时代里，也不能完全相同。这种不相同情形可以分别为程度上的差异（例如近年女子的旗袍，身长由长变短，短到过膝，又由短变长，长到拖地，袖长由长变短，短到过肘，又由短变长，长到盖手），与种类上的差异（例如中西房屋构造的不同，或如女子装束由上衣与裙子改为旗袍）。关于这两种的差异，此处不必细讲。我们现在所要注意的就是因为各种文化之间发现了程度上的与种类上的差异，于是每个文化都自认自己的优越过其他的。用近来习见的名词来说，一个民族承认他有自己的国粹，或自己本位的文化，并且以此自豪。我们试一考察文化的性质便知道这个国粹的观念缺乏确实的根据。在太古时代，人类分为若干隔离的不相往来的团体而生存（这是假定人类多源说，如果人类出于一源，这个推断便不能成），每个部落或种族或者可以说有自己的"族粹"。一旦部落间、种族间发生了接触，有意的或无意的模仿便开始进行，这时所谓"族粹"的本色便失去了。每个民族在长久历史的演化中，除了逐渐的多少改变了自己的文化型式以外，还不断的吸收了许多外来的文化。所谓中国的文化，如果从言语、生活方式、用具、思想诸方面仔细考究，乃是一种混合物，乃是由汉族、苗族、西域、波斯、印度、蒙古族、通古斯族，还有间接的由希腊、罗马或者还有其他的民族所融化而成的文化。同样的，所谓英国的文化包含有盎格鲁人、撒逊人、诺斯人、希腊、罗马、犹太、克尔特人，以及其他文化的传统（连中国的影响都有）。在现在世界大通的时代，没有一个国家可以自诩他有固有的国粹，最多只能说各国文化有独具的风格。假如说汉学乃中国的国粹，那末现在日本、法、荷、北欧的学者未尝不可以对于音韵、考古、历史，做出虽然我们犹且不及的贡献。假如说莎士比亚的戏剧是英国的国粹，德国的莎士比亚专家未尝不可以提出赛过英国专家的研究。在物质方面更显而易见的，日本已经在三四十年里吸收了"西洋文化粹"的工业，用他的廉价而未必精良的物品打倒了他的先生们的向来所独占的市场了。简单说来，中国的文化本来便不是固有的，乃是融合的。假使这个融合了的文化适于人类的生活，则不特我们要保存、发扬，旁的民族也要采用。假使他不适于人类的生活，不为现今生活条件所允许，无论它是否"国粹"也应该放弃，应该赶快把它投入垃圾桶里。一般盲目的保存国粹不过是现代的狭隘的民族主义的表现罢了。

现代一切文化都是许多种文化的融合物，同时也是世界的，供任何民族的采取，让他采取后努力的发展。现在应该用世界的眼光，考察文化了。正如同每个文化在过去曾吸取与它不同的文化一样，现在各国，如果具有世界的眼光，具有全人类的文化的眼光，而不为狭隘的爱国心所囿，也可以大胆的吸取他国所发展的文化。现在的世界正在互相交换文化的时代。那末，现在中国追随他的历史的先例顺应现代的潮流而采取与他的不同的文化，并不是一个耻辱了。……从此看来，人类的前途不能专倚靠西洋文化，也不能如我们国粹论者，专在乎保存固有的文化。人类的运命全在乎各民族能否在短的时期内建设出一个各方面平衡发展的，适于全人类的新文化。中国民族是人类的一部分，应该尽他的责任。至于这个新文化的建设一方面要有无数的学者，包括一切研究自然界、人事界、思想界的人们，另一方面须有伟大的政治家、事务家，能够实行学者们工作的成绩，能够与各种具有人类文化眼光的学者合作。（陶孟和：《国粹与西洋文化》，《独立评论》，第151号，1935年5月19日）

5月15日　船山学社开季课委员会。

周逸、陈嘉会、颜昌峣、王礼培、谢鸿熙、张有晋、黄巩、胡子清等委员出席，推举周逸、陈嘉会、胡子清，王礼培、谢鸿熙五人为复阅课卷委员。（赵启霖著，施明、刘志盛整理：《赵瀞园集》，第432页）

5月16日　河南省政府令河南国学会迅即制止仇敬，以及勿假借该会之分会名义招摇。

案据本府第二区视察团视察主任谷重轮、视察员周祜光呈称：

案据中牟县教育局长宋子殷呈称：近有开封县仇店人仇敬五者，在其村设立河南国学研究会第一分会，吸收中牟县一般腐儒，纳金入会，借国学名义，任意委任教师，设立私塾，全县义务教育大受影响。恳请准予转呈钧府，将该分会严行制止，以维教育等情。查该国学研究会第一分会会长仇敬五假国学名义，征集会员，任意委任教师，设立私塾，阻碍乡村小学之发展，殊属有违政府普及义务教育之功令！（《教育：令河南国学研究会迅即制止仇敬，假借该会之分会名义招摇》，《河南省政府公报》，第1330期，1935年5月16日）

5月23日　教育部特派参事陈泮藻及国立编译馆主任陈可忠视

察无锡国学专修学校，"对于本校校风之淳朴，管理之认真，深为嘉许"。(《校闻：廿四年度本校教务方面之贡献》,《国专月刊》,第2卷第1号，1935年9月15日)

在教育部所下的训令中，称无锡国学专修学校"校长热心校务，校风亦尚质朴，堪用嘉许"；同时提出了三点改进意见，其中在课程设置方面，认为"该校课程尚欠完整，对于论理学（按：即逻辑学），哲学概论，西洋文学史，中国哲学史等科目，应酌予设置"。根据教育部的意见，到本年秋季开学时，三年级就增设了哲学概论、论理学等课程。(刘桂秋:《无锡国专编年事辑》,中国大百科全书出版社，2011年，第197—198页)

5月24日 "中华儒学会"代表汪吟龙、王永乐等赴日本参加"孔庙落成典礼"后返国，拟"筹组曲阜研究院"，专门访问章太炎。

新声社云：日本于上月念八日，在东京汤岛举行之孔庙落成典礼，我方参加代表，连孔子四圣后裔共二十一人，除孔子四圣后裔孔昭润等业已返国外，昨有河南民厅秘书中华儒学会代表汪吟龙，暨山东中华儒学研究会代表王永乐，由日返沪……汪等于参加典礼后，留日考察经旬，故昨日始返沪，今明日访章太炎，许世英、王一亭等，商筹组曲阜研究院。该院以研究东方文化、儒家学说、推行世界、促进大同为宗旨，而辅以其他有关之学科，分设各研究所。如（甲）经学研究所；（乙）文字音韵语言学研究所；（丙）史学研究所；（丁）天算与地地学研究所；（戊）诸子学研究所；（己）文艺美术学研究所；（庚）中国政治学研究所；（辛）中国社会学研究所；（壬）其他研究所，如水利、农田、矿产、医学、体育等各研究所，得斟酌情形，合并办理或增设之。各研究所将来分设于曲阜、济南、青岛及其他各地，现此事已得河南刘主席，山东韩主席等赞助，在今年暑假中，或可底诸实现。（《中华儒学会，组曲阜研究所》，《申报》，1935年5月25日，第9版）

5月29日 前国立中山大学教授粟豁蒙与广西文化界人士朱德垣、李钦、李冕英、张继馨等发起组织广西国学研究院，举行发起人茶话会，商量进行办法。（《粟豁蒙等在桂组织广西国学研究院》，《南宁民国日报》，1935年5月29日，第6版）

5月31日 无锡国学专修学校丛书之九，钱基博著《名家五种校读记》出版。

此书为先秦名家五种著作《尹文子》《邓析子》《慎子》《惠子》和《公孙龙子》的校读记，钱基博既校勘善本，又阐发要义。每种分"校读记""传""后叙"三部分；在"校读记"部分，又于各篇中分"校勘"和"提要"两部分。

5月 无锡国学专修学校《乙亥毕业纪念册》刊行。

唐文治作序，鼓励学子知耻近乎勇，以国粹沦亡为耻辱：

> 知耻近乎勇。人当耻其所当耻，不可耻其所不当耻。惟知大耻而后具大勇，有大勇而后洒大耻，未闻不知耻而能有勇者也。迩时可耻者，有三大端。孔子曰："士志于道，而耻恶衣恶食者，未足与议。"谓其居心卑鄙，耻所不当耻也。然而士

方皇皇焉夤缘奔走，惟衣食住之是图，而礼义廉耻因之扫地无余。夫惟崇德乃能广业，德业之不修，何有于事业？试问今日有食无求饱，居无求安，专心好学者乎？有菲饮食，恶衣服，卑宫室，明德光于上下者乎？此大可耻者一也。文化之行也，或推之，则或挽之。今吾国圣学大行于东西诸邦，美国设中国学系，延中儒教授。法人有精音韵学者，通贯古今，驾戴、段而上之。奥人有罗士恒者，覃研中学数十年，传嬗彼邦，其教法悉如吾国之旧，宿儒莫能逮。而东瀛祀孔祀贤，访求吾圣贤后裔。独吾中人扫除国粹以为快，国性日漓，国势日蹙，此大可耻者二也。有是二耻，人心世道益不可问。析言破律，乱名改作之徒盈天下，坚僻自是，簧鼓谬说，戕贼青年。一闻忠孝仁义之说，掩耳疾走或相与訾謷之，以为大愚。于是，外人讥诮以我为无礼义、无教化之国，此大可耻者三也。然则何以救之？曰："正人心之廉耻而已。"读经尊孔，学道爱人，端本于忠恕，推极于中和。正气盛而乖戾之习消，名节修而贪鄙之风绝。大耻庶几可洒乎。吾校乙亥级诸生毕业有期，特印纪念册，请序，以志不忘。爰撰耻说，以作弁言，耻之于人大矣，诸君其勉之哉！（唐文治：《乙亥毕业纪念册序》，陈国安等编：《无锡国专史料选辑》，苏州大学出版社，2012 年，第 76 页）

钱基博作序指出："窃念国学者，中国人之所以为学。而中国人之为学所以异于欧美各国者，为学与为人打成一片。而学也者，所以学为人也。"如何学为人，"博学于文"与"行己有耻"。"中国人之所以为学者学此，唐先生之所以为教者教此，即仆之所以为赠

者亦不外乎此。"（钱基博：《乙亥毕业纪念册序》，陈国安等编：《无锡国专史料选辑》，第250页）

6月1日　明德社召开第十四次董事会会议，社长陈维周、副社长陈玉崑提议创办学海书院。

明德社既以实践道德、改造人心、阐扬国粹、奖励学术为天下倡，"恐空言之无补于实际也"，遂提议成立学海书院，"其目的在养成学行兼优人才，重建中国文化基础，以负荷复兴民族之巨任。盖中国过去之书院成绩斐然，硕儒辈出，能任一时之艰巨者，亦以书院所造就之人才为多。是项提议实欲于中西学制作融会贯通之举，务使学不虚设而人才能尽用，于是一致通过，并欲重振学海堂之故事，定名为学海书院。名虽承自前修，学实兼综新旧，此始议之情形也"。决议通过后，拟聘请张东荪为书院院长。（《学海书院现况》，广州学海书院，1936年，第1—2页）

陈维周、陈玉崑撰学海书院缘起：

古者官师政教出于一，自周政不纲王官失守，孔子始以师儒之责讲学。洙泗文行忠信谓之四教，诗书执礼以为雅言，而教宗所系则备载于大学一篇，内之诚意正心，外之齐家治国平天下，而以修身为澈上澈下一贯心传之本。二千年来虽道俗有隆污，世运有升降，然其立教之鹄的则固与日月并悬，而未尝或易也。乃者士风日弊，袭拾外人绪论，不惮芸人舍己以挠吾民族立国之精神，且并吾先民教学造士成己成物之宏规，举唾弃以为无用，而其取范于他邦之教育制度及其方法，又未能折衷至当，适合国情。由是言举行不相资学与人亦不相附，遂酿为社会国家之殷忧。吾人蒿目动心，亟图补救，将欲衡量当今需要，酌采往代成规，不徇时，不囿古，偕之大道，愿为前驱，此学海书院之所由建立也。

自新教育制度移植中土以来，其弊之甚著而不可掩者约有数端。由小学至于高等教育，第足以陶育中材，而不足以简拔非常之秀，弊一。学之粗者支节饾饤其精者，亦不过东鳞西爪，不能养成融会贯通之才，弊二。有学而无养，遗本而逐末，无以得宏毅任重之器，弊三。时至今日，民族复兴之巨任端赖国中多数英贤起，而担负自不待言。而所谓英贤云者，必须有深醇之修养，坚定之品节，于本国政治社会经济沿革状况有明澈之了解，于西方学术思想有确切之认识，而又于近代民治方式有运用之能力。然欲谋根本之解决，则必须有一自由讲习之地，力祛今日学校一切泛求泛应诸积习，招聚英才从容陶冶，以实践道德树立基础，以融和新旧求其会通，实事求是，体用兼资，循是为之，庶收拔十得五之效。学海书院之设所由，本此宗旨，期与海内名贤共勉者也。

我国自孔子杏坛设教聚徒讲学，师儒担当世道之功几轶政治之力而上之，非特先圣先师为然也。即唐宋以来，儒家受业传薪蔚为风气，书院精舍海内骈列，莘莘学子鼓箧登堂者相继不绝，而以宋初四书院为尤著，其光耀之远实为近古文化中一大伟绩。此外，以人而言，如胡安定教授湖州，以经义治事，分斋为有宋一代学术导其先路。朱子讲学白鹿洞，拓千余年正学之宏规。而象山、慈湖、南轩、上蔡诸巨儒造诣既深，教泽亦远，后人即本其称名创设书院。南宋以

后，学人其收功于此，诸讲舍者皆昭昭在人耳目。远及明世
王阳明，以良知之学继武象山，其讲学之所，若龙冈，若贵
阳，若濂溪、稽山，咸立书院，以聚会生徒流风所披到处景
从。同时湛甘泉亦分筑西樵讲舍白沙书院，于粤东与阳明遥
相应和，由是五岭以南文教大昌。清之中叶阮文达以通儒秉
粤政，特开学海堂以朴学教士。其陶铸之宏，撰述之富，蔚
为一代文化之光，至今缅怀先哲，尤令人欣然神往而不能自
已也。最后张文襄广雅书院之设规模宏远嗣盛，阮公维周等
远考历史成规，近应时势需要，勉强竭蚊力，期绍前徽，以
昌学术，以正人心，以作育适时之英才，而挽求垂危之国命，
兢兢此志，固愿与当世贤达共谂之。然循其名而既其实，是
又在于学者不揣固陋为述其缘起于此。明德社社长陈维周、副
社长陈玉崐，谨识。(《学海书院现况》，第30—33页)

时人发表评述：

报载粤当局特聘张君劢创建学海书院，其宗旨在振起民族
文化，参以西方方法及其观点，以期于融合贯通之中，重建中
国新文化之基础。其教育旨趣，学行并重，于知识授受，多用
西方之方法，而于人格陶养，多取吾国先儒之遗规，务使所造
人才，知识足以应付世界潮流，其品格足以担当复兴民族。其
程度似等于大学中之研究院云。学行并重，诚属我国教育当务
之急，但于人格陶养，取吾国先儒遗规，养成的品格，是否足
以担当复兴民族的责任，此中尚有讨论余地。我国学者素持两

种极端主张。其一是全盘西化，谓吾国先儒学行，无一处可采。其二是竭力复古，谓外人的道德品格均应吐弃。此二者，自然各能持之有故，言之成理，但其不切合于事实则一。全盘西化之说，姑不具论。试论竭力复古，我国先儒品格，彪炳乾坤，光耀日星者，代不乏人。然一时代有一时代的风骨，必能因应前人，斟古准今，始称一代完人。所谓准今，实不外取法乎环境，斟酌乎时势，以求应付曲当。我们现在的环境与时势，是我国开国以来破天荒的局面，若是应付这种局势，而谓求之我国先儒已足，恐此狭义主张，未足应无穷的世变。（《创建学海书院》，《兴华周刊》，第32卷29期，1935年7月31日）

某君归自岭南，谈及上年胡适之君在粤演讲之潮，谓读经不需要，做人为最要紧。读经与做人，截然两事，引起粤人士反响，而实力派亦皆不赞同。粤陈坐镇东南，原为新军人出身，但年来颇研究新生活的出路，应从那一条路做起，每对人云：今若主张复古，固不可能，然旧道德亦不能偏废，惟有以旧道德为本，而以新文化为标，或可挽回劫运。于是广州学海书院，定于本年秋季开办，分正科预科两班。正科生为已得大学文凭者，每月给膏火金四十元，预科生为已得高中文凭及曾入大学肄业者，每月给膏火金二十五元，皆须经考取入学，国学各门所延揽之教授，皆海内文豪，闻现居北平之张东荪先生，已允担任院长。张为报界先进，言论文章，早为海内所推崇也。（冻蝇：《张东荪长学海书院说》，《晶报》，1935年6月19日，第2版）

6月2日 记者蔡博仑走访杨树达，杨树达自述求学经历，并提倡"治国学应先通文法明训诂"。

杨树达自称：

> 余幼从家君读书，时行科举制，家君顾不教余兄弟作八股文，却教余兄弟读古文，所以余十一岁开笔为文时，即试作史论，不作时文也。十三岁时，为湖南学使元和江建霞先生所识拔。时江先生极力提倡新学，开设实学会，讲授英文算学舆地三科，依例入会须缴会费，而余家贫，不能入会。先生闻之，以余颇通算学，遂特命余免费入会，此光绪十三年丁酉事也。

> 从梁任公学春秋

> 是年冬，余考取时务学堂，从梁任公先生学《公羊春秋》，从李维格先生学英文，是为余习英文之始。时学堂初兴，不甚注重体育，每日整坐六小时，与余以前在家读书时除读书外随意运动者不同。余在一班中年最幼，体力不能胜，次年遂大病。因此缺席过多，功课落后，遂出校。无何，政变事起，学校亦遂停办。己亥岁，家君命余从叶邬园先生问业。时以经解史论时文呈先生，先生为之批改，指导颇勤。家中原藏有《皇清经解》一部，家君命读郝氏《尔雅义疏》，是实为余治小学之始。后以次渐读高邮王氏诸书，近年余治文法实颇得力于此。记二十岁时，呈经解一首（题为《农用八政解》）于叶先生。先生激赏，谓余颇能治经，以当时同门中先生最得意之某君相比拟。

> 舍旧图新留学日本

次年，余因感于国事，发愤舍旧图新，遂以官费游学日本。居日本七年，以性近文学，努力学英德诸国文字语言，而于文法尤为注意。余今于中国文法之学略有心得者，此又其一因也。辛亥革命事起，留学生皆回国。其时余亦倦游，遂不复往日本，在长沙执教鞭。初教英文，后教国文及文法等。因教文法故，始读《马氏文通》，于心极不满足，谓其多失本国文字神味。民国八年，始撰《[马氏]文通刊误》一书。后来游北平，初亦教文法，商务馆今出版收入大学丛书之《高等国文法》，即由当时之文法讲义逐渐修补而成者也。

读古书应注意的两件事

余常谓读中国古书，二事最切要：一曰通文法，二曰明训诂。余于民国十八年，已将文法之著作三种先后出版（一，《高等国文法》，二，《马氏文通刊误》，三，《词诠》）。意谓更细密之文法工作，他日当有起而为之者。余于马氏既已多所修正，中文法大致轮廓，业已明晰。余遂姑舍文法之研究而专心一意于训诂一科。盖自十四五岁时读郝氏《尔雅疏》、王氏《广雅疏[证]》，即颇知声义相通之说，然郝王到今，又已百年，此事尚无一专门之著作，窃不自量，欲于此事有所发挥。二十一年，余得清华休假半年，家居无事，努力搜辑材料，目治手抄，凡得十余厚册。是后休假期满，日日上课，匆促不遑，所搜集之材料，未能参加整理。到今三四年，尚未能将整个成绩表示出来，颇复慨叹。有研究环境者，不必人人能研究，而有余志研究，亦自谓颇能研究而偏无研究之环境与之，固由余应付社会方术之不工，而天公故意留缺陷与人，亦实足令人兴叹也。近时陆续发表关于此事之文字，有《形声字声中有义略证》及《语源学论文十二篇》等（皆《清华学报》发表）。友朋中小学家如沈兼士先生等颇复过加奖誉。其中除说明古人字义同，则字之组织往往相同系一通则外，余皆零碎片段。虽时有一字二字新义之发明，距余理想中之著述却甚远也。

鞠躬尽瘁的读书态度

惟吾人之于学问，本终身事业，鞠躬尽瘁，死而后已，诸葛武侯言其政治生活者，吾辈于学业亦不能不存此心。果能成就与否，半固由个人，半亦由天，吾辈姑尽其在我者可耳！

承闻读书方法，愧别无可告，惟余自身所治之事，一通文法，二明训诂，此二语颇足为治国学者之方针。又余有一事，自身行之而有效者，随时札记是也。盖人非尽天才，岂能过目不忘，随时札记，则忘者亦自有可不忘之道。曾文正尝言：读书人一日之中"读看写作"四字不可缺一。读者高声朗诵或精读也。看者，默看，或粗读也。写者，札录也。作者，自己发表也（自己发表所得或思想，不必定以问世）。余觉此语甚为切要，敢以持赠诸君（曾文正之意，写是练习书法，今时书法固不可太随意，亦不必如前人之十分讲究。故今改写之定义为抄写札记与时代精神较合耳）。（杨树达：《治国学应先通文法明训诂》，《大学新闻周报》，1935年6月4日，第3版）

△　《国光杂志》第三期出版，介绍湖南国学馆课程。

湖南国学馆"以研究国学，发展固有文化为宗旨"，开设本科班和预备班，本科班"以大学文哲两科毕业及国学素有根底者为合格"，预备班"以中学毕业及文理通顺者为合格"，本科班考试"经义史论各一篇"。预科生"须曾读经史，文理通顺"，测试国文一篇。（《湖南国学馆招生广告》，《国光杂志》，第5期，1935年7月，杂志封底）湖南国学馆必修科、选修科课程设置如表17所示。

表17　湖南国学馆课程

第一学年上学期必修科（每周廿四小时）		
课程名称	学时/时	学分/个
《孝经论语》	4	2
《诗经》	2	
《说文》	4	2
《近思录并朱子小学》	2	1
《经学概论》	2	
《史学概论》	2	
《汉书艺文志》	2	1
《古文辞类纂正续》	4	
《古近体诗选》	2	
第一学年下学期必修科（每周廿四小时）		
《学庸孟子》	4	2
《诗经》	2	2
《音韵学》	4	2
《五种遗规》	2	1
《经学概论》	2	2

续表

《史学概论》	2	2
《隋书经籍志》	2	1
《古文辞类纂正续》	4	4
《古近体诗选》	2	2
第一学年选修科		
《释名并方言》		2
《玉篇》		2
《广韵》		2
《说文段注》		4
《音学五书》		2
《经传释词》		2
《经义述闻》		4
《古书疑义举例》		2
《朱氏经义考》		4
《四库提要》		6
《历代职官表》		2
《历代州域形势》		2
《论语皇疏》		2
《马氏绎史》		6
《东塾读书记》		2
《朱子全书》		4
《欧阳文忠集》		2
《苏东坡集》		2
《王临川集》		2
《方望溪集》		2
《姚惜抱集》		2

续表

第二学年上学期必修科（每周廿四小时）		
《尔雅》	2	1
《仪礼礼记》	4	
《古乐》	2	
《史通》	2	1
《史记》	4	2
《荀子》	2	1
《文心雕龙》	2	1
《文选》	2	
《四六法海》	2	
《诗品并古诗源》	2	1
第二学年下学期必修科（每周廿四小时）		
《尚书》	4	2
《仪礼礼记》	4	4
《古乐》	2	2
《楚词》	2	1
《汉书》	4	2
《韩非子》	2	1
《文选》	2	2
《骈体正宗》	2	2
《词选》	2	1
第二学年选修科		
《经典释文》		2
《文史通义》		2
《逸周书》		2
《大戴记》		2

续表

《诗经注疏》		6
《仪礼注疏》		6
《礼记注疏》		6
《国策》		2
《晋书》		4
《隋书》		2
《南史》		2
《北史》		2
《新唐书》		6
《新五代史》		2
《资治通鉴并外纪》		12
《读史方舆纪要》		6
《读史兵略》		4
《通鉴辑览》		8
《无邪堂答问》		2
《孙子》		2
《列子》		2
《春秋繁露》		2
《二程遗书》		4
《船山遗书》		6
《李太白集》		2
第三学年上学期必修科（每周廿小时）		
《周易》	2	
《春秋左传内外传》	4	2
《周礼》	2	
《后汉书》	4	2

续表

《管子》	2	1
《老子》	2	1
《文选》	4	
第三学年下学期必修科（每周廿小时）		
《周易》	2	2
《春秋公羊穀梁传》	4	2
《周礼》	2	2
《三国志》	4	2
《墨子》	2	1
《庄子》	2	1
《文选》	4	4
第三学年选修科		
《困学纪闻》		2
《日知录》		2
《周礼注疏》		6
《孙氏周礼正义》		8
《礼书通故》		6
《礼书纲目》		6
《五礼通考》		11
《三通典》		12
《通志》		8
《文献通考》		8
《唐律疏义》		2
《续资治通鉴并明鉴》		12
《宋元学案》《明儒学案》		8
《周子遗书》		2

续表

《严辑全上古三代汉魏六朝文》		12
《唐文粹》		4
《陶渊明集》		2
《庾子山集》		2
《徐孝穆集》		2
《张燕公集》		2
《陆宣公奏议》		2
《历代名臣奏议》		6
《经世文编》		4

（《湖南国学馆课程》，《国光杂志》，第3期，1935年6月）

　　湖南国学馆学生魏节山撰《劝国学馆同学尚志书》，认为湖南国学馆课程融贯四部，为研习国学之正途。魏节山认为，湖南国学馆"师长皆循循善诱，诸同学亦孜孜用功。选修必修，定由教程，四部之书，采其大要。盖做人治学之规，备于斯矣"。今日治学应当消融门户之见，兼采汉宋之长，以义理之学为先，以立志为本。讲求国学，原非易事，"故宜怀崛强自信之诚，树继往开来之业，第一等人不让与人做，为于举世不为之日，才是有志英年"。为此，魏节山提出两点要求，"一曰忧其不免为乡人，不忧其屈伸饥饱"，"二曰耻其无术济天下，不耻其毁誉是非"，"志伊尹之所志，诚能守此二者，则可以言国学矣，则不患无成矣。进可经邦治国，退能兴教育才"。

　　　　吾人今来国学馆求学，读圣贤书，所学何事，皆知之矣。并非默守一先生之言，一家之说，抱残守缺，陋而自足。自侪河伯井蛙之林，必充其所知，推其所为，合古今中外于一炉，毋党毋拘，毋杂毋肆，知匹夫系兴旺之责，阐扬圣贤大道，复兴东邦文化，责在吾人，于是以中学为主，西学为辅。繇博而约，繇约而精，即物而穷其已知之，理以求至乎其极，探其中至善之理，以修吾身，以善天下。此之谓，研求国学不蹈虚空之本旨也。传曰：可与言而不与之言，失人。今馆中同学，器识宏远，有怀救世，皆可与言之士也。今吾不言，不但失人，且失其时。识时［务］者为俊杰，故用抒平日管见，以相勖焉。尚望正厥大志，感发兴起，去欲速见小之心，有舍我其谁之慨。继轨乡贤，敦尚气节，师汉儒而治学。宗程朱以立身，而奉孔子为至尊，敢有一语讪孔，鸣鼓攻之。孔子道贯古今，德配天地百代之宗师，万世之标准，无孔子已无生人，离孔子不得谓道，诸子百家，何以不可尊也，以其说偏也。老之主静，释之言空，杨之为我，墨之兼爱，申韩之言法，荀杨之不精，皆未致中也。唯孔子能以刚柔相济，因时处中，执其两端而用，其中道致，广大而尽精微，极高明，而道中庸，故能尽人合天。孔子时中之圣，故能集群圣之大成。孔子之道，忠恕而已矣。己立立人，己达达人，恕道也。纯乎仁者也，仁者人也。亲亲为大，有了仁，气无不和。故天地自位，万物自育。孔子通天地人，知周万物，故能充其仁而立大同之说，使天下为公，为万事开天平。则后起者，读其书，当以仁存心，以仁养性。师好古敏求之行，守行己有耻之训，博学于文，约之以礼，而后可以成其有用之学，而后可以言四海之困穷，合天下为一家，进小康于大同，亦基乎此也。夫道家之清净虚无，释家之明心见性，与儒家之仁义道德，理一贯也，非各私其利各道其道也。无宗派之可分，无异同之可争。不过自生民以来，未有如孔子之依乎中庸而时中者也，乃所愿则，必综贯百家，博通今古，而祖孔子也，违孔子之道，侮圣人之言，即近于禽兽也。嗟嗟，国学之不振，繄来久矣。苟肆好奇骛新，急于荣利，不足以言国学。苟图记闻之学，入耳出口，以为禽犊，不足以为人师，且不足以美七尺之躯，故必兢兢乎，克己复礼，尊师亲友，本程子主敬存诚之训，阳明知行合一之说，即物穷理。经明行修诸史百家，各有窥览。于是大本内植，伟绩外充（曾文正罗忠节公神道碑铭语），以之兴教育，才风俗日移于厚，以之经邦治国，笃恭而天下平，建树皇皇，山立绝伦，而能与天地兮并寿，与日月兮齐光。远以慰祖先于泉壤，近以挽国脉于将亡，使圣人复起于禹甸，俊杰飚起于神州。斯不负师保父老昆季之望，且非湖湘一隅之荣，而为中国前途之幸也。呜呼，我同学其鉴于兹。

张树璜批示此文：

从容写来，数典如家珍，取精若采囊，弘伟简要，两俱得之。其立志是圣贤，其婆心是菩萨，酌今准古尤合时需。至于文法并秩，词气充沛，亦非寻常青年所能办到。想馆内同学读之必能振作志气，策励应求，共成大业也。余初观作者，青平有儒者气象，深致钦慰，尚恐其气弱，用功不纯。今观其见到处足以自振其志，从此持以笃恒，真国光也，国学馆不虚设

矣。（魏节山：《劝国学馆同学尚志书》，《国光杂志》，1935 年第 3 期）

△　"群"发表《读经与识字》，评述识字运动与读经运动之得失，认为让"国学大师"去研究国故、整理国学，无助于民族复兴。文中称：

> 假使读经者仅仅主张给少数专家去研究中国的国故，整理中国的国学，那决无不可通行的理由，但若说读经是可以复兴民族，定为复兴民族的方案之一，主张中小学一律读经，甚且将五经如宗教经典一样地崇拜，不可怀疑，那不但对民族复兴没有效果，即对学术研究也必同样没有效果的！……国难是非常严重了，假使大家公认提高民智训练民众为必要的话，那应当毫不迟疑的直截爽快的提出识字运动来救中国！从陈尸骸骨里去找养身的维他命，这也许将来的科学家能够真的发现出来，但今日的诸位国学大师，恐怕还不行吧！（群：《读经与识字》，《申报》，1935 年 6 月 2 日，本埠增刊第 2 版）

6 月 6 日　章太炎作《答张季鸾》，称史书为国粹，为民族主义的根基。

函称："一，中国今后应永远保存之国粹，即是史书，以民族主义所托在是。二，为救亡计，应政府与人民各自任之，而皆以提倡民族主义之精神为要。"（马勇编：《章太炎书信集》，河北人民出版社，2003 年，第 957 页）

6 月 9 日　惠灵国学播音会在神州国医学会，召开第一次发起人会议。

出席者有朱乐顾、金长康、孙德余、颜文浩、陈怡卿、汪奇文、赵静斋等数十人，推举孙德余为主席，朱乐顾为纪（记）录。先由主席报告开会宗旨，继由颜文浩、金长康报告会务经过情形，汪奇文报告经济状况。"即席推举赵静斋、金长康、刘仲祺、孙德余、钟竹友、颜文浩、朱乐顾、汪奇文、沈慕韩、陈怡卿、陈云卿等十一人为筹备委员组织筹备会次即讨论会务，并修订会章，闻即日备文呈请党政机关，许可登记。"（《惠灵国学播音会开会，备文呈请党政登记》，《申报》，1935年6月10日，第3张第10版）

6月10日　方志超发表《怎样研究国学》，指出中国人应知中国事，"读国学即所以知中国事"：专究国学者，应以四部为范围，遵循朱熹、曾国藩所示，努力以赴。

方志超认为时下略窥国学樊篱之人，除精读几部"处世接物"足资应用之古籍外，其余不妨如武乡侯之"但观大意"与陶靖节之"不求甚解"，读书方法分为选书籍、立程限、识文字，并列举研究国学应读书籍，如下：

经类有《诗经》（陈奂《诗毛氏传疏》），《书经》（孙星衍《尚书今古文注疏》），《易经》（程颐《程氏易传》），《礼记》（可阅《十三经注疏》内之郑注孔疏），《春秋左氏传》（杜预注本），《论语》（唐文治注释本），《孟子》（唐文治注释本），《大学》（朱熹集注本），《中庸》（朱熹集注本），《经学历史》（皮锡瑞著），《古今伪书考》（姚际恒著），《经籍纂诂》（阮元著），《经传释词》（王引之著）。上开四书，各有功用，读经学历史，可知历代经学变迁之大概，读古今伪书考，可知何者为真书，何者为伪书。至《经籍纂诂》与《经传释词》两书，尤为治经者所不可不备，盖一明训诂，一解文法也。

史类:《史记》（涵芬楼影印本），《汉书》（涵芬楼影印本），《后汉书》（涵芬楼影印本），《三国志》（涵芬楼影印本），《资治通鉴》（商务印书馆通行本），《续资治通鉴》（商务印书馆通行本），《清史稿》（萧一山著）;《国史概论》（葛陞纶著），《中国历史研究法》（梁启超著）。"《国史概论》以年代为经，事实为纬，纲举目张，每一篇中，穷源竟委，各有上下五千年之致。《中国历史研究法》读后，可增史学兴味，且知读史方法。"

子类有《老子》（王弼注本），《庄子》（郭庆藩《庄子集释》），《墨子》（孙诒让《墨子间诂》），《荀子》（王先谦《荀子注》），《管子》（戴望《管子校正》），《韩非子》（王先谦《韩非子集解》），《吕氏春秋》（浙江图书馆本），《论衡》（湖北崇文书局本），《诸子评（平）议》（俞樾著）;《经子解题》（吕思勉著），此书前半论读经，后半论子书，颇简明。

散文类有《文选》（梁萧统编），《唐文粹》（宋姚铉编），《宋文鉴》（宋吕祖谦编），《南宋文范》（清庄仲方编），《金文最》（清张金吾编），《元文类》（元苏天爵编），《明文在》（清薛熙编），《清朝文录》（清姚椿编），《古文辞类纂》（清姚鼐编），《续古文辞类纂》（清王先谦编），《龚定庵集》（清龚自珍著），《饮冰室文集》（清梁启超著）。

骈文类有《骈文指南》（近人谢无量著），《六朝文絜》（清许梿编），《骈体文钞》（清李兆洛编），《历代赋汇》（清陈元龙编），《徐孝穆集》（徐陵著），《庾子山集》（庾信著）。

　　诗类有《诗韵全璧》（清汤文潞著），《初学检韵》（惜花主人著），《诗学常识》（近人徐敬修著），《古诗源》（清沈德潜选），《全唐诗》（清曹寅选），《宋诗钞》（清吕留良选），《元诗选》（清顾嗣立选），《明诗综》（清朱彝尊选），《国朝六家诗钞》（清刘执玉选），《七绝诗选》（近人邵祖平选），《陶渊明集》（晋陶潜著），《李太白集》（唐李白著），《杜工部集》（唐杜甫著），《玉溪生诗集》（唐李商隐著），《白香山集》（唐白居易著），《剑南诗钞》（宋陆游著），《吴梅村诗集》（清吴伟业著），《诗品》（梁钟嵘著），《渔洋诗话》（清王士祯著），《随园诗话》（清袁枚著）。

　　词类有《词学常识》（近人徐敬修著），《词综》（清朱彝尊编），《词律》（清万树编），《词苑丛谈》（清徐釚编），《稼轩词》（宋辛弃疾著），《白石道人词》（宋姜夔著），《饮水词》（纳兰性德著），《侧帽词》（纳兰性德著）。

　　工具类有《康熙字典》，《辞源》，《辞通》，《中国人名大辞典》，《段注说文解字》，《马氏文通》，《四库全书总目提要》，《书目答问》，《佩文韵府》。"上开工具类各书，除《说文解字》，《马氏文通》须精究外，余均备查而已"。

　　以上各书，不过为初究国学者说法，未足以语于渊博也。如欲深造以成专家，则治经学者，不可不读十三经及群经注疏、《正续皇清经解》；治史学者，不可不读二十四史、《通志》《通典》《通考》及各名家之札记；治诸子学与理学者，不可不读二十五子全书、诸子评议、诸子通论及《宋元学案》《明儒学案》《清朝学案小识》，二程、朱子、象山、阳明、戴山等全书；治文诗词曲者，于阅读历代文、诗、词、曲诸总集外，尤应诵读各专家专集也。（方志超：《怎样研究国学》，《学校生活》，第107—108 期，1935 年 6 月 10 日）

6月16日　船山学社开第六次董事常会。

刘约真、周逸、王礼培、李澄宇、谢鸿熙、陈嘉会、颜昌峣、胡子清、黄赞元等董事出席，萧仲祁、杨树谷、任福黎请假。"王董事长礼培报告，湖南省党部执行委员会来令，内开，傅绍岩等前任债务，归继任人员负责偿还，饬令呈复一案，议决，此案早与本社无涉，据实呈复。谢董事序荃因病出缺，推举彭施涤继任董事案，议决通过。"（赵启霖著，施明、刘志盛整理：《赵瀞园集》，第432 页）

△《国光杂志》第四期出版，刊发张树瑝《报告湖南国学馆状况》，认为湖南国学馆旨在奠治学之基，而植其立身之本，不过，湖南国学馆财政极端匮乏。同时，公布国光社征文启事。

张树瑝指出，湖南国学馆完全仰仗何键馆长指导馆务与补助经费，"公之研究经史文学，由来已久。其于孔孟之道，尤有独得之美，非寻常经生，所能几及。而为政方针，因时制定。"世人称从讲八德，倡祀孔，令学校读经等主张判断何键为嗜古守旧之人，其实不知其锐意维新的良苦用心：

> 外观世界趋势，内察国民需要，远瞻高瞩，精心独往。亦非寻常讲新学者，皮毛之见，所能知其深远也。自民十九，长沙之变，益知治本之道，在正人心，乃立"以道德养心性，以

科学治学术"之鹄的。其于国学，尤重致用，酌古准今，与时协行。故本其宗旨，施诸教育，欲斟酌至当，其事极不易为，浅陋如鄙人，遂更觉其难矣。

湖南国学馆依照董事会议决案，分设本、预两科，张树璜与刘仲迈董事长商定，本科全责托诸教务长刘胅深、训育主任毛觉民两先生，预科则由姚大慈负责：

本期开学之始，即与刘、毛两先生商定，本孔子博审慎明笃之程序，先致力于博学明辨之功，于《说文》《孝经》讲习尤勤。一以奠治学之基，一以植其立身之本。刘教务长并编定课程（已见本志第一二三期），以此为准，循循诱进。于时代应用科学，概未暇及。又恐无以引起学生之兴味，乃仿书院旧制，举行月课，分超特壹三等。特等以上皆有薄奖，文卷用弥封，批阅五次，始定甲乙，务审作者之功力，而默验其进步。数月来虽馆舍隘仄，图书不备，而困勉好学之士，实居五分之四。刘教务长毛主任终日驻馆，未尝稍离。复得陈松汀、汤勺亭两先生之勤恳以为助。孙季虞、席鲁思、孙鼎宜、蔡渔春、王疏盦诸先生，按时到馆，而季虞先生返自湖南大学（每周在湖大三日）则就本馆设榻。赵慎之先生，批改课文。虽未到馆，而详审无加焉。胅深先生，湖南居士林林长也。惟星期日始得抽暇一往，处理林务。诸先生之勤且慎如是，故能模范多士，翕然无间。此可为三湘父老告者一也。（张树璜：《报告湖南国学馆状况》，《国光杂志》，第4期，1935年6月16日）

征文启事称：

　　本社为昌正学明是非而编行杂志，欲以是戈戈者，存天地自正气，立一阳之初基。愿奢力薄，惧无能达，惟凭一片赤诚，供献同胞，无我执，无私心，无阴谋，无矜饰，道取中和，事尚实用，并虚心下气，接受贤哲之指导，同志援之助，冀能潜滋暗长，奠我邦基。兹为公开讨论计，拟题六则列后，收到作品，一经揭载，报酬从丰。一、中国固有文化之分析及其优劣之点。二、中国今后婚礼应如何制定。三、学校读经最有效的方法。四、家族制及家庭制与社会之关系及其改良之意见。五、研究国学之途径与教授国学应注意的要点。六、实用教育与培植真材。

　　本社特别征文启事："文题·制定中国文官制服议：现政府正拟制定文官制服，本社为供参考起见，特征集右文。应征者务请将主张之理由式样阶级等项，一一说明。文不宜长，录取之文，在本刊发表，酬金格外丰富，至希公鉴。"（《征文启事》,《国光杂志》，第 4 期，1935 年 6 月 16 日）

　　6月27日　李实忱开始发表《国学研究社缘起》，隽如撰写前言叙述国学研究社的艰难历程。

　　国学荒弃多年，自海内志士竭力鼓吹以来，既倒之狂澜，确已逐渐挽回，而向尊孔读经的潮流急进中。本市国学研究社提倡于前，上海存文会，苏州国学讲习会组织于后，复古空气，已弥漫大江南北，诚振兴国学之良好现象也。回溯李实忱先生组设国学研究社时，适在废孔废经空气高压之下，艰难缔造，百折不回；虽举世非之，而其志不稍沮，呜呼！先生其先觉者与？该社组织以来，瞥眼四年于兹，来学诸生，已逾千名，研究成绩，斐然可观，盖实忱先生并诸位讲师诱掖有方之所致耳。当其组织伊始，缘起一文，为实忱先生所亲拟，洋洋数千言，上下古今，纵横欧美，凡国学之关系历朝之兴衰，世运之隆替，暨所以厚风俗而正人心者，靡不论辨纂详，讽劝鼓舞，激扬动人，洵针砭世道之鸿文，有功名教之巨著也。近来各地学术团体，纷向该社函索简章，意在组织分社，先生深恐于经学久废之后，苦无合格师资，必至名是实非，流为异端曲学；用是征集名家意见，以期切实推行；吾津为人文渊薮，甚望明经巨子，博学鸿儒，迅即出首协商，力谋斯文发展，庶几渐推渐远，举国风行，国多通经致用之才，士无离经叛道之失，可挽不良之风俗，可收既去之人心，吾国前途，其有豸乎？兹将先生原著之组设津埠国学研究社缘起，照录如下，有志之士，盍兴乎哉！

李实忱文中称：

河出图，洛出书，圣人则之，为文化开明之鼻祖。三坟言大道，五典言常道，历朝君相，会而通之，放而准之，为政治衍进之正宗。羲轩以前无论矣，尧舜心法十六字，结以"允执厥中"；禹承危微精一之传，曰"安汝止，惟几惟康"；汤以执中为主，曰"懋昭大德，建中于民"；文王立政在"克宅厥心"，武王攸叙寻伦，其要曰"建用皇极"；周公思兼三王，政行夹辅，心传勿替，圣圣相承，制治保邦，代天宣化，所有典谟训诰，以及誓命，载在国史，列为圣经。虽揖让变为征诛，传贤变为传子，然《大易》为群经之祖，《周官》为载道之书，固如日月之历乎天，江河之行于地也。春秋时，天子守府，列侯争权，纲纪凌夷，典籍浸废，臣弑君者三十六，子弑父者二十四，宣圣怒焉忧之，风尘仆仆，往来七十二国间，表而明之曰："如有用我，必为东周"，又克期而计效曰："期月已可，三年有成"；虽晨门讥其不可，荷蓧叹其莫知，楚狂歌凤德之衰，沮溺发避人之戒；而闻韶忘味，想望隆年，用心固良苦矣。无如道大莫容，所如不合，尼溪见阻，书社不封，此手无斧柯，奈龟山向之歌，所由作也。自卫反鲁，年已七十，删《诗》《书》，订《礼》《乐》，赞《周易》，修《春秋》，振木铎于尼山，垂空文以教世，期待名世间作，王者复兴，推百年必世之仁，跻二帝三王之业。以六经为根柢，以先圣为准绳，斯世反于大同，至道公诸天下，虽尧舜禹汤文武周公之政，至今存焉可也。不幸获麟绝笔，卖志以终，七十子广播流传，不能引时君以当道。战国七雄并起，尚功利夸诈，处士横议，异说朋与，刑名一家，法术一家，纵横捭阖又一家。鄙王道为迂踈，视霸功为急务，齐宣犹重桓文之烈，梁惠不解仁义之精，孟柯纵以道统自肩，而性善尧舜之言，不能挽狂澜于既倒，天实为之，谓之何哉！秦政并吞，焚坑兆祸，名儒遁迹，古籍荡然！初果惩亡秦之弊，则厚风俗正人心，不难绩奏荡平，一正君而天下大定；乃高帝不事诗书，士大夫崇黄老，正学日晦，主道不行。

文帝重道崇儒，一时几于刑措。武帝切问帝王事业，然好勤远略，不解圣功，汲黯谓武帝曰："陛下内多欲，而外施仁义，奈何欲效唐虞之治？"一矢破的之言，千载诛心之论也。故董仲舒所谓："正心以正朝廷，正朝廷以正百官，正百官以正万民，正万民以正四方"，亦皆徒托空言，未能施诸当世，甚可惜也！然而西京明训，孝弟力田，前汉吏才，贤良方正，且优礼博士，诏刻古经，申公，倪宽，韩婴，蔡义者流，均得坐于朝廷，本六艺以宣明治道。宣帝崇尚文学，考究先王之术，诏诸儒讲经石渠阁，施仇论《易》，周堪孔霸论《书》，薛广德论《诗》，戴圣论《礼》，严彭祖论《公羊》，尹更始论《穀梁》，而梁邱大小夏侯皆以明经而邀殊遇。光武投戈讲艺，乐此不疲，史称同符高祖，实胜高祖多矣。明帝缵承父志，躬幸辟雍，诸儒执经问难，环桥门而观听者，以亿万计，虽期门羽林之士，悉令通经，可谓得治世之纲要矣。章帝行石渠故事，白虎观讲五经异同，并刻五经于太学门，使群臣知所观感；故汉季儒生半天下，虽末叶主权失驭，而乱臣贼子，不为清义所容，曹操奸雄，未敢公然篡弑。盖四百年基业之盛，有自来也。六朝扰乱，竞尚空说，魏主雅好读书，亲贤乐善，殷殷然切望太平，而祚短国危，未见雍熙之象，议者惜之！唐高循例释奠，不足与言经国之猷。太宗博学好文，置宏文馆于殿侧，列四库书二十万卷，选文士值宿讲书；于是积德累仁，渐臻上理；虽未能胎息尧舜，胤育禹汤，然谓安天下者，必须先正其心，实得修己治人之精奥；且孝经大义，使孔颖达升筵讲之，其以伦纪范天下也，固有道矣。玄宗延礼文儒，发挥群籍，置丽正书院，聚文学多人，阐明政要。宪宗以前代君臣事迹，写于屏风，列之座右，借得朝夕览诵，开发善心。穆宗注重读经，尊崇孝道，薛放奉承意志，以孝经为人伦之轨范，以论语为六经之精华，用是经明行修，以勤学为爱民之准。五代祸变相寻，政纲凌替，惟唐明宗留意文学，诏国子刻九经，颁行天下，至周而学以大明；周主以孔子为帝王百世之师，而圣裔授官，实自周始。宋太祖起自行间，以不学无术为遗憾，谓侍臣曰："朕欲武臣尽令读书，以知为治之本。"于是建秘阁贮书籍，以九经赐白鹿诸徒，且以王昭素养心云云，书之屏几，对于程颢所陈治道，则曰："朕当为卿戒之。"以故太平兴国间，风化浸浸入古，真宗酷好听经，盛暑不倦，建迩英延义二阁，优待儒臣，命蔡襄书无逸篇于屏后，赵师民谓："帝王以治经为要，不得以西鄙多事，遂罢讲筵。"帝嘉纳之。曾公亮于经史多所发明，时称善于诱导。赵抃谓："《易》之吉凶，《诗》之美刺，《礼》之隆污，《乐》之治乱，《春秋》之善恶，以至史汉之书，先代得失存亡，无不纪述。今经筵侍讲，讲吉不讲凶，讲治不讲乱。待读者，读得不读失，读存不读亡，非所以广聪明之义也；望发德音，命经筵臣僚，临文讲诵无隐讳。"帝善其言，于是盛德日新，可与太祖并列矣。

英宗立，司马光请依乾兴旧制，讲《论语》，读《史记》，勿以寒暑为辞。神宗熙宁之初，程颢疏曰："君道之大，在乎稽古正学，明善恶之归，辨忠邪之分，晓然趋道之正。"并谓：

"出入闲燕，须有诵训箴谏之臣，以成德业。"亦伊吕之训，周召之谟也。哲宗时愿为宗政殿说书，奏请讲官六三日上殿问起居，藉以从容纳诲，进辅上德。文彦博进《尚书》《孝经解》，范祖禹进《无逸》《孝经图》，经书要言，说命讲义。苏轼等进陆贽奏议，经筵之盛，千古艳称，可云善于格君矣。徽宗以杨时为著作郎，时面奏曰："尧舜允执厥中，孟子曰汤执中，洪范曰皇建其有极，历世圣人，由是道也。"虽徽宗未能实践，而帝王要道，因以著明。靖康以来，国家多难，不废讲经。罗从彦谓："用人处事之际，天理为宗。"胡安国谓："接事宰物之权，正心为要。"固皆探本立论，足以惇治化而奏升平也。光宗之世，朱熹奏书迭上，正心诚意之学，因而盛行。张栻谓："修身建极，亲贤置辅，可成治功"，遂定君臣之契。宁宗倚任杨简，上谓："心即是道，只在学定。"简谓："定不用学，但不起意，自然静定澄明。"君臣论道之交，饶有虞夏都俞之美。理宗擢真德秀为礼部侍郎，直学士院，秀奏"敬为一心主宰，万善本原，圣学高明，端在主敬"，并进《大学衍义》一书，渥河殊荣，奉诏进讲，后虽十年去国，声望弥隆，以致君泽民，固有本也。元世祖在潜邸时，召张德辉问曰："孔子殁已久，其性安在？"对曰："圣人与天地同体，无往不在，殿下能行圣人之道，性即在是矣。"至元间，中丞评衡疏明明德之学，必先持敬，惜元以外藩而主中土，圣道不克实行，亦憾事耳！明太祖，智勇绝伦，殷勤向学，以尧舜之心为心，以尧舜之道为道，并以大学为平治之本，故曾鲁详陈帝王之治，太祖不流于好恶之偏，是以仁德化民，号称盛世。永乐间，解缙呈大学正心章讲义，成祖退朝默坐，资以管束其心。他如薛煊，吴与弼，导英宗以圣贤之学，请断然以尧舜自任。陈宪章之对宪宗也，谓中无定体，随时处宜，以极吾心之安为准，足以匡扶君德，启沃君心。嘉靖改元，贵幸专横，薛侃及弟一义，负紫阳复出之名，卒以封事而遭惨毒！蔡懋德敬据法祖芳规，怀宗视以为迂，而心学之传，衰微已极，及城陷自缢，而曰："朕非亡国之君，臣皆亡国之臣，吾不信也。"前清平闯献之乱，宰割中原，视学临雍，敦崇儒教，经筵讲官之设，定为世守遗规；虽开国专赖战功，而文教修明，实现于康雍乾嘉时代。道咸以降，外患迭乘，内忧并作，靖内攘外，赖有学臣，曾左胡林虽当戎马仓皇，而侍讲侍读诸官，犹以格致诚正之功，为修齐治平之要，用是名儒遍野，硕彦盈廷，民游熙皞之天，世奏平康之迹。

穆宗尊师重傅，圣化可观，德宗发奋为雄，务行新政，庚子西巡以后，选人才以利实用，重科学而黜虚文，课目仍重读经，正教依然尊孔，大经大法，不愆不忘，上下力矢精勤，国本从何摇动，由是借人之长，补我之短，变通尽利，不难凌驾欧美诸邦，惜亲政未能，中年不禄！幼君嗣位，摄政专权，误国庸臣，多仰天潢鼻息，立宪本为急务，竟主延宕十年；科举业经废除，学校不筹出路；贵胄滥用权要，贤豪大率灰心；而况乱政亟行，激成革命，武昌起义，遂至逊政让权，要皆自取之也。综唐虞以迄清季，其兴也执两用中，其亡也离经叛道；以故五千年来，有圣君然后有贤臣，有民□然后有国本；秉政者既无学术，辅政者又无道心，但凭政策愚民，久则民不受其愚弄，理势然也。民国肇造，趋向共和，果能式焕新猷，痛除积弊，以精神文明为主体，以物质文明为辅助，以乐育英才为强国之机要，以振兴实业为富国之根源；则生聚十年，教训十年，自能控制列强，常享和平之福，乃一人专擅，众议沸腾，政客极挑拨之能，军人开竞争之渐，此仆彼起，攘夺首魁，远交近攻，酿成内乱，外托民治，阴行专政，为九州铸错之权舆。

政令失其平衡，官吏趋于贪诈，国家无赏罚，社会无是非，揆厥致乱之由，实由因无学诸人，不知经传为何书，德礼为何物，于是败法乱纪，举国若狂，牵动外交，造成战祸！孟子曰："上无道揆也，下无法守也，朝不信道，工不信度，君子犯义，小人犯刑，国之所存者，幸也！"又曰："上无礼，下无学，贼民兴，丧无日矣！"此其时乎？尤可异者，校课仍主废经，文字不求甚解，通儒鄙为迂腐，图史视为赘疣；是以民国成立二十余年，经典遗文，流行外国，圣贤学说，韬晦宗邦，婚姻不正，丧失人伦，礼教不明，秩序凌□，相习成风，挽救殊难，至可忧也！欧州大战以还，外人澈悟，佥谓物质文明破产，非精神文明，不足以戢枭风而入正轨；于是建设孔庙，搜购宝书，翻译诸经，编为课本，广立中国文化学院，敦聘我邦博学教师，确立中学专科，以示特殊崇尚；而且各校以读经为重，至教以孔圣为尊，我士子留学英国，先试中华文艺，如或文言缺欠，即令专心补习，倘毕业时，中文不合程度，虽他科优美，不予证书。法美各邦，均于各大学设中文专科，任人选读。

德则演我忠孝节义戏曲，以为通俗教育定程，比且以中国文学，如仅在大学内设立专科，尚不足资研究。故特创中文大学专校，期于唤醒国人，因是风气宏开，盛称孔孟心传，为平治天下大本。是昔者欧风东渐，认为助我良多，今则圣教西行，列邦引为荣幸；虽我国莘莘学子，不知反省，犹复专重外文，轻抛国学，读书既无门径，论冶殊失权衡；若任长此迁流，势必实学沦胥，他日欲通国学，转须远涉重洋，别寻途径；甚至纲常名教，大义消沉，四百兆人民尽陷于野蛮境地。但就国学而论，各校设科讲授，已苦难觅教员，新生滥侧其间，讲解时多荒谬；其甚者，句读不分，姓名不辨，此而不为救正，则亡国灭种之祸，即兆于荒经废学之中！

最近目触国伤，深维世变，更信治术多舛，实由学术不纯，当此存亡绝续之交，不得不广召同仁，共谋补救；吾津济济多士，不乏力学向义之人，果其铸史镕经，明体达用，志德凝道，身体力行，必可养成拨乱反正之才，实施正德利用厚生之化，不特通经致用，足以佑启后人，而帝德王猷，亦能发挥光大；从此诚意以握修身之纲领，絜矩以运治国之枢机，以慎独为戒欺求谦之实功，以知止为明德新民之归宿，以修道立教，为率性之功用，以履中蹈和为行道之功能，以三德行五道之全，以一诚贯九经之事，俾人人知大学为修道入德之门，外王由于内圣，知中庸为尽人合天之学，致曲归于至诚；然后佐以群经诸史，辅以懿行嘉言，学问日深，推行日远，其君子弃武功而崇文德，其小人重礼让而息私争，万国自消侵略之谋，全球共跻大同之域，所谓九国协议，非战公约，国联公约，一举而空之可也。发启人等，推登高自卑之义，厉循序渐进之

修，先就津埠一隅，组设国学研究社，以开否塞以树风声，共
策进行，不遗余力，倘蒙赞许，请列尊衔！（李实忱：《国学研究
社缘起（一）～（七）》，天津《大公报》，1935年6月27日—7月7日，
第15、16版）

6月29日　江苏常熟赵子刚于常熟国医杂志社编辑室撰写《改
良国药为保存国粹之要图》，认为改良国药，实为保存国粹切要的
途径。

文中称：

夫天产药物，必具功用。其于生理上者，亦必有一种纯
粹之成分，欲得之，非用化学提炼，机械制造，可能得乎？然
尤非医药界化学界互相研究，不足以收圆满之功绩：如杏仁之
化痰，其主要成分为青酸；鹿耳之峻补，其主要成分为阿摩尼
亚，其功效则同于原料。然提炼之法，随物之性质而异，或以
水浸，或以酒制，或以酸化。某叶某根，须用蒸馏榨滤，某药
须待结晶，某液须用沉淀，悉依科学方法，提炼其菁华，自有
特殊之功效也。今者中央国医馆，有鉴于此，集资筹备中华制
药厂，规模宏大，组织完善，将来定能竞胜西药，非特使中华
国粹不致沦胥，且能列全球药界之首席，则不独医药界之幸，
抑亦中国之荣也！（赵子刚：《改良国药为保存国粹之要图》，《寿世
医报》，第1卷第8期，1935年8月1日）

6月30日　无锡国学专修学校丛书之十——：钱基博著《〈文

心雕龙〉校读记》出版。

该著按照刘勰《文心雕龙》原书顺序，由《原道》至《序志》，每篇分两个部分：一为"发指"，阐述各篇宗旨，彰明旨归，洞晓本末；二为"校勘"，以"乾隆三年黄叔琳校注、纪昀评朱墨刊本""涵芬楼影印明嘉靖刊本""乾隆辛亥金溪王氏重刊《汉魏丛书》本""乾隆五十六年长洲张松孙校注本"四种版本互为校雠、评骘。

△　钱玄同自称："黄侃——天王；汪东——东王（杨秀清）；钱玄同——南王（萧朝贵）；朱希祖——西王（冯云山）；吴承仕——北王（韦昌辉）。"（杨天石主编，阎彤整理：《钱玄同日记（整理本）》下，北京大学出版社，2014年，第1111页）

6月底　唐文治编成《性理学发微》，无锡国学专修学校秋季开学后，唐文治于每周星期日课外为部分学生讲性理之学。

五月杪，宗侄星海来谈，有志研究余学说。余告以方今世局颇类战国，当以孟子心性学救之。余《性理学发微》已将告成，即以稿本示之。星海欣然，愿任印费。余乃详细整理，厘为三卷：一曰《理学大原》，言性理为政治之本，当严君子、小人之辨；二曰《学派大同》，自宋周濂溪始，至清曾涤生止，详论学派源流，实事求是，反诸躬行，不存门户之见；三曰《读书大路》，先总集，次专集，为读书记凡六十二篇。助余缮写者，高君涵叔、陆生修祜、沈生切，流汗霹霂，不稍休息。书成，交星海陆续付印。校勘者钱生君白、洪生长佳；总其成者冯生振。此书一出，期有裨于人心世道云。（唐文治：《茹经先生自订年谱》，邓国光辑释：《唐文治文集》第六册，第3745—3746页）

中华民国二十四年秋季开学，课外请业于茹经先生者，都凡五十七人，实开课外请业未有之盛。龙幸得列末座，心窃喜之。先生每日曜集礼堂，讲性理之学。多士济跄，雍容康乐，弦诵之声，达于户外。而阳和满室，华发盈颠，躬侍杖履，亲闻謦欬，小子之欣喜又何如也！虽然风雨如晦，乱靡有定，我心匪石，夙夜忧皇，但先生救世之苦心，与夫谭经之微义，敢不识之？用资惕励，安知兴唐辅弼，不在河汾？百尔君子，愿共勉旃。（崔龙：《唐茹经先生中庸讲记》，《国专月刊》，第2卷第4期，1935年12月）

6月　钱基博发表《十年来之国学商兑》，介绍裘匡庐《思辩广录》，引申讨论国学研究。

钱基博认为近十年来国学并无太多演变，仍旧承袭前十年或数百年的途径为之递嬗，"其新颖动人而为青年髦士之所津津乐道者，厥为以科学方法整理国学"。国内大师要么弘扬宋明理学，"欲以矫清代治汉学者训诂琐细之失"。或者高谈三教会通，"故为荒唐之言，无端涯之辞"。审阅裘匡庐所著《思辩广录》稿本后，深叹该著"以程朱衡学，以佛明儒，箴砭时贤，直探源头，揭'真参实悟'四字，当头作棒喝；语无泛设，极高明而道中庸，并世学人，罕有伦也"。因此，特意介绍《思辩广录》，"以供时贤之论衡而开思辩之境涯"。

裘毓麟，字匡庐，生平服膺太仓陆桴亭《思辩广录》，"恨其未睹今日之极变，而不及与之论证也，故以《思辩广录》题篇"。裘氏自称读古昔圣贤心性之书，常有"触发"与"融合"二种感觉："凡古人之书，读之能触发我性灵者，虽欲不好，不可得也"，"当读之时，读者之心与作者之心，融洽一片，无少间隔"，"凡读心性之书者，必同具此感觉；若始终无此感者，必其人顽钝无知者也。"（见《无题》）

该书讨论青年修习国学方法，指出胡适《国学入门应读书目》，标题为"最低限度"，然而所列之书，广博无限：

今以古今鸿儒硕士所万不能兼通者，某先生乃欲令中学学生兼习之，又复标其名曰"最低限度"。吾不解某先生所谓高等者，其课程复将奚若！其将尽龙宫铁塔之藏，穷三洞四辅之秘乎？凡此皆欺人之甚，而言者悍然不惭，闻者茫然莫辨。世人既多妄人，复多愚人；非妄人无以益愚人之愚，非愚人无以长妄人之妄。余读近人著作，胸中辄作二疑。观其繁称博引，广列群书，则疑其人无书不读。及见其立论之浅谬，往往于古人极浅近之旨，尚未明了，则又疑其人实未曾读过一书。今日学术界之大患，几于无事不虚伪，无语不妄；且愈敢于妄语者，则享名亦愈盛。然而文人诡诞，自古有之。如清毛西河、戴东原二氏，二百年来，学者仰如泰斗；然二子均喜欺人，其生平示人之语，殆无一由衷之谈，试翻全谢山集中之《萧山毛检讨别传》，及章实斋《文史通义》之《朱陆篇书后》两篇，历举毛、戴二人种种欺人妄语之事实，其例甚多，大抵文人好名而性复诡诈，其对于后进钦风慕名而向之请益者，则必广举艰深宏博之书多种以告；又复恍惚其词，玄之又玄，令人无从捉摸。其实彼所举之书，或仅知其书名，或得其梗概于书目提要中，其书固未曾入目也；或涉猎之而未得其大意，犹之未读也。然在初学，震其高论，贸然从之，始为好名喜功之心所歆动，尚能振奋一时；迨钻研不入，久无所得，锐气一消，颓然废学，犹以为彼自高明，我则昏昧，无由趋步；不知被其所欺，误尽一生而不自知也。又凡人治一种学问，其入手之处，大抵得力于浅近之书；惟因其浅近，往往近俗，每为通人所不屑道；故在好名之人，虽最初得力于浅近之书，往往终身讳莫如深，虽亲友亦不轻泄；设有人问入手方法，则决不肯告人以己最初所读之得力者，必别举一艰深之书，听者不察而深信之，始则扞格不入，继则望洋生叹，终亦必至甘于自暴自弃而已。余近年读书稍多，见理稍明，觉今昔文人所说，大抵夸而不实，高而不切，欺世之意多而利人之心少，自炫之意多而作育之心少。……修习国学，必以诵读古书为本，不外圣经贤传及周秦诸子而已。自来学人苟于经子根柢之学无所窥见，虽文辞华赡，记诵宏博，终不免为无源之末学，不足贵也。而自秦汉以来，论诵读古书之法，无逾于朱子。朱子教人读书之法，散见于《朱子语类》及文集者不下百数十条。而撮其指要，可分五端：书须熟读，熟则义理融浃，胸中不期效而效自至，一也。读书时，贵端身静虑，意不外驰，则气凝心明，义理自出，二也。心贵纯一，业尚专精；泛滥群书，不如精一；少得多惑，古训昭然，三也。圣意幽远，未易窥测；凡情浅鄙，悬隔天壤；偶有所见，未必即是；一有执着，即塞悟门，四也。吾生有涯，义理无穷，虚心观书，本意自见。穿凿强通，必多误谬，五也。

该书讨论文士与传道的关系，认为"文人之病，往往自视过

高，以为天下事物之理，予既尽知之矣；其可以意识卜度，则穿凿附会之；其不能解者，则漫加诋毁，任意诬蔑，不复探索其真意之所在"。裘氏指出，"一代之文，自有一代之气运习尚为之范围，非可强同，亦非可强相摩仿"。周敦颐《通书》、邵雍《皇极经世》、张载《正蒙》是宋代之文。薛瑄《读书录》、陆世仪《思辨录》是明代之文，"诸先生均未尝仿古而自足传后"。扬雄与王通"学识非不过人，徒以仿《周易》《论语》之故，反腾后人之讥谤。书之传不传，文辞之高古不高古，固在此不在彼也"。

该书讨论清代学者，治程朱学术，"自当推太仓陆桴亭先生为最"。顾炎武"以过人之天资学力，竭毕生之精力而成《日知录》一书；然以与陆之《思辨录》较，则尚不逮"。清代理学以攻击陆王为风气，"一若非此不足自名正学者"；同时承袭汉学家支离繁琐之弊，"至是举世已不复知有心性之学"，"于是陆、王之学亡，而程、朱之学亦随之俱亡"。清末西学东渐，"举世舍其旧而新是图"，"于是数千年来所恃以维持国脉民心者，至此根本动摇矣"。

该书讨论东西学术之不同，认为今人主张以科学治学方法整理国学，"未明吾东方固有之学术，其性质与今之所谓科学者迥别"：

> 研究科学及一切形质之学者，如积土为山，进一篑有一篑之功，作一日得一日之力，论其所得之高下浅深，可以计日课程而为之等第也。治心性义理之学者，如掘地觅泉，有掘数尺即得水者，有掘数丈始得水者，有掘百数十丈然后得水者，有掘百数十丈而终不得水者，有所掘深而得水多者，亦有所掘深而得水反少者，有所掘浅而得水少者，亦有所掘浅而得水反多者；

而所得之水，又有清浊之分，甘苦之别，不能克日计工，而衡其得水之多寡清浊也。其一旦得水也，固由于积日累功而成；然当其未及泉也，则无论用力如何勤苦，经营如何之久，若欲预计其成功之期，则固无人能言其明确之时日者也；所谓掘井九仞而不及泉，犹为弃井也，治心性义理之学，亦犹是矣。当其体察钻研，沈潜反复，虽志壹气凝，用力极其勤奋；苟未至于一旦豁然贯通之日，则无论用力如何勤苦，杳不知其成功之究在何时也。且此所谓一旦者，不能以日计，不能以月计，亦不能以年计；但由正知正见而入，至于用力之久，则终当有此一旦已耳；然亦有用力既勤且久而终无此一旦者，亦正不鲜。就其大别言之，有得人一言之启发而即大悟者，有积数年数十年之力学苦参而始悟者，有勤奋终身而仍未大悟者，有勤奋终身而终不悟者。盖学之偏于实者，其程效可以计功计日。学之偏于虚者，苟非实有所悟，则决无渐臻高深之望。语其成功，不闻用力之多寡，为时之久暂也。明陈白沙先生论学曰："学有由积累而至者，有不由积累而至者。有可以言传者，有不可以言传者。"大抵由积累而至者，可以言传也。不由积累而至者，不可以言传也。东西学术之别视此矣。

凡西哲之学问，莫不重系统，有阶级，故其学皆由积累而至，皆可以言语文字传授者。若吾东方之学术则异乎是。不特性命之根源，精微之义理，本非可以积累而至，可以言传；即九流末伎如医卜星相之徒，苟语及精微之处，设于道一无所知，则终身亦决无自臻于高明之境。道如一大树，圣贤得其根干，方伎得其枝叶；此中道妙，父不能传之于子，师不能授之于弟；亦不由积累而至，亦非可以言语传授者也。圣贤相传之道，非古圣能创作也；不能因其固有之道举以告人耳。如黄山天台之景，天下之奇观也；然此境非吾曹所能创造，亦非吾曹所能建设；天地间原有此境；欲知此境，只须亲到亲见；圣贤不过先到此境，先见此境而已。吾人苟能笃信古圣之所指示，孳孳日进，终必有实到此境，实见此境之一日；迨已到已见之后，方知此境本为古今人人之共有，既非先圣所能创作，亦非后圣所能改造。且如黄山天台，天地间既实有此山；此山终古不改，则凡曾到此山者，其所见即无一不同。千万年以前，曾见此山者，所说如是；千万年以后，凡见此山者，所说亦必如是；决不能于实际增益分毫，亦决不能于实际减削分毫，以稍有增减，即与固有者本然者不合也。历圣所传之道亦犹是矣。道既无二，道既不变，历圣既同传此道，宜所见无不同，所说亦无不同矣。不独尧、舜、禹、汤、文、周、孔、孟同此道也，即推至羲、黄以前，下至后世程、朱、陆、王之所见，旁及柱下漆园之所说，亦无不同也；不特中国诸圣之道同也，即西方大圣人所说，若语道之根源，亦无一不同也。盖地无分东西，时无分今古，凡圣人设教之本心，无非欲世人共知此道，共明此道而已。此道范围天地，无古无今，先天不违，后天奉时，诸圣之所明者明此，诸儒之所学者学此；不明此，不足以为圣；不知此，不足以为学；所谓惟此一事实，余二即非真之大道；无论何时何人，决非可以凭一己之心思才智，创立新说异见者也。……西儒之治哲学，如人造园庭，各人所作各各不同。一人所作之园庭，可由一人之意匠经营而为建设布置；故后人所作之园庭，不必同于前人，亦不难胜于前人。是以西儒之治哲学，往往后胜于前，今密于古，不同东方人之学道者，先圣既造其极，决无后可胜前之理；无论后人用力如何勤奋，悟道如何深远，谓所见同于先圣，可也；谓所见等于先圣，可也；若谓所见异于先圣，或谓其过于先圣，则非愚即妄矣。

裴氏认为为学之道，惟信方才能入。"宋儒言心以虚灵为贵，此言亦善；必虚而后能灵；既虚且灵，方能默契先圣精微之旨。若专以博学多闻为贵，终其身皇皇然以搜求挶摭为务，如清中叶汉学家之所为，则此心已实而窒矣；实而窒，又焉能悟道妙哉！"学道者决非博观强记、探赜索深，必须澄心息念，"收视返观而后期有得"。西儒研究哲学"不外博览群书，广采物情，全凭意识以为推求，历举事例以为比较，无所谓澄心返观之法也"。圣贤之学则"全由圣贤心体灵光发见，非由外得。故言道学者，前圣已造其极，决无后可胜前之理；故学儒者决无人能过孔、孟；学道者决无人能过老、庄；学佛者决无人能过释迦"。

该书论三教会通，并表章潜德朴学，认为"三教分立，由来已久；虽根本之地，原无不可会通之处；然门庭施设，各自不同；通一教已不易，而侈言会通乎"！另外，书中，钱基博赞誉该著："观其所称，见解超卓，议论中正，以聪明人，说老实话；其论不必为近十年发；而近十年之国学商兑，惟先生殚见洽闻，洞见症结，人人所欲言，人人不能言。要删如右，以备成多学治国闻者考览焉。"（钱基博：《十年来之国学商兑》，《光华大学半月刊》，第3卷第9、10期合刊，1935年）

△　张振镛编《国学常识答问》，由上海商务印书馆出版。全

书分文字学、经学、子学、史学（附地理学）、理学、诗歌、文章、词曲、小说戏剧九部分。

　　△　船山学社公布1935年2—5月入社会员（见表18）。

表18　湖南船山学社民国二十四年（1935）二月至五月新入社员一览表

姓名	别名	年龄	籍贯
谭辛震	浵庵	五二	湘潭
王原一	宪文	三九	湘阴
唐德度	海庐	六九	醴陵

（《湖南船山学社民国二十四年（1935）二月至五月新入社员一览表》，《船山学报》，1935年第8期）

　　7月1日　《儒效月刊》由河南开封儒效月刊社在开封创刊，由河南儒学会负责发行。社长褚西樵，主编杨耀远。

　　杨耀远撰《儒效月刊》发刊词，声称"儒之为术，为一切国故者通号"。文中称：

　　　　中国自开辟至今，或曰二百六十余万年，或曰三十余万年。自黄帝至今，或曰八千余年，或曰四千六百余年。虽五运递嬗，质文升降，要其所以纲维世道人心者，全恃乎彝伦道德。所谓良知，所谓不言之教，所谓寥天一，称名不同，其旨归一也。儒家之名始于春秋之世，然儒家之实，自开辟以来即已根于人心，安之若素矣。战国之世，七十子之徒，号为儒者，与老墨二家鼎立。实则扩其范围，老与墨皆儒也。汉初以儒侠相提并论，实则侠亦儒家之一派也。刘向［歆］作《七略》，以儒家为九流之首，然九流同出于王官。即唐虞时之司徒五教，可见其余八流，皆儒之支流余裔也。《史记》《汉书》列《儒林传》以经生为限，后之为史者仍之，实则儒之范围至大，非经生所能尽也。宋世道学倔兴，以为直接孔孟之心传。同时学者，研心性之学，蔚成风气。于是《宋史》于《儒林传》之外，别立《道学传》。实则《道学》《儒林》，未易区分。《宋史》妄加判别，难免拘墟之见。近三百年来，治汉世经生之学。如顾亭林、戴东原，则谓之儒。治宋人心性之学，如李二曲、孙夏峰、汤文正，亦谓之儒。其余若颜习斋、李恕谷，以力体实践为宗旨，亦谓之儒。充类言之，儒者，通天地人之名，一物不知，儒者之耻。言语文学，为儒术之四科。然则儒之广义，乃包举一切学术之名。周秦两汉，以儒为九流之一，似有范围过狭之嫌。六朝以降，以儒释道为三教，其界画亦难确定。两"弘明集"[《弘明集》《广弘明集》]所载，自桓谭、牟融，以至颜之推、王劭，其言佛也，其人儒也。若葛稚川陶贞白，一方治张陵于吉之遗说，一方则标举六经。张陵于吉，未尝非儒家之末流。而葛陶诸家，尤儒生之别开生面者。总而言之，儒之为术，为一切国故者通号。要其旨归，则以彝伦道德，为修身治国之本。九流三教，虽育法不同，其不外乎彝伦道德则一。契嵩，邱处机，吾亦当以儒家名之。河南古称中州，五岳有其三，四谷亦有其三。周秦以来，一切学术，渊原城原地。哲人瑰士，异地相望，曾曾不替。宋元以降，文物声教，稍稍陵夷。泊乎近世，晦盲否塞，已臻其极。语云，跛者未忘千里之步，眇者未忘秋豪之察。诚欲绍前修之遗绪，挽一时之风会，其责任所系，固赖贤士夫之提倡。而草野编户之间，本立己立人之愿，作同声同气之求，未始无裨于万一。于是同人有《儒效月刊》之役。儒效云者，盖孙卿之遗言。儒不囿于流派，效不论乎远近。兹当草端伊始。谨述微尚，以质吾两河枌梓，并为益世贤豪长者告。

其一，去古日远，文治日进。益以寰海棣通，域外学说之足供吾借箸者。日多一日，今后儒者所当从事，不宜以国故为封域。务远忽近，得新忘故，亦君子所不取。本刊职志，盖以国学为本，而以世界学术辅助之。

其二，自来经生穷经，或坚守古义，或剖析豪芒。于名物训诂，古今流别，竭举生之力赴之，其功力不可谓不勤。亦有博闻之士，大雅之才，或著书成一家之言，或摛藻致不朽之业，其才识不可谓不富。但立言与立德分途，于世道人心，裨益已少。甚有狂夫之言，取快一时，贻害后世者。凡此所陈，皆为今后儒者所宜戒。至于空谈性理，阁束经典，行修而学浅，亦非儒者之正轨。苦其目圣贤而心跬踬，冒儒者之名，以行其伪，所当鸣鼓而攻之。不令非儒之徒，引为口实。本刊职志凡立言不取矫激之谈，亦不取迂腐之说，总求平易近人，不致贻误来学。

语云：高山仰止，景行行止。虽不能至，心向往之。本刊集同人之心力，虽不敢自附于作者之林，区区之心，冀为当世学者。作土壤涓流之助。作始也简，将毕业矩。愿与同人勉之。（杨耀远：《发刊词》，《儒效月刊》，第1期，1935年7月；参见刘宏权、刘洪泽主编：《中国百年期刊发刊词600篇》上，解放军出版社，1996年，第478—480页）

7月2日 《国光杂志》第五期载何键在湖南国学馆演讲《研究国学之方法与应具之眼光》，何键提出，研究国学应当注重行践，审察经义，研究大同。

何键认为，时下要转移风气，至少要从三方面入手。一是将国学与西学比较，明悉国学的优长。二是通经致用，懂得国学培植的人才胜于西学。三是研究国学的人须在八德上立住脚跟，表示国学所成就的品格绝对可靠。如果不落实这几点，徒说空话，仍然没有昌明国学的力量。我们应当将礼让精神与大同主义推广到全世界，"不但不加入战争，并且将国界种族界及各种利害冲突的原因慢慢扫除干净，才显得出国学的价值，与我民族的伟大责任"。那么，我们研究国学，应具以下眼光：

一、注重行践。六经的教训，最重要的就是讲为人处事的道理。即如《论语》开首讲学，期于成为君子。有子言孝弟，曾子言忠信，便是为学的实际，养成君子的实功。我常常劝人实践八德，今姑以孝弟忠信为纲。大家要认定这四个字，是你们作人的根本，无论在何时何地，万万不可疏忽。财可舍，名可弃，推之一切都可不要，惟此四德，断不可一日少离。你们所读的书籍，各教师所讲的训语，总不外将此四德从其本质与范围，加以说明与指示。你们在馆，虽然离开父母，但不忘父母的希望心，努力于进德修业，这就是孝。弟字本有二义，一是对兄，一是对师，故兄弟师弟都是这个弟字。你们天天与师长相处，能专心致志、恭恭敬敬受教，这就是弟。你们能将心理一切偏见欲念扫除干净，一心清明，如镜未尘，如水未波，专一来领略经史上的义理，一字未明，便须求明，一句未解，便须求解。对于师长与同学，只觉得可亲，对于工丁及公物，只觉得可爱，这就是忠。至于功课方面，知则曰知，不知则曰不知，能则曰能，不能则曰不能，做事好说说好，不好决不强说是好，守住常课，自起居饮食以至读阅习作都有一定时间，常守不移，这就是信。先从此处做起，将来再从你的所言所行推之于国家社会，这是最要紧的工夫。希望你们天天以此自省，如已办到，便可安然寝息，如觉有丝毫不实在处，便要自知自悔更加勉力。

二、审察经义。"通经致用"四字，是千古治经的标准。孔子以诵诗三百不达政事为可羞，推之各经皆然。读经无用，读他何为。论读经的次序，须从训诂名物入手，训诂名物弄不清楚，便容易起了许多错误。然读经的最后要求，仍在致用。书有古今新旧之别，义无古今故旧之分。今人之性情好恶，与古人一样，以人治人，古今宁有二法。凡圣人所垂训的几个要点，在今天仍然很适用。我很希望大家于读经时，一面了解古训，一面又要认清现在时代，将经义可行于现在的部分，从修养上说，志道据德，依仁游艺；从学问上说，博学，审问，慎思，明辨，笃行；从伦理上说，三达德与五达道；从政治上说，尊五美屏四恶与九经；从治民上说，明伦与制产；从经济上说，生众食寡，为疾用舒，与哀多益寡，称物平施；从人群上说，三世与大同。如此之类，均应特别注意，方才成为有体有用之学。在家不是一个迂腐书生，居官自然能因时制宜，来求国计民生的福利。

三、研究大同。现在中国须向国学里求出路，上面已经讲过。但难免不有人疑惑说，世界列强，都向中国侵略，我们严守门户，尚恐不及，若提倡大同，自将门户放开，不但暴露我国民之软弱无能，虎狼般的列强，将更向我国侵入了。岂知不然，天下之祸，起于争而消于让。中国如步列强竞争的后尘，尔诈我虞，不但不能阻止列强之侵略，且更引起其侵略的诈谋。如中国提高国家人民的程度，专讲礼让，将古圣人伟大的大同学问尽量向世界灌输，在无识之人或疑为中国贫弱，武备不足，这是一种无可奈何的办法。识者看见中国言行一致，能讲出伟大的学说，就能做出伟大的事业，必定心中惊服。要研究大同的道理，谁个愿为争斗的小人，谁个又肯让别人独成君子？必能此唱彼和，大家都在人道正义上比较程度之高低，马上就可实现出来。到那时候，不但孔道通行世界，我国人且因发扬孔道，而居于领导的地位，岂非历史上无上的光荣。况且为人类前途设想，除行大同外更无法造成全人类的幸福，大同学说既创自中国先圣，今日提倡大同，正是中国人惟一的责任。

以上所说三端，即修身，治，平三义，不过举其纲领，三者又当分为若干细目，才能解释清楚，现在姑不多讲，仅从教学两面总说两句，作一个结束。先说学生方面，你们正在青年，即是将来的社会中心，想知道你们将来的事业如何，就看你们今日的努力如何。我对你们抱着很大希望，盼你于实践孝弟忠信以外，还要行之以勤，出之以谨，持之以笃，守之以恒，扫除轻狂浮燥、骄慢怠惰一切恶习。你们学识修养进步与否，我将来从月考与季考的文卷里面，也可以看的出来。至诸位教师，都是博学重望的先生，肯出来为国家尽义务，植人材，这是很可感谢的事情。诸位都能以身则则，循循善诱，不计较权利，尤值得佩服。但记云"师严而后道尊"，这个严字虽不作严厉一面解，我希诸先生对于学生的行践要严加考察，抱定教育真材的精神，凡品行不端，屡教不改与向学不专，不肯受益，及生性顽劣，不堪造就的害群的学生，也要分别轻重，严加剔除。然后真正好学生，才能安心读书。不可以宽大为美，教不成有用的真才，致负社会群众无限的希望。（何键：《研究国学之方法与应具之眼光》，《国光杂志》，第5期，1935年7月2日）

7月4日 南社湘集两粤支社与中国国学会广东事务所在广州成立。（杨天石、王学庄编著：《南社史长编》，第631页）

△ 《申报》报导钱玄同、黄侃等正式发起章太炎讲学会。

"当代国学大师章太炎，年来息影吴门，林泉颐养。最近钱玄同、黄侃、葛豫夫、汪东、景耀月等四十二人，发起章氏国学讲习会，设于苏州锦帆路五十号，入秋始业，特发通启，征求各界赞助云。"（《章太炎讲学会之发表》，《申报》，1935年7月4日，第4张第13版）

7月6日 《申报》评论"国学论文索引"的纲目融合中西，变通四库旧章而标以适应时代的名目。

文中称：

《国学论文索引》，已出三编，初编于民国十八年七月出版。编著者为王重民先生，先生邃于国故，精通目录之学。其后记自称此书编辑开始于民国十四年夏。计收杂志八十二种，得论文三千数百十篇。自民国十七年七月以上，二三十年来国学之著述，概已搜罗辑入。其分类总纲目，计为：一总论；二群经；三语言文字学；四考古学；五史学；六地学；七诸子学；八文学；九科学；十政治法律学；十一经济学（附货币、实业、商业等）；十二社会学；十三教育学；十四宗教学；十五音乐；十六艺术；十七图书目录学——盖此目融合中西，变通四库旧章而标以适应时代之名目者。此后，续编，三编一本此格，每于子目略有更动。计续编为徐绪昌先生辑。民国二十年七月出版。收杂志报章八十余种。论文量数，略与前编等。三编为刘修业女士辑。民国二十三年十月出版。收杂志报章一百九十二种，论文数量较前约增一倍。卷末添增一《所收刊物创刊年月表》，似为蛇足。（史略：《北平图书馆的几种索引》，《申报》，1935年7月6日，第5张第18版）

7月7日 《申报》公布惠灵国学播音会颁布暂定简则，国学名宿胡朴安及沪上闻人顾馨一、王伯元、王晓籁、王延松、王龙章、朱学范、陈济成、陶百川、童行白、黄造雄、郑泽南等先生先后加入为赞助会员。

该会为普及国学以便未入会者明悉入会手续起见，暂订简则如下：

（一）普通会员，会费免收，每年只邮费洋一元，以便递寄讲义及刊物等。（二）特别会员，会费每年二元，邮费一元，除递寄讲义及刊物，得修改作文之利益。（三）团体会员，凡自集十人以上入普通会员者，其邮费每人每年减收半元，入特别会员，会费不减，邮费减收半元。并为会员交换智识起见，将于本月十日之播音日报特刊《惠灵国学周刊》，以后每逢星期三出版，由该会分送各会员，不另取资。播音时间，已定于每晨七时至八时开讲，周力一三八○，由孙德余、（从）钟竹友二位先生担任讲师。（《惠灵国学播音会》，《申报》，1935 年 7 月 7 日，第 4 张第 15 版）

7 月 11 日　国立中山大学公布中文系 1934 年度毕业论文选题统计表（见表 19）。

表 19　国立中山大学中文系 1934 年度毕业论文选题统计表

毕业生姓名	论文题目	指导教授
廖逊我	两汉文学概论	李沧萍
关庸	屈原文学考略	徐信符
李泽民	论六书类别	石光瑛
何典华	魏晋文学史略	石光瑛
邓晖才	陶渊明之文学研究	石光瑛
练永江	诗经概论	吴三立
邓道暄	两汉文学史要	徐信符
黄文楷	曹子建之生平及其作品之研究	李沧萍
郑彦徽	两汉文学概论	徐信符
黄建中	孟子研究	吴三立
傅国英	骈文学	方孝岳
温启檍	杜诗述评	李沧萍
黄德昭	墨学研究	石光瑛

毕业生姓名	论文题目	指导教授
任颖准	唐宋诗文概论	徐绍棨
钟心	唐代七言绝句研究	李沧萍
韩朗周	屈原及其作品之研究	徐信符
邓宗藩	公安派文学之检讨	方孝岳
何绛云	老子通释附老子文学及其思想之研究	李沧萍
方遐君	中国字体变迁论	吴三立
吴良尧	象形文之人形字	陈钟凡
梁以澂	桐城文派述评	方孝岳
王庆菽	韩昌黎文学	徐信符
周耀祺	楚辞研究	徐信符
陈福麒	宋词研究	徐信符
黄国雄	中庸研究	李沧萍
李渭贻	关雎诗考	石光瑛
张秀娥	唐代文学之研究	徐绍棨
张织云	杜诗通论	李沧萍
麦蕙芳	唐代诗学	李沧萍
唐文爵	清代春秋著述考其一	方孝岳
伍海筹	荀卿之生平及其学说	石光瑛
赵华玲	唐代文学概论	徐信符
张穗华	毛诗杂论	石光瑛
马源钜	唐代文学概论	徐信符
欧阳雪波	毛诗句例考	石光瑛
何纫秋	商君书研究	石光瑛
李丛云	古韵三十部证	曾运乾

（《文学院廿三年度第八次院务会议录》，《国立中山大学日报》，1935年7月11日；转引自刘小云：《学术风气与现代转型：中山大学人文学科述论（1926—1949）》，生活·读书·新知三联书店，2013年，第353—354页）

△　国学研究社公布第五次测验成绩。

国学研究社为本市名流李实忱、钟蕙生两先生所倡办，过去，已经有四年的历史！他们的宗旨，只有六个大字，是："正人心；厚风俗"！全体社员的信条，当然是："欲正人心，先正己心！欲厚风俗，先养成自己的良好习惯！"为要维护这整个的"宗旨"和"信条"，全体社员无论是在社内、社外的行动，都要履行他应该尽的义务！同时，社长自然亦要尽他监察规导的责任！所以在现代讲国学，只是重在孔门"德行"一科！这亦是适应当前的需要，所谓"因时制宜"的吧！？李实忱先生教人，是"知""行"并重的；是折中"汉""宋"的！扫除了一切"穿凿附会""望文生义"的宿病！所请长期讲师，均为当世通儒！平时如有嘉惠后学，愿意登坛讲授的，莫不虚心延纳！经过相当的时期，并举行测验一次，以觇社员的成续［绩］。

最近举行第五次测验，从试题的质量上，很可以看出他们全体的努力！兹将各门的试题分列于左，用告一般关心国学者：

（一）《易经》：君子以自强不习［息］；（二）《诗经》：读卷耳四章；（三）《礼记》：临财毋苟得说；（四）《春秋》：申生论；（五）《大学》：皆以修身为本；（六）《论语》：君子笃于亲则民兴于仁；（七）《孟子》：居天下之广居，立天下之正位，行天下之大道，得志与民由之，不得志独行其道，富贵不能淫，贫贱不能移，威武不能屈，此之谓大丈夫；（八）《说文》：

尊孔宜重读经论；用何以从卜从中？孟子以言话之话本系何字？夏篆如何书其意如何？直亡二字为合几体会意？□为一与之齐齐字何以后世不用？东西之西本何义？食金仑三字何解？从开之字有几音？（九）音韵：汉书古今人表音释；评钱大昕段玉裁古音学。

此次测验结果，业于前日揭晓，考列前十名的，各予奖状一纸，前五名并由社长李实忱先生各赠奖品一份，惟本届测验，该社平日成绩最优社员如：李邦佐，李蕴姝等，均因故未能与试云。现在，把这一次前十名的新进，介绍在下面：

第一名：陈隽如；第二名：龚王宾；第三名：顾象枢；第四名：吴梅浚；第五名：李文才；第六名：谢宗唐；第七名：潘新吾；第八名：韩思荫；第九名：王趾卿；第十名：王宝和。（韩少苏：《国学研究社第五次测验新进题名记》，天津《大公报》，1935年7月11日、12日，第4张第13版）

7月15日　何镛发表《论研究国学之必要》，认为研究国学明了统绪为第一要义。

何镛认为："学者研稽载籍，讨核群书，将以辨章学术，根极源流。苟不提纲挈领，部次科条，则伦类鲜通，将莫知其旨趣，故治国学，当明统绪，始能依类参稽，同条共贯；不至支离破碎，贻误大雅也。"（何镛：《论研究国学之必要》，《省衡女中》，第7期，1935年7月15日）

7月16日　曾运乾致函国光杂志社，认为时下尊孔读经方能发扬文化国粹，严惩侮辱孔子，毁弃遗经之人，方能快人心而正风俗。

函称：

　　树璜先生撰席，前次枉驾。适因俗事羁身，未得晤谈，迨仆趋候，而台驾又已外出。先后参差，深为怅怅。然虽未瞻风采，而大作则久已捧读。当此举国若狂之时，忽有此狮子吼海潮音，以唤起已死之人心。招回丧失之国魂，岂徒吾湘之晨钟。且为全国之木铎，频年积闷，至此一舒。钦佩之余，为之愉快。夫一国之文化国粹，立国之命脉也。中国之所以不如人者，武备器具工商物品耳。至于道德、伦纪、政治、礼教，何者不驾外人而上之。乃自维新以来，政府诸公，来从海外，富有革命之经验，而无本国之学识。以为非尽弃所有，而学外人，不足以自强。不数年间，中国数千年来圣哲明达所发扬光大之文化国粹，已摧残殆尽。其始作俑者，实为五四新文化运动诸君。其结果诚如阁下所云，人心恣肆，□□猖獗而已。仆尝谓自古以来，未有国未灭而文化国粹先灭如今日之中国者，更未有人未灭其文化国粹，而国人先自灭其文化国粹如今日之中国者。志士仁人，当亡国之后，犹不惜牺牲其生命，保其残缺之文化国粹，以图复兴。今国未亡而国人先自灭其文化国粹，国固在所必亡。而黄帝神明之胄，且将永为奴隶牛马，万劫而不可复。不谓之恶甚始皇，罪浮秦桧，不可得矣。幸天不亡中国，蒋公介石，何公芸樵，毅然以恢复文化国粹为己任。蒋公军务旁午，尚有未遑。何公对于此举，尤为重视。近又得阁下及诸君子正言谠论，大声疾呼，行将由一线之曙光，放而为全国之光明。不图黑暗余生，竟得重见天日。故每一披读，即觉慷慨激昂，不能自已。惟是诸公以尊孔读经为恢复文化国粹之重心，诚为探本之论。然尊孔必先儆其侮辱孔子者，读经必先儆其毁弃经书者。中国数千年来，均以尊孔读经为立国之根本。虽至狂妄之人，对于尊孔读经，决不敢有所訾议。孔之为人侮辱，经之为人毁弃，实自蔡元培、胡适之始。蔡固两朝名流，胡亦一时人望，不饮水以思源，乃数典而忘祖。蔡元培废祀废经，实行其打孔家店之策略。胡适之则高标其打孔家店之旗帜，尊□□为岳忠武文信国，以为之推波助澜。数年之间，风靡全国。宋太学生董类谓纲纪既绝，大乱将作，不啻为此时而言。使无蒋公何公合力□□，以四维八德出而提倡，曾几何而不全国皆趋兽化乎？今日而欲以尊孔读经，发扬文化国粹，非重儆侮辱孔子，毁弃遗经之罪，不足以快人心，而正风俗。纵不能即正两观之诛，亦当宣布其罪，以告天下。仆前曾此上书何公，虽承复函，过蒙奖许，而于仆之所请者，则谦让未遑，此或时地使然，非仆所能揣测。今者阁下代何公履行馆长之职，兼主编《国光杂志》。既以国学国光为标帜，则对于此遮蔽之黑雾，非扫荡净尽，又何以使全国得睹光明。仆自十五年以来，托迹韩康，不欲与闻时事，惟睹此数千年来圣哲明达所发扬光大之文化国粹，为此辈所摧残，义愤所激，忍无可忍，以故历年所作文字，均不免近于激烈。令侄前以尊意，索仆文稿，今抄录数篇，随函尘上。仆近寄壶公诗，请其不作诗观，而当作亡国之眼泪。今请阁下亦勿作文字观，当贾长沙之痛哭流涕可也。四五期《国光杂志》拜领。暇当趋谢，再作畅谈。……

再启者，此次阁下对于十教授反对尊孔之谬论，痛加驳斥，殊快人意。惟近日教员中之媚外忘本者，尚不止十教授。昨见近出大厦大学教员蔡尚思所著孔子哲学及一般大学之人生观等书，一面附和正谊，一面又主张男女杂交。学校中如有此等教授，其贻害青年，岂堪设想。惟此辈皆蔡元培、胡适之之应声虫也。杨重子谓不去蔡元培，无人才可言。仆则以为不去蔡元培、胡适之，无教育可言。然而举国且噤若寒蝉，无直声其罪者，即对于尊孔读经之建议，亦未有如阁下及吾湘诸君子之恳切痛快者。由此推之，将来能负复兴中国文化国粹之责者，非阁下及吾湘诸公而将谁属。务望本大无畏之精神，以中正之道而辟邪说，仆虽老，亦当奋其敝且秃之毛锥，以随诸公之后也。再颂撰祺，统希荃照。（《曾觉叟先生致本社函》，《国光杂志》，第6期，1935年7月16日）

△《申报》报导持志学院大学部添办国学、监狱、商业三专科，附中组教导研究会。

持志学院应学子的请求为适应环境的需要，从下学期起，"添办国学、监狱、商业三专科，均以二年为修业期间课程"。该类课程以实用为标准，"俾能于较短期中，取得专门学识"。持志学院附中"为贯澈训育严格之主旨，增进教学之效率，由全体教职员组织教导研究会，根据教学经验，参照教育原理，拟定方案与步骤，以为下年度实施标准，现正整理各项意见书，日内即开始讨论"。持志学院暨附中均已开始招生，"本月十九二十日为附中考试期，下月二三两日为大学考试期，为便利考生均将在水电路本校及昆山路

该院城中区办事处两处举行"。(《持志学院暨附中近讯》,《申报》, 1935年7月16日, 第4张第15版)

7月　之江大学国文系毕业生及其论文题目：胡铭仁"战国策研究",任铭善"说文解字建首小笺",章思徐"六朝骈文研究",朱学诚"乾嘉以来汉学师承记"。(《毕业典礼志盛》,《之江校刊》, 1935年第75、76、77期合刊)

△　汪国镇编著的《经学概论》,由南昌一职印刷所出版,此书为《国学常识》丛书之一种,根据王易《国学概论》改编,分六艺概说、历代经学史略、汉学与宋学三编。

△　周郁年著《国学常识问答》,由上海新民书社出版。该书介绍经学、小学、史学、子学、文学方面的基本知识,版权页加题"考试要览",封面加题"考试秘诀"。

△　黄毅民著《国学丛论》(上册,下册)陆续由北平燕友学社出版(上册1935年7月出版,下册1936年4月出版)。

该书由顾颉刚题名,分上下两册向高中程度的读者介绍国学的基础知识。上册分语言文字学、文学史、经学三编。下册分史学、哲学史、科学三编,文学和哲学的内容较多,科学次之,经史最少。北平晨报社张铁笙《序》称：

> 《国学丛论》共分六编,包括中国语言文字学、文学史、经学、史学、哲学、科学六大部门,除后三编曾简略瞻读外,前三部铁笙曾有过更较详细的披阅,并且在慕贞女中试用作教本一载。每部门中,除经学、哲学、科学非本人所精研专门,不敢多置一喙外,关于语言文字学、文学史、史学三部,在分

类、综合、批评上，大体与个人见解相同。而且，就这一年的教学经验说：除关于语言文字、声韵几点较专门的部份外，用为高中学生的国学课本或课外主要参考，俾便易于提纲挈领，得国学上一个显明的概念，颇为合适。有的地方——如上述声韵、语言、文字学及其所引例证，——似乎还嫌高深一点。为大学一二年级学生应用，也觉游刃有余，足够他们咀嚼理解。至于能运用科学方法的编裁表解，并能利用"纵"的和"横"的线索，使读者易于抓得各段的中心思想，及其在时间与空间上的轨迹，也为本书的特色之一。兹以付梓匆促，不暇对书中各部门作较详尽的论列，爰仅举上述数点，负责将本书介给各校高中及大学一二年级的同学。

黄毅民自述撰述缘起，指出：

大凡立国于大地之上的民族，无不有其必然存在的条件，在背后以支撑某生命。同时，我们知道这种条件，不是属于物质的创造，而唯一的是属于精神文明的收获。然而，在国与国之间，为了民族性之不同，立国环境的各异；其精神文明现象，亦显然各有其特色。如希腊、犹太长于哲学，印度长于佛学，德国长于科学，法国长于美术，都是在这种原则之下所形成的特殊文化精华，而代表他们民族或国家的特殊精神。也就是说：唯有这种精神才能启示民族的发展，鼓舞民族的奋进。所谓"国学"，Sinology便是这样的一个天使。

中国是被称为长于"精神的改造"的一个东方古国，拥有四五千年的文化史迹。无论文学、哲学、艺术那一方面，统不愧为世界文明的先进者。这是多么可以向人自夸的事！无如自从所谓长于"物质的创造"的"西学"窜入中国以来，因迫的世势潮流，"国学"遂被打入冷宫。甚至被看做为一种"不值半文钱"的废物，"垃圾堆"了。还有，因屡次外患内乱，古物源源流入他国，更有以私运盗卖古物而自肥的贱徒。于是"国学"重陷于恶境厄运。因此之故，最初，章太炎、梁任公等"保存国粹"的呼声，达于朝野。后来，马衡、胡适、钱玄同等学者出现，以为国粹凌乱散佚，欲保存则必先加以整理；其价值的大小，其关系的轻重，孰真孰伪，庶几判然以明。所以他们努力发掘新证据，搜罗材料，所谓"校勘学""训诂学""金石学"等等，都是踵继清代考据工作而向前迈进的探讨方法。所以这时候由"保存国粹"一进而为"整理国故"了，这是我们对于近代国学的一点回顾。

但是，他们的苦心热血尽管值得我们佩服、赞扬。究竟"国粹"如果仅当作一种古玩去保存，那还有什么用处？同时，整理"国故"的人们，因为根据互异，眼光各殊，结果"公说公有理，婆说婆有理"，在整理者一方面，穷年累月以从事，而总是茫无头绪；在国故一方面，不因整理而光明，反因整理而纷乱。所以，我们以为疑古、考古的工作，易滋流弊，反不如以现代的科学眼光，从"国学"的实质上去留心检讨为妙。也可以说，在保存整理之后，现在应该加以研究了。

我们知道，整理是一种零碎的工作，而研究是由分析而综合以求结论的事功。时至今日，所谓"有可亡的民族与国家，无可亡的文化"，中国文化的真价值与如何不可亡，中国文化需要怎样的改造，以求适应时代，改变时代，与领导时代？这是我们目前极要解决的问题。然而遍读章太炎的《国故论衡》，王易、钱穆等的《国学概论》，徐澄宇的《国学大纲》，与谢无量、曾毅、郑振铎诸氏的《文学史》，对于语言文字、文学、经学、史学、哲学、科学各部门，或深奥难懂，或条理不经，语焉未详。都难以培养我们对国学的兴味，以辅助我们步入国学的园地。我们引为莫大之遗憾。为了这些，我们才分门别类地，将文、史、哲等各列系统，加以清浅的寻味与评论。

该书《补白》：

"老子犹堪绝大漠，诸君何致泣新亭；一身报国有万死，两鬓向人不再青。"陆游这首诗说得是如何的怆痛！的确，他所处的时代国家和我们的难堪光景，分毫不差。然而，陆老头子还有这股儿劲头，我们呢？陆老头子死后，名播千秋，固然由于他的诗才，有超时间的本领；但他以文人而大声疾呼，恢复国运，悲壮慷慨，更为我们所不及。我们检讨过去，把握现实，改造未来；事实告诉我们，不许我们有瞬息的苟安。因为这是我们唯一的责任。我们只有埋头自己所认为有裨于国计民生的个别的部门工作，各尽一分国民天职，然后才前不负古人，后无愧来者。所谓"自我的检讨"，"自我的批判"，我们从事于"国学"便是这种工作的一角。（黄毅民：《国学丛论》上册、下册，北平燕友学社，1935年，第1—3页，第1—4页，

第6页）

是年夏，章太炎在章氏星期讲演会的同时，开办了章氏暑期讲习会，讲稿有两种：《孝经讲义》7月讲，诸祖耿记录，未刊行。《吕氏春秋行览与孝经之关系》，7月讲，沈延国记录，未刊行。（姚奠中、董国炎：《章太炎学术年谱》，山西古籍出版社，1996年，第471页）

8月2日　《国光杂志》第七期载《本社启事》，拟成立孔道学会；张树瑺为澄清外界误会，作《情同孤儿之湖南国学馆》，报告湖南国学馆的近况与财政状况。

国光杂志社发布成立孔道学会启事：

敬启者，本刊前因文化建设与读经两问题，仓卒出版，已经三月。同人志愿中所欲研究之问题，尚未道及。盖同人愚见，资本主义与物质文明为缘。只有人聚都市，物产停滞之结果。财匮民穷，各欲维持其工商业之旧生命，不惜挟以武力，向外发展，遂至各修战备，险象环生。物质文明既形崩溃，应以何道代之。又中国接受欧化，已数十年，国愈弱，民愈贫。新法既未奏功，旧法又被吐弃，青黄不接，士无定向，应如何参酌古今中外，定一中国可行，外国可法之伟大治术，亦应预作准备。欧美人士，曾居留中国者，皆推崇孔子，谓孔道可行于世界。孔道是否有此价值，是否应实行孔道即为救济中国与世界之宝筏，尤应将孔道全部，彻底研究。同人之愚，拟组织孔道学会，公开研究，各项意见，即由本刊尽量发表。甚愿阅者诸公，特予指示，或介绍贵友，一致努力，倘荷赞成，曷胜欣感。特此奉达，即希公察。（《本社启事》，《国光杂志》，第7期，1935年8月2日）

坊间传闻批评张树璜账不公布，私图名利，张树璜为答复外界的质疑，陈述湖南国学馆的办馆历程与现状：

诸君乎，亦知湖南国学馆等于苦寒孤儿，备具签入孤儿院之资格乎。树璜学识浅薄，行能无似，不足言国学，更无办国学馆之奢望。去年发起本馆者，为石达夫、吴成芳、吴棠陔三先生，石蕴老勉总其成。五月间，即设筹备处于长沙戏台岭，后因友人介绍，招树璜到处，始识面即令充董事。树璜力辞，旋患秋疫，从未过问。迨十月一日开学，又令树璜每周受课二时，再辞不获。直至二十日始病愈到馆，见同学百人皆勤谨可爱。自筹备至开学，费用系棠陔先生担任。棠陔非富室，甚感拮据，蕴老惟热心讲学，丝毫不与闻收支事，遇事皆能和衷，心窃喜之。

在筹备时期，董事会即推定芸公主席兼任馆长。再四敦请就职，不意反对国学馆者，皆致函芸公多方阻止。公既不明内情，遂辞不就，并以群言庞杂，不愿维持。是国学馆已等于私生子，不认于其慈父矣。乃开学一月，反对者又迳函蕴老，讽其去主讲职，外言藉藉，莫可究诘。惟一保姆之蕴老，亦愤而求去。惜此孤儿，谆托树璜呵护之，冀其成立。同学亦以为言，自愿愚陋，未尝学问。窃信荀子始乎为士终乎为圣人之义，学行忠信。于今十余年，犹多贪妄欺心之处，不能洗净。每行市中，自觉不如贩夫走卒之朴诚无过。人谓余懒慢，宁知余内省薄德，恐不足与士大夫伍。见弃于人，体弱多病，懒诚有之，慢从何生，处囊五年，其末未见愚拙可知。尝自署债根，谓罪过相续，债主尚可避位，债根无法除去也。以此等人襄办国学馆，岂不贻士林羞耶？且倡国学于西说正盛，人尚欧化之今日，教学有三要义，首须敦品，次博文，次致用。（博文本为致用，但今日致用精神不与昔同，故特标出。）而敦品自立尤为一切根本，苟心不纯洁，挟私作伪，不以明道救世为职志，而空谈国学是毁落之非昌明之也。余更不足语于斯，以是固辞不敢承。

然而，到11月，湖南国学馆经费告竭，遂向何键恳求维持。何键回复："以子故，勉拨二千元延活之，须好努力，无贻消也。"张树璜此时仍代理馆务，"仍以馆长一席待芸公之详察俯就"。寒假期间，由刘腴深出任教务长，全权负责教务，"数月成绩，斐然在目，此则应向刘、毛两师友及诸师拜谢，应请三湘贤士君子曲为原谅者也。但博采群言，愿承教诲。树璜实欲学此虚心与热诚，凡以公函密函见示者，必分别尊重。总冀法言异语，常人不听之耳，以开茅塞之心，不负后学，不负国家"。

湖南国学馆始终希望何键兼任馆长，给予财政支持，何键因湖南财政枯竭，"无从挹注，又因外人多持异议，不允即就"。张树璜再三恳求何键就职，并称"昌明国学，是我公平生之一贯主张"。何键回复：

提倡国学，是我夙志，但目前财政奇窘，无从挹注，应谅
我环境，勿口头否认要钱，实际索求不已，使我无所措手足，
失信于士林，且我意中所欲设之国学学校，不欲如是简单，须
物质精神并重，始望转移社会耳目。退一步言，即令勉就国学
馆长职，亦须待年余以后，察其效果如何，假使仍旧迂化不能
作育有用真材，吾惜名誉，犹不为也。

张树瑛自称"无术可教，无财可助，无益于馆，固不足道"。
直至 6 月初，何键莅馆训话，方才接受馆长。张氏称"哀此孤儿，
今后有父母"，"仍赖政府长官之慈惠，各界仁人之扶植，馆内讲师
之善诱，济济同学之共勉"。湖南国学馆下学期拟按照部颁专门学
校章程，易名为湖南国学专修学校，正式成立，公推何键为永远校
长。（张树瑛：《情同孤儿之湖南国学馆》，《国光杂志》，第 7 期，1935 年 8 月
2 日）

8 月 6 日　上海王一亭等发起组织，湖南省政府主席何键通电
赞成，在长沙筹备组织阐扬孔子大同真义祈祷世界和平大会湖南分
会，推定何键、汪秉乾、郭持平、吴家骐、何元文、张博言、唐大
初七人为筹备员，致函中央执行委员会民众运动指导委员会，呈请
备案。（《国民党湖南省党部关于长沙筹组孔子大同真义祈祷世界和平大会湖
南分会情形致中央民运会复函》，中国第二历史档案馆编：《中华民国史档案
资料汇编·第五辑·第一编·文化（二）》，第 564 页）

王之平发表《孔道学社发起宣言》，并提出进行程序，拟发行
月报，整理提倡国粹。

《孔道学社发起宣言》：

　　孔子之道，内圣外王之道也。孔子之学，明明德亲民止至善之学也。格、致、诚、正、修、齐、治、平，则其条目也。教者以此为教，学者以此为学，方不失孔道之心传。东汉以来，上之取士，士之所尚，乃章句玄理记诵词章考据制艺八股之学，非孔子之学也。名为尊孔，所尊者实非孔道也。相沿日久，遂认章句玄理记诵词章考据制艺八股之学为孔学。降逮民国，群以此毁孔，又何与于孔道哉。

　　今政府又尊孔矣，谅必能改二千年来盲从毁孔之谬见，而矫二千年来虚伪尊孔之弊习。同人等犹鳃鳃过虑者，实以前此所以虚伪尊孔盲从毁孔之故，皆由孔道之不明，欲尊孔以救当世人欲横流之祸，启人群太平降盛之治，非先昌明孔子内圣外王之道不可。

　　何谓内圣，即明明德而止至善也。详言之，则格物致知，诚意正心以修身也。换言之，即克己复礼为仁，亦即存心养性以事天也。推而论之，则与佛教所云，生清静心，见般若性。道教所云，抱一守中，归根复命。耶教所云，全心全性，全意爱生。回教所云，尽性复命，全体归真。修养方法虽或不同，其所以求发展心性之良知良能则一也。但其要在身体力行，非空谈玄理者所能几及。必慎之于不闻不睹之地，操之于造次颠沛之时，克之于视听言动之际，察之于喜怒哀乐之发。恒之又久，乃可静则致中，动则致和，而从心所欲不逾矩。

　　何谓外王，即亲民而止至善之功。详言之，则以修身为本齐家治国平天下之道也，而以大同之治为极轨。其养民也，力不必为己，货不必藏于己，相亲，相睦，相助，相养。非若禽兽之强食弱肉，同类相残也。其教民也，父子有亲，君臣有义（君臣乃共事而职位有高下者之相互称谓。自梁禁臣互以君称，改臣为下官以后，君臣遂专为帝王与官吏之相互称谓，非古义也），夫妇有别，长幼有序，朋友有信。非若禽兽之无伦常，而父子聚麀也。其学说，齐家治国平天下皆以修身为本。所谓己欲立而立人，己欲达而达人，忠恕一贯者也。非若帝国主义之自富其国而欲亡人之国，自强其种而欲灭人之种也。其主义，个人社会国家世界四者，相需为用，无所偏重。世界之内有国，不以国害世界。国之内有社会，不以社会害其国。社会之内有个人，不以个人害社会。所谓并育不害，并行不悖，公天下大同者也。非若个人主义之偏重个人，社会主义之偏重社会，国家主义之偏重国家，世界主义之偏重世界。其目的，乃为人类谋福利。故不独亲其亲，不独子其子。必使老有所终，壮有所用，幼有所长，鳏寡孤独废疾者皆有所养，男有分，女有归。非若资本主义之专为少数资本阶级谋利益，亦非若布尔扎维克主义之专为农工阶级谋利益也，其方法，和平而彻底。故选贤与能，讲信修睦，不行不义，不杀不辜。非若代议制度之以纳税多寡限制选举资格，非若社会政策谋不彻底之劳资妥协，亦非若马克思主义之必阶级斗争，而以农工操政权也。盖大同之道，大公无私，至中至正，无种族宗教党派阶级之畛域，而为人群谋共同之福利。所以自别于禽兽，而归乎人道之正者也。

抑尤有进者，当此国家主义盛行之际，社会中之劳资冲突，国家间之强食弱肉，日甚一日。世界大战之重演，阶级斗争之蔓延，为期必当不远。国家主义破产之后，欲求对症之药以救其弊。自非有忠恕一贯之学说，并育不害之主义，不足以起沉疴而砭膏肓。现世新兴各种主义，类皆从物质上谋解决，而不从精神上谋安慰，仍不离乎竞争攘夺之故智。虽不若帝国主义者之偏重国家，而又矫枉过正，偏重个人或社会或世界，仍不达乎并行并育之旨。惟孔子之一贯学说，大同主义，则精神物质同时解决，于个人社会国家世界无所偏倚，庶几足以当之。将欲挽人类之浩劫，致世界于太平，舍昌明孔道，其谁与归？

今也幸生民权伸张之日，适逢否极将泰之会。自宜昌明孔子内圣外王之道，以应时世之需要，而组织孔道学社，遂刻不容缓。其责任，一方在阐扬孔道之真谛，实现孔道之教育，以改移世界之视听。一方在辅助政府，于政治教育法律礼俗风尚从事改革，建设实行孔道之国家，以为世界倡。故创办学校，发行日报月刊，皆为首要工作。其目的，既在拯救世界，福利人群。故凡表同情者，无论何国家、何种族、何党派、何阶级，均欢迎参加。其宗旨，既在昌明孔道。故凡阐扬孔道者，皆可殊途同归，一切门户之见，概行化除。尚冀海内外贤达，群策群力，共襄盛举。俾孔道得以实行于当今之日，致世界于大同之治，不亦盛欤。凡我同胞，盍兴乎来。

进行程序及应办事宜如下：首拟就宣言与简章，派人赴各地征求发起人同意。再行开成立大会，修订宣言与章程，共同发起，以求海内外同志之同情。学社成立后，即创办日报月刊及学校，各地亦可成立分社。但事体重大，非立时所能举办，拟以相当时日为筹备期间。俟筹备就绪，即实行开办。兹将所拟日报月刊学校之内容，略述于左。

一、日报，以宣扬孔道、督促政府实行孔子之大同政教为主旨。对于国内外举措，有褒贬忠告之责。对于社会之礼俗风尚，有指导纠正之责。

二、月刊，以阐发孔道真谛为主旨。对于孔子言行著述，有阐明诠释之责。对于误解孔道者，有指导之责。凡关国粹不背孔道者，有整理提倡之责。

三、学校，以实现孔道教育、恢复三代学校规制、矫正现时学校之弊习、以为全国学校之模范为主旨。其应行注意之点如左。

甲、吾国三代之际，取士皆由学校。应对进退之仪、饮食起居之节，童而习之。乡射朝聘相见冠婚丧祭之礼，冠而学焉。又有明德亲民之学、六德六行之教，必令其身体而力行之。复以乐舞养其性，诗歌纾其情，其于德育之重视可见矣。两汉责成公卿郡国辟举，亦以德行政事通经知兵为重。魏晋及南北朝委诠衡之权于中正，而辟举之制散。自是而后，取士不重躬行而尚虚文，隋唐以记诵词章，宋元以经义，明清以八股，盖世愈降而趋愈下也。清末，废科举，兴学校，民国因之。自其表面观之，宜可以恢复三代之隆。以其实际考之，则好新奇而喜盲从。吾国五伦之教，浸渍人心已四千年，实民族精神之所系，今乃废而不讲，而讲西方之伦理焉，近则并其科目亦废之。吾国雅乐，已臻高妙，涵养性情，当然非西乐所能及，今乃废而不讲，而代以西方之音乐焉。人之所以异于禽兽者，以有伦常道德耳，徒重知识，所谓衣冠禽兽也。欲救其弊，惟有痛改前非，恢复三代之旧。重躬行，明伦常，小学则重应对进退之节，大学则重明德亲民之功。凡关心身伦常之经史子集，皆宜慎思而明辨。凡关雅乐诗歌涵养性情之具，皆宜讲究而肄习之者也。一变兽化教育为人道教育，则庶乎其可也。

乙、三代学校之制，春夏学干戈，秋冬学羽龠，二十学射御，每岁皆于农隙讲习武事。盖自天子以至庶人，无不能持弓矢执干戈以卫社稷。自井田废，而寓兵于法坏。自文武分职，而士子讲武之风杀。自宋而后，重文轻武之风日益盛，而民族之衰弱日益甚，一亡于元，再亡于清，今又岌岌乎其危矣。欲救斯弊，惟有恢复三代之旧，俾学校皆讲武事，人人皆能执干戈以卫社稷。今日之拳术，古之干戈也。今日之军事操练，古之射御也。其他健身强体之运动，亦古之羽龠也。按其年龄施以相当之训练，复辅之以征兵之制，而人人皆兵矣。一洗重文之风为尚武之风，庶几一变积弱之国为新兴之国。

丙、三代学校，十岁学书计，而取贤敛才，以德进外，或以事举，或以言扬。孔门四科，德行之外，亦有政事、言语、文学之科。其科目固与今日学校之科目大略相同。然古者，必求有裨实用合乎民情，今则不然。《尚书》之典谟训诰、《春秋》之微言大义、《大学》治平之法、《礼运》大同之道，政治之原则也。学校舍之勿学，而学西方之政治经济焉。《周易》之奥旨、老庄之玄理，与乎先秦诸子言论之关乎哲理者，皆哲学之宝库也。学校舍之勿学，而学西方之哲学焉。

正名之学，孔子发其端，墨子、荀子皆有所说明，苟能加以整理而阐发之，必可大放异彩，乃弃而勿讲，而讲西方逻辑焉。医药之学，吾国发明于四五千年前，登峰造极之圣手，代不乏人，其高妙实远在西人之上。乃弃而弗讲，而讲西方之医药焉。至于吾国文字，有指事之象形形声会意转注假借之法，望文可以知义，故其识字也易。自篆书变为隶书而真书，六书之义遂渐不明。真书历史几二千年，固不容妄自变更。苟因递变错误形义有乖，考之古文而予以更正，使与六书无违，则实改良文字之重要工作。若嫌其书写不便，则整理草书即可也。今不此之务，乃欲奖励简体字以乱六书，使识字益为不易，甚至欲以注音字母代六书，或竟欲以罗马字拼音而自灭其文字焉。吾国文字之义同音异者，皆古代方言。今之普通文言，实二千年来大众公认之方言也。今乃反认此种公认之方言为死文字，而用一地之方言为白话为活文字，以强全国之使用焉。（如"父亲"本为全国公认之方言，乃以满洲语"爸爸"为国语，又如"的""吗""啦"这实为"之""耶""也""者"之转音，乃强指此为白话彼为文言，俱如此类，不胜枚举。）学校学科，当然以本国文字为基础，未闻以他国文字为必修科者也。即令关于物质方面必须学自外人，至留学时补习，亦未为晚。至于国内大学，似无用外国课本直接听讲之必要，与其令全国中学生耗尽无益之脑力于外国文，曷若择少数已通中文者专精西文以翻译西籍。今中等学校皆以外国语为必修科，其能读西籍能直接听讲者，仍百无一二焉。即令能之，亦何必耗此无益之脑力哉？且所学外国文多为英文，岂人人皆预备为英国顺民哉？凡此种种，皆弃己珠玉，取人瓦砾，盲从他人之所为，食焉而不能化也。欲救其弊，自宜反其道而行之，必求合乎民情有裨实用。除关于物质方面之学科西人所有吾国所无，不能不采用者外，概弗盲从他人之所为。（王之平：《孔道学社发起宣言》，《国光杂志》，第8期，1935年8月16日）

8月17日 明德社召开第16次董事会议，社长、副社长提议组织成立学海书院董事会，推举董事长、董事暨副院长。

明德社议决推定陈维周为董事长，陈玉崑、钟介民、林国佩、翁半玄、黄麟书、胡维玩为董事，并推定陈玉崑为副院长，于是即在社中（即中大农学院旧址）设学海书院筹备处，并即定拨社中房屋数所为书院院址，同时在广州、北平、上海分头筹备招生事宜，至院中内部先后聘请钟介民为教务长，张君劢、张东荪、陈庆龢、瞿兑之诸先生为学长，姚梓芳、黄焯、李一真、陈同燮诸先生为教授，曾运乾、方孝岳、谢幼伟、伍藻池诸先生为兼任教授，朱汝珍、罗文干、吴贯因诸先生为名誉导师，张孟劬、孙德谦诸先生为通信导师，谭其骧、陈恩成、黄迪、曾特、李抱宏、黄席群、牟宗三、江振声、黎名郇、姚家积等为讲师或助教。"部署既定，乃先于北平、上海两地招生，广东方面以中山大学农学院所存什物一时不能迁出，同时明德社所办之学术研究班亦假是处，上课尚未结束，故招生略后"。（《成立经过》，《学海书院现况》，1936年，第1—3页）

广州明德社创立学海书院，兼采从前学院制与西方导师制之长，以期造就学行兼优之人材，使能应付世界潮流，并能担当民族复兴之重任。该院所收学生，暂以国内大学毕业者为限，课程暂分（一）国学，（二）哲学与科学原理，（三）社会科学三组。入院学生，除供给膳宿外，每月另给膏火粤币四十元，俾得安心学业。闻该院为广罗人材起见，将于八月二十四、二十五两日，在沪招生一次。有志应试者，可于即日起，向上海大西路光华大学该院招生处，函索章程，并于二十一、二两日，向北四川路海宁路角虹口大楼该院临时报名处报名云。（《各校消息·广州学海书院》，《申报》，1935 年 8 月 9 日，第 4 张第 13 版）

广州学海书院"组织完善，人才集中，为华南新设之最高教育机关，第一次招生，业已发表。上海方面，计取正课生吴祖镗、梁养吾、施其南、杨大膺、蒋庭荣、谷瑛六名，预课生李祖唐、王淞葆、戴焕文、李玉□、许昶五名，录取诸生限九月二十五日开学前报到注册云"。（《广州学海书院近讯》，《申报》，1935 年 9 月 14 日，第 4 张第 16 版）

8 月 22 日　《申报》报导"持志学院国学系近讯"。

持志学院国学系成绩优良，近年来经科主任姚明辉、系主任胡朴安努力筹划，学生研究兴趣日益浓厚。"闻下学期，音韵学、历史研究法、中国学术史、文字学等，由姚胡分别担任外，考古学等则聘张凤担任，中国文学史等聘胡怀琛担任，中国文化史等聘曹聚仁担任，现代文艺等聘傅彦长担任，其他各课，亦均由现代著名学者主讲。"（《持志学院国学系近讯》，《申报》，1935 年 8 月 22 日，

第4张第15版）

8月25日 南州国学专修院发起人首次会议，推符鼎升等卅三人为筹委。

南州国学专修院发起人，昨开第一次大会，主席王志渊，纪录符鼎升，讨论事项如下：（一）提出本院简章草案，请审核通过案，"决议"修正如下：一，董事会设董事十五人，公推常务董事五人，互推一人为董事长，二，课程表交院务会议讨论修正，其余均照原案通过。（二）本院急需筹备招生，应否推定负责人员案，"决议"先设筹备委员会办理招生及筹备开学事宜，兹公推负责筹备委员姓名如左，符鼎升，黄光斗，李定魁，熊正理，吴自强，邱珍，邹撰东，周蔚生，刘钥，王志渊，李才彬，欧阳溱，熊育锡，王鉴吾，欧阳成，陶健公，吴储伯，陶乾，谌福谦，赖维周，汪绘，吴克俊，吴骏，吴树枬，邱缵祖，邱璧，熊冰，魏君独，钟渊渟，鲁承鼐，熊映群，熊腾，黄礼迁等三十三人为筹备委员，并推熊育锡，李定魁，符鼎升，王鉴吾，欧阳成，陶健公，王志渊，刘钥，邱璧，钟渊渟，谌福谦，鲁承鼐，吴树枬，魏君独，吴储伯等十五人为常务委员。（匡庐：《南州国学专修院发起人首次会议》，《江西民报》，1935年8月26日，第7版）

△ 船山学社开董事常会。

周逸、谢鸿熙、刘约真、王礼培、胡子清、颜昌嵝、李澄宇、彭施涤、陈嘉会、任福黎等董事出席，程子枢、萧仲祁请假。报告事项："一、周逸、陶思曾介绍罗亮杰、李鸿羲、谭泽洋为本社社员案，议决通过；二、石前董事长处存洋一百元案，议决，即作石夫马费核销。"（赵启霖著，施明、刘志盛整理：《赵瀞园集》，第432—433页）

△　中国国学会上海分会成立。

中国国学会自章太炎、陈石遗、李印泉、金松岑等创办以来，已逾三载。全国各地会员，计有五百余人，每年发行《国学论衡》刊物两次。广东、云南等处，俱已先后成立分会。兹因上海方面，会员亦有五十余人，为便利计，经总会议决，设一分会，已于本月二十五日，在老靶子路中国医学院，开成立会。到金松岑、杜钢百、包天笑、何震亚、陈配德、许半龙、李瑞华、金侣琴、王巨川等三十余人。公推金侣琴主席，李瑞华女士记录，议决进行上海分会各项事务，由总会函聘金侣琴、王巨川为正副主任，王巨川兼会计，许半龙任文书。分会章程，则推包天笑、王巨川起草，会址暂设宁国路底一号，并欢迎男女新会员加入。（《国学会上海分会开成立会》，《申报》，1935年8月28日，第11版）

8月　缪钺应姜叔明（忠奎）之约，任广州学海书院教授兼编纂。

学海书院设在广州东山中山路1号。谭其骧任导师，主讲《汉书》和"三通"研究。"他比较熟悉的同事有瞿宣颖，陈同燮，缪钺和燕京大学出身的许宝骙、姚家积、姚曾廙三人。……缪钺字彦威，以后又成为谭其骧在浙江大学的同事，相交甚笃；解放后任四

川大学历史系教授，与谭其骧往来书信不绝。"（缪元朗：《缪钺先生编年事辑》，中华书局，2014年，第25页）

　　△　无锡国学专修学校丛书之十一，叶长青著《文史通义注》出版。

　　叶长青《文史通义注·自叙》指出该书的宗旨：一则曰"晚近世之弊多略经诰，师范时著，近附远疏，莫究本柢。以耳代目，嚣然是非，诡势所变，不知纪极"；一则曰"学风丕变，夫章书自有精华，读者徒铺糟粕，震其新奇，仰厥师心，粗知劣解，动辄武断"。

　　"校闻·本校丛书第十一种已出版"："自二十三年度上学期，本校搜集教授著作，排印丛书。兹第十一种业于暑假中印就，为叶长青教授之《文史通义注》。章氏《通义》，颇多晦涩难通之处，叶先生为之疏通诠释，详加注明，有便于读者不少。刻由无锡民生印书馆印刷数百册，专供本校同学参考。并闻开明书局已购得版权，积极排印，以应研究国学者之需求云。"（《校闻：本校丛书第十一种已出版》，《国专月刊》，第2卷第1号，1935年9月15日）

　　7月11日，叶长青曾于开明书店商谈版权事宜，王伯祥称与叶圣陶商量，"彼颇蔑视旧籍，以为无足用，不必出高价以促成之也。予颔之，不与较"。12日，"丏尊意出五百金嫌贵，雪村以二千部版税率折定六百元"。次日，王伯祥感慨"平心而论，此稿撰集不易，非洞知此中甘苦者不能晓；在以抒写创作自高之徒看之似不值一文者然，此主观之见，实太谬于事实也"。（张廷银、刘应梅整理：《王伯祥日记》第5册，第1963—1964页）

　　△　叶北岩编《学生国学问答》，由上海商务印书馆出版。

　　该书分小学、经学、史学、哲学、文学五编，附复习题。书前有《弁言》：

> 晚近言国学者，多偏于"经""子"而不及"小学""文学"；言"文学"者，又专取"表现作品"而忽略"批评产物"。不知"小学"为国学敲门砖，"批评产物"为"文学"重要部分。为兼容并包辟示路径计，窃将国学领域区为"小学""经""史""哲""文"五类。"小学"则注重文字构造与衍变；"经学"则抉示性质与源流；"史学"则显明体例与纯驳；"哲学"则探讨思潮孕育与起伏；"文学"则循溯各体诞生与代谢。

《绪论》中称：

> 什么叫做国学？就是国于天地之间，一国有一国的文字，一国有一国的文化，一国有一国的学术，文字为推进文化的工具，学术为文化演进的结晶，所以一国的学术叫做国学。求立足于现在的社会，第一要借助于现世的学术，欲求知世界的学术，更先要明了本国的学术，所以注重国学，是为人为学的基本条件。
>
> 国学的范围极广，品质亦极繁杂，魏荀勖曾将国学书籍，区为甲乙丙丁四部，后世因之，称为经史子集四库。清乾隆间统计四库全书为三万六千余册，乾隆以后所出的书，尚未收入。这岂非所谓"浩如烟海，茫无涯涘？"不但穷年不能究其学，就是累世也不能毕其书。现在来谈国学，不更难于"一部

廿四史，不知从那里谈起"的话吗？

就是不过谈谈国学的大概，不来分门逐类作深邃的研究，但是大概的范围怎样？恐怕过密则近于专门，过疏又易于脱漏。现在要不疏不密，较为便利，较为适当，较有统系的起见，只好把他区为五类来讲。

言语不足以达远而传久，乃有文字来代表言语的符号，于是文字出而载记著述兴，学术始渐发达。是文字先于学术，所以第一编先谈"小学"。

群经为我国学术的渊源，更为修身经世的大本，所以第二编便谈"经学"。

欲求民族演进的痕迹，和时代轮齿的齿印，则不得不问津于载籍，所以第三编便谈"史学"。

时代文化齿轮的转运，全赖思潮为之推动。欲穷文化的流变，和社会所受影响的因果，不得不追究历代的思想界，所以第四编便谈"哲学"。

文学乃时代的反映，并为人生指导的先师，在我国历代文学的产品尤极丰富，各有成因，各著特色，所以末了第五编便谈"文学"。

本此五编，概谈国学，真所谓皮毛的皮毛。若要由此升堂，借窥室家之好，则本编尚不辞为入门之导者。（叶北岩编：《学生国学问答》，上海商务印书馆，1935年，第1—5页。）

△　王缉尘编著《国学讲话》，由上海世界书局出版。

王缉尘在《国学总论》中，评述国学书目，提出治国学年月表。王缉尘综合胡适、梁启超、李笠三家所选书目，胡适遗漏史部，《史记》《资治通鉴》等重要典籍并未列入，遂被梁启超批评。李笠评判胡适与梁启超，"于文学类收迷信无谓之小说《太平广记》五百卷，而独不录《水浒传》《红楼梦》等有价值、有关文艺之作品，我亦不解其用意何在也"。究其原因，上述三人都旨在"本其所得以指示青年"，因此，平等对待各种门类，"于是左一部为重要典籍，为治国学者所不可不读，遂不得不收。右一部为有名著述，亦为治国学者所不可不知，遂不得不列"。因此，导致"要籍名著，所遗尚多，其所选者，又非一人之精力时间所能毕治，与跑进图书馆，给他一张书目无以异也"。王缉尘经过深思熟虑，认为要解决这一问题，必须将国学书籍分为普通的与专门的两项：

　　普通的者，凡有志研究国学者，所必须读者也。专门的者，至普通的书籍研究以后，已能知各学之性质与意义，然后按性之所近，心之所好，从事研究，精益求精，无有止境也。此法亦如今之学制，普通的为中学，专门的为大学专门学也。马瀛氏之《国学概论》，颇知此意，曾选必须读之书三十种，惟未明言其所以然之理由。今将马氏所选三十种中，重加损益，更立一表，使青年学子有志研究国学者，按表为之，三年可以毕业，如是，则于国学门径与概况，已可明了，有志精进者，更为专门之学。即不事专门学，而有此三十一种书为之根基，其余各种，不治亦无害；治之，亦将左右逢源，迎刃而解也。

　　王缁尘将所选书目及说明列下，然后再列表分配。经学：《易》《书》《诗》《左传》《礼记》《论语》《孟子》。子学：《老子》《庄子》《墨子》《荀子》《韩非子》。（以上书各仅读白文，辅以经典释文。）理学：《近思录》《传习录》。史学：《史记》《资治通鉴》《续资治通鉴》《明史纪事本末》《三通考辑要》《圣武记》《先正事略》。文学：《古文辞类纂》《古诗源》《五诗别裁》《词选》《水浒传》《红楼梦》。小学：《文字蒙求》《说文通训定声》《经典释文》（此书为读经、子学而设附列于此）、《经籍纂诂》（此书为读一切书检查字之音义而设）。王缁尘对书目展开进一步说明：

　　（一）经子仅读白文，不用注释者，因注者皆各是其是，入主出奴，读之，反横生枝节。陆氏释文，仅训字义，以之辅读，自能明其意义；有未喻者，可更求《经籍纂诂》以释之。

　　（二）《近思录》为程朱派理学菁华，《传习录》为阳明派理学菁华，读此二书，已能知二派理学之基本原则。

　　（三）史有纪传、编年、纪事本末三体，各有所长，亦各有所短，今取三体中最著名各一部，而年代事迹亦上下相接，读之已能知历代之大概。

　　（四）《文献通考》太繁重，而所述仅至宋而止，欲知元、明、清制度，更须读《续通考》《清通考》。三书卷已盈千，非初学所宜。清末汤寿潜《三通考辑要》一书，贯串古今，大概已具，书仅二十本，最便普通的国学，故列之。

　　（五）清代历史，尚无可读之书。魏源之《圣武记》，虽仅记武功，然清代开国及与亚东各民族交涉征战诸事，大旨已备，而文笔简练，叙事明晰，并可参作文学书读。

（六）一代大事，总与一代名臣有关，李元度之《国朝先正事略》，采辑亦颇谨严，初学欲知清代大事，此书亦颇相宜。

（七）《文选》虽为选本之祖，而体例杂乱，初学读之，于文体必多混淆；其中佳文，亦多选入《古文辞类纂》《古诗源》中，故不录。《古文辞类纂》，不但体例分明，选择精审，其于《史记》《战国策》《汉书》《文选》诸文赋异同之字，皆斟酌最妥适者而用之；而复将不用之字，注之于下，学者可以知数书文字之异同与优劣。

（八）《水浒［传］》《红楼梦》为中国小说之最佳者，即不列入，青年亦必求而阅之；不如列入，使知所适从焉。

（九）《文字蒙求》与《说文通训定声》二书之性质与效用，已详识字条中，兹不再及。

（十）《易》《书》《诗》《论语》《孟子》《老子》为全读的书。《左传》《礼记》《庄子》《墨子》《荀子》《韩非子》《史记》（读菁华录）、《古文辞类纂》《古诗源》《五诗别裁》《词选》为看而兼选读的书。《近思录》、《传习录》、两"通鉴"、《明史纪事本末》、《三通考辑要》、《圣武记》、《先正事略》、《水浒传》、《红楼梦》为全看的书。《经典释文》《经籍纂诂》为看读他书时参考的书。

王缁尘制定国学阅读先后次序，如表20所示。

表20　治普通国学年月表

课 \ 月（年）	子	丑	寅	卯	辰	巳	午	未	申	酉	戌	亥
识字半小时	《文字蒙求》选录	《文字蒙求》选录	《文字蒙求》选录	《文字蒙求》选录	《说文通训定声》选录	《说文通训定声》选录	《说文通训定声》选录	《说文通训定声》选录	《说文通训定声》选录	《说文通训定声》选录	《说文通训定声》选录	《说文通训定声》选录
习字半小时	映写楷书	映写楷书	映写楷书	映写楷书	映写楷书	映写楷书	映写楷书	映写楷书	映写楷书	映写楷书	映写楷书	映写楷书
看读书一	《论语》全读	《论语》全读	《论语》全读	《论语》全读	《孟子》全读	《孟子》全读	《孟子》全读	《孟子》全读	《荀子》全读	《荀子》全读	《荀子》全读	《荀子》全读
看书一	《史记》日一卷	《史记》日一卷	《史记》日一卷	《史记》日一卷	《通鉴》日一卷	《通鉴》日一卷	《通鉴》日一卷	《通鉴》日一卷	《通鉴》日一卷	《通鉴》日一卷	《通鉴》日一卷	《通鉴》日一卷
读文一	《古文辞类纂》选读	《古文辞类纂》选读	《古文辞类纂》选读	《古文辞类纂》选读	《古文辞类纂》选读	《古文辞类纂》选读	《古文辞类纂》选读	《古文辞类纂》选读	《古文辞类纂》选读	《古文辞类纂》选读	《古文辞类纂》选读	《古文辞类纂》选读

第一年

续表

第一年

课	月	子	丑	寅	卯	辰	巳	午	未	申	酉	戌	亥
看书一		《水浒传》	《水浒传》	《水浒传》	《水浒传》	《红楼梦》	《红楼梦》	《红楼梦》	《红楼梦》	以后可自行选看或他项未熟书移入补究	以后可自行选看或他项未熟书移入补究	以后可自行选看或他项未熟书移入补究	以后可自行选看或他项未熟书移入补究
读文二		《古诗源》选读	《古诗源》选读	《古诗源》选读	《古诗源》选读	《五诗别裁》选读	《五诗别裁》选读	《五诗别裁》选读	《五诗别裁》选读	《五诗别裁》选读	《五诗别裁》选读	《五诗别裁》选读	《五诗别裁》选读

第二年

课	月	子	丑	寅	卯	辰	巳	午	未	申	酉	戌	亥
识字半小时		《说文通训定声》选录	《说文通训定声》选录	《说文通训定声》选录	《说文通训定声》选录	《说文通训定声》选录	《说文通训定声》选录	《说文通训定声》选录	《说文通训定声》选录	《说文通训定声》选录	《说文通训定声》选录	以后自行研究	以后自行研究

续表

第二年

课 \ 年月	子	丑	寅	卯	辰	巳	午	未	申	酉	戌	亥
习字 半小时	临欧王苏赵碑帖	临欧王苏赵碑帖	临欧王苏赵碑帖	临欧王苏赵碑帖	临欧王苏赵碑帖	临欧王苏赵碑帖	临欧王苏赵碑帖	临欧王苏赵碑帖	临欧王苏赵碑帖	临欧王苏赵碑帖	临欧王苏赵碑帖	临欧王苏赵碑帖
看读书 一	《礼记》选读	《礼记》选读	《礼记》选读	《礼记》选读	《老子》全读 《庄子》选读	《庄子》选读	《庄子》选读	《庄子》选读	《墨子》选读	《墨子》选读	《韩非子》选读	《韩非子》选读
看书 一	《通鉴》日一卷	《通鉴》日一卷	《续通鉴》日一卷	《续通鉴》日一卷	《续通鉴》日一卷	《续通鉴》日一卷	《续通鉴》日一卷	《续通鉴》日一卷	《续通鉴》日一卷	《续通鉴》日一卷	《明史纪事本末》日一卷	《明史纪事本末》日一卷
读文 一	《古文辞类纂》选读	《古文辞类纂》选读	《古文辞类纂》选读	《古文辞类纂》选读	《古文辞类纂》选读	《古文辞类纂》选读	《古文辞类纂》选读	《古文辞类纂》选读	《古文辞类纂》选读	《古文辞类纂》选读	《古文辞类纂》选读	《古文辞类纂》选读

续表

第二年

课	年／月	子	丑	寅	卯	辰	巳	午	未	申	酉	戌	亥
看书	一	以后可自行选看或他项未熟书移入补究	以后可自行选看或他项未熟书移入补究	以后可自行选看或他项未熟书移入补究	以后可自行选看或他项未熟书移入补究	以后可自行选看或他项未熟书移入补究	以后可自行选看或他项未熟书移入补究	以后可自行选看或他项未熟书移入补究	以后可自行选看或他项未熟书移入补究	以后可自行选看或他项未熟书移入补究	以后可自行选看或他项未熟书移入补究	以后可自行选看或他项未熟书移入补究	以后可自行选看或他项未熟书移入补究
读文	二	《五诗别裁》选读	《五诗别裁》选读	《五诗别裁》选读	《五诗别裁》选读	《五诗别裁》选读	《五诗别裁》选读	《五诗别裁》选读	《五诗别裁》选读	《五诗别裁》选读	《五诗别裁》选读	《五诗别裁》选读	《五诗别裁》选读

第三年

课	年／月	子	丑	寅	卯	辰	巳	午	未	申	酉	戌	亥
识字	半小时	以后自行研究	以后自行研究	以后自行研究	以后自行研究	以后自行研究	以后自行研究	以后自行研究	以后自行研究	以后自行研究	以后自行研究	以后自行研究	以后自行研究
习字	半小时	以后自选临习	以后自选临习	以后自选临习	以后自选临习	以后自选临习	以后自选临习	以后自选临习	以后自选临习	以后自选临习	以后自选临习	以后自选临习	以后自选临习

续表

年		第三年											
月课		子	丑	寅	卯	辰	巳	午	未	申	酉	戌	亥
看读书一		《韩非子》选读	《韩非子》选读	《诗经》全读	《诗经》全读	《诗经》全读	《诗经》全读	《周易》全读	《周易》全读	《周易》全读	《近思录》看	《近思录》看	《近思录》看
看书一		《明史纪事本末》一卷	《圣武记》选读	《圣武记》选读	《先正事略》	《先正事略》	《三通考辑要》	《三通考辑要》	《三通考辑要》	《三通考辑要》	《三通考辑要》	《三通考辑要》	《三通考辑要》
读文一		《史记》读菁华录	《史记》读菁华录	《史记》读菁华录	《史记》读菁华录	《史记》读菁华录	《史记》读菁华录	《左传》选读	《左传》选读	《左传》选读	《左传》选读	《左传》选读	《左传》选读
看书一		以后可自行选看或他项未熟书入补究	以后可自行选看或他项未熟书入补究	以后可自行选看或他项未熟书入补究	以后可自行选看或他项未熟书入补究	以后可自行选看或他项未熟书入补究	以后可自行选看或他项未熟书入补究	以后可自行选看或他项未熟书入补究	以后可自行选看或他项未熟书入补究	以后可自行选看或他项未熟书入补究	以后可自行选看或他项未熟书入补究	以后可自行选看或他项未熟书入补究	以后可自行选看或他项未熟书入补究
读文二		《词选》选读	《词选》选读	以后自行选读									

宋朱子有读书分年日程，清陈文恭公有读书分月课程，此表参配朱陈而以现今应该读之书入之，未便之处，学者可自行酌改，此不过示大概而已。（王缁尘编著：《国学讲话》，上海世界书局，1935年，第23—29页）

9月2日　力行发表《从纪念孔诞说到整理国故》，辨析孔学与国故的关系。

八月廿七日为孔子诞辰，全国皆热烈的纪念，纪念的意义，固不在仪式，而在尊崇先圣之人格，与表彰其学说。夫子之道在六经，六经不是空文，考《礼记经解》："温柔敦厚是《诗》之教，疏通知远是《书》之教，广博易良是《乐》之教，洁静精微是《易》之教；恭俭庄敬是《礼》之教，属辞比事是《春秋》之教"，六经义理虽专治各有不同，但其为道则是一贯的。即是尧以是传诸舜，舜以是传诸禹，禹以是传诸汤，汤以是传诸文武，文武以是传诸周公，周公以是传诸孔子，孔子乃集诸圣大成，这种一贯相承的大道，皆载在六经。吾人不特研究一经一典，可以见夫子之大道，就是在经典里断章取句，亦可见其微言大义。不过，这是在通经之后可以语此，而非咕哔咿唔一知半解辈所能道。

孔子是我国特出的圣人，其德足以配天地，其道足以冠古今，所以能够为万世的师表，千秋的纪念。乃自民国以来，有些人以为孔子主张"尊君"和现在民主共和国家是相冲突的。因此，就有人主张废止纪念孔子，殊不知孔子是一个圣之时者，当时孔子的环境是一个君主时代，是不能离开环境而立论的，他目击当时权臣的专政，夷狄的侵略，一般平民受着内忧外患，水深火热，所以不得不发为尊君攘夷之论，其目的不外救民救世界，以达到世界大同。读他"大道之行也，天下为公"的一段话，就可以知道了。所以孔道的精义，实在是和我们现在的三民主义的目的相吻合。现在政府通令全国须尊崇孔子，并规定每年举行纪念，使全国民众对孔子之道，皆有深切的认识，从而把它发扬光大，身体力行，这是我们纪念孔子重大的意义。

故我们纪念孔子，就要表彰孔子的学说，欲表彰其学说，就要整理国故，应作深切之探讨，为整个的研求，若徒以支离破碎之考据为能事，不向微言大义寻求，那就失其真义，而离背夫子之道远矣。（力行：《从纪念孔诞说到整理国故》，《民间周报》，第127期，1935年9月2日）

9月5日　章氏国学讲习会发出紧要通告，开放免费听讲名额。

章氏国学讲习会通告："本会顷承赞助人捐款约二三千元，略足供会员四十人听讲费二年。今特设免费听讲额四十名，以尽先执名者充当，额满照章收费。凡在额内已缴费者，希即持收据向本会会计处领还，通学不须其他各费者不在免听讲费之例。"（《章氏国学讲习会紧要通告》，《申报》，1935年9月8日，第2张第6版）

9月8日　江亢虎、吴宓发起成立北平存文会。

江亢虎博士鉴于自新文化运动以来，教育普及功效未见，而国文作风日坏，国学程度日低，近更有倡言废弃文言，废弃汉字者，结果乃致大学生多有不能为文言文者，数千年来之国粹，将由此而废，爰创办存文会，以保存文言汉字为宗旨，赞同者甚多，于本年四月二十一日在沪成立。江氏于日前抵平，平市文学家吴宓等多人，赞同江氏主张，发起组织北平存文会，顷以筹备就绪。昨日下午一时，假宣内邱祖胡同适园，举行成立大会，计出席江亢虎、吴宓等四十余人，由江亢虎氏为临时主席，报告该会成立意义后，当场推定干事王子刚、关子良、关祖章、刘世英、曲成、陶同善、饶国泽、关寿璞等九人，干事中互推饶国泽、刘世英、王子刚等三人为常务干事。至下午三时散会，该会刻正草拟宣言，向社会局呈报立案，一俟立案后，即开始工作。（《北平存文会，昨举行成立大会，推定王子刚等为干事》，北京《益世报》，1935 年 9 月 9 日，第 3 张第 9 版）

9 月 9 日　许地山应香港华侨教育会邀请，在港侨中学礼堂作公开演讲《中等学校之国学问题》，指出国学应包涵如医术、占卜、星相等国术，质疑广州当局取缔奇装异服的行为。

学科无国界之分，讲天文者祖述埃及巴比仑，讲哲学者祖述希腊。中国哲学因教科书罕言之，故研究哲学者，反遗忘之。以中国医学言，虽有人日言提倡，惟不得其法，亦只见空言而已。中国医家在千余年前经已发明血液循环，远在英人发明之先，中国人之可以依物飞行更远在飞机发明之前，而今之言血液者、飞机者，便数典忘祖矣。故今日之讲学者，应研究国家民族往昔所知之事物之经过，以为后世法。今日之所谓

"国学"者，并非如此国人多以为学便是国学，如经史之类则称为学，医卜之类称为术，亦为认术为学，更以为术是江湖末技，其实最近新所认为科学者无一不是术之一类。故今之言国学者，皆摒"国术"（不是打拳）于学之外，今之所谓国学者，其范围不过经史学而已，殊欠通也。我国之国学英文称之为（Sinology），日文称之为"支那学"，□有之名如"国故""国粹"等，国学即国故之别，应包括天文、地理、医卜、星相、堪舆等术之一字，乃英文 Technical Knowledge，但学以求真不限于国界，而以其无界限故，故"国学"之名，很难给个正确范围。

前人所倡"中学为体西学为用"之说，体与用之分难说，只能说"情理"而已，吾人之用国货不外乎感情，国学亦然，尤记童时不许戴白帽、不许信耶稣等亦皆情感问题。教育方面，有二端：（一）维持固有道德，故要肯重国学。此说之成功，能有多少把握，殊成疑问。聚学生而教之，以四书五经能否使其言尽学孔子？既能学矣，能否适应现代社会生活？此问题更须研究。至若南北当局，为维持风化而取缔妇女奇装异服，夫奇装异服无标准，若以衣裳倒置，贻可称奇。（二）鼓吹民族思想。中国民族心理与外国民族心理不同，若在英国如奈尔逊威灵吞等，若以抽象名词出之，即有相当认识，若为中国历史上之人物，殊难以空洞之名词，使人生信仰心。在教材方面若欲尽国学之所有兼学与术，则师资更不易谈。若为狭义的则不成为国学，如若不然可将国学分配于各科，如物理学教员应知风筝与孔明灯之类，在物理上之原理与历史化学教员应知炼丹术之大概，天文地理等亦然。若照此做去，则国学之目的方能达到，否则如"国医""国术"等空有其名，只为自己安慰自己而已，非与有所了解也。若说技击胜跳舞游泳之人虽多，而提倡国技者，能知技击之理者有几人？说国医比西医胜者，其知医理者有几人？故求"国学"之真精神当详知其目的、方法、材料三者以求"开发来今"，方能达到"国学"的意义。

总之，吾人对于国学既不能视为万能，更不能偏于一方面，必须以固有之经验，从教材之编制以科学的眼光，来研究提倡方能有希望。（《港大教授许地山在华侨教育会演讲，题为"中等学校之国学问题"》，《香港工商日报》，1935 年 9 月 10 日，第 3 张第 1 版）

谢仁山聆听演讲后，发表《听许地山先生讲国学问题有感》，称赞许地山特别注重国医与国学之关系，研究固有的国医学，应具有科学的态度，求其原则，求其真理。根据以往推考将来，必达成整个的目的。

许氏对此问题发挥极透辟，尤注重国医与国学之关系，先述国学问题如何而发生，继指出提倡国学者错误之态度，及对国学之解释，含义甚丰。其演词云："学之名辞，似为近一二十年之产物。从前国内有国粹学报，提倡国粹，与今之提倡国学，同具其意义。但提倡学者，每只限于文学方面，以为经史子集便是整个国学之所在，实是错误。盖国学二字，应包括整个国学部门，由中国之医药算术星相等以至经史子集，均应目之为国学，文学不过为国学之一类而已。乃学校课程里所谓国学概论，亦有此种错误。余大不以为然也。如医学算术等，均有其学问上之价值。照上所述，国学之范围，至为广泛，其系统亦至难定确，在教学上殊感困难也。故余以为在学校课程里，而设国学之部门，未见其当，盖国学既非单只一国矣。夫学本不应有国界，谈天文学者，必定讲到埃及、巴比伦古时天文学。谈哲学者，亦只会讲及西洋哲学，而对自己本国古时所有者，乃一笔抹杀。又如医学，论者只知引用西洋学理，而对我国之医理，亦一概不顾，不知血液循环之理，我国先西洋千余年而发明。若有人能苦心研究之，未必对科学化的西洋医学而逊色。其对症下药之术，实有研究之价值，则我国之医学，亦自有其地位。故论者咸谓我人要依照民族生活习惯知识之积聚，祖先学术之遗传，编而为教课。此国学问题所由生也。"……因聆此演词，顿起感慨。夫我国医学，乃中国最先发明之一种学术，是亦国学开明之最早。可以考证，医学之起源，本草始神农，内经始黄帝，汤液始伊尹。厥后成周时代，有祝由科，近于西人以催眠治病法。春秋时代，多用箴砭，近于西人之刀割针刺法。洎夫汉代，张长沙出，集历代之大成，倾群言之精液，著伤寒金匮诸书。以模范来学，后世奉为医中之圣，此为医学最昌明时代。迩者欧风东渐，西法器械治疗，群相诧为神奇，不知欧洲之文明，实基于罗马。当纪元以前，罗马人汉尼巴入中国，得内经一书，返国后医名鹊起。其徒□摩腾拿，伊沙伏摩，奥利都等，传其术，西医乃盛行。二百余年来，科学渐明，据为实验，反得以鸣于世者，而中医反以不竞，其何故欤？其症结所在，因教育不兴，国医学术渐于沦丧也。稽诸历朝，莫不国立医院，设医官而掌其事，集中医学人材，以求医学之良知良能。编辑医学药方，颁行全国，虽厉行专制之帝王，尤以民命为重。故以医务为要需，而不敢稍忽轻视者也。抑知民国建设，号称共和，竟有不良教育行政两部之当道，违反国学，屡次提案，取缔中医。变政伊始，教育部告示皇皇，谓非谙悉解剖、理化、生理、卫生等学术者，一概取缔。而吾粤倡设中医中药学堂，又电拒不准。夫解剖、理化、生理、卫生等学术，非不学而能也，无学则取缔矣。欲学则电拒矣，是明明欲绝国医之学矣。尚曰：决非有所歧视。甚矣哉！教育部之为欺也。我民国何不幸有此自欺欺人之教育部！今追思论之，犹有余痛。其最不可解者，国医学不在学校系统之内。查教部国大学规程，中国哲学与西洋哲学并习，中国文学与欧洲文学并习，中国史与西洋史并习，何独于中国医学而反排斥之？再查大学科目：中国哲学类，研究《周易》、《毛诗》、《仪礼》、《礼记》、《公》、《穀》、《论语》、《孟子》、周秦诸子、宋理学；中国文学类，研究《说文解字》《尔雅》；历史学，研究《尚书》《春秋左氏传》《通典》《通考》《通志》等。似此则中国经史诸子，尚可列入课程。况《本草经》、伤寒金匮等书，为子部之精要，疗治之准绳，关系人民生命，更为重要。凡科学以适用为主，中医治疗有效，此全国人民所公认，此种子部应要列入课程。如许氏演词所言，医学在学问上有相当价值，国学之范围，岂可一笔抹杀也耶？其他前年之行政部提案，取消中医中药，倒行逆施，莫此为甚。尚幸我中医同人，团结起来，奔走呼号，函电交驰，请求国府，收复成命，俾不绝如缕之中医，得以复苏。今望秉政当道，勿蹈前之虐政覆辙，须要头脑清醒，旷大眼光。试观国医国药的历史，自黄帝发明伊始，历代继继绳绳，全凭圣作贤述。数千年来，虽无系统，而尚能疗治有效，保民之生命，民族蕃昌，为全球冠，事实具在，无可非议者。若中医学加入学校系统，以相当之教育，成绩更有大观。而我中医同人，经过几次取缔，创巨痛深，应有澈底的觉悟，倚赖人治，不如自治。亟宜各省多设国医报，宣传医学，学术公开，尽量发挥，努力进行，各尽所能。能资助者资助，能笔助者笔助，众志成城，有进化而无退化，诚是改进之先锋。次第建设医校，以培人材。持固有之国医学，应具科学之态度，求其原则，求其真理。根据以往，推考将来，必达有整个之目的。立巩固悠久之基业，则国医前途，庶有光大焉。（寄自澳门）（谢仁山：《听许地山先生讲国学问题有感》，《杏林医学月报》，第81期，1935年11月）

9月12日 《京报》公布师大各省保送新生入学试验专门科目，《国故思想概要》为："试述儒墨的起源和两家思想的异同；试把清代乾嘉道咸四朝的学术变迁的大概情形叙述出来并加评判。"（《师大各省保送新生入学试验》，《京报》，1935年9月12日，第7版）

9月15日 吴承仕撰毕对中国学院国学系秋季始业新生的讲演《我们的认识和实践》，希望学生认识世界，认识时代，用实践去学习，去表现。

吴承仕首先总结中国学院国学系课程内容的演变阶段：

本系开办之初，是胡先生当主任。第三年我以旧学者——章门——资格来承其之，当时人数甚少，课程亦模仿国立各大学，大半因人设课，无计划，无体系，无目的。然而，当时毕业者颇有数人能卓然自立，此为混沌时期——第一期。距今七八年前，始有编制大纲（此时各校之国学系及本校各系，尚无所谓计划书）。大抵分为朴学和文学两部分。因为国学范围甚大，无法遍及，即如道德、伦理、哲学、政治、法律、古骈、散文、诗词、戏曲一切皆可包括在内。不独学者和教者无此能力，并且无此功夫。只有将四年分作两个阶段：一是两方面的通论和工具之部，作为一二年级必修课目；一是两方面的随意举例之部，作为三四年级选修科目，算是比较合理化的办法，这是旧的计划时期——第二期。那时，我个人很喜欢研究哲学、社会学、经济学等，虽无心得，但是认识总较为进步，而是：从前只认识树，现在并认识树是森林的树，森林是树的森林。换言之，已经确切了解，一切科学皆历史科学，一面是自然历史，一面是人类历史。自然史不是我们的范围，此地可以不谈。人是制造工具的，是合群的，因此而有社会的生产和社会的斗争。地上一切语言文字及遗留的东西，地下一切被发掘的东西，无一件不是体现着人类生产和斗争的记录。我们为什么把一切都看成历史呢？正因为从哲学立场观察社会的一切，皆是变化的，错综的，生灭的历史过程，与形而上学的"天不变道亦不变"的观点，完全站在相反的地位。于是我们对于一切的态度，是前进的，不是保守的，是批判的，不是拜物教的，是革命的，不是反动的。既知一切科学皆是史学，于是欲治史学，必须先有历史观，欲有正确的历史观，必须先有进步的世界观。因此，乃排众难，破往例，创设《社会科学概论》一必修科，作为认识的基本知识。这意义显然是：必须认识世界，认识历史阶段，而后才能够认识自己对于世界应负的义务，才能够［认］识自己对于时代应做的工作。我们固然不能到地洞里去挖煤、挖铁，到工厂里去织布织帛，到田地里去种稻种麦，但是，时代的大神和历史的铁则，宿命的留下好多应该做的艰苦卓绝的工作，重重的压在我们双肩上，实践要靠手和足，认识却要靠一双眼睛。这是依据我的认识而形成的国学系的最近的姿态。算是新的计划时期——第三期。

吴承仕认为环境的制约使我们无法绝对乐观，只有尽可能地循着曲线进行，渐渐接近，求达目的，"委曲迁就是最艰难的事情，亦唯在艰难中努力奋斗，才是有意义的事情"。吴氏希望学生一定要认识世界，认识时代：

时空本来是不可分的，有正确的认识而后才有正确的路线。就本系而论，在史学方面，应具体的去搜集材料，整理材料，用辩证的观点，作正确的批判。在语言文字学——亦是史学——方面，除以语文作为研究社会史的最有效的材料外，还有时代的任务，即将文字简单化、通俗化，使大众皆享有写、读、作的幸福，得以提高文化水准和促进大众的觉悟。在外国语文方面，应养成诵读及翻译之能力，一面培养自己，一面介绍于别人，使世界最进步的知识，转化为我们大众的知识。在文学方面，应练习写作技术，养成表现的能力。总之，皆是有所为而为的。他们唱和着"为学问而学问""为文艺而文艺"的高调，那是我们所排斥的，这是积极方面的意义。在旧文艺方面，即现代所谓"文学遗产"问题，依我外行的观察，对于他们的意识是取严重批判的态度，对于它们的技巧，是取融会吸收的态度。但是，我们知道，"内容决定形式"，我们既有我们时代的内容，自然用不着它们古典的形式，那么，我们对于旧的典型技术，只有灵感的去领会它而已。这里还有应注意的一点，假使你们毫无认识，又始终陶醉在某种气氛里，或本无所谓，日濡月染的渐渐的受了陶醉，你会慢慢的吸上鸦片烟，而这种鸦片烟瘾，却是好些遗老遗少们所最欣赏、最希望的，其实你家中有很忠实的祖和父，有很大的田地和财产，一灯独对，"短笛无腔信口吹"的吹一辈子，也不见得大害于世。不过这不是我们所希望的罢了，这是消极方面的意义。总之，认识消极即是认识了积极，而积极方面尤为有效，尤为重要的，是文学的表现能力。

诸君，我以为中院的本系，无著名的偶像，无金元国的博士，无有力量的饭碗权威者，无绅士式、贵女式摩登学生，绝对赶不上北、清、燕、师等。是的，但是他们用以自豪的，正是我们唾弃不要的。我们有我们的新立场，新园地，新工作，新收获。我们应该很自傲的很响亮的对世纪末的逆流的大学教授，大学生们说，"我是中国学院国学系的学生或教习"。我们现在的口号是："认识时代，学习表现"，用实践去认识、去学习、去表现，你果真认识了，你就知道要怎样去表现，表现是要表现能力的，所以须要学习。（吴承仕：《我们的认识和实践》，《吴承仕文录》，北京师范大学出版社，1984年，第226—229页）

9月16日　张煦侯化名文昂子，发表《研究国学之途径》，认为国学是中国固有之学，今日讲国学，既不能照搬西方学术分科，《七略》所陈又繁碎而不周于用，因此当分以经学、史学、哲学、文学四部。

国学者，神州固有之学也。人情各实其土之所有。故家有敝帚，藏之千金，况于中夏，开化视世界各邦为独早。其所萌芽滋生之学术，又足以雄长东方文化而无愧。自西化输来，夏声沉歇。骛新之士，竟谓固有之学，如尘羹土饭，不足复观。而耳食之儒，则又谓西洋学问，皆我所久具。今钻西学，无异道失而求诸野。夫东海西海，心同理同，其失均矣。兵家之说："知此知彼，为百胜之根。"学问亦然。不知彼，则不免固陋自甘。不知己，则我之所有者，其较胜于人者几何？其不逮人而必须乞诸其邻者几何？举不能知，斯其缺憾为何如哉！

故国内知时之士有国学之研究，而中学以上，有国学一科，所以弭缺憾也。斯科之设，义盖有三：其一，新学小生，罕窥旧典，于西来学程外，设此一科，存十一于千百，可以知国学之常识，发思古之幽情。其二，大学之中，国学立有专门，先明其概，则可以循途听受而不惑。其三，整国故。今世所急，学者果于斯道通其门径，由浅及深，保存国粹，发扬国光，胥赖乎是。

虽然，国学繁浩，岂胜缕举。且既曰国学，则凡固有之学术，浅深高卑，皆宜述及，封域所包，不太泛滥耶！约而论之，当涵几事，曰是不难。但以前人类次书籍之法，求之可矣，夫《七略》变为《四部》，昔之史家，往往非之。然《经》《史》《子》三部，本先秦学术所已具。《集》部之立，诚非古法，然以章实诚之推崇刘《（七）略》，犹谓为势不容已，则是之所述，但用《四部》之分类，而次辑之，斯可矣。庄子《天下篇》曰："其明而在数度者，旧法世传之史尚多有之。"此《史》部之始。又曰："其在于《诗》《书》《礼》《乐》者，邹鲁之士，缙绅先生多能明之。"此《经》部之始。又曰："其散于天下而设于中国者，百家之学时或称而道之。"此《子》部之始。三部之区域，庄子固已言之矣。而《七略》之诗赋类，又隐为《集》部之权舆。是四分之法，在昔已具其形模。居今日而讲国学，既不能援泰西律令，为之区分，而《七略》所陈，若兵书、数术、方技诸科，又繁碎而不周于用，则姑从习用而说明焉，研究之便事也。所当注意者，此四类中，名虽各殊，义实相涉。如以哲学言，《经》部之易，与诸子同科；以文学言，《经》部之诗，又与集部连类；而"六经皆史"一语，又合甲乙两部而共治。求如西洋学术之斩然各立，实不可能。吾辈既治国学，但以国学观之可也。

进论编辑之标准，则亦可得而言。大抵今之谈国学者，不出二类：[其一，]专语门径，不及内容。如"治经"之方法虽具，而"经学"之流别则未详。读《子》宜读何书，而诸子之宗趣则从省。其二，博论内容，不及门径。如，治《经》则详探王、郑之异，而五经之名或且未见。论诸子，则比《齐物》

于《内典》，而九流之称，转未道及。前者若张孝达之《（輶）轩语》，后者若章太炎之《国故论衡》。虽语上语下，迥乎不同，窃谓皆未能当适当之途径。方今海内宗匠，竟言国故，新编日出，协用必多。顾述者之意，则谓是篇之立，本为无暇治国学者晓其宗风，兼为有志治国学者明其途术。由前之说，必须略及内容；由后之说，必须兼陈门径。述者守斯二者，不自揣度，思折中于前举二书之间。凡诸征引悉本通人，其有批判，必采定说，间为鄙见所及，亦粗有论列。斠量全书，不及十一。近今名彦，有以科学方法治国学者，述者不佞，罕尝致力，崭新之著，犹有待于后贤也。

今就国学全体，分为四部：一曰经学，二曰史学，三曰哲学，四曰文学，次第辑述于下方。（文昂子：《研究国学之途径》，《国光杂志》，第9期，1935年9月16日）

△ 章氏国学讲习会开学，《制言》半月刊创刊。

章氏国学讲习会发起人有吴承仕、潘承弼、徐震、郑伟业、孙世扬、汪东、马根质、潘芝龛、金震、王乘六、黄侃、马宗芗、王广庆、李希纲、马裕藻、曾道、黄云鹏、李崇元、朱学浩、严庆祥、朱希祖、沈兼士、邵祖平、王謇、吴契寯、景耀月、缪篆、姜寅清、汪柏年、施福绥、钱玄同、黄绍兰、王颂平、李希泌、沈延国、葛豫夫、孙至诚、许寿裳、徐澂、诸祖耿、周作人、马宗霍、戴增元、钱绍武、龙沐勋。

赞助人有朱庆澜、唐大圆、沈祖绵、黄振盘、许克诚、项绳武、宋哲元、金天翮、龚振鹏、雷通群、戴朗轩、陈柱、段祺瑞、

蒋维乔、金汤侯、许祖谦、许恩冕、柯昌泗、马良、张一麐、王廷
扬、钟观光、章莲泉、夏启瑜、李根源、黄炎培、童学琦、张之
铭、许复、陈定谟、吴佩孚、张寿镛、沈钧业、张东荪、俞翼、陈
钟凡、冯玉祥、俞寰澄、但焘、赵万里、李善祥、尚慕姜、陈陶
遗、曹亚伯、谢寿康、张申之、李祖夔、余云岫、虞和钦、叶承
明、朱鼎煦、叶吉南、李静涵、汪焕章、陈训慈、孙翔熊、杨贻
诚、乐森璧、陈季泉、冯贞群、钱鼎、张峄桐、虞和寅、袁乃彬、
叶谦琼、林德麒。

章太炎撰《制言》发刊宣言：

今国学所以不振者三：一曰毗陵之学，反对古文传记也；
二曰南海康氏之徒，以史书为帐簿也；三曰新学之徒，以一切
旧籍为不足观也。有是三者，祸几于秦皇焚书矣。其间颇有说
老庄、理墨辩者，大抵口耳剽窃，不得其本。盖昔人之治诸
子，皆先明群经史传而后为之，今即异是。皮之不存，毛将焉
附耶？其次或以笔记小说为功，此非遍治群书，及明于近代掌
故者，固弗能为。今之言是者，岂徒于梦溪、鄱阳远不相及，
如陆务观、岳倦翁辈，盖犹未能仿佛其一二也。此则言之未有
益，不言未有损也。余自民国二十一年返自旧都，知当世无可
为，讲学吴中三年矣。始曰国学会，顷更冠以章氏之号，以地
址有异，且所招集与会者，所从来亦不同也。言有不尽，更与
同志作杂志以宣之，命曰《制言》，窃取曾子制言之义。先是
集国学会时，余未尝别作文字；今为《制言》，稍以翼讲学之
缺。曾子云"博学而孱守之"，博学则吾岂敢，孱守则庶几与

诸子共勉焉。

章氏国学讲习会章程：

一、定名：本会为章太炎先生讲演国学而集合，又其经费由章先生负责筹集，故定名章氏国学讲习会。二、宗旨：本会以研究固有文化，造就国学人才为宗旨。三、学程：讲习期限二年，分四期，学程如左。第一期《小学略说》《经学略说》《史学略说》《诸子略说》《文学略说》；第二期《说文》《音学五书》《诗经》《书经》《通鉴纪事本末》《荀子》《韩非子》《经传释词》；第三期《说文》《尔雅》《三礼》《通鉴纪事本末》《老子》《庄子》《金石例》；第四期《说文》《易经》《春秋》《通鉴纪事本末》《墨子》《吕氏春秋》《文心雕龙》。四、程度：凡有国学常识，文理通顺，有志深造者，无论男女，均可报名听讲。

章氏国学讲习会的授课教师，除章太炎本人主讲外，还有门人朱希祖、汪东、孙世扬、诸祖耿、王謇、王乘六、潘承弼、王牛（王仲荦）、汪柏年、马宗芗、王绍兰、马宗霍、沈延国、金毓黻、潘重规、黄焯等。此外，章太炎还为老友王小徐、蒋竹庄、沈瓞民等增设特别讲演。会务由章夫人、孙世扬总其事。（发起人，赞助人，《发刊宣言》，《章氏国学讲习会简章》，《制言》，第1卷第1期，1935年9月16日）

朴学大师余杭章太炎先生，自卜筑苏州以来，日以著书自娱。今春国府致送万金，以示敬老，章氏即以该款充作讲学会筹备费，俾得建筑讲堂，广设学座，招收四方学者，来苏听讲，寄宿会中。兹悉该会筹备工作，业已就绪，所有讲堂宿舍膳厅等，均已竣工，而暑期中所设之讲学班，亦〔已〕经结束。自九月十六日起，正式规模宏大之讲习会，刻正征求外埠学者，前往报名，章程函索即寄，该会会址为苏州城内锦帆路五十号。闻现在报名之各地学者，即边远省区，亦络绎而至，他日昌明文化，复兴国学，一线生机，胥系于此。又闻该会自九月分起，将出版《制言》半月刊一种，专以阐扬国故为主旨，内容分类，暂定"通论""专著""义林""文苑""别录""杂录"等门，其有前贤遗著，未经印行者，以付该刊，可特为登载。刻已推定太炎先生主编，其弟子孙鹰若、葛豫夫、金东雷、王佩诤、诸佐耕、王乘六、潘景郑、吴得一等为理事会委员，分任编辑发行等事。特约撰述人，均海内名流。有黄季刚、邵潭秋、钱玄同、汪旭初等数十人，又该会上半年之星期讲演会，章氏讲词，已出版至第六册，定价每册二角，函购照寄云。（《章太炎在苏讲学九月十六日起举行》，《申报》，1935年8月16日，第4张第15版）

任启圣回忆："1935年暑假开始，共招学生72人，籍隶14省。江浙人居多……先生自任主任，每星期担任四小时，每次二小时。尚有助教多人，以前中央大学历史系教授朱希祖担任《史记》，前东北大学主任教授马宗芗担任《庄子》，孙世扬担任《诗经》，诸祖耿担任《文选》，黄蕙兰（黄侃前妻）担任《易经》。……先生首讲

《左传》，次讲《尚书》，最后拟讲《说文》，尚未开讲即已去世。"（任启圣：《章太炎先生晚年在苏州讲学始末》，中国人民政治协商会议全国委员会文史资料研究委员会编：《文史资料选辑》第94辑，文史资料出版社，1984年，第79页）

路旭发表《读〈制言〉之言》，认为《制言》是复古的代表，无法适应大众的需求：

> 复古的声浪，一天高涨一天，太炎先生主编的《制言》，也在我们眼前眩耀着。……我们先要明白复古的用意有二：一，能保存固有之国粹，毋使遭秦皇焚书之患。一，能以古圣贤之哲学思想，来助惕我们。前者是学问上的考究；后者是思想上的鼓励，恐怕不得混为一谈。因为学问上的考究，是国学专门学说，未必人人喜欢，未必人人需要；而思想上的鼓励，却人人可以勉助的。……难道在这内有洪水之患，外有虎狼吞噬之险，而无数民黎正陷入饥寒交迫的当儿，还能孜孜于国学考古吗？此公非书呆子而何！……我希望一般喜习国学的青年，以古人之言来鼓励自己则可，若是孜孜于考古，而欲以此大众所不解的符号，来显扬出你自己高贵的身份，那是徒然于实际，只是吃力弗讨好。总之，《制言》半月刊当然是复古的结晶品，但是它是一阶级所私有的学说，不是大众所须要的学说；是贵族化的学说，不是平民化的学说；是迂夫子的学说，不是为人类求生存的学说。（路旭：《读〈制言〉之言》，《吴县日报·吴语》，1935年9月22日，第10版）

9月22日　船山学社开第八次董事常会。

周逸、谢鸿熙、王礼培、李澄宇、黄赞元、胡子清、陈嘉会、程子枢、彭施涤、张有晋等董事出席，萧仲祁、颜昌峣、任福黎、刘约真请假。报告事项："一、董事长王礼培报告，本年九月初一日，正副社长任期届满，须预选社长候选五人案，议决，不记名投票。开票结果：陶思曾九票，陈嘉会六票，胡子清六票，赵启霖五票，黄巩四票。决定上列五人以［票数］最多数当选为正式候选人，于船山先师诞祭日，付社员大会投票选举。二、本社一年来收支款清册，请审查付印案，议决付印。"（赵启霖著，施明、刘志盛整理：《赵瀞园集》，第433页）

9月23日　《申报》刊登《市声·群学书社提倡国学廉价》，宣传群学书社的国学书籍。

本埠四马路群学书社，三十年来，专注重国学书籍的整理编注，由国学专家以现代思想用白话注解及对译，使读者毫不觉得困艰，所有经史子集各名著已出版者，有二百余种。现因推进中国本位文化起见，特举行三十年来未有的大牺牲价，照价一律减售一折，再打八扣，廉价期至本月终截止。（《群学书社提倡国学廉价》，《申报》，1935年9月23日，第3张第11版）

9月28日　船山学社举行船山先师诞祭典礼。

上午十时，何键派曹典球主祭，民政厅长凌璋，秘书长易铭勋与社员彭施涤、周安汉、凌恩凤、何元文、胡子清等百余人与祭。下午二时开社员大会，推举副社长陶思曾为临时主席，由董事长王礼培报告上年度学社收支款项清册之后，举行选举。"选举正社长，赵启霖以二十一票为最多数当选；选举副社长，陶思曾以二十六票为最多数当选。改选杨卓新、程子枢、黄巩、李澄宇、王礼培、黄赞元、谢鸿熙为新任董事，以王寿慈补杨董事树谷之缺，并推举刘谦、王代懿、彭济昌为候补董事。"（赵启霖著，施明、刘志盛整理：《赵滟园集》，第433页）

9月 安徽宿县县长致函唐文治，该校中小学拟增加读经一科，打算定购《孝经大义》一千本，分发城乡各校诵读讲解。

> 本校校长唐蔚芝先生，德高望重，退迩闻风，上学期曾接新加坡华侨吴可培君来函，请求唐校长惠赐近影，列入《圣哲画像记》。本月又接安徽宿县县政府曲著勋县长来函，以晚近世风日替，拟令宿邑中小学增加读经一科，以《孝经》尤为切要，夙仰唐校长为当代理学大师，以欲定购唐校长所著之《孝经大义》一千本，分发城乡各学校诵读讲解，则裨益宿邑，实非浅鲜等语。闻已复许。足见本校校长泽教远被，海内同钦矣。（《校闻·本校校长泽教远扬》，《国专月刊》，第2卷第1号，1935年9月15日）

△ 沈兼士接受《世界日报》采访，追述北京大学国学门。

> 民国十年，蔡元培长北京大学时候，成立北大研究所。首先开办的是国学门，由沈氏任主任。当时他们便想用一种新的方法去研究国学，所以他们决定研究古代的国学采用考古学，

研究近代史学采用档案学。关于横的方面，则从风俗学着手。他们这种新奇的研究方法，将以前的旧方法推翻了，并且掀起一般人对于国学同考古的兴趣。现在国内的考古机关，都是受了他们的影响，结果北大这部分势力，便分布到全国了。我们谈起的时候，沈氏还很谦恭地说："北京大学国学研究所，对于学术界实在有点贡献，不过不是我个人的力量，如马叙平（衡）、刘半农（复）、周作人、胡适之、蒋梦麟诸先生，都是很帮忙的。他们的力量最大。"（《文字学专家沈兼士》，贺逸文等撰，张雷编：《北平学人访问记》上，第427—428页）

△　吴其作编《高中国学常识简明问答》，由北平新亚印书局出版。

此书分总论、经学、小学、史学、哲学、文学六个章节分别介绍国学基础知识，后附高中会考国文考试试题。《高中国学常识简明问答》总论：

1. 何谓国学？国学殆"国故"之变称。"国故"之名，始见于《礼记》。《礼记·文王世子》："凡始立学者，必释奠于先圣先师；及行事，必以币。凡释奠者，必有合也；有国故则否。"自章太炎著《国故论衡》，始以"国故"为中国学术之总称。西方科学盛行之后，中土人士，遂称"国故"为国学，以与科学相对待；实则二者并不相侔，盖以沿用既久，遂觉习焉不察耳。2. 国学与科学有何区别？无论自然科学，社会科学，其分类未有不精确者；各科内容之组织，亦缜密而具条理。国学反是。仿佛一大堆杂乱书籍，尚未经过有系统之整理；如"经""子"性质相同，竟区分为二。又如"子部"内政治、哲学、伦理、宗教纷然杂陈，"经部"亦然。此皆不合科学方法之明证。其他"史部"分正史、编年、纪事本末、杂史等类，集部分楚辞、别集、总集等目，亦与应用科学方法所分者相左。故国学之劣点，在缺少科学化或合理化。3．国学常识之范围如何？所谓"国学常识"，在获得国学上普通之知识，与专门研究国学者，其范围究有不同。4．吾国旧籍之分类，始于何书？其内容如何？我国书籍之分目，始于西汉刘歆之《七略》：一辑略，二六艺，三诸子，四诗赋，五兵书，六术数，七方技。（兵书、术数、方技后世之书目，均入"子部"。）（吴其作编：《高中国学常识简明问答》，北平新亚印书局，1935年，第1—2页）

是年秋 沪江大学出版社印行《天籁》季刊秋季号，刊登朱荣泉（雄健）《国学论》，批评时下国学研究者舍本图末，掉以轻心。

国学，非古也。三代之学，别之为六艺。诸子之学，统之以九家。汉人重训诂之学。宋人重性理之学。后之人为研求利便计，乃始以朝代名其学曰汉学宋学。逮清人复汉代之旧业，更名之为朴学，亦不仅仅以朝代名也。自欧化东渐，新学勃兴。好古之士，惧旧业之失坠。乃创中学西学之名，以为之别。复立为体为用之说，以定其序。同时西儒之治中国旧学者，亦苦于材料繁杂。分析匪易，乃混而名之为支那学。其后国人慊支那之称非旧，中学之义过晦，始援国宝国货之例，更定其名为国学。国学者，盖别于西来之新学而言也。夫处今之世，而抱守残缺，拒绝新知，固早为识者所不许。然徒务新学，不理旧业，动辄数典而忘祖，则亦未免有矫枉过正之讥。况一国之立，端赖有独立之学术文化，以植其根基，为国民者，乌可不对此立国根基，有确切之认识。又乌可不因此而发扬之，光大之。是故治新学而兼修旧业，其人固非顽固者流，其事亦不得谓为退守也。虽然，修旧业，非易事也。未睹新学之大略者，不足以言治国学。未得旧学之门径者，更不足以言治国学。政法伦理之学，本为中国所固有。然古人之言焉而不详，今之人治之而难于有效。盖古之时，专门之学未立。圣贤有作，胥为片段之言，而非系统之论。后之人欲从而博约之，明辨之，是非对于政治伦理之学，先有专门之研究者，必不能收事半功倍之效。而欲为专门之研究，则尤非治新□不为功。故治国学者，不可不先明新学之梗概。况上古之书，去今窎远，转相传写，讹误寖多，而音义变迁，句读亦綦难。今之学者，研读古书。苟不先明训诂，辨章句，实难通其谊而明其道。盖文字章句者，治学之门径。而微言大义者，古学之堂奥。世固无未入门径而能窥见堂奥者也。故治国学者，又不可不先通门径之学。夫以宣尼之圣，而其治学也，一则曰好古敏以求之，再则曰温故而知新。惟其新古并通，故能集大成而垂训万世。后之学者，非偏执于古，即拘泥于今。故皓首穷经，一无所得。近世论学，咸推海宁王氏，绩溪胡氏。然王氏于甲骨钟鼎之学，已先厚植根基。复于西洋文哲之学，博采而旁通之。故能精深宏大，成一家言。胡氏之治中国哲学史也。先读西洋哲理之书，以正其义。复治段王训诂之学，以通其术。故能发扬光大，洋洋乎为空前之巨著。然其对于中古哲学，以未精印度之学故，犹未敢轻易命笔也。夫治国学既若是其不易，而我国儒者复轻心以掉之，舍其本而末是图。于是乎国学家辈出，而国学乃不得不日趋于衰亡之运矣。（雄健：《国学论》，《天籁》，第24卷第1期，1935年秋）

10月8日　黄侃在南京逝世。

章氏国学讲习会发布黄侃绝笔："秋气侵怀兴不豪，兹辰倍欲却登高。应将丛菊沾双泪，岂有清樽慰二毛。西下阳乌偏灼灼，南来朔雁转嗷嗷。神方不救群生厄，独臂莫囊空自劳。"并征集黄侃遗著："黄季刚先生平生诗文集论学书札多不留副稿，凡先生友好及门诸君藏有此等文字者，请各移写一通寄交本会孙世扬汇收，以便编印。如将原稿寄来，经本会移录或摄影后即当寄还不误。"（《黄季刚先生绝笔》《征求黄季刚先生遗文》，《制言》，第4期，1935年11月1日）

龙榆生作书寄汪辟疆，告愿意帮助刊印黄季刚遗著。汪辟疆复有长函，记述黄侃事迹及龙榆生前往中央大学任教一事。函曰：

损书敬悉。季刚以脘痛呕血，竟致不起，海内惊悼，又不仅气类之私而已。季刚尝云平生友朋之乐金□为最。虽近年以酒后使气，稍致参商，然与仆及旭初兄则始终无间。此半年间，心平气和，过从尤密，即讲学亦多真语，不虞遽尔淹化也。连日检视遗札，青简尚新而其人已远，泫然不知涕之无从。今承来札，颇有代刊遗著之意，古贤风义不图于今日见之。日昨与旭初、公铎谈及此节，知季刚遗著甚多，惟丛稿盈箧，迄未写定，此外经史各书细行密字，丹黄殆遍，将来董理，恐费钩稽。至平生文笔则随手撇弃，不自收拾，其录副日记者亦甚寥寥。即诗文集之编次恐亦不易矣。仆于去岁曾与旭初谈及兄事，并托其斡旋。彼意甚佳，苦限于预算，前日以季刚教课及将来计画询之，则知本年暂不聘人教课，由同人分代。太炎有函荐吴检斋，已先征同意，据云明正可来。仆闻此说，遂未提及兄意，将来再俟机缘可耳！闻兄颇感于粤中生活不易，而办事亦未能顺手，公渚未来，又失臂助。前曾与冀野，圭璋谈及，似以迁地为良。此刻既无机会，姑且安之。仆当随时代为留意也。《海日楼诗集》证刚已校写三分之二，一俟校毕，即保险交邮奉寄。证刚云有确知其年月而此卷误编者，有渠处所钞而此卷遗漏者，将另为校定，俾成定本。培老为清代博雅第一人，遗著既多未写定，则此数卷之诗集，不能不及早刊布，亦后死之责也。仆近状如恒，近日辑唐稗，日翻释道二藏，所获颇多。知宋元后之任意删改，全失本真。它日写定为全唐小说，庶与全唐诗文并行，则盛事也。匆匆奉复，敬俟著棋！（十月廿八日）（张晖：《龙榆生先生年谱》，学林出版社，2001年，第65页）

钱玄同记载："今日报载，季刚忽于十月八日逝世，年五十岁（一八八六——一九三五），清光绪十二——民廿四，丙戌——乙亥，因之感伤。我与季刚相识在戊申之岁（查旧日记），自来因性情不相投合，论学亦多不相合，故多睽，然民四五间，论古今纽韵，得益甚多。平心而论，余杭门下才士太少，季刚与逖先，实为最表表者，若吴处士辈，腐恶兼具，何足算哉！"（杨天石：《钱玄同日记（整理本）》下，第1144页）

10月9日　江亢虎晋谒阎锡山，商谈物产证券、存文支会等事宜。

记者昨往访，据江氏对记者谈要点三项。第一，本人此次来晋，系应阎主任之召。于预定时间内，与阎主任研究物产证券及土地归村公有之学理，因阎主任近年来之思想，与本人不谋而合，愿以私人之资格，以所见所知，贡献意见。第二，关于存文会之成立，于本人发起后，北平，天津，均已先后成立，大都系一般热心学者，为保留国粹起见，以人同此心，心同此理之故，不约而同，大家协力一致成立，来此间后，亦有若干人士计划成立，本人极为赞同，存文会之会员，主要者系以中小学教员以上资格为宜，大学生亦可参加。惟中学生因学历关系，参加不宜，在社会各界人士，均可参加，太原不久即可实现。第三，本人游历各省，印象极佳，对内蒙纠纷问题，曾经为文登载各地报章，主张和平解决，前此曾赴百灵庙一行，且身加入蒙政会，以内蒙纠纷，勿使扩大，致影响团结力不坚，放弃内蒙政务，使西北一隅，无形消失。此外江博士并谓，本人拟在此间勾留一二周，即南下赴沪，拟办一种关于存文之中心刊物，俾存文会有所借重，此间因过去曾为各界讲演多次，此次不拟参与其他讲演。（《江亢虎昨谒阎赵等，拟勾留一二周南下赴沪，太原存文会即将成立》，《太原日报》，1935年10月10日，第5版）

10月10日　先谦撰《双十节谈到提倡国学》，呼吁以国学发扬光大，复兴民族，增强国势。

文中称：

> 十月十日，为民国纪元前一年，武昌起义之日，以逢月与日，均为十故，因定名双十节，民国成立，更以是日为国庆日，此双十节所由来也。

> 自有此双十节以后，于今二十有四年矣，以前之国情如何，固不原有所述，而今兹所感者，则为最近四年来事。

> 此四年来，国难当头，国土日蹙，强邻逼于外……更兼水旱天灾，交相侵至，民不聊生，国危如卵，至斯已极，嗟我黄帝苗裔，旦夕有摈于地球外之势，言念及此，曷禁悚然！

> 夫吾国有四千余年之文化，为世界各国冠，学术方面，大足自傲，特以不知发扬，且复一般学者，崇尚西学，以致文化堕落，良为可慨！彼西方学者，犹群推吾国文化，具有伟大价值，欧战以后，更争加注意，而我自鄙自弃，国势日弱，畴日不宜？故欲复兴民族，挽救危亡，自非致力于固有文化之发扬。

> 发扬文化，尤在读书，顾好学之风，至今日衰蔽已极，势不得不加以积极提倡，俾资急起直追，文化建设会及各种读书会之组织，固为当前之要图，而研究国学，尤应为其着眼处。盖就图书馆之经验而言，来馆阅借线装书本者，殊鲜有人，察其所以，似为古人思想，不合于今日之潮流，殊不知知识之宝藏，正应在此处发掘。试观日人于此新式战法时代，反竭力提

倡我孙子兵书，可见古籍，殊大有用于今日也。

故此后图书馆界对于国学，应力加宣传，教育界对于国学，应力加提倡。而阅借图书之人，对于国学，应知所研究，庶乎吾国学术思想，得以发扬光大，复兴民族，增强国势，实有深赖。

双十节届，心有所感，拉杂书之，以贡献吾国学者，作为参考，不敢以谓无所偏误也。（先谦：《双十节谈到提倡国学》，《稽钟月刊》，第1卷第1期，1935年10月10日）

△　瞿兑之撰《学海书院国学门教学大旨》，提出学海书院国学门讲学宗旨与读书、修学、研究的方法。
文中称：

国学一门，经纬万端，一事一物，皆昔贤皓首孳孳所不能穷其蕴奥。今欲观其会通，尤赖各本殊途同归之旨，方得事半功倍之益。师生一体，期共勉焉，首明此义，以当喤引。

学术之途既非一轨，诸生志趣所近，不必从同，昔人尝略区为义理、考据、词章三者，得其一端，皆可入圣。是丹非素，未免拘墟，但今世所需，繁赜过于古昔，治学之要，尤宜取其切于实用。匪惟考据易涉饾饤，词章流于华靡，即漫言义理，亦易堕入空疏，择术之先，断宜留意。孔子曰："古之学者为己，今之学者为人。"亭林顾氏尝举有用之学以矫明人空疏之弊，本院微尚在兹，诸生幸能相喻。

复次，治学之方亦随姿性而异，然历观古今贤哲所由成就，业精于勤，更无二义。诸生当抗心高览，取法乎上，读古人书，具有根抵［柢］，然后泛览博观，以资启发。若徒涉猎近人著述，则仅及藩篱，未窥堂奥，立言浅易，所当深戒，昔人劝学，尝举必读之书若干种立为程限，此乃真正功夫。今约取其意，亦定要籍必读十数种，以此为治学基础焉。

以上通旨。

要籍必读各种，乃为全院诸生所定之最低限度。若高材志在深造者，自宜更加恢张，应加读何书，可随时就教师商讨。大抵既精而兼能博者为超等，或博览群书而皆能提要钩元者，与夫专精一二书独具心得者，皆为上等，依程毕事得其大旨者为中，不如程者为下。诸生于所读书，必具扎［札］记，其能博考旁证发明要旨，固其善也。否则姑为分类摘钞，或制成谱表，亦为为学之良法，切戒漫为空论，徒恣臆说，无益于学，更非本院循名责实之道。诸生于此，如未得门径，末［未］知所由，宜就教师请其启示。

所列要籍各种，诸生宜自行购备，如其未能，则与图书馆酌定轮次借阅之法。若为大部书如《通鉴》者，可自约数人依次轮阅，期于公私皆无糜费。

读书之法，或择要讽籀，或丹黄句读，或随意浏览，听诸生自择。

以上读书。

本院修业不专重笔试，诸生宜各具日记，每日诵读讲论，不问有无心得，皆记于册，用备月终稽考，教师亦各置簿籍，以相参证，盖即此为互相砥砺策勉之资焉。

除院定考试以外，教师得随时发策相问，取其尤者，酌为刊布，以资观摩。

以上稽业。

本院所聘通信导师，皆知名硕彦，虽未能安车戾止，俾诸生得亲炙之益，然笺翰遥通，亦足以稍闻绪论。诸生若情殷私淑，欲有问难，宜与教师商定，由院通函，俟得裁答，并为公布。

以上通讯。

本院本师生一体之精神，自学长教授讲师助教以及诸生，所治之业，无处不相联贯，尤以助教所任最关重要。国学组助教工作约分三项：（一）协同学长教授编配所讲各科之材料，（二）随时察视诸生课业，（三）本身从事著述。

以上助教。

诸生来院之前，即已各有论文，则继续研究，益造精深，尤为主要工作之一，所谓专题研究，即指此而言。或仍董旧业，或别启新途，或一题而数人分任，或一人而兼治数题，或以一人主其纲而余人理其目，俱随时与教师详密商定。大抵所谓专题，期于以明确方法整理吾国政治社会各问题，探其本原，穷其流变，而其鹄的则在有裨实用。

此种专题研究，虽范围广狭不必豫为之限，亦当酌乎人力与日力，期其有成，无取过于宏肆，转蹈空虚，头白汗青，托诸冥漠。

以上专题研究。

言贵有章，文能行远，虽有扶质之理，亦须垂条之文，诸生于或文字素养未深，恐抽绎古书必难畅达，而敷陈己意亦苦扞逆。治学之功，斯为未尽，苟其若此，仍宜补修国文，潜求文从字顺之术，以资辅益。

以上补修。

本组各门，虽由同人分任讲授，倘遇鸿硕之士，惠然来临，仍当拥彗清尘，酌就专题敦请敷讲。即同人所授各门中，亦得各就便宜，临时指定部分由助教或高材诸生代讲，事无常规，惟其宜而已。

诸生所治之业，小有所成，当克期大会师生，宣读论著，以旌殊绩而资感发。

语言一科，圣门所重，六朝讲学，常有更相发难之制。今亦酌乎古今之宜，就国学各重要问题设为辩论之会，使诸生藉习辩才。

以上讲演辩论。

古人德性问学，亦寓于藏休息游之中，非必苦心劳力然后为学。诸生课业稍间，仍宜抗心尘外，或寄意于笺瀚，或怡情于徽轸。岭南风土，秀绝寰中，假山水之清音，作灵襟之披写，亦可考镜民物，鉴观得失，谢公所谓情用赏为美道以神理超，庶几有焉。

以上游息。

本院始业之际，国学一组，宜将办法大纲，为诸生告。兹秉承院长、副院长之意，略举数条，阐明宗旨，以后仍当随时损益，幸留意焉。（瞿兑之撰：《学海书院国学门教学大旨》，《新民月刊》，第1卷第6期，1935年10月）

10月15日　学海书院正式开学。

陈济棠支持张君劢、广州明德社创立学海书院，张东荪应邀出任院长，广东省府秘书长陈玉昆出任副院长。张君劢出任学长兼国际政情调查室主任，并主讲"宋明理学"，谢幼伟、牟宗三等著名哲学家担任导师，并分别主讲"西洋哲学和逻辑"和"哲学"。书院的宗旨是："振起民族文化，参以西学方法及其观点，以期于融会贯通之中重建新中国文化之基础。"办院原则是：（一）学行并重；（二）各科之联络与综合；（三）从民族复兴之需要上研究国故。学海书院《简章》规定课程分为四组：（一）国学组，从民族复兴之需要上整理国故；（二）科学原理与哲学组，彻底了解西方学术的根本观念；（三）社会科学组，包括政治、经济和社会，以学理为根据，而制作关于复兴民族之建设方案；（四）政情组，调查各国国势。学海书院"招生既毕，乃定于十月一日开学。惟当时中大农学院迁移未竟，而明德社之研究班又适毕业，房屋既狭，事又纷忙，开学日期遂延至十月十五日"。经费用途："本院经常费每月二万元，图书费占五千元，教职员薪金约占七千余元（就中职员薪金只得十分一左右，因多属兼差不兼薪之故），学生膳费及膏火约五千元。此外为办公购置及出版调查实习奖励等用。"学生课别：

> 本院学生分正课、预课、特课暨附课四种。正课生及预课生其资格以大学毕业者为限，招考时一同试验，其分别以入学试验之成绩决定之。凡正、预课生，除由院供膳宿外，并按月酌给膏火：正课生每月毫洋四十元，预课生每月毫洋二十五元。其有现职之人程度相当，由第一集团军总司令部或明德社

之保荐者，得为本院特课生。特课生除不给津贴外，一切待遇与正、预课生无异。此外，已经或未经大学毕业之学生，程度相当，愿意自备膳费（每学期五十元）者得请求入院为附课生，附课生亦须驻院。现在本院学生合计凡一百二十三名，内正课生四十一名，预课生三十四名，特课生二十名，附课生二十八名。以籍贯别之，计广东占九十四名，江苏、江西各五名，河北四名，广西、湖南各三名，四川、福建各二名，山东、山西、安徽、辽宁、吉林各一名。

课业概要：最初课程分开讲科目及要籍必读二种，开学两周颇觉上课过多，学生研究讨论时间过少，书院精神不能尽量表现。几经讨论，乃将开讲科目减至下列八种，以此八种为基本科目。（见表21）

表21　开讲科目表

科目	教授姓名	每周时数	授课期限	备考
中国学术概要	曾运乾	三时	半年	
逻辑	谢幼伟	三时	半年	
西史大事本末	陈同燮	六时	半年	
科学史	江振声	三时	半年	
政治制度	何永佶	六时	半年	原定英美政制及法俄日政制两科，现合并
经济学原理	黄卓	四时	半年	
国文	姚梓芳	四时	半年	
英文	黄伯诚	三时	半年	

　　此外则代以左列三事以明启发熏陶涵濡自得之精神：一、读书及作札记，二、讲论会，三、专题研究。

　　讲论会之意义以提出专门题目师生共同讨论为主，其办法约有下列数端：讲论会由学长或主讲人指定，必须参加之学生先期制定讲题，共同准备，届时主讲人讲毕即向学生互为问难或令学生自抒意见；讲论时间以二时至三时为率；每次讲论会应由主讲人指定学生二人记录；讲论大旨应事前编印，如有窒碍则以记录代之；参加讲论之学生除经指定者外，余人均得向课业课报名听讲，如得主讲人许可，亦得陈述或问难；未报名参加讲论会之学生应向课业课报明理由，其在讲论会缺席之时间仍须有其他工作之证明；讲题性质本院认为有普遍听讲之必要者，得令全体学生一律听讲。

　　1935年11月4日至1936年1月18日，本学期讲论会所讲之题，如表22所示。

表22　讲论会讲题表

日期	上午讲题	主讲人	下午讲题	主讲人
11月4日	宋明理学（一讲）	张君劢		
11月5日	墨子兼爱辩	李一真		
11月6日	计划经济的需要及其条件	黄公笃		
11月7日	研究社会学之门径	黄兆临		
11月8日	儒学	姜叔明		
11月9日	院务报告	陈玉昆、钟介民		

续表

日期	上午讲题	主讲人	下午讲题	主讲人
11 月 11 日	宋明理学（二讲）	张君劢	修养要义（训话）	
11 月 12 日	礼制精义	曾星笠	自星云演化到人类	江振声
11 月 13 日	两汉州制	谭其骧	庄子	缪子才
11 月 14 日	民主理论之基础	伍藻池	关于逻辑性质问题	牟宗三
11 月 15 日	行政效率	瞿兑之	美国复兴运动之功罪	陈恩成
11 月 16 日	近代西洋史学之起源及其发展	陈同燮		
11 月 18 日	宋明理学（三讲）	张君劢	修养要义	张君劢
11 月 19 日	广东财政概况	熊理	时空问题	江振声
11 月 20 日	中国废除银本位	黄公笃	经济史与奴隶制的关系	雷通群
11 月 21 日	共和国法律论的两个柏拉图	何永佶	鸦片战争前后中西外交关系	李抱宏
11 月 22 日	道德经与周易	姜叔明	亚里士多德的政治及伦理	何永佶
11 月 23 日	行省制度	谭其骧		
11 月 25 日	宋明理学（四讲）	张君劢	修养要义	李一真
11 月 26 日	学海堂述略	古公愚	光之性质的探讨	江振声
11 月 27 日	王阳明	李一真	明代党争	姚家积
11 月 28 日	民主政治之危机及其前途	伍藻池	一个社会观的纲领	黄兆临
11 月 29 日	黄河	谭其骧	货币价值研究	黎名郇
11 月 30 日	智识论之历史的考察	陈定谟		
12 月 2 日	宋明理学（五讲）	张君劢	修养要义	曾星笠

续表

日期	上午讲题	主讲人	下午讲题	主讲人
12月3日	明德大旨	缪子才	原子内部构造及其化学的演变	江振声
12月4日	现代各国公共经费之分析与批评	黄公笃	刘知几史学	黄席群
12月5日	近代政治思想（一讲）	伍藻池	列国在华领事裁判权近况	曾特
12月6日	孟荀论性之异同	姜叔明		
12月7日	知识之分析	陈定谟		
12月9日	宋明理学（六讲）	张君劢	修养要义	李一真
12月10日	马奇微厘的君主论	何永佶	光质一源说	江振声
12月11日	广东民族考源	谭其骧	一个社会观的纲领（二讲）	黄兆临
12月12日	布丹的主权说	何永佶	希腊思想（一讲）	谢幼伟
12月13日	社会学	朱亦松	中美宪法要义比较	陈恩成
12月14日	书院制度之精神	张君劢		
12月16日	宋明理学（七讲）	张君劢	修养要义	
12月17日	国际政情报告		人的发生	江振声
12月18日	现代各国公共经费之分析与批评（二讲）	黄公笃		
12月19日	近代政治思想（二讲）	伍藻池	南京与北京	谭其骧
12月20日	纬学之起源	姜叔明	希腊思想（二讲）	谢幼伟
12月21日	广东经济概况	熊理		
12月23日	宋明理学（八讲）	张君劢	修养要义	
12月24日	法学	罗文干	植物的演化	江振声

续表

日期	上午讲题	主讲人	下午讲题	主讲人
12 月 25 日	法学	罗文干	清代中枢制度	瞿兑之
12 月 26 日	礼学中郑王之辨	曾星笠	社会的基本问题	黄兆临
12 月 27 日	刘蕺山	李一真	希腊思想（三讲）	谢幼伟
12 月 28 日	书院制度之精神	张君劢		
12 月 30 日	宋明理学（九讲）	张君劢	修养要义	
12 月 31 日	近代政治思想（三讲）	伍藻池	右史记事例	方孝岳
1936 年 1 月 4 日	加尔文的政治服从说	何永佶		
1 月 6 日	宋明理学（十讲）	张君劢	修养要义	
1 月 7 日	穀梁决日月议	方孝岳	神经系的特性与感觉器官	江振声
1 月 8 日			文化的意义及内容	黄兆临
1 月 9 日	国际政情报告		法律与自由	伍藻池
1 月 10 日	易家太乙九宫之说	姜叔明	雅典共和制度及其利弊	陈同燮
1 月 13 日	宋明理学（十一讲）	张君劢	修养要义	
1 月 14 日	地志举要	谭其骧	生命探讨	江振声
1 月 15 日	春秋改制论	方孝岳	亚历山大帝国及东亚文化之混合	陈同燮
1 月 16 日	主权论与中国目前政治问题	伍藻池	社会学观点下之中国社会问题	黄兆临
1 月 17 日	侠学	姜叔明	民约论的真谛	何永佶
1 月 18 日	曾文正	瞿兑之		

学海书院第一学年第二学期课程表，如表 23—26 所示。

表23 国学门课程表

教师	听讲科目	研究科目	指导科目	附注
曾星笠先生	中国学术概要、三礼	荀子		中国学术概要系续上学期授完即停
方孝岳先生	春秋三传学	经传属辞学		
李一真先生	诗经、尚书	墨子		
姜叔明先生	大学中庸	纬候		
张君劢先生	宋明理学			系续上学期授完即停
瞿兑之先生		历代典制		系续上学期授完即停
谭季龙先生	汉书通鉴通考	史地学		
陈公穆先生				

表24 哲学与科学思想门课程表

教师	听讲科目	研究科目	指导科目	附注
谢幼伟先生	逻辑、西洋哲学史			逻辑系续上学期授完即停
牟宗三先生		数理逻辑		
江振声先生	进化史			
张东荪先生				
雷通群先生	社会心理学			

表25　社会科学门课程表

教师	听讲科目	研究科目	指导科目	附注
张君劢先生		政治哲学		
伍藻池先生	近代政治思想	政治名著		
戴葆铨先生	政治制度			系续上学期授完即停
黄卓先生	经济学原理、财政学	计划经济		经济学原理系续上学期授完即停
陈同燮先生	战后欧洲史	现代史		
陈定谟先生		社会进化论		
雷通群先生		教育社会学		
熊衡三先生			广东之经济财政	
陈兼善先生		人类学		
戴葆鎏先生		国际条约		
陈恩成先生		法理学		

表26　外国语（即补习科目）课程表

教师	科目	时间
黄伯诚先生	英文	四时
颜继金先生	法文	三时
萧伟信先生	德文	三时
谢求生先生	日文	三时

国际政情调查室：

本院为明了国际情形贡献研究所得起见，特设国际政情调查室，请张学长君劢主持购置中外月刊杂志多种，由本院员生及第一集团军总司令部秘书处职员共同研讨，月出月刊一册（名《国际政情》创刊号已于三月出版），廉价发行，以期普及。……本室职员：主任张君劢；副主任伍藻池；撰述（以国别为次）英国组李育培、曾特；美国组陈恩成、陈薰、李抱宏；法国组邓长虹、颜继金；德国组萧伟信；俄国组李彦良、钟建鼎；日本组李朴、凌维素。（《学海书院现况》，第6—27页）

学海书院简章：

第一条　本院之宗旨在振起民族文化，参以西学方法及其观点，以期于融会贯通之中重建新中国文化之基础。

第二条　本院之教育在于学行并重，于知识之授受多用西方学术之方法，而于人格之陶养则多取吾国先儒之遗规，务使所造之人才其知识足以应付世界潮流，其品行足以担当民族复兴。

第三条　本院之课程与工作暂分四组：（一）国学一类，宗旨在从民族复兴之需要上整理国故。（二）科学原理与哲学一类，宗旨在彻底了解西方学术之根本观念。（三）社会科学一类，包含政治、经济、社会，宗旨在以学理根据而制作关于复兴民族之建设方案。（四）政情一类，宗旨在调查各国国势。

第四条　本院设下列职员。

一、院长、副院长、教务长。院长、副院长、教务长主持行政。

二、学长副学长。其职务为（甲）学科讲授，（乙）专题演讲，（丙）指导工作，（丁）自己研究。

三、导师分通信教授与到院教授两种。

四、助教。其职务为指导学生之思想品行工作，每人管辖学生若干名，每月须将该生之思想品行工作以及生活之情状制成报告。

五、其他关于事务之职员。

第五条　一切院内重要事务由院务会议议决之。院务会议列席者为院长、副院长、教务长、学长、副学长。

第六条　本院之学生分预课生、正课生、特课生与附课生四种。

第七条　凡学生于大学毕业后尚有若干科未有深刻研究者列为预课生。

第八条　预课生、正课生由本院供给膳宿（或并给予制服）与每月零用，俾其简单生活，不致仰给于家庭。

第九条　预课生、正课生之名额，以本院给费之预算所定者为限，其资格为国内各大学毕业生，其入学必须经过（甲）中英文之预试，（乙）专门各科之考试，（丙）口试，（丁）呈验文凭及历年在学各科成绩与毕业时之论文。

第十条　特课生系特别保荐者，其规则另定之。

第十一条　附课生不驻院，凡大学毕业生或有治学五年以上之证明者，得请求为附课生。凡请求者交审查合格后，由本院指定专题以及参考书籍，令其在院外研究之。附课生于指定之期限不交成绩，其资格即行消失。

第十二条　预课生之修学年限为一年，正课生之修学年限为两年，期满后及格者各给以毕业文凭，预课生毕业后得升为正课生，至于正课生毕业以后仍愿驻院研究者，院中仍供给其膳宿及零用。

第十三条　预课生、正课生之必修科目依各人之研究目的编定之，其应读之书亦依各人情形不同各别指定之。

第十四条　正课生、预课生于入学后一学期末举行甄别考试，正课生不及格者改为预课生（或附课生），预课生考绩优良者升为正课生。

附课生得参加甄别考试，其成绩在八十分以上者得升为正课生。

第十五条　预课生、正课生必须参与下列各会。

甲、讨论会，由学长指定专题。

乙、工作报告会。

丙、共同生活之练习会（旨在训练近代民治式之生活）。

第十六条　为学次第与生活规约另定之。

第十七条　本章程经董事会议决后发生效力，如有未尽事宜，由院务会议议决后提交董事会修改之，董事会章程另定之。（《明德社主办学海书院简章》，《学海书院现况》，第33—36页）

△　香港大学召开会议，商议改组中文部事宜，根据许地山的建议实行改组计划。

　　早在许地山赴香港大学执教之初，"拟将港大之汉文学院改为中国文史学系，盖文学与史学有连带之关系，今将之拼成为一学系，固得其宜，在名义上亦较为妥当"（《港大汉文学院或将改为中国文史系》，《工商日报（香港）》，1935年9月9日，第3张第1版）。此次会议通过改革计划，首先将"中文部"易名为"中国文史学系"。其次，将文学院分为历史、中国文学、哲学三系，形成了以"中国文学""中国史学""中国哲学"以及翻译为核心的课程。同时，许地山废除了文言文为主的教学语言，代之以白话文。（《香港大学今晨开会讨论改组中文部事》，《香港工商日报》，1935年10月14日；《香港大学改组中文部，昨日下午再正式召开会议》，《香港工商日报》，1935年10月16日）罗香林在《中国文学在香港之演进及其影响》中，对许地山改革香港大学予以中肯评价：

　　　　盖前此赖先生等所定课程，注意使一般学子于古文辞外，能于经史得为深切了解，自方法言之，犹偏于记诵之学。许先生则分课程为三组，一为文学、二为历史、三为哲学。前人研习文学，只重视诗文，今则更及于词曲、小说、戏剧、与文学批评等；前人治史，只重朝代兴革，今则更及于文化史、宗教史、交通史、与版本目录等部分；前人治经，每长于总述，今则将经中之文史资料，还之文史专学，而就其哲理部分，更与诸子百家，历代哲人，与道教、佛教等哲理，合为系统研究。皆就前人所建立之基础，而为扩充发扬。继往开来，影响自巨。此后香港中国文学研究之日益发展，皆以此为机枢也。（罗香林：《香港与中西文化之交流》，中国学社，1961年，第211—212页）

柳亚子认为：

据说香港的文化可说是许先生一年开拓出来的。原来，在许先生来就港大中国文化史系主任之前，香港的国文权威，还是落在一般太史公手上的。读经尊孔，用文言文，简直和前清时代看不出什么分别来。自从许先生主持港大，招生的题目就用白话，那末学生的试卷也自然不能不用白话了。这样，才把全香港中学校国文课的文言文的锁完全打破，这是何等伟大的功绩呢！（柳亚子：《我和许地山先生的因缘》，全港文化界追悼许地山先生大会筹备会编：《追悼许地山先生纪念特刊》，1940年9月21日）

△　《国专月刊》报道无锡国学专修学校施行导师制情形。

本校为学生课外研究，发展个性起见，特施行导师制。由各同学兴趣所近，自行签名认选教授为课外导师，指导各科研究方法，时间则由各教授支配。本学期业已先后开始，兹探悉，唐校长指导理学，冯振心先生指导子学、小学，杨铁夫先生指导词学，钱萼孙先生指导诗学，叶长青先生指导史学，陆景周先生指导经学云。（《校闻·导师课先后开始讲授》，《国专月刊》，第2卷第2期，1935年10月15日）

10月16日　存文会太原支会成立。

民信社讯：名学者江亢虎所发起组织之存文会太原支会，

连日筹备就绪，昨日下午五时，在自省堂洗心社开成立大会，计到常子襄等百余人，由常子襄主席，报告存文会旨趣。继由江亢虎、柯定础等讲演，旋通过组织章程，推定郭可阶、常子襄、柯定础、续德新、王冠雄等十五人为干事，史书左等五人为候补干事，并推定柯定础等五人为常务干事云。（《存文会太原支会，昨正式成立，推常子襄等为干事》，《太原日报》，1935年10月17日，第5版）

10月19日　吴梅作《复某君论美术书》，认为各国皆有国粹，既不能唯我独尊，扬彼抑此，更不能泥古薄今，存奴主之见。

今世才隽之士，高瞻远瞩，知学术文字而外，又有一事也，足以发人神智，摇人魂魄，其力塞天地，亘古今，竭毕世之聪明心力，而其诣或至或不至者，群名之曰美术。美术云者，吾知美而已矣，初无中外高下之分也。然而治斯术者，往往以国势之隆替，转移其爱恶好憎之心，而奴主之见遂兴。一雕塑也，必求诸他国国工，受其训导，始谓尽厥能事也。而不知吾国古鼎彝之云雷刻画，六代寺宇之庄严妙相，西方人见之，方舌挢不下也。一声歌也，亦必探远西乐籍，实以中邦辞藻，虽凿枘亦不顾。或浩歌许白提，薛满，吕威诸杰作，薄中乐为无足学。而不知吾国魏良辅，梁伯龙，叶怀庭诸旧谱，无一字不合声，无一声不合字也。至于图画，吾国唐宋画苑，楼阁动植诸物，无事不工。自元贤兴，始以笔墨神化为上，而略于蹊径物象。今之论者，辄持此相诘难。谓吾画虽工，按诸实境，多所龃龉。而不知吾故宫旧藏，如近日之陈列于各国国都者，彼都人士，且倾倒不已，自谢弗如，以为抉造化之秘钥，得山川之精神也。于是有矫斯弊者，则又锐意崇古，谓神州旧艺，事事胜人，不特雕塑，声歌，图画诸术，非西方人士所及，即诗文哲理，亦突过他邦，尊其名曰国粹，保存国粹，居之不疑，抑知国粹云者，国国有精粹，未可独尊我国也。各国艺术，各有深造之诣，扬彼抑此，固非，泥古薄今，亦非也。盖奴主之见存，而真美之理晦矣。至如求兼人之才，持两端之说，糅杂中外，期一新坛坫，执艺术家之牛耳，吾知必望洋兴叹，彷徨失措，终至一无所成，此又吾期期以为不可也。是故研讨斯艺，必先察其性之所近，性近西学，则西学之；性近中学，则中学之，毋歆羡，毋作辍，不问寒暑，不事标榜，尽一生之毅力，而发扬光大之，吾心泰然，固无分乎中外也。其工与否，俟后世之公论可已。吾持此论，久郁而未发，适得足下书，殷殷垂问，因纵言之如此。足下明达，或不以为迂欤？（吴梅：《吴梅全集·日记卷》下，第631页）

10月22日 孙德谦病逝，被视为"国学大师，凋谢殆尽，而国运亦益不堪问"。

张尔田从北平致函陈柱，请他在大夏大学方面，斡旋出版孙德谦遗著事："益庵遗稿甚多，其骈文必传，拟为之整理。《诸子通考》，体例未纯，《要略》则当孤行，此皆我辈后死之责矣。身后萧条，自是遗老本色。生平风义，理难坐视。舍弟在粤，已为设法。大夏方面，尚祈尽力援助。"时人追悼孙德谦：

孙德谦先生之死，余适客扶桑，比返国，闻马公愚教授言，始知之，为之唏嘘者累日。先生号隘堪，吴县人，于学无所不窥，尤精诸子，志行介洁，恬忽世荣，垂老执教海上大学，颇艰穷，前月杪以胃疾卒，年六十有九。所著书有《太史公书义法》《汉书艺文志举例》《诸子通考》《古书读法略例》等二十余种，宏深精博，得未曾有，扶桑学者，向慕独殷，在昭和摄政时代，曾由文部省大臣江木千之将其书进呈御览，据彼邦人言，此种殊荣，即本国人亦不易得。当时吴昌硕戏谓先生曰："我得铜像，仅出自书画家友朋，不过小人下达，君则可称君子上达矣。"余曾阅彼邦文化刊物，称章太炎为大文学家，而称先生为大儒，实则先生之文，与李审言并称。钱基博尝言：现代工骈偶者，仅此两家。王静安则谓审言过于雕藻，先生气韵疏朗，自当胜之。静安不轻许人，而独佩先生与张孟劬，尝同访沈寐叟。寐叟赠诗有"三客一时萃吴会，百家九部共然疑"之句，盖谓先生及王静安、张孟劬也。寐叟又尝云：海上诗人多而文人少，文人多而学人少，君与王、张，真无愧为学人矣。此皆余曩者追随诸前辈之侧，而得诸耳目者也。曾几何时，寐叟返道山，静安自沉没，今先生又以病死闻，国学大师，凋谢殆尽，而国运亦益不堪问矣。呜呼，余又何能无恸于中哉！（平厂：《悼孙德谦先生》，《申报》，1935年11月30日，第4张第14版）

11月15日，大夏大学为"当代国学大师、本大学教授孙德谦先

生"举行追悼会：

> 大夏大学全体师生及国学界闻人将于是日假座本校群贤堂二一二号教室举行追悼仪式，国事如急风暴雨，前途益形惨淡，痛文星之殒殁，感学术之消沉，际兹招魂，弥深痛悼，兹将是日追悼会秩序，探录如后：1.全体肃立，2.献花，3.向孙先生遗像行最敬礼，4.主席致开会词——欧校长，5.读祭文——王蘧常先生，6.报告孙先生生平行谊——马公愚先生，7.演说，8.散会。（《孙德谦先生追悼会开会秩序》，《大夏周报》，第12卷第9期，1935年12月13日）

10月23日 苏醒之在《中西日报》撰文表彰章氏国学讲习会为复兴国学的一线生机。

苏醒之指出："国学为一国学术文化之精英，即一国精神生命之所托。故有国可亡而文化万不可亡之说存焉。盖文化不灭，即一国之精神不死，徐图复兴之机尚多，否则精神先亡，则行肉走尸，庸可用哉？"当下复兴国学迫在眉睫：

> 当民国以前科举已废，学校代之而兴，因倾重西学故，国学废而不讲，但有因先得欧美文化而介绍于国内者，其中焕然成章者，当推严复译赫胥黎之《天演论》、斯密·亚丹之《原富》、穆勒·约翰之《名学》、斯宾塞尔之群学肄言、孟德斯鸠之《法意》、甄克思之《社会通诠》等书，皆欧美第一流名作。严氏以信达雅之笔出之，足与隋唐间译佛经诸大儒相颉颃矣，

于是华人始悉欧美等国。亦有高深之哲学思想。其次，林纾以雅洁之笔译编西洋小说，不下数百种，介绍西洋文学之思想与结构，普及民间，至今不息。然皆述而不作，仅为信而好奇之老彭而已。

及留学之风渐盛，留欧美与日者日多，因得风气之先，革命思潮于焉发达，科学智识亦较为进步。只以国事不宁，学亦不精，至今无多发明，或有发明，亦无用武之地者。至维新不成，而革命又成流产，政局因以紊乱，社会日见腐败，西学不成，中学又荒，此诚两无所得之一大危险事也。其中惟胡适之、陈独秀等抱改造社会之志，为文学革命之行，所谓国语文学，因而盛行于世，是为普及平民教育及灌输思想之利器。在文学史上已另开一新纪元矣。然以新文学之科学方法，以为整理国故之工具，诚不失为利器之一也。若认治新文学为已足，是即中华学术之代表，文化之所在，对旧文学与古籍即弃而不讲，是乃忘本趋末之妄者，恶乎可哉？梁任公曾谓"国学为千古之宝藏"，惟如何利用新法，以开凿之，诚为学者今日之一大责任矣……

今者朴学大师余姚章太炎，昔以开革命先风之笔，继俞曲园经学大家后，而为经史字学之究，傍及耶佛时学，以其研究真切，著作之富（有《章氏丛书》数十种），国内学者咸见而让步，近闻又有虎邱讲学之说，要人助之于上，名流赞之于下，不数月而大事以成。然则章氏将发掘五千年未曾发之宝藏以遗世耶？抑欲整理国故，以启后人耶？抑为中西学术之融会沟通耶？抑欲振纲纪，以正世道人心耶？因是有无限之希望存焉。

昔唐宋诸儒，因佛学之输入，大放玄学理性之异彩。今西洋科学输华，为时已过半百，我国学术上仍寂然无闻，是非学者之一大羞耻耶？所惜者，治西学者多不长于中文，治中文者又每不谙西文，两相隔膜，几如二世界之不相与。然则焉得中西咸至，群贤毕集，以事国学之新生哉！（《海外应声·旧金山苏醒之君来件》，《制言》，第6期，1935年12月）

10月27日　船山学社开第四届董事成立会。

周逸、王礼培、胡子清、黄巩、陈嘉会、谢鸿熙、李澄宇、王寿慈、任福黎、黄赞元、杨卓新、颜昌峣等董事出席，副社长陶思曾列席，推选临时主席胡子清。讨论事项："一、推举正副董事长案，议决，仍推举王礼培先生为董事长，黄赞元先生为副董事长；二、推举周董事逸保管本社房屋契约（计契据壹纸、屋图壹纸）案，议决通过；三、陶思曾、周逸介绍凌恩凤，周逸、王代懿介绍陈兆璇为本社社员案，议决通过。"（赵启霖著，施明、刘志盛整理：《赵瀞园集》，第433—434页）

10月29日　广州学海书院院长张东荪由粤抵沪。

"学海书院长张东荪昨离沪北上，否认辞去学海院长一职"："广州学海书院院长张东荪，日昨由粤抵沪，即下榻新亚酒店。据张氏昨晨语申时社记者，谓本人此次离粤，并非辞学海院长之职，纯系年来身体不健，北返养病，稍待当即仍再赴粤视事，决今午（昨日）即乘沪平通车径赴北平云。"（《学海书院长张东荪昨离沪北上，否认辞去学海院长一职》，《申报》，1935年10月30日，第4张第13版）

10月起　章氏国学讲习会陆续刊行诸祖耿"章氏国学讲习会讲

演记录"，前后共出九期。

第一期《小学略说》（上），10月出版；第二期《小学略说》（下），10月出版；第三期《经学略说》（上），11月出版；第四期《经学略说》（下），11月出版；第五期《史学略说》（上），12月出版；第六期《史学略说》（下），1936年1月出版；第七期《诸子略说》（上），1935年12月出版；第八期《诸子略说》（下），1935年12月出版；第九期《文学略说》，1936年2月出版。

10月　龙榆生出任中山大学中国语言文学部主任，改革中国语言文学系课程，兼顾古直的读经课程和容肇祖的提议。

中国语言文学系一方面保留"以经为主，子史相辅"的课程特色，取消《孝经》，一年级的《基本国文》，以《论语》《孟子》为主，另设《经学通论》；三、四年级必修科目设"专经研究五种"：《毛诗》《春秋左氏传》《小戴礼记》《尚书》《周易》，任选两种。另一方面，将选修科目分为四组共二十二门课程，其中第二组设有《经学历史》，其余各组开设语言、文字、文学类课程。龙榆生制订《中国语言文学部最近两年计划》，具体如下：

（甲）关于研究方面者。一、编印语言学丛书。二、编印文字学丛书。三、编印文学丛书。四、编印文学批评丛书。五、编印分类文学史料丛书。六、编印中等学校国文科补充读物丛书。七、校刻古今重要著作。八、每两月按期刊行文科研究所语言文学专刊。（乙）关于设备方面者。一、购置关于语言学上之实验仪器。二、购置关于语言文学最新出版之国内外著作及一切刊物。三、征求各地藏书家之新刊典籍及书目。

四、征求各地名贤之未刊遗著。五、征求各地歌谣。六、征求古今别国文字所移译之典籍。七、征求专门学者之图像及遗物。八、通函国内外文化团体征求交换流通图书计划。（国立中山大学编：《国立中山大学现状》，国立中山大学出版部，1935年，第275—276页）

△　蒋逸雪著《国学概论》，由道南学社出版。

该书分为经学、小学、史学、哲学、文学，"言尚简赅，事贵佐证，务在去繁辞，屏空说，使学者以短少时日，明晰本国学术梗概"。《导言》如下：

> 治学之道，惟博与精：不博则见狭，不精则识浅；博乃初阶，精为终极。虽然，初阶岂易言耶！水利家云："治百里之河者，必具千里之眼光。"余谓论学亦犹是也。平凡短制，亦须环络靡遗，采毛及髓，言近旨远。前贤不轻事著述，夫岂无由！
>
> 《国学概论》为有志于本国学术者初步必读之书，顾坊间善本罕觏。盖国学涵义极广，概论则为简括之称。昔人有言："一部十七史，不知从何处说起！"十七史，正史也，今正史已二十有四。正史之外，又有编年、纪事本末等类。而史以外，经也，子也，集也，亦统在国学领域之中。千里之景，缩之尺幅，不失繁琐，即病疏漏，并世名著，每蹈此嫌。
>
> 本书虽无钩玄之能，颇以遗要为戒。中分五编：曰经学，曰小学，曰史学，曰哲学，曰文学。言尚简赅，事贵佐证，务在去繁辞，屏空说，使学者以短少时日，明晰本国学术梗概。

此原卑近，或亦登高行远者之所取资欤？稿经数易，纰谬仍多，纠绳匡益，望在贤达，初无敝帚自珍之意也。（蒋逸雪：《国学概论》，道南学社，1935年，导言，第1—2页）

11月9日　钱基博应章太炎之邀，赴苏州章氏国学讲习会演讲"章氏国学讲习会"。

钱基博认为，"章氏之学，欲推而大之，至于无垠；而为章氏之学者，乃祿而小之以囿于休宁、高邮！章氏之学，内圣而外王，务正学以言；而为章氏之学者，则曲学阿世，烦辞称说，不出训诂文字之末"，在此后国专的演讲中，则称"以章太炎先生为标榜者，其弊尤多在此"。（钱基博：《太炎讲学记》，《子曰丛刊》第2辑，1948年6月）

11月10日　南社同人在苏州虎丘为陈去病举行公葬。在中央饭店以晚宴作为临时雅集，柳亚子、郑佩宜、费公直、凌景坚、陈绵祥、范烟桥、凌光谦、范君博、陆兆鹍、王秋厓、朱少屏、朱谦良、丘翊华、林百举、郭惜、柳绳祖、柳均权、周麟书18人参加。（杨天石、王学庄编著：《南社史长编》，第631页）

11月18日　清心中学请惠灵国学会孙德余演讲国学，讲题为"旧学新知不可偏废"。（《清心中学（请人演讲国学）》，《申报》，1935年11月19日，第4张第13版）

11月24日　林语堂撰《翻印古籍珍本书》，评价《国学珍本丛书》，有助于研究明末清初的文学。

林语堂指出，近来出版界有三大方向，"一为大书局之大批翻印古书，二为小书局之出一折书，三为上海杂志公司及中央书店之大批翻印明版珍本"，共同的特点是翻印古书风头中的各不相同的方向，"此中有许多话可说，并且应该说"：

> 翻印古书，成本甚微而利润不薄，书贾与读者双方便宜，且因此使古书普及流通，确实是一件好事。本来在印刷业大进步的现代，早应使书越出越便宜，乃是合理。无如书业陈陈相因，不合理事很多，乃使书越出越贵。幸而一折书出现，打开一条生路，其影响各大书局受到威胁，使不廉价，便不足以与竞争。同时书价一便宜，读者便增多，姑不论版本好坏，提倡大家读书之习惯，其功就不小，此习惯养成，其间接影响于我国文化也非同小可。试想日本国民如何读书，日本出版业站在世界第三位，我们就应惭愧惶惑，把"文章华国"一块假招牌自己拆下来了。

林语堂评述《中国文学珍本丛书》与《国学珍本丛书》："前者为上海杂志公司所印行，后者为中央书店所印行，二者皆属翻印明末清初珍本，于中国文献上，有特别贡献，于《人间世》所提倡明朝小品，给以阐扬和实证。尤以搜入禁书珍本，非普通无宗旨之翻印古书所可比。"二种丛书定价低廉，"上海杂志公司的《文学珍本》出书在先，中央书店之《国学珍本》出书在后，既要避重复，自然内容不及前者，但亦有不少好东西。所以如尺牍一端而论，自然杂志公司之《赖古堂尺牍新抄》高明，中央书店所选《写心集》不及之，然而也不失为自修佳本"。（林语堂：《翻印古籍珍本书——兼谈〈浮生六记〉全本》，季维龙、黄保定选编：《林语堂书评序跋集》，岳麓书社，1988年，第94—97页）

△　何键在上海国际文化合作协演讲国际文化合作的先决问题，辨析儒教与孔教。

何键认为，全世界文化的体系应当成为整个的，不应划分为各别的，理想的办法是确立文化最高的标准，作为世界文化的总纲领。世界文化之统一是关系重大而又极有意义的事业，耶稣所言"天国"，孔子所说的"天下为一家"的景象，完全可以实现。国际文化合作协会最大的使命是统一世界文化的先锋队。时下国际文化合作的先决条件是"反对世界大战以至消弭世界大战"。（《国际文化合作的先决问题》，《国光杂志》，第13期，1936年1月16日）中国有儒释道三教，欧洲学者将"儒教"翻译为"孔教"，"殊觉含混不甚清晰"，"孔教决不能与儒教作同等解释，因前者乃仅指信奉孔子之教旨者而言，而后者则立义较广泛，举凡一切中国文化要素皆包括也。易言之，孔教者，儒教之一部分；儒教者，则中国文化总体也"。（《论儒教为欧洲学者误译为孔教》，《国光杂志》，第13期，1936年1月16日）

11月　无锡国学专修学校因为学校规模日益扩大、学生人数日益增多，原有校舍不敷应用，无锡著名实业家唐炳源资助，购地二十余亩，建设新校舍。

> 本邑国学专修学校，创办以来，垂十五载，平时以敦品力学为宗主，与目下蒋委员长提倡新生活运动、改良风气、维护道德实相符合。校长唐文治氏，因鉴于近年学生愈形发达，本学期统男女学生之籍贯，竟达十五省之多，本省亦占四十余县，原有校舍不敷应用。爰经再三筹划扩充，旋以第三区宝界桥，滨湖面山，交通便利，堪建分院校舍。当经函致汪县长、

张建设局长，知照第三区区长虞循正，设法勘定圈购。兹由该
校派吴溉亭、张尊五，会同虞区长，在宝界桥下先后购定三十
余亩，给价公平，乡民皆欢欣异常。风闻该校即将着手募捐，
俟募有的款，即于明年开始建筑。该处山水清秀，本划定为风
景区，他日黉舍落成，蔚为文化之区，湖山当更生色，而地方
之繁荣更可翘足而待矣。（《国学专修馆筹建分院》，《新无锡》，1935
年11月9日，第3版；刘桂秋编著：《唐文治年谱长编》，第914—915页）

12月1日 无锡国学专修学校校务主任钱基博召集全体学生作
学术演讲，讲题为"近日国学之趋向与章太炎"。

　　本校校务主任钱基博先生于十二月一日召集全体同学在大
礼堂作学术演讲。讲题为"近日国学之趋向与章太炎"。大意
谓近日国学，可分为清末考据余流一派及浙东史学余绪一派。
然多不能实事求是，辨今古文而能不读十三经，言史法史例而
能不读廿四史，而其以章太炎先生为标榜者，其弊尤多在此，
与章太炎先生以学术施之实事者迥异。最后勖各同学，于此国
势日危之时，惟有力本唐校长立身行道之宗旨，力行奋勉，始
可以挽此既倒之狂澜，而不为风气所转移。闻者莫不动容云。
（《校闻·本校钱主任召集全体作同学学术演讲》，《国专月刊》，第2卷第
4期，1935年12月）

12月9日 黄宾虹、陈柱尊应邀由上海同来无锡国学专修学校
作学术演讲，黄宾虹的讲题为"中国画之认识"，陈柱尊的讲题为

"墨子的尚义教育"。

黄宾虹由陈柱尊、冯振陪同，前往即将举行落成礼的茹经堂参观游览，黄宾虹为茹经堂绘中堂一幅，陈柱尊作《茹经堂画记》。

> 我国名画家、暨南大学教授黄宾虹先生，暨交通大学国学系主任陈柱尊先生，应本校校长、教务长之聘，于上月九日由沪约同来校作学术演讲。黄先生讲题为"中国画之认识"，其意谓中画与西画若造其极诣，其理相同。中国画家与西洋画家至于互相非诋，盖皆未能达其最高峰。并推至世间之理，九流百家之道，纷纭错杂，然考核其真谛，莫不殊途而同归。论綦透辟。又谓提倡绘事，可以救挽人心，如画中所表现出之幽情逸致，更加淡墨画之不施丹采，咸足令人对之志趣淡泊，心理超洁矣。陈柱尊先生讲题为"墨子的尚义教育"，阐发隐奥，解剖精翔。各同学无不记录，以备不忘云。（《校闻·黄宾虹、陈柱尊二先生莅校演讲》，《国专月刊》，第2卷第5期，1936年）
>
> 震泽自神禹底定，实为东南之奥区，吞吐七十二峰。鼍蚪之都，禽兽所京，容涵渊停，于何不有？神明之气，盖与天地通流矣。其东有五里湖。五里湖之西，有宝界山，实为明时王仲山先生父子隐居读书之处。岁在阏逢，吾师唐蔚芝先生七十县弧之辰，门弟子张廷金、胡端行、傅焕光等建言于众曰："吾师以孔孟之教，教国中数十年，弟子遍天下，多能守吾师之教，以道德文章工业闻于时。吾师之教在人心，吾师之功在国家。当兹览揆之朝，其可以无纪？"金曰："然。"于是相地兹山，勾工集材，不陋不奢，高阁飞甍，出入云烟，朱门崇

垣，玲珑湖干，足以隆道尊师，足以纪纲人伦。工既终功，名
曰"茹经堂"，仍吾师旧名也。春夏之交，雨时风和，万物并
育，山木扶疏，大明在天，炎熊混茫，湖光万射，摇人目光，
同登斯堂，恍见圣人之和。一叶惊秋，万窍怒号，四山无声，
廓然云霄，湖水千寻，欲见其底，鳞鳞秋波，与天为际，同登
斯堂，恍见圣人之清。霜雪既降，朔风如戟，波焱浪没，万怪
惶惑，硕果既潜，飞龙遁穴，天地凛烈（列），阴极阳动，含
章待发，同登斯堂，恍见圣人之任。若夫天地之精，湖山之
灵，消息虚盈，与时降升，鱼以之跃，鸢以之飞，如见圣人之
时，尤斯堂之大观哉。东望九龙，崇山制天；西望鼋头，拔浪
汲渊；南望蠡园，又南为仙蠡墩，则春秋时教越王勾践十年生
聚，十年教训，以雪国仇、拯国难者陶朱公之遗迹也。吾师之
门，傥亦有闻风兴起者乎？语毕，相与揖拜献爵，以为吾师
寿，吾师敛然辞让曰："鄙人何足以当之，虽然宣圣讲学，后
有况轲，不救秦燔，终兴汉刘。宋有程朱，明则阳明，或功于
时，或兴将来。鄙人老矣，惟诸君是望。"于时落成，四方观
者，接踵摩肩。黄山黄宾虹先生，吾师老友也，绘事为当代第
一，来歌斯堂，为吾师绘斯图，人与湖山，俱寿万年。岁在
柔兆孟陬之月，弟子北流陈柱谨记。（陈柱：《茹经堂画记》，《学
术世界》，第1卷第9期，1936年3月；参见刘桂秋编著：《唐文治年谱长
编》，第917—918页）

12月10日　韩尚德撰《学海书院记》，叙述学海书院的学习环
境与教育理念。

学海书院，在广州东山石马冈，中大农院之故址。地势隆起，而其山脉，自白云山蜿蜒而来，至此微耸，拔数丈余，为广州东山巍然独出之秀山也。辟院于此，缭以周篱，广若干丈，袤若干丈，绿瓦层楼，朱栏曲槛，望之伟然，视之清雅。院中远眺，珠江可见，退思园在其前，梅花村在其左，皆冠盖云集之处。循阶南出，广九路横截其间，越此而东，有广野之哥尔夫球场，每当夕阳西下，清风徐来，散步其间，三数碧眼洋儿，纠纠雄风，疾呼喝彩，别有滋味。再折而南，则江岭松涛，园林竹迳，另有一道，通别一境界，此君所在，箨龙相依，人行其中，衣裙皆绿，杂花生树，路转愈深，身游其境，伏时不知暑也。自院西望，越秀山，五层楼及学海堂之旧地，宛若目前，中山纪念堂，花塔，亦隐约可数，至黄花冈，瘦狗岭则为院北之屏蔽，丘陵起伏，壮此大观焉！

院之建筑，虽有一二为前代之故物，而经粉饰一新，与新架之洋房媲美矣。楼共四幢，南楼为学生宿舍，其下则为明德社及本院办公处；中楼为本院之教室，北楼为研究所与图书馆也。四面玲珑，深廊曲折，阶之四周，遍植青木及幼加利树，苍翠欲滴，荫蔽阳光，阶之旁杂栽时花异卉，美丽如锦。图书馆耸立苑北，分为四层，周以铁栏，上下窗棂骈叠，内外洞然；各窗皆湘帘静护，尘土不侵；下层为研究所，每室各置几案，简雅朴素，肃穆整齐。登楼则藏书万卷，中西之籍，满目琳琅；而楼前一望，万户炊烟，鱼鳞层涌，每当绿荫藻夏，长日如年，山雨欲来，催诗入听，登斯坐久，如入蓬莱矣。

庭右为修葺始竣之寄宿舍，上下二层，一如堂式，内分东西北三斋；地势既静，所见愈远，掩靡高卧，游屐无喧，白云初出，时鸟有声，清风乍来，翛然入室；斋前林木，珊珊可人，而运动游散之地，所在皆是；阶东有亭，翼然湖上，亭中石案一方，明莹如玉，可供数人啸吟其间，每在金玻穆穆，玉露溶溶，静伫移时不异湖中泛月也。

或曰：本院之设，取义何在？曰：岂不知吾粤史乘乎？昔阮芸台以一代大儒，持节督粤，政通人和，百废俱举，始设经古之课，后复捐廉，于越秀山间，创设学海堂，延海内积学之士，树五岭经术之风，岭海硕彦，一时辈出，其流风余韵，迄今未替！

丁兹道丧文弊，社会浇漓，方此大难，胡以图存！乃有盖世英豪，如陈总司令者，总领革命之雄师，坐镇百粤之地，频施伟略，与民更始，遂使烽烟顿绝，匕鬯不惊；复尊孔孟而正人心，崇关岳而弘士气，倡读经于军旅，走卒几成学士！明德社诸公，追随陈总司令之后，亦倡明德，激浊扬清，踵阮芸台之故事，重开学海之堂，期与海内英贤，宗邦豪杰，阐扬固有之道德，复兴民族之精神。

今者，萃八方鸿儒于一室，群海内佳士于同堂，马帐宏开，尽属通经之士，鳣堂又启，皆为辍学之伦，或馈以薪资而瞻其家，或供以膏火而养其志，一贯既获，三月不违，济济跄跄，一门多士矣。

然本院不徒学术之攻求，尤重道德之修养，与普通研究院，迥不相侔。设学长，使与学生砥行论文，相观而善。每周除学术讨论之外，复有修养要义一科；引征昔贤芳行，博采西哲名言，循循善诱，期习成风。至课业，则江都下帷，转相传授，昌黎退食，请业满堂，踪迹稍殊，兴趣无异。多士或习经传，寻疏义于宋齐；或解文字，考训诂于仓雅；或折义理，守晦庵之正传；或讨史志，求马迁之史法；或且规矩汉晋，熟精萧选，师法唐宋；或专研西洋典籍，抉欧西哲学之精华；或致力经济政治诸科，探讨实用之义理，各人所得，汇为笔记，每季一次，存交院长，以备优劣之品评，而为升降之标准。是则本院之教泽既洽，一纪于兹，书院精神，而今益著也。

创办人陈公维周，乃热心救世，识见超群之先进；院长张东荪亦为知名之学者，副院长陈公玉昆、钟公介民，皆德学兼优，中西一贯，参赞戎幕，提倡学术，裁成后进，尤具热忱。海内物望，莫不争附龙门矣。

夫书院制者，由来旧矣，至宋而弥盛，为我国宋以来之学制也，若白鹿，若龙冈，若贵阳，若濂溪，咸立书院，以聚会生徒，流风所被，到处景从，其陶铸之宏，纂述之富，蔚为一代宗师。洎乎晚近，欧风东渐，书院精舍，代之而为学校教育，但东鳞西爪，不能养成融会贯通之才，舍本逐末，无以得宏毅任重之器，至经术致用，道德伦理，更不堪复问！今本院参照古制，稍加改良，力避泛求泛应之积习，另谋自由讲习之良规，养成实践之道德，讲求体用之兼施，自系素树芳声，蔚为时彦之至意！异日为盖公筑堂，为穆生设醴者，非诸公其谁乎？（《学海书院记》，《大夏周报》，第12卷第11期，1936年2月26日）

12月13日　河南国学专修馆呈报添设国医传习所。

为转咨事。案据河南国学专修馆馆长张嘉谋、开封国药改进社理事长王合三等，为请予立案，并恳函达河南省政府以便进行事。窃同人等前组织一国学专修馆于汴垣，原拟将我国固有之文化发明光大，以期国粹之保全。嗣因国医亦国学之一部，若提倡国学而遗弃国医，殊觉遗漏。况我国医学最古内难、仲景之书，皆在三千年以上。其中之精微奥义与今日新学说互相吻合者诚为不少，如《素问》记载早发明血液之循环，《中藏》传经更深知肺痨之传染，纪元以前之学说与二十世纪丝毫不爽。我国医人应如何自豪！惜提倡无人，研究无法，遂令我极有价值之医学逐渐退化，殊堪痛心。前阅报章，东邻有恢复汉医之声，国联有研究中药之议，独我国人对于固有之文化不闻不问，听其自生自灭，亦足征爱国心之薄弱。同人等鉴国医有整理阐发之必要，遂于第二十次董事会议议决于国学专修馆内添设国医讲习所，定为四年毕业，一切经费皆由馆中担任。至于课程统以科学为标准，况已添招学生聘定专家分别教授。惟国医不在教育统系，似无向敝省教育机关立案之必要，素仰钧馆为全国国医最高之机关，管理国医教育之事原属名正言顺。谨将敝馆添设国医讲习所之情形，并将教职人员姓名与学生名册一并缮写呈上，请予立案。并恳咨敝省省政府以资进行，是为公便。（《咨河南省政府据河南国学专修馆呈报添设国医传习所咨请查照文》，南京《国医公报》，第3卷第6期，1936年4月）

12月16日　张树璜发表《国学今后之趋势》，指出研究国学者有以科学整理国故，又接清学余绪两派，仍以考据与辞章为尊。时下兼容并包，明体达用，以中体西用转化世界学术。

张树璜指出，近来学界因欧美学术难以改变时局，"穷途知返，遂有复兴国学之企图"。国家当局鉴于人尽不正，为了清源正本，提振道德，"更有复兴国学之决心"。于是，研究国学蔚为风气。然而，如何复兴国学，纯粹复古，还是"取固有精神以治今之世"，需要谨慎加以研讨：

今之言国学者，显有二派。其一主以科学整［理］国故，又其一则接清学之余绪，仍为考据与辞章是也。前者为科学之国学家，持欧美学术主观之见，以绳旧籍，某也精，某也粗，某也宜去，某也可留，全未考我国学术历史演进之原理，与古圣贤立言垂教之苦心。纯依方法立说，整理丛书，宁不有功，而国学之精神无与焉。后者为守旧之国学家，或承其家世之旧，或守其师传之说，固拒欧化，死守旧章，其心目中之所谓学者，必如王夫之、顾亭林之博，戴东原、惠栋之精，方苞、姚鼐之雅，即不能得其全体，亦必于训诂、考据、义理、词章有一成焉以见于世。即再不能，亦必如大书贾之熟于目录版本，矜夸于口耳四寸之间，始可谓之文士雅人。此等主张，根于历史习性，然于国计民生仍无补也。愚以为今日讲国学，须矫正二者之所蔽，直求我先圣先贤之精义，以振起民族之精神，适应时代，立己立人，发为美善政治，以基我邦家丕基，而树世界大同之风声。要而言之，即倡明孔道是也。

时下西学深入已经成为无可否认的事实，不仅物质与社会习俗日渐欧化，"国家法政、文物、制度、典章之取法外人，几乎削足适履，已易旧形"。然而，欧洲学术不适用于中国，"非欧学之咎，乃中国国性民情，本不与欧西同也。我民族人口最多，历史最久。古圣先贤，立政垂教，所以养成此民族者，自有其伟大之精神，与深奥之学问"。中国精神与学问，可以成为全人类的模范，"不在班马文章，许郑训诂，李杜诗词，程朱义理，惠戴考证，质言之，则孔子达德达道是也"：

> 往者既不可追，今日昌明国学，即不窗于纷纭道路中，自择一通达无阻之路。设谋始不慎，漫无审察，中道而荆棘塞焉。虽欲追悔，其何能及？然则如何而后可？我敢断言之曰：西学之优长者，既为世界所公认，即非吾人所能摈斥，中学之平实者，自有不易之定则，亦非西人所能拒绝。中西学术会合，镕铸而成一种新文化，十年之后，必然实现。此大自然之所安排，非人类谁何之力也。张文襄中体西用之说，为国人所诟病者，或且实现于将来。主持国学之人，宜乘机利导，研取国学主要成分，以成世界学术转变之大业也。
>
> 或曰，国学之趋势，诚如是矣，修国学者，何以自课？曰，此甚易也。其修己也，宜操崇德修慝辨惑三目，而主之以忠信。其修学也，博学（经史外，须兼通诸子、佛、道及世界史、哲、经济、政法之要义）、审问、慎思、明辨（一辨本身天资环境之苦乐，二辨时代社会之趋势，择定学科，专一深

造）。而期之以专成己。盖学莫先于成，其次治人驭物，以宏学之用，而利济社会，能如是已足矣。然未有己不自立而能使人物得其所者，故孔门不贵多言也。吾愿国家修明孔道，以立人伦之楷模，士子实行孔学，以矫务外之流弊，勿死守师说，勿拘泥旧章，明体达用，以救危亡而率世界也。（张树璜：《国学今后之趋势》，《国光杂志》，第12期，1935年12月16日）

12月25日　船山学社开董事常会。

谢鸿熙、周逸、王礼培、黄赞元、胡子清、彭施涤、任福黎、张有晋、王寿慈、黄巩、颜昌峣、杨卓新等董事出席，陈嘉会、萧仲祁、李澄宇请假。报告事项：一、"王董事长报告，本届董事常会提前开会，系因赵社长去世，特提前召集讨论"。二、社长赵启霖逝世，"本社应派员前往致祭案：（一）推举王董事长代表前往致祭；（二）吊仪用费以叁拾元为限；（三）代表旅费等项，实报实销。议决通过"。三、"本社于昨晚有输送队来社交涉，暂行借用讲堂房屋，无法制止，当由该队长官宋君承认，两星期即行迁出，各情节，议决，暂允借用"。（赵启霖著，施明、刘志盛整理：《赵瀞园集》，第434页）

12月28日　张君劢在广州学海书院主讲《书院制度之精神与学海书院之宗旨》，概述书院制度的精神，指示学海书院设立的原因及其生命寄托的所在。

张君劢首先回顾中国历代教育制度以及书院的变迁过程，清代书院，名存实亡，"乾嘉以后，学风趋于汉学，所谓书院，乃成考试时文之地，应考者专以得奖为目的。书院腐败，等于科举了"。

西方在文艺复兴后，精神逐渐发展，孕育出现代大学。德国学人Panlsen著《德国大学教育史》，指出现代欧洲大学有四点与古代不同："一、现代精神Modern Spirit普及于大学各科之各方面。二、前以课本为主，除注解外无他事。现在则以系统的方法说明各科内容。三、尊重学术上之自由，政府不得加以干涉。四、以前研究古籍者，以模仿为能事。至近时则求古代之精神所在，且凭之以发展人类文化。"当下，设立学海书院的目的，"决不是复古，是为重建吾民族文化"。在上述四点之上，应该建立新的教育机关，发挥现代精神。"书院之所以应设，因为除研究学术，增进智识外，修养亦为教育上之一大事。此事为现时专讲知识之大学所未顾到，故惟有另设书院以实现此目的。"近代大学，无论中外，"只讲知识，而不讲做人，差不多教师只是卖知识，学生只是买知识"。有的说办书院是开倒车，"这是不了解中国过去书院的精神"。中国两千年来的学问，"偏在人与人之关系之探讨，而不讲知识"；学海书院"既要研究古人修养之精义，同时要吸收西洋的知识"：

　　　本院的简章，第一条："本院之宗旨，在振起民族文化，参以西学方法及其观点，以期于融会贯通之中，重建新中国文化基础。"第二条说："本院教育，在于学行并重，于知识之授受，多用西方学术之方法，而于人格之陶养，则多取吾国先儒之遗规。务使所造之人才，其知识足以应付世界潮流，其品行足以担当民族复兴。"可见我们的书院，既非守旧亦不骛新，是要将中西的长处，同时发挥而光大之，以补现在大学的缺憾。

　　　有人以为科学哲学的方法，已给西洋人做完了。这话是不对的。学问是无止境的，只要埋头去做，总会有新的发明。我们走的路，不一定要照人家走，不过在发轫的时候，不得不略事依傍。要牢记着，这所谓依傍，只是开始的时候，我们的目的，总要能开辟路子出来。我们决不要限制自己，眼光要放得大看得远。我们所念念不忘的，应该有以下三点：

一、学行并重　我前面说的，西洋重在真，中国重在善，我们一面要发挥人家的真，一面更要发挥自家的善。学侧重真，行侧重善，能将真与善研究到极处，并合并起来，这是书院的第一要义。

二、各科之联络与综合　现在西洋大学里面，分科分的太细了。中国本着他们方法，也很细的在那里分。这样研究可以期其精深，然而总不免太狭。要知各科的性质虽不同，而互相的关系总要知道的。书院第二要义，就是求学问之会通，以期养成通才。

三、从民族复兴之需要上研究国故　二千年来的学者，多半在文字中讨生活，实在太不值得，最近有些人号称科学方法整理国故，实际上仍是在那里搬文调字，跟清代所谓汉学家后面跑。要知离了义理整理不出什么有思想有系统的东西的。假如再要这样去做，不另辟一条新的道路，是要走到坟墓里去的。所以书院对于国学，是要从民族复兴之需要上来研究，就是不要再作无聊的考据了。

我们本此三条原则来办书院，希望诸位努力的遵此而行。我们国家处在风雨飘摇之中，惟有养成一种新精神新风气，才能挽救。你们看德国在大战之后，国内的一切都受人家挟制，要在别的民族，恐怕就一蹶不能复振了。然而他不到几年，居然又在欧洲活跃，英法都不敢向他谁何，并且就是在他未能复兴的时候，他们的国民，到处受人欢迎，请去做顾问。这是什么原故？这就是因为他们国民，平时养成了一种刚毅果敢的国民性，在智识在人格方面皆有他的特长，所以虽然战败，而人民之人格并未丧失。国家虽一时受了打击，然而他们民族的精神，是永远不变的。具此精神，当然是会复兴的。我们中国，弄到这一步，几个日人说几句妄语，全国人民，你惊我恐，岌岌不可终日。这样国纵不亡，人心已死，比亡更可哀。古人说：哀莫大于心死。可见国虽亡，而心是不可死的！心既不死，复兴之日，总会降临的。学海书院，就是要负起这个责任。诸位，我们共同努力罢！（张君劢讲，鲁默生记：《书院制度之精神与学海书院之宗旨》，香港《宇宙旬刊》，第4卷第7期，1936年3月15日）

12月29日　中国国学会第三届大会修正《中国国学会简章》。

一、名称：本会定名曰中国国学会，简称则曰国学会。二、主旨及范围：本会应气求之义，商讨国学，如经、史、文学、哲学、艺术等，均在其列。三、会员：凡对于国学有相当研究及兴趣，与夫热心赞助者，得会员三人以上之绍介，填具入会志愿书，经干事会通过者，得为会员。四、职员：本会设主任干事一人主持会务，副主任干事一人协助之，主任干事缺席时代行其职务。研究部干事若干人，均由大会选举之。事务部干事若干人，由大会推选之。任期一年，均为义务职，连举连任。五、讲席：本会对于延请讲师之办法另定之。六、会刊：本会每年出版之会刊曰《国学论衡》《文艺揖华》，均为定期刊物。其他不定期刊物经本会认为有裨国学者，得由本会专刊发行。七、会期：每年开大会一次，每春秋二季开常会一次，每月开干事会若干次，研究会或讲演会无定期，由主任干事召集之。如有特别事故，经会员十人以上提议者，得召集临时大会。八、经费：本会经费由会员分任之，每人年纳会费六元，在学学生减收半费。如有特别费用，得开大会议决征收之。九、会址：暂借吴县图书馆。十、各地事务所：各地会员在十五人以上，得设国学会某地事务所，其简则另订之。会员在百人以上，得设国学会某地分会，简章另定之。十一、附则：本简章经大会通过后即生效力，如有未尽事宜，于大会时经出席会员三分之一以上之提议，得议决修改之。(《中国国学会简章》，《国学论衡》，1935年第6期)

12月30日 南社纪念会成立，中央监察委员兼上海市通志馆馆长柳亚子，上海市参议会秘书长陈陶遗，广西大学校长马君武，外交部驻沪办事处主任周志成，上海市博物馆临时董事会董事黄宾虹，民报社社长胡朴安，寒德社兼国学商兑会主干高吹万，前南社主任姚石子，市政府秘书孙仲瑛，科长朱凤蔚，市通志馆副馆长朱少屏，编纂主任徐蔚南，市参议会秘书朱叔建，道路月刊社主编陆丹林，画伯王济远，藏书家葛荫梧，陈乃乾，名律师高君湘，唐鸣时，青年作家白蕉、黄苗子二十余人出席，"觥筹交错，极一时之

盛"。(《南社纪念会成立记》,《申报》,1936年1月1日,第25版)

《南社纪略》记载：

在两次的临时雅集座上，总有人提议复兴南社，我是很反对的。我觉得南社已是历史上的名词了，照新陈代谢的公例推演起来，复兴非但是不必要，并且也是不可能。所以我总对人家讲，替南社做纪念是可以的，倘然要把它复活起来，那我非但不赞成，而且会剧烈反对的。这样，人家也就不响了。但，随时随地碰到南社的人，总会常常的追问着南社究竟用怎样方式来纪念呢？并且到几时才可以有纪念的方式呢？我禁不住人家这样的逼迫，所以到一九三五年（民国廿四年）十二月，就树起了南社纪念会的大纛旗来了。

柳亚子在《南社纪念会宣言》中称：

南社已成为历史上的名词了。要把它复活起来，不特事实上不可能，在理论上也非必要。因为世界的文学潮流是前进的，现在中国文学的环境，决不是一九〇九年的文学环境。我们倘然主张抱残守缺，和一般开倒车的朋友去同流合污，哪儿会有好的结果呢？不过南社的文学是绝对不需要复活的了，南社的精神却还有可以纪念的价值。我们现在发起这南社纪念会，一方面是追慕过去的光荣，一方面还希望未来的努力。但这努力的途径，决不是南社复活吧了。

南社以后，还有新南社，这和中国同盟会以后有中华革命党完全是一样的。所不同的地方，是我们没有中山先生的毅力和勇气，能够把中华革命党再改组为中国国民党吧了。所以新南社和南社，性质虽然不同，精神却是一贯的。我们现在纪念南社，也就包括纪念新南社的意义在里面了，这是应该附带说明的。完了。一九三五年十二月十九日。南社纪念会以柳亚子为当然会长，蒋慎吾任书记，郭孝先任会计，胡道静任庶务，以上海通志馆为通信处。（杨天石、王学庄编著：《南社史长编》，第631—633页）

△　陈布雷评议《制言》杂志，赞叹黄侃学术。

"读《制言》二册，颇似二十五年前读邓秋枚所编之《国粹学报》也。《制言》载黄季刚遗文甚多。余于黄君早岁文字，虽闻君木师屡赞其美，终以为生涩堆砌处太多，今《制言》所揭诸作，则渊懿凝谧，可谓文从字顺句率职者矣。"（陈布雷：《陈布雷先生从政日记稿样》，东南印务出版社，无出版日期，第92页）

12月31日　中国国学会编订国学会会员姓名一览表等名单（见表27—29）。

表27　国学会会员姓名一览表

姓名	字	籍贯	通讯处
丁毓礽	云甫	浙江吴兴	南京洪武路寿康里一四号
王季同	小徐	江苏吴县	苏州十全街新造桥南弄一号
王典章	幼农	陕西三原	西安陈家巷十号
任可澄	志清	贵州安顺	苏州大井巷二五号

续表

姓名	字	籍贯	通讯处
朱辛彝	仲璋	浙江嘉兴	南京审计部
李浼	佩秋	湖南衡山	杭州城站新开巷三八号
李蟠	仙根	广东中山	广州粤汉路局
李松颐	钟承	安徽阜阳	苏州濂溪坊一三一号
何觉	海客	广东顺德	广州西村广雅中学
吴廷锡	敬之	江苏江宁	西安小湘子庙街三五号
周建侯		四川广安	北平旧刑部街四十号
陈配德	星伯	四川郫县	上海霞飞路泰辰里二〇号
陈小蝶	蝶野	浙江杭县	上海南京路家庭工业社
陈之硕	君衍	陕西三原	南京审计部
马谏甫		安徽无为	无为县小井巷
夏清贻	颂来	江苏嘉定	北平西总布胡同八号
陆焕	匡文	广东信宜	广州光孝街勤勤大学
耿清	仲夷	安徽和州	安徽寿州洪家拐南首耿宅
班仲骧		安徽巢县	无为县鞍子巷十二号
凌子大		江苏吴江	上海文监师路八六二号
张大猷	梅瑞	福建连城	广州太平沙福华昌号转
张树璜	健盦	江苏睢宁	长沙肇嘉坪二五号
许康侯	太平	江苏吴江	苏州芦墟镇
郭象升	允叔	山西晋城	山西省城三圣巷五号
宁超武	子高	山西忻县	太原绥靖公署参事室或保安里九号
费福焘	盛博	江苏吴江	苏州桃花坞

续表

姓名	字	籍贯	通讯处
贾景德	煜如	山西沁水	山西省城典膳所
叶筠彦		浙江衢县	南京财政部
熊英	嚼然	广东茂名	广州市白云路广东沼河会转
赵椿年	剑秋	江苏武进	北平米市胡同四八号
殷齐德		安徽合肥	芜湖铁锁巷省立女子中学
蒋国榜	苏厂	江苏上元	上海爱文义路一八九号
蔡正华		浙江吴兴	上海贝勒路五七五号
郑篪	尹起	福建侯官	南京最高法院
郑旷	若谷	浙江衢县	南京财政部钱币司
潘文安	仰尧	江苏嘉定	上海静安寺路四行储蓄会
卫聚贤	怀彬	山西万泉	上海外滩中央银行
钱育仁	南铁	江苏常熟	常熟书院弄
戴铭礼	立庵	浙江衢县	南京财政部钱币司
顾迈修		江苏吴江	吴江盛泽
陆嗣曾	光宇	广东信宜	广州市越秀北横道二号
沈其光	瘦东	江苏青浦	青浦南门内濠上村
王盛英	翰存	安徽合肥	西安红埠街四八号
吴种石		广东番禺	广州清水濠十号
李卓立	平宇	广东信宜	香港结志街中兴报社
余寿柏		广东南海	广州市仙湖街安道中学校
余寿恺		广东南海	广州市仙湖街八八号
饶宗颐	伯子	广东潮安	广东潮安太平路潮安庄

表28　国学会会员迁移表

姓名	字	籍贯	通讯处
施福绥	纯丞	江苏吴县	苏州甫桥西街勋德里一号
赵仁铸	汉威	江苏吴江	北平南河沿欧美同学会
杨千山		江西赣县	广东北海邮局陈柱材转
陈鼎忠	天倪	湖南益阳	广州中山大学教职员宿舍地下二六号房
汪吟龙	子云	安徽桐城	南京大石坝街六二号
赵正平	厚圣	江苏宝山	上海新中国建设学会
唐大圆		湖南武冈	湖南武冈石下江转
许半龙	盥孚	江苏吴江	上海海宁路北浙江路西首海宁村六号
曹昌麟	明甫	江苏淮安	上海福州路国闻通讯社转交
王兆熊	仲尊	江苏吴县	吴殿直巷十八号
田兴奎	星六	湖南凤凰	长沙肇嘉坪五四号
孙远	翔仲	江苏常熟	上海文监师路八六二号祈祷世界和平会
刘昌运	笠僧	云南昭通	苏州阊门外半边街十八号
杨立三	又时	江苏金坛	苏州小柳贞巷第三监狱
闻宥	在宥	江苏松江	青岛山东大学
孙至诚	思昉	河南浚县	安庆东围墙十八号
靳志	仲云	河南开封	西安冰窖巷八号
马光楣	梅轩	江苏昆山	苏州紫兰巷二五号
尤敦信	符赤	江苏吴县	南京国货银行
吴诗初		江苏吴县	杭州新市场长生路二一号
吴闻天	鹤年	江苏吴县	南京良友里十号

续表

姓名	字	籍贯	通讯处
时希圣	孟邻	江苏吴县	苏州齐门外洞港泾
严庄	健斋	江苏吴县	苏州通和坊二四号
陈彝	子彝	江苏昆山	昆明云南大学
王时润	启湘	湖南长沙	南京最高法院
徐光	子明	江苏宜兴	昆明文林街或中华书局转
姜忠奎	叔明	山东荣成	广州东山松冈东三六号
刘治州	定五	陕西凤翔	南京头条巷十四号
吴致觉		江苏吴县	镇江医政学校
张汉宗	曲度	广东梅县	广东汕头松口麻子墈公裕
李烈钧	协和	江西武宁	南京陵园新村西路五〇号 苏州钱万里桥北沈家花园
陈士群		湖南长沙	安庆双莲寺街十二号
马宗霍		湖南衡阳	南京金阳里二十号
陈配德	星伯	四川郫县	上海法界台斯德朗路四维村一号
沈之采	梦麟	云南楚雄	苏州养育巷半仙巷四号
邵祖平	潭秋	江西南昌	杭州华藏寺华藏里五号
薛寿衡	颐平	江苏吴县	南京山西路洛伽路廿三号
张其淦	豫泉	广东东莞	上海广肇路一百十三号
路朝銮	金坡	贵州毕节	青岛龙山路三十五号
王灿	惕山	云南昆明	南京大石桥四十三号
王真	雪聪	福建侯官	高节里十九号
李郁	心庄	福建长荣	未详

表29　国学会撰述员表　续论衡第四期

姓名	字
丁毓礽	云甫
王季同	小徐
王纶	子经
王时润	启湘
方中	六湖
尹文	石公
李泳	佩秋
李蟠	仙根
李开荣	桐庵
李瑞华	
沈道乾	抱一
沈其光	瘦东
邵瑞彭	次公
吕美荪	仲素
宋慈抱	墨庵
汪定执	允中
易君左	
周国贤	瘦鹃
周麟书	迦陵
胡朴安	
姜忠奎	叔明
徐宝泰	公龢
徐识耜	丹甫

续表

姓名	字
孙远	翔仲
孙德谦	受之
孙易	百朋
陈铭鉴	子衡
陈配德	星伯
耿清	仲夷
凌景埏	敬言
张汉宗	曲度
张一麐	仲仁
许正枢	宾九
班仲骧	
黄仲琴	
杨千山	
叶长青	长卿
赵椿年	剑秋
赵仁铸	汉威
潘金相	伯谦
刘得天	
卢彬	吉甫
关赓麟	颖人
罗植乾	
严福年	禄宸
任传爵	乐天

（《国学会会员姓名一览表》,《国学论衡》, 第6期, 1935年12月31日）

12月　国学整理社辑《诸子集成》，由世界书局出版。

此书只收子部书，按照孔孟荀，老庄列，墨晏尹，管商慎韩，孙吴吕，两汉诸子的顺序，共编八册，收常用子书二十八种。该丛书选本较精，多采用学术价值的注释本，如《论语》采用清刘宝楠《论语正义》，《孟子》采用清焦循的《孟子正义》等，因切合实用，颇受重视。（国学整理社辑：《诸子集成》，世界书局，1935年）

△　金陵大学"国学研究丛刊"，预告决定出版三种，同时每篇抽印单行。

第一种（小学）：一，声统表，胡光炜；二，从省声省文中所求得之字原略释，高文；三，释名音证（上篇），徐复；四，释甲子，游寿；五，金陵方言考，朱锦江。第二种（史学）：一，战国时代经济生活，刘继宣；二，郑和下西洋考，尚笏；三，闽粤方志上之南洋，朱人彪；四，东壁史评，朱锦江；五，国史学发凡，陆恩涌；六，殷契札记，游寿。第三种（文哲）：一，乐章集校记，吴梅；二，南青曲谱选录，吴怀孟；三，南曲板式为乐句述例，陆恩涌；四，庄荀淮南马班论列诸子异同考，钱卓升。（《国学研究班（第一期）概况》，《南大百年实录》，南京大学出版社，2002年，第228页）

△　王璠撰《读书声中谈谈国学研究的问题》，认为有采用"分工"的必要，"各就性之所近而力之所能胜任者，用科学的方法与历史的观念，去担负一部分的研究，或许有一点成绩贡献社会人群"。

王璠认为，国学可以使我们昂然，"我们既承受了这份遗产，人人都该勤勉的，精心的去垦辟，尤其研究文学的人，更是责无旁贷"，于是便综合各家意见，略述己见。

第一，研究国学的意义。国学研究有三个原动力，（一）时代的趋势，"当此过渡时代，我们没有创造的新文化贡献世界，自己固有的学问，不去研究，未免自甘暴弃了"！（二）新旧的争讼。新旧两派各有得失，"新派一味模仿外人，抹煞国学，固然失之拢统；旧派因卫道反对科学，又不免'讳病忌医'"。若要消弭两派的争端，"必从国学本身探讨，究竟优点何在？缺点何在？那末去取之间，才有标准，不再踏'盲人瞎马'的危险"。（三）学术的发扬。"我们用缜密的方法，抽取精华，排出糟粕，重新估价，一方面使祖宗传下的产业，不致抛弃；一方面使中国文学在世界学术上，占一个位置，教欧美人民知道中华民族的优越和文化的发达。"

第二，研究国学的需要。（一）满足求知欲望要研究国学，"国学里所蕴含的学问，取之不尽，用之不竭，我们要想知识丰富，从那里可以得到许多帮助"。（二）温故以知新要研究国学，"我们研究古代学术思想，必在国学中寻材料；创造新学说，也要借国学以资参证"。（三）保存历史优点要研究国学，"一方面知道他自身本来具备历史所有的优点，一方面是完成这种历史的重要工作"。（四）评判各家学说要研究国学，"要下确切的评论，非对于孔孟的思想和后来解经的见解，加以深刻的检讨，才能不囿于旧说或迷于新奇，像这样有自我的主张，才不是拾别人的遗唾"。

第三，研究国学的态度。（一）要有虚心，"所谓虚心，是把个人主观的成见和偏激的情感，祛除净尽，虚怀若谷的搜寻证据，观察事实；只要和研究的问题有关，不问他是否可以助证己说，都要尽量的考虑"。（二）崇尚事实，"凡人研究学问，往往不凭客观事实，常用主观情感；或曲解，或附会，使人迷惘恍惚，无所适从"。研究国学应当采用"无征不信"的态度。（三）慎下结论，"从前治学的人，因不能虚心，不崇事实，多凭直觉所及，随便下断案"。

第四，研究国学的方法。（一）科学的方法，"国学能够先经合理的叙述而芜杂除，再经组织的整理而意义明。由是始有系统而告成功"。（二）比较的方法，"现代学问无国界的时候，更要存比较研究的虚心，外国学术界有无数的成绩，可以供我们的参证，可以给我们开无数法门，可以给我们添无数借鉴。学术的大仇敌，是孤陋寡闻；唯一医治法，是博采参考材料来比较"。（三）考证的方法，"研究国学，最先要打破宗派，辨别真伪，因此，考证的工作，确不可少。大凡经过精密的考证，可以得到一个结论，求出真相"。

第五，研究国学的途径。（一）散佚材料的搜辑，"这条路，已经有人开端，我们必须奋着勇气走上前去"。（二）旧有文学的整理，"时代方面的研究，尤为重要，因为学术思想与时代背景有密切关系，在某种社会政治的情形下，产生某种学说与思想。明白时代性的重要，然后批评研究，才中肯綮。此外辞书的编纂，当此思想庞杂，人事繁重的今日，为节省精力，经济时间计，也是刻不容缓的工作"。（三）外来学术的参证，"治国学的人，能够把外国学术思想和中国学术思想融会贯通，合一炉而冶之，取其长而去其短，那末新的文化便可创造了"。

最后，研究国学一定要采用"分工"的方式：

各就性之所近而力之所能胜任者，用科学的方法与历史的观念，去担负一部分的研究，或许有一点成绩贡献社会人群；但是一个人的见闻太狭，精力有限，同时有采用"合作"的必要，就是合起一群人在一个共同计划之下，依平时学问的根据，各人分担三两门去做梁任公所谓"窄而深"的研究。像这样有若干时间努力干去，成绩的收获，我相信定会"斐然可观"。我很虔诚的希望爱好文学的同志，都能负起这个责任；准备读书的青年，都能注意到这个问题。（王瑶：《读书声中谈谈国学研究的问题》，安庆《学风》，第6卷第1期，1936年2月1日）

是年　经钱基博的介绍，唐文治为裘毓麟的《思辨广录》作序，唐文治题作《广思辨录序》）。此后，裘毓麟又曾受邀到无锡国学专修学校作学术讲座。

唐文治撰《广思辨录序》：

吾乡陆桴亭先生生于明季，养晦海滨，绍千秋正学之传，负一代名贤之望。著《思辨录》一书，括《周易》三才之全，《大学》三纲领八条目之奥。其执友江虞九、陈言夏两先生为之辑要，张清恪公刻之于《正谊堂全书》中。厥后书板散失，先太夫子沈鼎甫先生刻之于江苏书局。迨先大夫辑录《陆子遗书》，复刻之于北京，盖风行海内久矣。昔顾亭林先生读其书，与先生札云："当吾世而有真儒，孟子所谓穷则独善其身，达则兼善天下，具内圣外王之学者也。"（见《亭林文集》）颜习斋先生读其书，俯首折服，上先生书，愿受业于门。（见《颜氏遗书》）当时大君子推重如此，三百年后，慈溪裘君匡庐乃有《广思辨录》之作，伟矣哉！吾桴亭先生学派之传，信乎源远而流长也……余老矣，深愿以淑人心，扶世道，救中国，救世界之责，属望于裘君与夫后之读是录者。（唐文治：《广思辨录序》,《国专月刊》, 第1卷第4期, 1935年6月15日）

△ 齐鲁大学国学研究所公布1934—1935学年开设的课程。

齐鲁大学国学研究所成立之初，即旨在提高齐鲁大学国文学系的水准，栾调甫提出：

关于提高国文系程度，分为两种办法。一是加聘教员，由资金项下划出若干，按照国文系规定之课程门类，聘请学识丰富之学者为国文教授，使其授课钟点较普通教员稍少，俾得从容参考而能编成较为完善之课本讲义，并能在课外有功夫指导学生作进一步学业之探讨。如是，国文系之功课提高，学生国文程度亦可增高矣。二是奖励学生，由资金项下划出若干，作为奖金与补助金。凡本校学生，第一二年级国文成绩优好者，在每一学年终了前，自每年级中提出最优者三名，赐予奖金以奖励之。复自第三四年级学生中，选择其国文成绩优好而国学常识较高者，由本所指定工作，令其在暑假期中工作之。（例如翻译西方学者研究中国文化之英文论著，或研究、采集、调查有关中国文化之问题）依其工作成绩，酬以补助金以勉励之。如是，不但提高学生国文程度，并可鼓励学生对于国学有更深之认识与兴味。此不背于罗氏基金研究中国文化之宗旨，而实大有造于本校者也。(《栾调甫一九四一年八月就研究所工作宗旨与工作办法上校务长条陈》，转引自尚小明：《栾调甫与私立齐鲁大学国学研究所》，《安徽大学学报（哲学社会科学版）》，2018 年第 4 期）

20 世纪 30 年代中叶，齐鲁大学国学研究所开设的课程有：墨子、经学概论、名学（栾调甫）；文学概论、小说作法、文艺思潮、但丁研究、世界文学名著、文学批评（老舍）；杜威教育学说、哲学概论、中国上古思想史、中国近代思想史、逻辑、普通心理、进化的人生论、美学、知识方法论、中国思想史（慈炳如）；古今文选、文字学、《文心雕龙》中国文学史、音韵学、庄子、汉魏六朝文、汉魏六朝诗（郝立权）；国学大纲、金石研究、中国美术史（齐树平）；教育概论、社会学导言、都市社会学、家庭社会学、社会演化、农村生活概论（范迪瑞）；古今文选、《诗经》唐五代诗选、《楚辞》《说文》（周幹庭）；中国通史、隋唐史、正史概论、宋元史、中国历史研究法、中国近世外交史、明清史、两汉史、史学书报研究、现代文化、东北史（张立志）；清代学术史、诸子学（赵振之）；古今文选（胡立初）；汉魏六朝史、古今文选（许炳离）；商代甲骨研究、考古学通论（明义士）；社会思想史、社会统计学、农村经济、社会学原理、乡村合作、乡村组织及乡村调查（张锡嘏）；戏剧概论、戏剧原理、文艺思潮、文学概论、文艺批评（马彦祥）；经济学概论、商业组织及管理、农业贸易（胡道远）；人类学、考古学及社会演化史、法律社会学、社会学管理论及历史哲学（余天休)；《尚书》《说文》（马宗芗）；日本史、中国沿革地理、近世中欧交通史、中国史学通论、地理要素、印度史、汉代风俗、政治地理（张维华）。(《齐鲁大学国学研究所1934—1935年度报告》，山东省档案馆藏，档案号J109-03-3。转引自朱斌：《民国学术史上被湮没的一页——齐鲁大学国学研究所述论》，山东大学，博士学位论文，2017年，第39—40页）

△ 沪江大学开设国学系，颁布课程文学院国学系课程纲要。

教师名单如表30所示。

表30 教师名单

姓名	籍贯	履历	专业	职别
王治心	浙江	清贡生	国文党义	教授、国学系主任
朱荣泉	浙江	沪江大学文学士	国文	副教授
万国同	安徽	清附贡生	国文	副教授
蔡尚思	福建	国立北京大学国学研究所毕业	国文	教师
吴一峰	浙江	清廪生、前北京法政学校毕业	国文	教师

全面抗战爆发前，沪江大学陆续开设的国学课程如下：

读书指导课程为大学新生国文程度不及大学一年级者而设，"目的在指导学生读书的方法：在思想方面，使能从书本上获得新的材料，在技巧方面，使能从古今大作家的文章上学得语汇与风格。课业注重专书的实地阅读，并检验笔记"。

模范文与作文课程"选读各类模范文，指示文章的作法，并加实地练习，以增进作文的技能"。

国语以国语学初步课程"使知标准音拼读、译注的运用，及语言的组合，语调的缓急，以养成其直接听讲和答话的习惯"。

中国学术史概要课程"依时代讲述各类学术之起源与演变，使学生对于中国固有的学术有整个之认识。课业注重课外参考，并检验笔记"。

修辞学概要课程"使学生了解中国文章的各种修辞原则，并训练应用的技能。课业注重实地练习"。

论文选读与习作课程"选读各类论文，以现代文为主，兼及古文；其目的在研究各类论文之思想的组织与表现的技巧，以养成写作论文的能力。每二星期作文一次，课内交卷"。

中国文学史课程"以历史的眼光，讲述中国各时代文学的起源与演变，注重社会的背景与作家的生活。课业注重课外参考，并检验笔记"。

文艺选读与习作课程"选读古今文艺作品，以散文为主，旁及赋、诗、词、曲等；其目的在使学生能了解中国文辞的美质，以增进写作的技能，每二星期作文一次，课内交卷"。

中国文学批评史课程"研究中国历代学者评论文学之言论及其派别，使学生能了解中国文学观念之变迁"。

近代文学研究课程"讲述中国文学最近的变迁，以文学革命为中心，并注重于西洋文学的影响"。

应用文课程"讲述各类应用文的作法，以公文为主，旁及书柬、契约；并注重实地练习"。

经书研究课程"选读经书之一种或数种，使学生能了解读经的方法，并认识经书的文学价值"。

史书研究课程"选读史书之一种或数种，使学生能了解读史的方法，并认识史书的文学价值"。

子书研究课程"选读子书之一种或数种，使学生能了解读子书的方法，并认识子书的文学价值"。

古书校读法课程"讲述校读中国古书的方法，并实地练习校读，使学生有自由阅读古书的能力"。

中国诗歌研究课程"讲述赋、诗、词、曲各类诗歌的体例与源流，并选读重要作品一种或数种"。

中国散文研究课程"讲述自周秦古文至现代散文的演变，并选读重要作品一种或数种"。

中国小说研究课程"讲述唐宋传奇与明清演义的起源与演变，并选读重要作品一种或数种"。

中国戏曲研究课程"讲述宋元杂剧与明清传奇的起源与演变，并选读重要作品一种或数种"。

中国通史课程"注重因果异同之研究，于纵之方面：注重经济政治之因革；于横之方面：注重地域民族之伸编；其他如文化风俗，亦在所讲授之内，课业注重课外参考，并检验札记"。

中国文字学课程"研究中国文字的起源与演变，以形体为主，旁及声韵和训诂"。

译学课程"研究各体英文之汉译法，注重实地练习。凡大二以上学生，其国文与英文的必修学程，成绩在二等以上者，经本系主任许可，得选修本学程"。

著述指导课程"目的在鼓励与指导学生从事长篇论著或文艺创作，注重实地练习或个别指导，凡大二以上学生，其国文必修成绩在二等以上者，经本系主任许可，得选修本学程"。

中国文化史课程分五部分研究：（一）政治经济，（二）社会风俗，（三）学术思想，（四）宗教伦理，（五）艺术器物。

中国哲学史课程"先讲背景，次述思想，于派别方面：兼重'反'，而不限于'正'；于内容方面：兼注重人生社会，而不限于本体宇宙"。（《私立沪江大学一览》，1934—1935年度，第69—77页；另参考《私立沪江大学一览》，1935—1936年度；《私立沪江大学一览》，1936—1937年度）

1935年，注册学生名单：唐宝瑢，广东中山；帅伯春，贵州安顺。（《私立沪江大学一览》，1936—1937年度，第205页）

△　北平私立中国学院国学系毕业学生名单、在校同学录与历届毕业生名单（见表31）。

李相臣，山东栖霞；赵端临，河北安新；齐秀荷，河北蠡县；李汉杰，河北永年；万选，热河赤峰；刘玉珍，河北清苑；田王美，山东寿光；姜榆之，四川江北；韩法琦，河北晋县；吴瑜，河北清苑；李光华，河北博野；马光禄，河北永年；张金山，河南新乡；魏慕连，广西桂平；竺惠林，河北束鹿；刘振声，河北定县；张先盛，河南新乡。（《北平私立中国学院1935年度毕业证书（国学系）》，北京市档案馆藏，档案号J135-001-00014）

国学系十一班第三年级：蔡峻峰、徐文鼎、张耀先、苏玉鑫、李宏蕡、牛世玺、鲁方明、袁瑗、李树清、王存德、丁霄汉、吕淑光、牛先品、林洪洲、杨恩厚、吴绪、董桂生、郭连科、丁士毅、戚华年、徐景霖、江世照、田子坛、王玉甫、王庚绪、张永谟、吴荣栋、吴继先、孙鉴秋、杨承先、梁业遒、郑振华、吴志青、孙革非、姚鸿钧、陈良循、鹿辉世、宋秀莲、迟日轩、李棹、卜沄、钟连堂。

国学系十二班第二年级：王树仪、姜时彦、董济民、唐学熹、张仲叶、张玉谷、赵玉琴、王思善、葛勤修、殷光先、荣孟源、杨世环、冯九江、熊复光、华景芳、李镒、张悦盛、崔金灏、路祺亭、刘汉昭、李培阳、唐绪万、杨嗣均、乔一鸣、苏高第、查名伍、张砚方、王汝勤、万焕章、梁斌、萧泽綦、刘恩敬、王成瑞、许肃、李熙栋、吴玉玲、刘鸿温、郭守谳、邓崇礼、尹淑贞、欧阳金、宋文治、赵郁茂。

国学系十三班第一年级：萧景崃、范秦琼、邵泽民、黄振宗、李维精、王羽仙、张昂、刘藜辉、赵芝轩、靳林风、劼乃偲、杨信、姜荣、赵俊、韩梅英、王志奇、刘寿嵩、李永寿、韩廷琮、杨际时、刘泮溪、宗福禄、惠湛源、赵真如、李建梓、董觉民、孔延龄、史立德、贾绍业、安慕陶、纪庆恩、李源、叶文琴、毕遇秋、张枌、张世淹、张承溍。

表31　国学系毕业同学通讯录

姓名	籍贯	通讯地址
于恩济	山东莱阳	莱阳即墨城东金口谦兴号
于同祥	河北望都	保定城南大李各庄王朝桢先生转
牛耀德	山西清源	清源城内延昌街交
王辉显	山东文登	文登东下齐林小学校转
王文瑞	河北交河	交河城内义昌号
王树楷	河北晋县	束鹿县辛集镇济世堂转
王永福	山东濮县	濮县城北王堤口
王昌国	四川仁寿	成都提督西街十六号
田玉美	山东寿光	寿光北乡田柳庄

续表

姓名	籍贯	通讯地址
田庆奎	河北涿县	涿县松林店镇永顺成转西酱各庄
朱志杰	吉林	
朱炳忠	河北保定	保定城内琅瑚街一号
朱炳言	河北清苑	保定城内琅瑚街一号
吴瑜	河北清苑	保定天义金店
李汉杰		
李光华	河北博野	博野程委转解村营交
李相臣	山东栖霞	栖霞西乡大榆庄
李春雷	山东郓城	郓城盐店
李星斋	河北高阳	高阳北关路西西百禄堂李宅转雍城村
李汝璠	河南遂平	遂平东街振泰成
李成春	河北新河	南宫寻寨镇同德堂转南阳村
杜琨	福建福鼎	霞浦县城西街林杜寓
竺惠林	河北束鹿	束鹿县城内
周士冠	山东夏津	夏津周哈庄
姜榆之	四川江北	
马光禄	河北永年	永年大北汪信义成转赵目连村
徐振树	河北安平	安平马店镇香官村
唐文灿	四川巴县	巴县东里迎龙乡
孙立中	山东寿光	寿光昌乐留吕邮局转斟灌北城西
孙宝善	河北无极	无极陈村
孙麟圃	河北望都	安国县张家营转南韩家庄交
崔卿云	绥远丰镇	山西山阴县岱岳镇晋山魁宝号转
张鸿鑫	山东邹县	曲阜后作街十四号
张广肃	山东单县	单县民族街一百〇二号
张兰馨	山东单县	单县城内衙门前笨宝银楼交

续表

姓名	籍贯	通讯地址
张鸣志	河北清苑	保定清苑女小师范
张纯芳	河南巩县	荥阳米河镇仁记
张金山	河南新乡	新乡城内北街和昌布庄转交丁固城
张方	浙江鄞县	北平安福胡同中和报社
张景舜	河北南乐	大名道前街安家胡同十二号
张金	广东合浦	合浦常乐市全生堂转
张新民	辽宁西安	西丰县广升泉转交
张德申	山东城武	城武张庄寨
高光斗	河北唐县	唐县史家佐
常嗣温	山西大同	大同口泉镇
唐恒绵	河北满城	保定厚福盈小学
陆允文	热河赤峰	
黄寿祺	福建霞浦	三都澳盐田
黄传麟	安徽桐城	大通汤家沟吴家桥
曹锡庚	河北蠡县	满城县城内长庆兴转交宋家屯
万选	热河赤峰	林西万利泉转
贾芳圃	河北深县	深县大冯营转韩庄
贾际和	河北无极	无极郭庄镇德泰永转南汪
杨敬时	河北定县	定县城南王宿村
杨宝元	河北定兴	定兴田侯村
赵慧贞	河北	北平西直门内南小街椿树胡同四号
赵兰亭	河北满城	满城江城镇松林堂转庞村
赵景牧	河北曲周	曲周城内南海子沿
赵端临	河北安新	高阳永兴烟公司转南马村
齐秀荷	河北蠡县	蠡县城南王家庄

续表

姓名	籍贯	通讯地址
刘玉珍	河北清苑	清苑大庄镇黎家沟村
刘振声	河北定县	定县城西大流村
钱迪明	江苏上海	北平府右街盔头作七号
樊振菊	河北枣强	卷镇东留故镇日省堂
萧照林	河北博野	保定城南南段家庄萧家庄
魏慕建	广西桂平	桂平庆祝街魏敦善堂
韩法琦	河北晋县	深泽城内恒丰益
绳景信	河北晋县	无极南辛庄

（北平中大年刊编辑室编：《一九三五之北平中大》，北平中国大学，1935 年）

△　江苏省立国学图书馆柳诒徵任馆长，张逢辰为主任，职员有王焕镳、周懋、项燕北、陈兆鼎等。柳诒徵主编《江苏省立国学图书馆图书总目》全部刊印，1937 年又出版补编，共计 30 册，经史子集志图丛 7 部 85 类 832 属。

表 32　江苏省立国学图书馆职员资历一览表

姓名	别号	年龄	籍贯	现任职务	资历	每月薪给	任事年月
柳诒徵	翼谋	五七	江苏镇江	馆长	清己酉科优贡，历任各大学教授	二〇〇元	十六年七月
张逢辰	祖言	五七	江苏镇江	主任	南洋公学毕业，历任龙门师范、镇江中学、省立第六第七中学教员	一四〇元	十七年二月

续表

姓名	别号	年龄	籍贯	现任职务	资历	每月薪给	任事年月
王焕镳	驾吾	三六	江苏南通	编辑保管部主干	国立南京高师文史地部毕业，曾任中央大学讲师	一二〇元	十九年三月
周憼	雁石	四二	江苏海门	访购印行部主干	国立南京高师文史地部毕业，东南大学文学士，曾任中央大学图书馆编目	一二〇元	十九年八月
项燕北	燕北	四六	江苏镇江	传钞部主干兼编校	江南高等学堂格致科毕业，历任大学、中小各校职教员、校长	八〇元	二三年八月
陈兆鼎	霱丞	四五	江苏泰县	阅览部主干兼文牍	京师大学高等科毕业，历任中央大学、金陵大学图书馆编目员	九〇元	二二年一月
王震保	春霆	五七	江苏镇江	会计兼指导员	江苏省立一工毕业，历任江西高等学堂、南京工专教员	七六元	十六年九月
汪闿	蔼庭	三八	江苏江宁	保管员兼编辑	南京钟英中学毕业	七〇元	八年十一月
王焕鍨	说之	三〇	江苏南通	庶务员	南通孝弟中学校毕业	六〇元	十七年四月
江国栋	筱石	五〇	江苏江宁	保管员兼书记	曾任江苏振抚局办事员	五〇元	十年七月

续表

姓名	别号	年龄	籍贯	现任职务	资历	每月薪给	任事年月
陶镕贵	竹平	三〇	江苏镇江	保管员	南京工专高中部毕业	五〇元	十六年九月
朱焕尧	建章	二九	江苏涟水	编校兼指导员	中央大学毕业	五六元	二三年七月
周卯生	光午	三三	湖南宁乡	访购印行部事务员	上海中国公学毕业，曾任北平清华大学研究院助教	五〇元	二四年一月
姚纲龄	纲龄	二七	江苏泰兴	保管员兼书记	江苏省立南京中学毕业	四〇元	二四年一月
李沅	伯沂	四七	江苏江宁	事务员	曾任江苏省立六中书记兼图书馆助理	三六元	二十年三月
陶基承	少夔	四三	江苏江宁	事务员	江宁崇文中学毕业，曾任浦信铁路总公司办事员	三六元	一四年八月
于士雄	倩萍	二七	江苏金坛	事务员	江苏省立苏中师范科毕业，曾任苏中图书馆助理员	三四元	一二年十一月
王必旺	耀卿	二三	江苏江宁	事务员	南京第十学校毕业	二四元	二三年七月

（江苏省立国学图书馆编：《江苏省立国学图书馆概况》，江苏省立国学图书馆出版，1935年第30—32页）

柳诒徵撰《国学图书馆图书总目·序》，陈述该书的编纂经过与"开国学之津涂"的宗旨：

　　艺风缪师横山陈徵君创立金陵龙蟠里图书馆，席钱塘丁氏、武昌范氏之藏，清季已见重于海内。丁氏有《善本书室藏书志》，嗣又印布《八千卷楼目》，学者恒操以稽馆书，然丁书故未悉归是馆。馆初创时，征调官书，购置新籍，亦非尽丁书。范氏木犀香馆藏书，多明清集部，其珍秘亚于丁书。顾无家刻目录，欲窥其全。惟丁君秉衡、国钧、王君懋镕先后所编《江南图书馆善本书目》一册、《江南图书馆书目》八册，及《南京图书局书目》二编二册，丁、范二氏书之归馆者，及端方为官搜购者俱在焉。

　　民国以来，续增桃源宋氏书六十箱，其书多通行本，鲜秘籍，要亦可备检阅。积年复有各方家刻坊本捐赠庋存，馆费支绌，未有续目。齐耀琳长苏省时，属汪君振之家声检校善本，成覆校善本目四册，而移丁氏、范氏明清罕见之本及普通写本别庋后楼，标曰"续提善本"。又檄取丁氏、范氏、宋氏重部易得之本及学校用书，归之大中桥通俗教育馆，即今之民众教育馆。而曩者所编诸目，乃多与存书不符，或目存而书已他徙，或书增而目尚未沾，学者病焉。

　　民国十六年夏，诒徵来典是馆，及延范君耒研（希曾）偕汪君调之（汝燮）编订馆存书目，并属赵君吉士（鸿谦）整理所谓"续提善本"。

　　范君治流略有年，发凡起例，鳃理缜确，成《经史别集目》若干册，遽以病殂。王君驾吾（焕镳）继之，昕夕排纂，不懈益勤，遂成《普通书全目》及《善本合目》若干册。

　　诒徵以谓馆有之书，歧分两目，不便检寻，且丛书近刻，恒有异同，宜汇载之，以资参考。于是，综善本、普通本、丛书本三者而一之，属张君省三（继曾）、汪君蔼庭（闿）、陈君鼏臣（兆鼎）、朱君焕尧（建章），相助为理，商榷义例，厘析类别。阅数寒暑，成经史集三部全目，而王君复别辑《首都志》，以子部全目属周君雁石（悫）整比。志稿竣，王君又排纂方志、丛书、地图三类全目，至今年冬始告蒇事。为部七，为卷四十有四，所载书都若干种、若干部、若干册、若干卷。

诒徵受事时所存之书，及逐年增购，公私捐赠者，毕萃于是。目成后所得，或编纂所漏，迄二十四年十二月止，又为"补编"二卷。厥量溢清四库书五倍，厥类亦多自来目录所为赅，别裁互见，纲举目张。而馆藏之书画、档案、手札，以逮金石、拓片、人物、造象，别为专目，不杂厕焉。综计八年以来，与是目之役者，范君既以英年谢世，汪君调之亦以老寿终，张君省三归老于家，赵君复改就镇馆，其校勘缮录者，亦更迭不恒，人事之变迁，已可怅悼。馆址僻左，频年经汉西门老米仓龙王庙军火失慎。复有外舰以清凉山为鹄，鸣巨炮訾之者屡。当是时，山楼岌岌摇荡，同人震骇罔措，或中夜危坐，噤默不敢声。莫测眴息糜血肉何所，比侥幸无事，则又埋首就案。周旋蝉蠹，岁会月要，以必成为期。册多费巨，声请官帑，黾勉拮据，恒延时日。回忆诒徵与范君辈扬榷各家书目得失，创为斯目类例，诚不意其杀青之有日也。

金陵藏书史，较宇内他地为富且久。谢灵运、王俭、王充、谢朓、任昉诸家录目尚矣。南唐、宋、元，世有官书，明之南监，洎清之江宁府学，目录版刻，实先燕京。而私家藏书，若千顷堂、五松园、津逮楼、开有益斋，以逮缪师之艺风堂，均照耀诸夏。沾溉既宏，风流未沫。簿录之职，良匪易承。并以瀛海棣通，学术孟晋，佚文秘籍，弈祀不获一见者。近多旁罗错出，著录各地馆库，政教宪令，译寄创制。方闻俚语，薄物小篇，条流日宏，方式竞异，伦类孰善，讫亦未有定评，则持寸莛以撞镛镈。张片帆以游沧溟，谫陋之讥，洵不可辞。

惟是佝录职责，亦既有年，兢兢奉艺风师及横山徵君之绪，不敢失坠。赖诸子之勘，举凡要而布诸当世，使海内外学者手是而循省之，已不啻莞库钥而亲计簿。于以鑫图，所以恢拓翼进之策，益箴砭其疏舛，闿国学之津涂焉，是则私衷所彷徨景企，靳向靡既者也。（柳诒徵：江苏省立国学图书馆编：《国学图书馆图书总目·序》,《国风月刊》，第7卷第4期，1935年11月1日）

是年　北平私立中国学院国学系毕业学生名单。

王育琥，湖南慈利；康保安，河北满城；田增林，山东冠县；钱秋安，江苏武进。（《北平私立中国学院1933年度毕业证书》，北京市档案馆藏，档案号J135-001-00007）

图书在版编目（CIP）数据

近代中国国学编年史. 第九卷，1934—1935/桑兵，
关晓红主编；张凯著. --北京：北京师范大学出版社，
2025. 4. -- ISBN 978-7-303-30561-2

Ⅰ. Z126. 275

中国国家版本馆 CIP 数据核字第 2025WU7567 号

JINDAI ZHONGGUO GUOXUE BIANNIANSHI. DIJIUJUAN

出版发行：北京师范大学出版社 https：//www. bnupg. com
　　　　　北京市西城区新街口外大街 12-3 号
　　　　　邮政编码：100088
印　　刷：北京盛通印刷股份有限公司
经　　销：全国新华书店
开　　本：145 mm×210 mm　1/32
印　　张：15. 125
字　　数：336 千字
版　　次：2025 年 4 月第 1 版
印　　次：2025 年 4 月第 1 次印刷
定　　价：178. 00 元

策划编辑：宋旭景	责任编辑：张　爽
美术编辑：华辰天地	装帧设计：王齐云
责任校对：段立超	责任印制：赵　龙